| 김홍전 신학연구회 총서 01 |

예수 믿는 도리

How to
Believe in
Jesus

KB191677

예수 믿는 도리

발행일 2024년 1월 20일 초판 1쇄

지은이 김홍전

펴낸이 김진우

펴낸곳 생명나무

전화 02) 977-2780

등록일 2016년 10월 20일

등록번호 318-93-00280

주소 서울특별시 노원구 수락산로(상계동) 258, 502동

홈페이지 www.rew.kr

총판 (주)비전북출판유통

주소 경기도 고양시 일산서구 덕이동 1347-7

전화 032) 907-3927

팩스 031) 905-3297

How to Believe in Jesus

by Hong Chun Kim ⓒ Hong Chun Kim's

Heirs 2024, Printed in Korea

ISBN 979-11-985650-0-6 03230

가격 20,000원

생명나무 출판사는 위대한 종교개혁의 정신을 계승하고,
개혁신앙의 유산을 이 시대에 적용하고 확산시키며
후손들에게 상속하기 위해 설립되었습니다.
이러한 거룩한 도전과 모험을 통해서
주께서 영광을 받으시고 주의 백성들이 새롭게 되며,
교회가 참된 권능을 회복하도록 최선을 다하겠습니다.

김홍전 지음

예수 믿는 도리

일러두기

● 성경은 주로 개역한글판을 사용했으며 설명의 편의를 위해서 구역을 인용하기도 하고 낱말이나 구절을 다시 번역하거나 설명을 더하기도 하였습니다.

● 성삼위의 한 위(位)의 성호(聖號)인 성령을 저자는 성신(聖神)으로 호칭하였습니다. 성신은 한국교회에서 1960년대까지 널리 사용된 이름이었습니다. 이 책에서는 성신 대신 성령으로 바꾸어 표기하였습니다.

【 김홍전 신학연구회 소개 】

고 김홍전 목사의 가르침을 직접 혹은 간접으로 받은 후학들 일부가 모여 그의 가르침을 연구하고 체계화하여 다시 제시하는 것이 우리의 사명이요 성령님의 인도임을 확신하게 되었습니다. 동시에 우리가 속한 현실과 역사를 성경이 가르치는 교훈으로 더욱 밝혀 나가야 할 필요성을 절감하였습니다. 이런 이유로 우리는 이 시대에 보냄을 받은 자들로서 김홍전 신학연구회를 결성하여 개혁하고 건설해야 할 일들을 힘써 해나가기로 하였습니다. 주 예수 그리스도를 본받아 섬기는 자세로 신자의 사명을 성실히 수행하기를 소원합니다.

연구회 머리말

이 책은 고(故) 김홍전 목사의 강설집입니다. 저자는 1977년 9월 18일 주일에 미국 필라델피아의 몇몇 가정이 모인 모임에서 교회 창립 예배를 드리고, 십오 개월 남짓 설교하였습니다. 신앙의 기초 도리를 다룬 당시 녹음 자료를 풀어서 한 권의 책자로 소개합니다.

건강과 부와 승리에 초점을 맞춘 기독교는 아직 왕성하지만, 복음의 신앙이 신선한 능력으로 발휘되지 않아 안에서도 밖에서도 탄식과 조소가 무성합니다. 거짓과 불의와 반역이 주님의 교회를 침노하여 안팎의 분간이 어려울 만큼 어둡고 착잡한 시대이기에 다시 '근본으로 돌아가자'(Ad Fontes)는 외침에 공감하지 않을 수 없습니다. 교회의 갱신이 절박한 오늘, 신자는 처음부터 들은 것을 굳게 믿고 간직하여 진리로 하나 되는 길을 찾아야 합니다. 물론 혼돈과 유혹이 가득한 이 세상을 살면서 하나님을 신뢰하고 기도하며 믿음으로 살아가는 일은 어렵습니다. 그러하기에 예수님께서도 과부와 교만한 재판관의 비유를 가르치시던 끝에 "인자가 올 때에 세상에서 믿음을 보겠느냐"라고 하셨습니다. 교회가 흑암의 세력 앞에서 시들어 가고 있지는 않은지 우려하는 신자라면 마땅히 '믿는다는 것은 무엇이고, 과연 나는 믿는 사람인지'를 스스로 물어야 할 것이요 이때 본서는 좋은 안내자가 될 것입니다. 저자에 따르면 "그리스도께서 나를 만세전에 계획하시고 경영하시는 그대로 내가 어떻게 쓰여야 할지를 찾는 것이 신앙입니다. 그리고 그것을 따라 나아가는 것이 바로 하나님의 영광을 위해서 행하는 일입니다."

이 설교들을 남긴 작은 교회는 이 땅에서 매우 짧은 기간 존재하였습니다. 문득, 유아시기에 불려서 이 땅을 떠나간 자녀일지라도 소중하게 장례를 치렀던 개혁교회의 높은 전통을 떠올리게 됩니다.

2023년 12월 김홍전신학연구회 연구원 주갑식

차례

1강

주를
의지하고
사는
일 ①

마가복음 4:35-41

35 그날 저물 때에 제자들에게 이르시되 우리가 저편으로 건너가자 하시니 36 저희가 무리를 떠나 예수를 배에 계신 그대로 모시고 가매 다른 배들도 함께 하더니 37 큰 광풍이 일어나며 물결이 부딪혀 배에 들어와 배에 가득하게 되었더라 38 예수께서는 고물에서 베개를 베시고 주무시더니 제자들이 깨우며 가로되 선생님이여 우리가 죽게 된 것을 돌아보지 아니하시나이까 하니 39 예수께서 깨어 바람을 꾸짖으시며 바다더러 이르되 잠잠하라 고요하라 하시니 바람이 그치고 아주 잔잔하여지더라 40 이에 제자들에게 이르시되 어찌하여 이렇게 무서워하느냐 너희가 어찌 믿음이 없느냐 하시니 41 저희가 심히 두려워하여 서로 말하되 저가 뉘기에 바람과 바다라도 순종하는고 하였더라

1강

주를 의지하고
사는 일 ①

믿는다는 말의 실질적 의미

우리 교회(The Independent Reformed Church)가 공통으로 가지고 있는 신조는 웨스트민스터 신앙고백서요 그 대·소요리문답과 그 예배의 모범이고, 그 다음에 도르트 종교회의를 했을 때 작성한 교회의 결정, 또 하이델베르크의 문답서, 그 외에 아주 고귀한 과거의 위대한 신조들-사도신경이든지, 아타나시우스의 신조든지 칼케돈의 결정이든지를 다 존중하는 것입니다. 이런 것들은 우리 교인들이 다 알고 있는 얘기는 아닙니다.

웨스트민스터 신앙고백서에도 대체 얼마만한 내용이 있는가를 자세히 배우기 이전에는 일생동안 지교회 안에 있어도 잘 모르는 것입니다. 교회는 그것을 자기의 교리 선언의 내용으로 삼고서 고백서로 가지고 있는데, 이런 것들은 교회의 형태를 꾸며 나가는 데 필요한 것들입니다. 그러나 진정으로 교회가 교회로서 거룩하게 잘 자라 나가려고 할 것 같으면 교회에는 참된 신앙이 있어서 그 신앙 가운데 거룩하게 장성해야 하는 것입니다. 교인들이 신앙이 없고 그 신앙이 현실 생활에서 발휘되는 일이 없다면 아무리 미사여구를 나열하고 버젓한 신조와 아주 번듯한 교회 조직을 가졌다 하더라고 그게 일이 아닙니다.

말하자면 교회는 신조보다는 그 신조를 증명하는 신앙이 반드시 있어야 하고 그 신앙은 신자들의 개인생활과 가정생활에서 뚜렷이 나와야 합니다. 개인과 가정생활에서는 증명이 안 되고 예배당에 와서만 경건하다는 것은 좋은 신앙의 도리가 아니라는 것을 주의해야 합니다. 가정생활이나 개인생활이라 하더라도 자기네가 먹고 입고 쓰고 살자고 노력을 해서 돈 벌고, 돈 벌기 위해서 사업에 봉사하는 것이 중요한 까닭에 그런 모든 데서 그의 신앙이 바로 드러나야 합니다.

그렇다면 우리가 맨 먼저 주의해서 받아야 할 것은 무엇이겠습니까? 모든 생활에 하나님을 마음 가운데 늘 생각하고 두려워하면서 하나님께서 극진하신 사랑으로 우리를 돌아보신다는 것을 확실히 믿어야 합니다. 동시에 하나님은 엄위로우신 하나님이신 까닭에 잘못을 하고 죄 짓고도 괜찮을 것이다 하고 생각하는 이 죄악에 대한 면역성 있는 생각, 둔감한 생각을 버리고 언제든지 하나님 앞에 잘못했을 때에는 곧 하나님께 회개를 해야 한다는 것입니다. 잘못한 일에 대해서 신자가 아니면 형벌이 있는 것이지만 신자에게는 징계가 있습니다. 하나님이 참고 기다리시다가 정 말을 안 들으면 매로 때려서 그의 건강도 상할 수 있고 그의 재산도 손해 날 수 있고 그의 사업도 집어 먹힐 수 있고 잘 될 것 같다가 잘 안되고 그의 가정에 대해서도 하나님께서 진노하셔서 매를 때리시면 무서운 결과를 받는 것입니다. 이것은 미워서 그러시는 것이 아니라 정신 차려라, 깨달으라 하시는 것입니다. 암만 말로 타일러도 안 될 때에는 우리가 자식 종아리를 때리듯이 하나님께서도 채찍질을 아끼시지 아니하신다는 걸 주의해야 할 것입니다.

우리가 중요히 생각해야 할 것은 이런 사실입니다. 하나님은 그렇게 징계하시는 하나님이시라는 것과 우리가 하나님께 첫째로 드려야 할 것은 모든 것을 다 그분에게 맡기고 의탁하고 살아가야 한다는 사실입니다. 그런데 우리가 하나님을 믿고 모시고 산다고 하면서도 확실히 의탁하지 않고 사는 생활이 많습니다. 그런 것이 언제 나타나느냐 하면 인생의 위기에, 갈림길에, 어려움이 있을 때, 또 자기 힘으로 어떻게 할 수가 없어서 곤란할 때, 당황할 때, 이런 때 그 사람이 그 동안 하나님만 믿고 의지하고 의탁하고 살았는가, 그러지 않고 자기 멋대로 살았는가 하는 것이 꼭 드러나는 법입니다.

하나님께서는 우리에게 여러 가지 약속을 하셨는데 베드로전서 5:7에 "네 모든 염려를 다 주께 맡겨 버려라. 이는 저가 너를 권고하심이니라"고 말씀합니다. 여기서 권고라는 말은 자기 식구의 필요한 모든 것을 돌아보신다는 의미입니다. 그러니까 맡겨 버린다는 것이 신앙입니다. 시편 55:22을 보면 "네 짐을 여호와께 맡기라"고 하시는데, 구약에서는 이스라엘 백성을 구원하시고 돌아보시고 언약을 맺으신 하나님을 가리켜 여호와라는, 야훼라는 이름으로 부르고 있습니다. "네 모든 짐을 여호와께 맡겨 버리라. 저가 너를 붙드시고 의인의 요동함을 영영히 허락지 아니하시리로다." 의인이 방황하거나 요동해서 큰일 났다고 야단 내는 일이 없게, 그렇게 요동치 않게 해 주신다고 하였습니다. 시편 68:19 말씀을 잘 기억해 두세요. "날마다 우리 짐을 지시는 주 곧 우리의 구주이신 하나님을 찬송하리로다." 날마다 우리 짐을 져 주신다 그랬어요. 어느 때만 져 주는 게 아니라 말입니다.

그런 까닭에 첫째 중요한 것은 하나님을 입으로나 관념으로만 모시지 말고 내가 거기 의지하고 사는 것을 생활로 실천하라. 그러면 과연 하나님이 나에게 대하여 하신 약속을 생활에서 이루어 주시는 것을 경험한다는 것입니다. 하나님은 우리가 하나님을 의지하고 사는 것을 기뻐하십니다. 왜냐하면 자꾸 요구하셨거든요. 맡겨 버리라, 의지하라, 그 말을 자꾸 쓰셨습니다. 이렇게 하나님을 의지하고 살아가야 할 도리에 대하여 이제 계속해서 차례차례 이야기를 해나갈 생각입니다.

우선 오늘 우리가 중요히 생각해야 하는 것은 하나님을 의지하고 살되 관념으로, 말로만 의지하지 말고 진짜로 의지하라. 관념이나 말로 의지할 때에는 당황하고 무서워하고 그러는 것이지만 참으로 의지했을 때에는 그로 말미암아 큰 은혜를 받게 되는 것입니다. 말로나 의지하고 또 하나님을 종교로, 의식으로는 잘 모시고 산다 하지만 위기가 있을 때, 어려움이 있을 때, 무언가 필요할 때 우리가 늘 큰일이든 작은 일이든 하나님을 진짜로 의지하고 사는가, 의지하지 않고 사는가 하는 신앙의 면모가 드러나는 것입니다. 평소에 하나님이 나를 안고 돌아보시는 가운데 내가 살아야 할 텐데 그러지 아니하고 내가 하나님을 모시고 하나님을 종교로 이고 돌아다니는가 하는 문제는 위기를 만날 때 드러나는 것입니다.

갈릴리 바다

오늘 읽은 성경 말씀은 그런 좋은 예입니다. 이 성경 말씀의 이야기는 언제 발생한 것이냐 하면 예수님께서 이 땅 위에 오셔서 당신이 말씀을 전하시고 가르치시고 병을 고치시는 일을 하신 공생애 때입니다. 즉 어머니를 모시고 목수 노릇하면서 동생들을 기르고 집을 다스리고 지지하고 살던 30년의 사생활을 일단 거기서 정지하고 이제는 바깥으로 나와서 이스라엘 민중을 향해서 가르치고 또한 당신이 누구이신 것을 보이시는 이 생활을 3년 반쯤 하셨습니다. 그 3년 반 생활의 첫째 해에는 사람들이 그가 누군지를 모르고 쳐다보았는데 예수님께서 '자, 너희는 잘 봐라. 나는 이렇게 하는 인물이다' 하는 것을 당신이 보이신 깃입니다. 그렇게 해서 첫 해는 민중이 그를 알아보던 해가 됩니다.

둘째 해는 그가 행하는 기적이나 가르치는 것이 지금까지 어떤 사람도 그렇게 한 사람이 없다, 훌륭한 선지자라도 그렇게 한 일이 없다는 걸 사람들이 깨닫고 알고 기뻐서 굉장하게 그를 환영한 나머지 억지로 임금을 삼자고 하던 해입니다. 그야말로 우리가 기다리는 그 메시아 아니냐 하고 굉장한 인기를 가졌던 해, 인기의 해(The Year of Popularity)였습니다. 그런고로 첫 해는 당신이 메시아로서, 구주로서, 이 땅 위에 여러 가지로 완곡하게 보여주시는 해(The Year of Inauguration)였고, 둘째 해는 그 인기가 높이 올라갔던 해였으며, 그리고 마지막 해에 들어가서는 굉장한 반대와 음모를 받고 중상모략과 갖은 짓을 다해서 예수님을 십자가에 못 박아 죽이는 데까지 이르렀던 것입니다. 그 악이 막 번성해서 예수님께 저항한 특성을 드러낸 까닭에 보통 말하기를 반대의 해(The Year of Opposition), 항거의 해라 칭합니다.

그런데 지금 본 이 성경 말씀의 이야기는 굉장하게 인기가 있던 제 2년 말에, 2년 마지막 판에 발생한 것입니다. 그 발생한 자리는 저 이스라엘 나라의 북쪽이고, 그 때 이스라엘 나라는 삼분이 되서 남쪽 예루살렘을 중심으로 삼은 일대를 유다, 저 북쪽 갈릴리 바다를 중심으로 한 일대를 갈릴리, 그리고 둘 사이의 한 지대를 사마리아라 그랬습니다. 그런데 이 일은 북도 갈릴리에 속한 갈릴리 바다에서 발생하였습니다. 갈릴리 바다란 이름은 바다지만 히브리말로는 바다든지 물이든지 호수든지 다 같은 '물' 곧 얌(מ)이라는 말로 쓰는데, 그 별명은 게네사렛 호수입니다. 갈릴리 바다는 무엇과 비슷하냐 하면 비파라는 악기, 저 만돌린 같은 악기 비슷하게 생겼는데 동그래 가지고 아래가

조금 뾰족하니 내려온 모습입니다. 그렇게 생긴 까닭에 히브리 말로는 그런 비파를 보고 '긴노르'라고 하기에 '얌 긴네렛' 비파와 같이 생긴 바다다 하는 겁니다. 어떤 사람은 말하기를 그 바다 모양이 비파와 같이 생겨서 그렇게 부르는 것이 아니라 거기로 바람이 몰아쳐서 불면 그 바람 소리가 윙, 윙 하고 울려서 마치 비파 소리와 같다 해서 '비파호'라 설명하기도 합니다. 그런데 이 바다를 갈릴리 바다 혹은 디베랴 바다라고도 부르는데, 모양이 길게 생긴 서쪽 해안 한가운데쯤에 디베리어스라는 도시가 하나 있습니다. 로마 황제 가이사 아구스도 다음에 2대 황제가 디베리우스인데 그를 기념하기 위해서 거기를 다스리고 있는 자들이 디베랴라는 이름의 도시를 그곳에 세웠습니다. 마치 알렉산더를 기념하기 위해서 알렉산드리아라는 지명을 붙이듯 거기다 이름을 붙여 디베랴 바다라고도 했다 말입니다.

디베랴 바다, 긴네렛 호 혹은 게네사렛 호, 갈릴리 바다가 어떻게 생겼는가 하면 길이가 위에서부터 아래까지 한 21km나 되는 호수요. 넓이는 가장 넓은 데가 13km 정도입니다. 디베랴 는 서해안에 있는 도시인데 거기서 건너편을 보면 거긴 좁아서 한 9km쯤 되어 저 편이 보입니다. 그렇지만 높은 산들이 죽 둘러 있습니다. 해수면은 세계 다른 바다와 꼭 같은 높이의 해면이 아니고 한 212미터나 뚝 떨어져 있는 상태입니다. 갈릴리 바다는 협곡으로 된 모양으로 뻥 둘러쳐진 산을 가지고 있는데 동쪽 산 일대는 한 600미터의 높은 산들입니다. 그렇게 바산(Bashan)의 산들이 둘러 있고 남쪽도 산인데 거기 조그만 골짜기가 열려 있습니다. 그것이 요단강입니다. 저 위에서 흘러서 바다로 들어와 가지고 여기서 다시 흘러서 사해까지 요단강이 내려갑니다. 이 요단강 협곡은 그렇게 지중해 해수면보다 낮습니다. 그리고 그 서북쪽에 가버나움이라는 도시가 있는데 거기다가 예수님께서 전도할 본부를 세웠습니다. 예수님이 나사렛에 사시다가 나사렛 사람들이 '그 사람 우리가 훤히 아는 목수 아들 아니냐, 본인도 목수 아니냐' 하고 그래서 그가 무슨 신기한 말을 하더라도 신용을 않고 더 무시를 하고 그러니까, 거기를 떠나 가버나움으로 옮겨 와서 예수님께서 일을 하시게 됩니다. 그리하여 이 가버나움이 예수님의 모든 행적의 본부가 된 곳입니다. 이 가버나움 도시 옆 서남쪽 방향 떨어진 데가 터져 있고 그 나머지는 빙 산으로 둘러쳐져 있습니다.

나사렛 근방은 지중해 해발 500미터이니 여기 갈릴리 바다 해수면에서 본다면 적어도 700미터나 높습니다. 왜냐하면 갈릴리 바다는 지중해보다 212미터나 낮기 때문입니다. 지중해에서 바람이 불면 그 바람이 동쪽으로 팔레스틴 갈릴리도로 올라와서 그 산을 넘어 갈릴리 바다가 있는 골짜기로 쏴아 몰고 와 그 좁은 서북쪽 구석으로 바람이 들어옵니다. 그렇게 바람이 들어오면 이쪽저쪽 산이 둘러 있으니까 거기에 부딪치면 바람이 휙 하니 돕니다. 그러나 나사렛 일대에는 산간이 있으니까 여기서는 바람이 오는지 어쩌는지 모르고 조용합니다. 그러니까 이제 배를 타고 조용해서 좋다 하고 바다 한가운데 들어가 있는데 갑자기 바람이 휙 하고서 꼭 비파 같은 소리를 내면서 막 몰려 들어옵니다. 그렇게 쉬익 소리를 내면서 몰려 들어오면 바람이 빙빙빙 돌기 시작하고 그 다음엔 바다 물결이 굉장히 요동을 쳐서 그만 파선(破船)해서 죽게 될 만큼 큰 풍랑이 치는 예측하기가 어려운 호수입니다. 주위가 훤히 탁 트여서 바람이 온다는 것을 쉽게 아는 데가 아닙니다. 지중해에서 오는 큰 바람이 나사렛 일대에 퍼져 있는 산과 딱 부딪쳐서 이리로 넘어 들어오면 갑자기 빙빙 돌게 되는 날에는 배를 다시 돌려 나가고 어쩌고 할 틈이 없이 물에 빠져 죽게 되는 예가 참 많다는 그런 호수입니다.

　이제 예수님께서 당신이 전도하시는 본부인 가버나움에서 동남쪽, 가다라라고 하는 지방으로 내려가자 하시니까 제자들이 갈릴리 바다에서 예수님을 배에 모시고 내려가려고 한 것입니다. 이 제자들의 고향이 바로 갈릴리 바다의 동쪽, 북쪽 일대 벳새다였습니다. 시몬 베드로나 안드레나 다 거기 사람들이고 또 요한과 야고보도 그 부근 사람들입니다. 그래 바닷가에서 고기 잡는 어업을 생업으로 하던 사람들이 제자들 가운데 있었습니다. 갈릴리 바다는 그들이 잘 아는데 이렇게 잘 아는 그들도 언제 풍랑이 일어날지 모르는 것이고 또 그 풍랑에 대비할 힘도 없다 말입니다. 항상 바다에서 고기잡이를 하지만 함부로 안에까지 깊이 안 들어가고 이상한 기미가 조금만 보여도 그냥 도망해 나와야 했습니다.

바람과 물결을 잔잔케 하심

그런데 예수님이 명령하시기를 "자, 배를 타고서 저 건너로 가자" 그러니까 배를 저어 가지고 가면서 저희가 이 갈릴리 바다는 경험이 많으니까 "잘 모시고 가겠습니다" 그랬습니다. 예수님은 그 배에 올라 "그러면 잘 저어서 저 근방 동남쪽에 있는 거라사인 땅으로 가자" 하시고 피곤하시니까 배 고물, 배 뒤쪽 끝에 가서 베개를 베시고 주무셨습니다. 한참 배가 인제 가는데 갑자기 휭 소리가 나더니 그만 무서운 바람이 불기 시작하였습니다. 큰 풍랑이 일어나니까 천지가 캄캄해지고 배가 요동하며 당최 어쩔 줄을 모르겠다 말입니다. 그러니까 제자들이 처음에는 웬만하면 그냥 이기고 가 보자며 애를 써 봤습니다.

그 사람들은 일생 배 저으며 산 사람들이니까 배 젓는 데는 아주 문제가 없는 사람들입니다. 그러다가 물이 막 배로 몰려들고 한쪽에서는 큰일 났다고 열심히 물들을 퍼내고 이러고 가는데도 한번만 바람 불면 물이 배를 탁 때리면서 철썩 하고 넘어 들어와서 암만 퍼내도 도저히 당할 수가 없게 되었고 나중에는 배에 물이 가득한 상태가 되었습니다. 이렇게 큰일인데 어쩜 좋을까 해서 선생님을 바라보니까 배의 저 끄트머리에서 그냥 계속 곤하게 주무시고 있거든요. 쫓아가 나중에는 흔들고서 아, 선생님 혹은 랍비 혹은 주님 하며 깨우면서 "우리가 죽겠나이다" 하였습니다. 마가복음에는 그 이야기가 4:35-41에 나오는데 꼭 같은 기록이 마태복음에는 8:24-27에, 누가복음에는 8:22-25에 나옵니다. 마가복음에서 제자들이 "선생님, 선생님" 하고 부른 것으로 나오지만 마태복음이나 누가복음에는 "주여, 주여" 이렇게 부른 것으로 나옵니다. 그리고 한 번만 하지 않고 다급하니까 누가복음에 보면 "주여 주여 우리가 죽게 되었습니다. 지금 죽게 되었는데 안 돌아보십니까" 하는 식으로 말을 했다고 그랬습니다.

이 세 복음서을 통합해서 순서대로 보면 예수님께서 잠에서 깨어 일어나시니까 배는 막 요동을 하고 물은 확하고 넘어 들어오고 꼭 죽게 생겼어요. 그것을 예수님이 척 보시고 제자들한테 "어찌 이렇게 믿음이 적으냐" 하시고 그러신 다음에는 바람을 보고 "바람아 잠잠하고 고요해라" 꾸짖으셨어요. 책망을 하셨습니다. 누가복음을 보면 "너희의 믿음이 어디에 있느냐?" 그런 식으로 물었어요. 마태복음에도 먼저 "너희 믿음이 어디 있느냐" 하고 꾸짖으신 말이 먼저 있고, "어찌하여 무서워하느냐 믿음이 적은 자들아" 이렇게 말씀하셨습니다. 그렇게 바다와 바람을 꾸짖으셨습니다. 이런 기록을 세 복음을 통해서 자세히 보는 것도 큰 유익이 될 것입니다.

　예수님이 일어나서 처음에 하신 말씀은 "어찌하여 무서워하느냐 믿음이 적은 자들아"라고 한 기록입니다. 마가복음에는 일어나셔서 얘기를 하셨다고 하지 않고 바다와 바람을 꾸짖으셨다고 기록합니다. 마태복음에서는 깨어 일어나셔서 "어찌하여 무서워하느냐"라고 하신 말씀이 나옵니다. 누가복음에도 예수님께서 깨어서 바다와 바람을 꾸짖으셨다는 말이 먼저 나오지 그 말 하신 것은 안 나옵니다. 마태복음에 있는 대로 보면 어떤 복음은 말을 생략하기도 한 것입니다. 그러니까 "어찌하여 이렇게 무서워하느냐 믿음이 적은 자들아" 한 다음에는 바람을 꾸짖고 바다를 꾸짖으셨다는 것입니다. 마가복음에서 우리가 읽은 대로 바다를 보고 바람을 향해, "잠잠하라 고요하라" 하시니까 지금까지 그렇게 요동하던 바다가 그냥 순식간에 고요하고 바람도 그냥 뚝 그쳐 버렸습니다. 이건 보통 그렇게 발생할 수 있는 게 아닙니다. 바람이 한 바퀴 요동을 하고 그 다음엔 차츰차츰 적어지려면 상당한 시간이 걸리는 법이지 심하게 요동을 하던 상태가 갑자기 아무 소리도 없이 조용해버린다든지 또 그렇게 몰려오던 풍랑이 그냥 거울과 같이 고요히 잔잔해진다든지 그런 것은 없는 일입니다. 이것은 별다른 큰 능력에 의해서 지배를 받으므로 발생한 것이지 보통 자연의 과정으로는 이렇게 발생을 않는다는 것입니다.

여기 보면 예수님께서 제자들보고 그때 하신 말씀이 또 있습니다. "어찌하여 이와 같이 두려워하느냐." "너희가 어찌 믿음이 없느냐?" 누가복음에서는 "너희 믿음이 대체 어디 있느냐?" 이렇게 예수님께서 그들을 이제 꾸짖으시니까 제자들은 어떻게 했습니까? 저희가 심히 두려워하고 서로 말하기를 저가 뉘기에 바람과 바다라도 순종하느냐라고 했는데, 이는 마가복음의 기록입니다. 마태복음을 볼 것 같으면, 그 사람들이 기이히 여겨서 하는 말이 이 어떠한 사람이기에 바람과 바다라도 순종하는고 하고 저희들끼리 말을 했습니다. 누가복음에서는 예수님을 심히 두려워하고 이번에는 또 기이하게 여겨 서로 말하기를 저가 뉘기에 바람과 바다라도 명령한즉 순종을 하는고 라고 기록합니다.

예수님을 모시는 도리

예수님의 기적에 보통 병을 고친다든지 할 때 사람을 대상으로 하십니다. 대개 예수님의 기적의 성격을 보면 극한 상황에서 사람이 어찌할 수 없는 것을 늘 하십니다. 예를 들면 병자라도 눈 먼 사람, 나면서부터 소경 되어 버린 사람, 어떻게 할 수 없는 사람을 고쳐 주셨습니다. 귀신에 들려 가지고 사람이 어떻게 할 수 없고 쇠사슬로 매도 끊고 나가는 그런 상태에서 명령으로 풀어주셨습니다. 또 죽은 사람도 살렸어요. 그런 극한 상황에서 기적이 물리적인 결과를 많이 쌓아 가지고 사회에 비익을 끼친다는 게 큰 의미가 있는 건 아닙니다. 왜냐하면 예수님이 병 고치는 사람 수를 오늘날 병원들이 병 고치는 사람의 수와 비교하면 그렇게 굉장히 많은 것은 아니기 때문입니다. 오늘날 전 세계의 자선사업이나 박애사업으로 병원이 사방에서 활동할 때 미치는 결과와 예수님이 당시 팔레스틴 조그마한 지역에서 당신 공생애 중 한동안 만나서 사람을 고친 수하고는 비교할 수 없다 말입니다. 이 세상의 지금 병원 사업이라든지 의료사업이 더 큰 사업인 것입니다. 그러니까 예수님은 사업의 결과, 물리적 결과에 치중한 것이 아닌 것을 우리가 알아야 합니다. 예수님이 불쌍한 사람의 병을 고쳐주어 참 가난한 사람들이 그걸로 기뻐했다는 데 큰 의미가 있는 것이 아니라는 겁니다. 물론 거기에 아무 의미가 없는 건 아니나 헐수할수없는 사람들이 먼저 예수님 앞에 나와서 그런 구원함을 받았는데 모든 헐수할수없는 사람들이 다 나와서 구원 받은 것은 아닙니다. 예수님을 만난 소수의 사람만이 그런 은혜를 입었습니다. 그걸 통해서 예수님이 기적을 행하신 기록이 후세에 남고 그것이 우리에게 무얼 가르쳐 준다는 것입니다.

기적의 상황을 놓고 볼 때 보통 사람들도 그와 비슷한 걸

할 수 있습니다. 예를 들면 말씀으로 병을 고치는 것을 그대로는 못해도 사람이 병원을 세워서 의료 시설로 병을 고칠 수 있는 겁니다. 그러나 어떤 극한 상황이라면 도저히 사람으로는 어떻게 할 수가 없습니다. 예를 들면 바다와 바람을 명령해서 잔잔하게 한다는 것은 사람이 무슨 과학적인 노력을 가지고 갑자기 바람을 딱 잔잔하게 하고, 바다가 흉용하는 것을 무슨 과학적 기계를 써서 조용하게 하는 일은 도무지 생각 못하는 일입니다. 자연의 거대한 위력을 사람들이 맘대로 원하는 규모로 조절을 못하게 돼 있습니다. 요새 대포를 쏘아 가지고 비를 오게 한다지만 그건 아주 지극히 적은 부분에 그 단시간 사이의 일일 뿐입니다. 그런데 예수님은 말씀 한마디로 바람과 바다를 향해 명령하니까 잠잠해지고 그냥 두말할 것 없이 그 자리에서 순종해 버렸고, 귀신을 향해서도 명령하시니까 그냥 순종하고 나갔습니다. 이처럼 사람의 힘이 미치는 그 너머 건너편의 것들을 향해 명령하실 때 그것들이 순종한 사실은 실지로 무엇을 표시한 것이겠습니까? 예수님의 거룩한 능력은 기이하고 초범한 한 인물의 능력이 아니라 창조자 하나님의 능력이라는 사실입니다.

요컨대 이스라엘 사람에게 중요한 문제는 예수님이 누구시냐 하는 것으로 그가 메시아인가 아닌가 하는 것이었습니다. 그러나 그것이 가장 중요한 문제는 아닙니다. 예수님께서 이스라엘 사람들과 그 후대 사람들에게 보이신 중요한 것은 당신이 하나님의 아들이라는 사실입니다. 이스라엘 사람들은 그걸 믿을 수가 없었고 오늘날도 우리가 예수님을 하나님의 아들로 믿지 않는다면 진정으로 구원을 받을 수가 없습니다. 예수님은 진정으로 구원을 주시기 위해서 왔지 이스라엘 사람들이 생각하는 이스라엘 나라를 정치적으로 회복하는 메시아로서 오신 게 아닙니다. 메시아의 의미의 참 뜻이라는 것은 구주이고, 또한 다스리는 이시고 그런고로 그가 하나님의 아들이어야지 그냥 사람만이면 안 된다는 것입니다. 그런 예수님을 모시고 배에서 같이 전심으로 예수님을 한 번 모시고 가겠다 하던 이 사람들은 예수님께 대한 대접은 훌륭히 했어도 그를 참으로 인식하고 그에게 자기네가 드려야 할 신뢰와 경외와 외포(畏怖)를 충분히 드리지 못했습니다. 이것이 예수님을 대접하는 도리냐 하면 그렇지가 않습니다.

우리가 하나님을 예배하려고 할 때 가져야 할 도리는 하나님이 어떠신 분인가를 바로 아는 데 있어야 하는 것인데 하나님을 하나님 이하로 생각하고 경의를 표하면 예배가 안 되는 것과 마찬가지라는 것입니다. 이 사람들은 예수님을 모시고는 다녔지만 예수님을 예수님 이하로 늘 아주 폄하해서 생각한 사람들입니다. 자기네는 기껏 랍비로 훌륭하게 생각해서 여기서 부르짖을 때도 선생님, 랍비, 혹은 '주여'라고 했는데 보통 가장 존귀한 사람들에게 쓰는 호칭인 '아도니' 하고 불렀다 말입니다. 그를 하나님의 아들이라든지, 신성을 가진 분이라든지 하는 생각을 안 한 까닭에 큰 풍랑 앞에서 예수님이 어떻게 하신다는 것을 생각 못하고 저희들이 바람과 바다와 싸워서 이기려다가 안 되자 나중에 다급하니까 "선생님, 우리가 죽게 되었는데 안 돌아보십니까?" 하고 그냥 외롭고 힘없는 처지에서 그들은 마지막에 예수님을 의지하였습니다. 그렇게 의지하자 비로소 예수님께서 일어나시어 바람과 바다를 꾸짖으신 것입니다. 예수님이 주무시기 전에 큰 바람이 일어날 것을 모르셨겠는가? 다 아셨지요. 주무시면서는 모르셨겠느냐? 예수님은 신성을 가지고 다 아시지 모를 수가 없습니다. 무소부지라는 것이 예수님에게 있는 중요한 신성입니다. 그들이 당한 곤란한 처지를 모르신 건 아니겠지만 최종적으로 자기네가 인간의 힘이 다 진해서 어찌할 길이 없다는 걸 깨닫고 주님 앞에 나와서 의지하는 심정으로 부르짖을 때 비로소 일어나서 일을 해주셨다 말입니다.

예수님하고 동행한다고 하지만 오늘날 많은 사람이 기독교를 믿고 하나님을 부르고 종교는 머리다 이고 다니는 일이 많습니다. 일단 힘을 요구할 때, 실력을 요구할 때 하나님의 능력이 나타나서 활동을 해야 할 때 자기네가 극복을 해보겠다고 애를 쓴다는 것입니다. 그래도 이 제자들은 나중에 최후에 위급하니까 선생님을 붙들고 매달렸지만 지금은 최종적으로 위급할 때라도 하나님께 나와서 진정으로 고백을 하고 회개하고 의지하고 나가는 사람이 그렇게 많을 것인가 하면 많지 않을 거라 말입니다.

　제일 중요한 것은 어느 때던지 하나님을 의지해야 하는 것입니다. 예수 그리스도를 부르지만 말고 그 공로만 힘입어서 구원받겠다고 그러지 말고 매일매일 생활에서 예수님을 의지하고 살아야 합니다. 기도할 때마다 '주여 내가 주를 전폭으로 에누리 없이 내 맘에 조금도 남김없이 전부를 맡기고 부탁하고 의지하게 합소서. 내 자신의 건강이나 내 자신의 생활이나 장래나 나의 모든 비즈니스나 어떤 것이라도 주님께 다 맡기고 의지합니다. 날마다 우리 짐을 져 주시는 주, 곧 우리의 구주 되신 하나님을 찬송하리로다. 날마다 우리 짐을 져 주시는 주님인 걸 믿습니다. 네 염려를 다 맡겨 버리라고 하신 우리 주님을 내가 믿고 의지합니다' 해야 합니다. 이 의지하는 것이 신앙인 것입니다. 그래서 구약은 의지한다 하는 말을 씁니다. 주를 믿으라는 말보다 의지한다. 신약에 와서는 꼭 같은 아이디어를 얘기하면서 믿으라는 말을 썼습니다. 여기도 보면 '믿음이 적은 자들아, 의지를 적게 하는 자들아, 너희가 어떻게 해보겠다고 살아보겠다고 버둥댔지만 할 수 있더냐. 지금도 그러겠느냐?' 그렇게 꾸짖는 겁니다. 이 꾸짖는 내용은 '왜 그 모양이냐' 하는 것입니다. 그런고로 언제든지 이름으로만 관념으로만 하나님을 모시고 사는 태도는 꼭 제자들이 예수님을 모시고 배를 저어 간 것과 같다고 할 수 있습니다. 자기 힘으로 이 종교를 꾸리고 밀고 나가겠다, 자기 힘으로 하나님을 한 번 모셔보고 대접을 해 드려야겠다, 생각을 했지만 자기의 힘을 암만 써도 안 되고 오히려 자기네가 의지하지 않으면 아니 될 그런 위기 앞에 섰을 때 비로소, '아 우리가 처음부터 의지하고 사는 것인데 그러지 않고 우리가 조용하고 안전하다 할 때는 나를 의지했구나' 하는 것이 있었던 것입니다.

참믿음이란

성경에서는 사람이 의지해서는 아니 될 걸 여러 가지로 가르쳤습니다. 첫째는 사람을 의지하지 말고, 둘째는 사람의 무력(武力), 말이나 병거의 힘을 의지하지 말라. 셋째는 사람이 자기의 마음을 의지하지 말라, 자기의 명철을 의지하지 말라, 자기의 재물을 의지하지 말라, 자기의 재물을 의지하는 자는 어리석은 자이다, 아무것도 의지하지 말라 그랬습니다. 그러고 오직 여호와만 의지해라, 여호와의 눈은 온 땅을 두루 감찰하사 전심으로 주님을 의지하는 자를 위하여 능력을 베푸시는 것이다. 이런 성경 말씀들을 주의해서 적어 가지고 돌아가서 찾아보고 그 말에 의지해서 하나님 앞에 기도를 하십시오. '하나님, 감사하고 의지합니다. 제가 의지하는 법도 잘 모르고 의지한다고 해 놓고 조금 지나서 다시 내가 걱정하고 내게 도로 찾아옵니다만 그러나 나를 붙들어 주셔서 의지하는 사람이 되게 합소서' 하고 절실하게 기도하란 말입니다. 우리 교회가 가지고 있는 특색이 있다면 주님만을 의지하고 산다는 데에다 특색을 두어야 합니다. 무슨 특별한 운동을 할 것도 없는 게고 이렇게 의지하고 참으로 믿고 사는 사람들의 생활이 거룩한 교회를 이루는 겁니다. 이런 믿음이 있어야 교회가 진짜가 되는 것이지 믿음 없이 그냥 교리만 있고 집만 있고 번듯한 형식만 다 갖추고 있다는 것이 무슨 소용이 있겠는가 하는 것입니다. 종교를 가지는 대신 신앙을 가지라는 것입니다. 신앙은 생활이고 생활 가운데서 늘 가져야 할 중요한 사실이어야지 종교처럼 일주일에 한번 어디 모여서 만드는 특수한 환경이나 엑스타시나 그렇지 않으면 그런 감정이 아니라는 것입니다.

그런고로 무엇보다도 만사에 내가 이걸 할 수 있다고 주제넘게 생각을 않는 게 의지하는 사람의 중요한 자태입니다. 오늘 본문의 제자들이 꼭 의지해야 할 분을 모시고 가면서도 의지하지 않고 지내다가 나중에 의지하지 않고는 어떻게 벗어날 수 없는 무서움 가운데 빠질 때, 절체절명의 극한의 상황에 빠질 때에야 '주님, 우리가 죽게 되었습니다. 안 돌아보십니까. 죽겠습니다' 그렇게 죽겠다는 말을 했습니다. 무서운 얘기지요. 우리는 그렇게 하지 말고 평소에 만사에 주님을 의지하는 생활을 해서 주께서 약속하신 것을 우리에게 이루시는 것을 생활로 증험하고 또 실증하고 살아야 합니다. 아마 주님이 약속한 것을 이루시는가 안 이루시는가 보라고 그럴 것입니다. '자네가 나를 의지해 봐라. 내가 약속한 대로 너를 돌아봐 주는가 안 돌아봐 주는가 한번 너 시험이라도 해봐라.' 이스라엘 백성이 하도 패역하고 의지하지 않으니까 그렇게까지 얘기한 일이 있습니다.

그러니까 의지하라 한 것입니다. 자기의 장래를 모르는 게 인생이고 앞에 무엇이 있는지 네가 모른다는 것을 아주 명철하게 가르쳤습니다. 장래를 모르는 인생이지만 의지하는 까닭에 걱정할 것이 없는 것입니다. 나를 데리고 붙들고 가신다고 했습니다. 나를 인도하신다고요. 하지만 의지 않는 사람은 저 혼자 가 보다가서 구렁에 빠지기도 하는 것이고 깜깜한 칠야(漆夜)에 앞에 위험이 있는데 걸어가는 것과 같은 인생길을 간다 말입니다. 그렇게 사람이 잘 아는 것이 아니라 말입니다. "네가 장래의 일은 알 수 없다. 네가 내일 일을 자랑하지 말라. 하루 동안에 무슨 일이 일어날지 네가 알 수 없음이라." '네가 추리를 하고 인과의 법칙에 의해서 앞으로 이렇게 된다고 그리 예언자같이 예언하고 살아? 어림없는 소리 말아라.' 왜죠? 사람이 어떤 원인을 알면 그 결과가 나올 것을 알지만 원인을 다 아는 것이 아닙니다. 원인 가운데 가장 큰 원인은 하나님이 준비하시고 하나님이 하시고자 하는 많은 일들입니다. 그것들이 있어서 역사의 과정, 그 진행 가운데, 인과율의 진행 가운데 자꾸 부어 넣으시는 겁니다. 그러니까 우리가 생각했던 결과가 아닌 별것들이 그 위에 자꾸 쏟아진다는 것입니다. 어떻게 우리가 그걸 잘 알 수 있겠어요.

이런 것을 우리는 사회의 현실 가운데서, 역사의 현실에서도 배웁니다. 역사의 현실은 단순한 인과의 율로만 규정해서 알아볼 재주가 없습니다. 하나님께서 때때로 특이하신 의사와 경륜에 의해서 당신이 원인이 되어서 큰 결과를 역사에다가 부어내리시는 것입니다. 재앙도 내리고 무서움도 내리고 요렇게 틀고 저렇게도 틀고 그러는 것입니다. 그런 까닭에 우리는 이런 캄캄한 칠야를 가는 것과 같은 인생의 길에서 하나님을 절대로 의지하고 나갈 때 이제는 그냥 침침한 칠야에 맹목으로 걸어가는 것이 아니라 빛이 되어 주십시오 하고 표한 것입니다. '주의 말씀은 내 발에는 등이고 여호와의 말씀은 내 길에는 빛입니다' 그렇게 말할 수 있게 만들어 주시는 것입니다. 오늘 중요한 것은 예수님을 모시고만 다니지 말고 의지하고 살아라 하는 것입니다.

기도

거룩하신 주님이여, 저희를 이 세상에 두시고 저희가 주님을 의지하고 살게 그렇게 미쁘신 여러 가지 약속을 하시며 예를 보여 주시며 깨닫도록 가르쳐 주심을 생각할 때 감사하옵나이다. 저희가 미천하여 주님을 의지하는 도리를 잘 모르고 곧 자기의 걱정을 자기가 도로 찾고 자기의 계획을 스스로만 생각하고 있사오나 주여, 저희가 매일매일 생활의 모든 경영에서 모든 일에서 사사건건에 있어서 주를 마음 가운데 앙모하고 경건한 심정으로 주를 묵상하며 주를 늘 의지하게 합소서. 주님을 모시고 배를 저어 가던 제자들이 제 스스로 제 재주를 가지고 주를 잘 모셔보겠다고 했지만 주를 모시는 게 아니라 오히려 큰 풍랑에서 죽게 되었을 때는 비로소 주님을 향하여 부르짖었사옵니다. 이런 어리석음 가운데 들어가지 말고 처음부터 늘 주님만을 의지하고 지시와 인도를 받아서 살게 하시옵소서.

주 예수님 이름으로 기도하옵나이다. 아멘.

1977년 9월 18일

주를
의지하고
사는
일②

야고보서 4:13-17

13 들으라 너희 중에 말하기를 오늘이나 내일이나 우리가 아무 도시에 가서 거기서

일년을 유하며 장사하여 이를 보리라 하는 자들아 14 내일 일을 너희가 알지 못하는

도다 너희 생명이 무엇이뇨 너희는 잠깐 보이다가 없어지는 안개니라 15 너희가 도리

어 말하기를 주의 뜻이면 우리가 살기도 하고 이것 저것을 하리라 할 것이거늘 16 이

제 너희가 허탄한 자랑을 자랑하니 이러한 자랑은 다 악한 것이라 17 이러므로 사람

이 선을 행할 줄 알고도 행치 아니하면 죄니라

주를 의지하고 사는 일 ②

허탄한 자랑

오늘 성경을 야고보서 4:13-17까지 읽었는데, 이와 함께 예수님께서 우리에게 가르쳐주신 또 하나의 비유를 읽고자 합니다. 누가복음 12:15-21까지 있는 말씀인데, "저희에게 이르시되 삼가 모든 탐심을 물리치라. 사람의 생명이 그 소유의 넉넉한 데 있지 아니하니라 하시고 또 비유로 저희에게 일러 가라사대 한 부자가 그 밭의 소출이 풍성하매 심중에 생각하여 가로되 내가 곡식 쌓아 둘 곳이 없으니 어찌할꼬 하고 또 가로되 내가 이렇게 하리라. 내 곳간을 헐고 더 크게 짓고 내 모든 곡식과 물건을 거기에 쌓아 두리라. 또 내가 내 영혼에게 이르되 영혼아 여러 해 쓸 물건을 많이 쌓아 두었으니 평안히 쉬고 먹고 마시고 즐거워하자 하리라 하되 하나님은 이르시되 어리석은 자여 오늘밤에 네 영혼을 도로 찾으리니 그러면 네 예비한 것이 뉘 것이 되겠느냐 하셨으니 자기를 위하여 재물을 쌓아두면서 하나님께 대하여 부요치 못한 자가 이와 같으니라."

야고보서 4:13-17 말씀은 보통 예수를 믿는다고 하는 사람들, 특별히 장사를 하는 사람들한테 '자 너희 중에 어떤 사람들이 있어서 어떤 성 가령 뉴욕이든지 워싱턴이든지 어디 다른 큰 도시에 가서 물건을 사서 팔고 넘기고 그러면 대단히 이익이 많을 테니까 거기 가서 일 년 동안 살면서 장사를 해 가지고 이익을 남기자고 하는 사람들' 그렇게 생각하고 나아가서 일하는 사람들을 가리켜서 특별히 얘기한 겁니다. 이 세상에 장사하는 사람들이 많아서, 장사하기에 가장 편리한 곳을 찾고 될 수 있는 대로 자기의 형편에 이문을 잘 남길 자리를 찾아가서 장사를 해 가지고 이문을 남기려고 하는 것은 아주 정한 이치입니다.

그런 사람들보고 하는 말이 "너희 생명이 무엇이냐. 잠깐 보이다 없어지는 안개니라" 그랬어요. 어디 가서 일 년을 살면서 장사를 해 가지고 이를 남기겠다는 이 사업계획이 특별히 무엇이 잘못된 것입니까? 잘못된 것이 없는데 그런 사업계획을 하고 있는 사람들을 보고 "네 생명이 무엇이냐. 잠깐 보이다 없어지는 안개니라" 경고를 하십니다. 그런데 네가 오히려 말하기를 하나님이 허락하신다면 우리가 살기도 하고 이것도 하고 저것도 하게 하시는 대로 그럴 기회도 주고 그럴 힘도 주고 그렇게 하게 하시는 대로 될 것입니다. 하지만 그러지 아니하고 제 생명과 제 건강과 제 지혜와 제 능력과 자격은 으레 제게 붙어 다니는 것으로 딱 미리 간주하고서 '야 그러니 얼른 어떤 도성에 가서 일 년간 장사를 자꾸 하면 이만큼 이익을 남길 테니 그리하자' 이런 소리를 한다면 '너희는 자랑하는 자니, 이런 자랑은 다 악한 것이라'고 하셨습니다. 악하다 그랬어요. 자랑을 그런 식으로 한다면 무엇을 자랑했는가? 나는 훌륭하다고 자랑했는가? 그런 것은 아닙니다. 다만 장사를 하는데 어떤 도성에 가서 일 년을 유하면서 이문을 남기고, 그렇게 해서 행복스럽게 살겠다는 생각을 하는 것입니다. 그것이 자랑이라는 겁니다. 다른 것도 아니고 어떤 도시에 가서 일 년 살면서 거기서 장사를 해서 이문을 남기겠다는 것이 어떻게 해서 자랑이 되느냐 하면, 네가 사는 것도 네 힘으로 사는 것이 아니요 네 목숨도 네가 스스로 부지하는 것이 아닌데 무슨 까닭으로 네가 스스로 사는 것으로 알고, 네 건강과 지혜를 다 네 재주로 잘 유지해 나가는 것으로 알고 그건 당연히 네게 붙어 다니는 것으로 알고 그것을 주시는 하나님께서 무엇을 원하시며 어떻게 하시려고 하는지도 알아보지도 않고, 네 마음대로 뉴욕이든지 시카고든지 워싱턴이든지 어디든지 가서 장사를 해 가지고 일 년을 유하겠다 하면 일 년 동안 살아질는지 안 살아질는지 네가 어떻게 아느냐? 그리고 이문을 남기겠다! 이문을 남길는지 이문을 남길 수 없게 갑자기 무슨 탈이 날는지 네 장래를 네가 어떻게 아느냐! 그러한 사람들과 그러한 행위를 허탄한 자랑이라고 했습니다.

"이제 너희가 허탄한 자랑을 자랑하니 이러한 자랑은 다 악한 것이라." 주님이 그렇게 하시고자 해서 우리를 보전하시고 능력을 주시고 기회를 주시면 우리가 할 수 있겠지만 생명도 제 마음대로 언제까지 살 수 있으리라 생각하고 어제나 오늘 사는 것같이 내일도 모레도 살아간다. 그렇게 네 마음대로 네 장래가 유지되고 평안할 것으로 알고 있으니, 이런 허탄한 자랑을 네가 자랑하니 이런 자랑은 다 악한 것이다. 네 생명이 무엇이냐. 잠깐 보이다가 없어지는 안개니라.

여기서 아까 누가복음에서 본 그 부자, 농사해서 부자가 된 사람의 비유를 우리가 곁들여서 함께 생각해 보자면 그 비유는 농사를 지어서 재물을 많이 얻는 사람 이야기입니다. 지금 여기 야고보서는 장사를 해 가지고 이문을 남기고자 하는 사람의 이야기를 하고 있습니다. 장사를 하든지 농사를 짓든지 어떤 산업을 자기가 주로 해서 종사하고 살아가든지 하여간 그 부농의 얘기가 하나의 중요한 예가 됩니다. 그 사람은 농사를 짓는 사람인데 농사를 잘 지었더니 곡식이 아주 많이 나서 더 어디다가 쌓아 두려 해도 곳간이 모자라서 '아이 이거 참 큰일 났구나, 이렇게 곳간이 모자라니 어떻게 할까?' 곳간을 지을 자리를 새로 마련하기보다 지금 있는 곳간을 헐어버리고 그걸 확대해 크게 짓고 거기에다가 여러 해 먹을 것을 잘 쌓아둡니다. 그런 다음에는 그가 자기 영혼보고 스스로 하는 말이 '야 너 아무개야, 여러 해 쓸 것이 많이 있으니 이제는 먹고 마시고 즐거워하자'고 합니다. 그렇게 많이 쌓아 놨으니깐 후련한 마음, 만족스러운 마음, 그리고 든든한 마음이 다 있을 것입니다. 그런데 이 사람에게 하나님께서 하늘에서 쳐다보시고 '야 이 어리석은 자야, 오늘 밤에 네 생명을, 네 영혼을 내가 도로 찾아갈 것이다. 그러면 네 준비한 것이 다 뉘 것이 되느냐. 그러면 그것이 너하고 무슨 상관이 있느냐?' 하시면 결국 그 자신이 누리고 살 아무런 기회도 없어지고 마는 것입니다.

이렇게 하나님께서 그 목숨을 주장하시고 그에게 허락하시고 그럴 기회를 주셔야 합니다. 재주도 주시고 건강도 주시고 기회도 주시고 모든 할 수 있는 일을 다 하도록 해 주셔야 하는 것이지, 덮어놓고 그냥 자기의 뜻대로 일 년을 장사하려면 할 수 있다. 뭐든 하면 할 수 있다고 생각하는 것은 안 믿는 사람은 모르되 믿는 사람에게는 악한 자랑, 허탄한 자랑을 하는 것이라고 가르치십니다. 안 믿는 사람이야 더 믿을 거 없으니까 일반적으로 사람은 살다가 갑자기 죽는 일도 있지만 꼭 내가 그렇게 갑자기 내일 모레 죽으랴? 그러니 좌우간 우선 계속 살 것으로 생각하고 모든 계획을 해나가는 것입니다. 그렇게 하되 이지적으로 따져서 유리한 데를 취하고 불리한 데서 떠나는 것입니다.

하나님의 형벌과 징계

그러나 믿는 사람의 경우 사람이 그렇게 살아가는 것이 아닌 것을 안 이상에는 그렇게 하면 안 됩니다. 왜냐? 안 믿는 사람은 그러고 가지만 하나님께서 그 사람을 보고 '이 어리석은 사람아, 네 생명이 무엇이냐, 잠깐 보이다 없어지는 안개다. 네 영혼을 오늘밤에 내가 찾을 테다. 네 준비한 것이 다 네게 무슨 의미가 있느냐' 이렇게 얘기하는 것입니다. 믿는 사람이 되었든지 안 믿는 사람이 되었든지 사람의 생명을 주장하시는 하나님의 절대의 뜻이 그를 지탱해 주시고 용허하시고 또 기회를 주시고 해야 그렇게 하는 것인데, 그렇게 하리라는 것을 어떻게 안다는 겁니까? 보통 안 믿는 사람들이라면 '아 어제도 그렇고 그저께도 그랬고 지금까지 그랬으니까 앞으로도 그럴 것 아니냐'고 그렇게 대답할 것입니다. 나만 그러는 게 아니고 모든 사람들은 다 그렇게 사는 것이 아니냐! 사람들의 생활에 어떤 일정한 일반 법칙이라는 것, 일반적인 상황이라는 걸 대개 생각하고 그것을 표준 삼아서 이런 소리를 합니다. 사람의 일반적인 법칙이란 사람들이 살다가 갑자기 죽는 것도 아니고 살아가다 갑자기 꼬꾸라지는 것도 아니고, 또 사람의 건강도 어떤 일정한 과학적인 법칙을 따르지 그냥 갑자기 없어지고 그러는 것은 아니다. 사람은 그렇게 정상으로 사는 것으로 간주하고서 따라서 내일도 정상적으로 살아있을 것이고 내년에도 그렇게 살아있을 것을 계산해 가지고 장사도 계획하고 농사도 계획하고 자기의 생애 여러 가지 것을 설계해 나간다. 이렇게 생각하는 것인데 그 일반 법칙이라는 것이 과연 그렇게 준신할 수가 있는 것이냐 하면 그걸 신뢰할 수가 없습니다. 가령 저 사람은 내가 보기에 십 년을 하루같이 저렇게 잘 살아오고 나도 십 년을 하루

같이 지금까지 살아왔으니까 앞으로 저 사람이나 나나 다 같이 잘 살아갈 것이다. 이렇게 생각한다면 그게 오해입니다.

우리는 이 세상 사람들의 사는 일들을 관찰할 때 통계를 내지 아니하니까 다 알 수는 없지만, 가령 어렸을 때 자기 친구로 함께 모여서 살던 사람 가운데 십 년이나 이십 년을 자라가 보면 그 사람들이 꼭 같은 상태대로 자라나서 아무 탈 없이 성인이 돼 가지고 각각 자기의 임무를 하고 자기의 사업들을 하고 삽니까? 그렇지 않고 어렸을 때 같이 하던 사람들이 한 삼십 년 후에 보면 서로 어디로 갔는지도 알지 못하고 그 동안에 많은 다른 사람의 상황과 접촉하게도 되고 오늘날 내가 알고 있는 사람도 반드시 그 사람들이 모두 한 몇 십 년씩 함께 지내는 사람이 아니라 말입니다. 이렇게 사람은 서로 떴다 가라앉았다, 흩어지기도 하고 모으기도 해서 변화무쌍하고 변천무쌍한 것을 우리가 보는데 그 변화무쌍한 속에서 다른 사람들의 운명이 그 후에 어떻게 됐는지 우리가 거의 다 모르는 것입니다. 다른 사람들 역시 내가 지금 여기서 이러고 있는 것을 잘 모를 겁니다. 한 가지 감사하는 것은 지금까지 나를 이와 같이 잘 보전하셔서 이윤이 많은 상태에 내가 있게 된 것이지만 다른 사람들도 꼭 당연히 그렇게 다 잘 살 것이냐 하면 반드시 그런 것이 아니라 말입니다. 그 이유가 있어요. 하나님께서는 사람이 다 죄인인 것을 아시고 그 사람의 죄에 대해서는 그냥 가만히 두어 두시지 아니하시고 이 세상에 있는 동안이라도 사람의 죄에 대해서 토죄를 하시고 심판하시는 일이 때때로 많이 있는 것입니다. 하나님께서 세상에 있는 사람들의 죄를 그냥 놔두시지 아니하시고 심판을 하실 때에 이 세상에서도 때를 따라서 직접적으로 심판을 하십니다. 하나님께서 그처럼 사람의 죄를 심판하시면 어떤 사람이 자기 스스로 어찌 그러는지 알지 못하는 상태 하에서 멸망하기도 하고 병들기도 하고 죽기도 하고 괴롬도 받고 그러는 것입니다.

이렇게 세상에서 사람들이 심판을 받고 살아가는 일이라는 것은 이 세상 보통 사람들은 별로 알지 못하지만 그러나 하나님의 법칙대로 보면 이 세상에서 살다가 그 죄로 말미암아서 심판을 받고 고통을 받는 유례도 허다합니다. 심판을 받는 방법은 일반적인 법칙 하에서도 받고 또 그렇지 아니하면 사람이 도저히 깨달을 수 없는 어떤 특수한 법칙, 하나님의 특별한 적극적인 의사에 의해서도 심판을 받는 것입니다. 일반적인 법칙이라는 것은 콩을 심으면 콩을 거둔다 하는 거와 같이 게으름을 심으면 가난을 거두고, 또 불품행(不品行)과 허랑방탕(虛浪放蕩)을 심고서 살면 나중에 몸에는 병들고 생활은 할 길이 없고 그냥 일찍 건강이 다 쇠퇴해서 죽어버리는 일이 생기고, 열심히 공부를 않고 게을리 지식을 연마하거나 쌓지를 아니하면 나중에 나이 먹은 다음에 지식을 꼭 가져야만 할 때는 지식이 없어서 무식한 사람이 돼서 어찌 할 길이 없는 것입니다. 그런 것도 일반법칙인데, 이런 인과의 법칙에 의해서 사람은 죄에 대해서 상당한 보수와 대가를 받는 것입니다. 물론 그것만이 전부는 아닙니다. 하나님 앞에서 믿지 않는 사람은 믿지 않는 것 때문에 영원한 심판을 받을 것입니다. 그러나 땅 위에서도 그가 지은 죄 때문에 그 죄의 결과를 거두고 그로 인하여 하나님의 심판을 받아서 그 자격이 낮고 그 몸이 쇠하고 그 지혜가 흐리고 또한 그의 생활이 곤궁하고 또 그러다가 그만 그것이 빌미가 되어 이 세상에서 불쌍하게 스러져 버릴 수가 있습니다.

　그러나 이것만이 전부가 아니고 영원한 세상에 가도 형벌을 받을 것이 분명한 겁니다. 더 중요한 것은 사람이 아무리 자기는 지혜롭고 건강하고 힘 있고 잘하고 하지만 하나님께서 때를 따라서 기뻐하시는 뜻대로 누구에게 일는지 우리가 알 수 없게 어떤 사람을 붙들고 딱 심판을 하면 그 사람은 갑자기 죽기도 하고 갑자기 병이 들어서 반신불수가 되기도 하고 갑자기 아무 것도 할 수 없는 사람이 되고 갑자기 넋 나간 멍청이가 되기도 하고 또 어떤 병이 들어가지고서 계속적으로 고통을 받고 지내기도 하고 경제생활에서 완전한 파탄을 받아가지고 슬피 울며 부르짖으며 고통하기도 하는 것입니다. 하나님께서 그렇게 징벌을 하시고 형벌을 내리시니 그 까닭을 잘 모르는 겁니다. '내가 뭣 땜에 이러는가? 특별히 잘못한 게 없는데 생각해 봐도 특별히 그럴만한 일 없는데 다른 사람보다 더 불행하다.' 사람들은 글쎄 그게 무슨 일인가 이유를 잘 모르는 겁니다. 그가 아주 나빠서 즉 콩을 심었으니 이제 콩을 거둔다 하는 것이 명백하거나 현저한 경우도 있을 것입니다. '에이 젊어서 허랑방탕을 심더니 저가 아무것도 아니군.' 그건 이렇게 알만한 것이지만 그것도 아닌 경우가 때때로 있습니다. 우리 보기엔 때때로 있는 일이지만 이 세상 인류 속에서 여기저기서 그런 일이 발생한 것을 생각하면 참 그런 일이 많다 말입니다.

이런 것은 한 개인뿐 아니라, 한 민족이나 한 사회도 한꺼번에 환난을 받기도 합니다. 한꺼번에 지진이 난다는 것, 홍수가 터진다는 것 이런 자연계의 큰 재액이 임할 수가 있는데, 그런 재액이 아무 뜻 없이 그냥 오는 것이 아니라 하나님께서 죄인들을 일반적으로 심판하시는 형태로 임하는 것입니다. 그럼 그 속에서 믿는 사람만은 쏙 빼느냐? 예수 그리스도의 공로로 죄 사함을 받았으니까 그냥 쏙 빠지느냐 하면 믿는 사람이라고 꼭 빠지는 건 아니나, 이런 경우에 하나님께서 당신을 참으로 의지하고 부르짖고 애를 쓰는 사람에게 "환난 가운데 내게 부르짖으라. 내가 저를 건지겠고 저가 나를 영화롭게 하리라"는 하나님의 말씀을 적용시키는 것을 목도할 수 있게 하시는 일이 비일비재합니다. 다 같이 환난을 맞고 다 같이 전쟁을 만나서 피난을 가고 다 같이 큰 재화(災禍)를 받아도 그 재화 속에서 다시 일으키시고 싸매시고 건져내시는 일에 대해서 믿는 사람은 항상 하나님의 자녀답게 복을 주시는 것이고 보호하시는 겁니다. 그러면 왜 재화를 아예 안 받게 하시지 않고 그러느냐 하면 어떤 사람은 재화를 안 받을 수 있지만 같이 받는 가운데서 받는 교훈이 있고 그것은 하나님의 징계의 채찍이라 하는 의미를 갖는 것입니다.

이와 같이 사람들에게는 갑자기 징벌도 하고 징계도 하는 까닭에 항상 자기가 생각하는 대로 보통 사람이 어제와 같이 언제든지 고만한 형태로 편안하게 늘 사는 것이 아니라, 생활 가운데 많은 변천이 생기는 것입니다. 이런 변천이 생기는 속에서 혹은 괴롬을 받기도 하고 고통을 당하기도 하고 해서 이리저리 흩어지기도 하고 방랑도 합니다. 이런 생활을 가만히 볼 때 일반법칙이다 해 가지고서, '자 나는 내일 혹은 내년 혹은 십 년은 튼튼할 테니까 나의 일을 하겠다'고 하는 계획을 하나님의 뜻과 하나님의 선과 의와 사랑으로써 내려주시는 은혜를 기다리지 않고, 저 홀로 경영하고 계획하는 것이 허탄한 짓이고 허탄한 자랑이고 악한 것입니다. 두려워할 자를 두려워해야 합니다. 하나님을 두려워할 줄 알아야 해요. 하나님께서 한 번 틀어 놓으면 사람이 어떻게 할 수 없는 무서운 상태에 빠지는 걸 알고 하나님께만 의지해서 하나님께서 복을 주시고 살기를 바라야 하는 것입니다. 전도서 7:13을 보면 "하나님이 행하시는 일을 보라. 하나님이 굽게 하신 것을 누가 능히 곧게 하겠느냐?" 어떤 사람의 건강을 한번 잡아 틀어서 구부려 놓으시면 어느 누가 그걸 곧게 하겠느냐? 아무렇지도 않은 사람이라도 갑자기 액을 당하고 그런 어려움을 당해서 일이 비틀어지고 고통을 받을 수 있는 것인데 사람이 이러이러하게 노력하면 그것은 없어진다지만 그것이 과연 없어지느냐. 하나님이 한 번 해 놓은 것을 사람은 고치기가 어렵다. 못 고치는 것이다. 가령 일 반법칙에 의해서 그걸 싸매 가지고 차츰차츰 낫게 했다고 하지 만 하나님의 뜻이 그것을 용허하니까 그렇지 하나님의 뜻이 그 것을 허락지 아니하시면 도저히 곧게 안 되는 것이다. 한번 굽 게 해 놓으면 곧게 안 되는 것이다. 하나님이 하셨으니까 안 되 는 것이라 말입니다.

예수 믿는 도리의 기본

사람이 일반법칙 하에서 병이 났다든지 혹은 구부러졌다 할 때는 그런 일반법칙 하에서 또 그것이 바로잡혀지고 건강을 회복하고 하는 것이지만 하나님이 특수한 의사로써 그걸 돌려 놓으면 사람이 도저히 그것을 바로잡지 못하는 것입니다. 그뿐 아니라 또 욥기 12:14에 "그가 헐으시면 다시 세울 수 없고 사 람을 가두신즉 아무도 다시 놓을 수 없느니라"고 하셨습니다. 즉 그가 헐어 내버리면 사람은 죽겠다고 열심히 자기의 재산도 쌓고 자기의 명예도 쌓고 자기의 사업도 쌓아 올리지만 한 번 하나님이 손을 들어서 탁 쳐 가지고 우르르 무너져버리면 누가 다시 세우느냐? 하나님이 무너뜨렸으니까 못 세우는 것이다 그 거지요. 사람이 파산을 했다가 다시 세우는 수가 있지만 하나 님이 직접 큰 뜻을 보여서 그것을 헐어버리면 다시는 그걸 세 울 힘이 없는 것입니다. 세울 힘이 없도록 만들어 버리신다 말입니다. 그리고 하나님이 한 번 자유를 뺏어 놨으면 하나님이 뺏은 자유인 까닭에 다시 사람이 마음대로 회복을 못하는 것이오. 누가 다시 해방할 수 있느냐? 다시 놓을 수 없느니라 그랬습니다. 이런 말씀이 성경에는 여기저기 참 많이 있습니다. 그러므로 하나님께서 하시는 말씀이 "나는 빛도 짓지마는 어둡게도 한다. 어두움도 창조하는 거고 나는 평안도 지어주지만 환난도 창조한다. 나는 여호와라 이 모든 일을 행하는 자니라." 이것은 이사야 45:7에 있는 말씀입니다.

이렇게 하나님께서는 당신이 원하시는 대로 하시는 것이고 또 하나님의 명령이 아니고는 그것이 이리저리 바뀌지 않는 것입니다. 예레미야애가 3:37에 "주의 명령이 아니시면 누가 능히 말하여 이루게 하랴!" 주께서 그것을 하시려고 명령을 해야 이룰 수가 있는 것이지 주의 명령이 아니면 다른 사람이 대신 나서서 말을 해라 할 수 있느냐? 아무도 그럴 권위가 있는 사람, 권능이 있는 사람이 없다는 것입니다. 그런고로 그 애가 3:38을 보면 "화와 복이 지극히 높으신 하나님의 입으로 나오지 아니하느냐?" 그에게서 화도 나오고 그에게서 복도 나오고 하는 것이다. 그러기 까닭에 하나님의 손에 빠져들어 가서 그가 한 번 막으시면 아무것도 할 수 없고 또 그가 하고자 하시면 아무도 헐 자가 없다는 것입니다. 이사야 14:27에 "만군의 여호와께서 경영하셨은즉 누가 능히 그것을 폐하며 그 손을 펴셨은즉 누가 능히 그것을 돌이키랴" 한 번 손을 펴셔서 주시려고 하시면 주시는 것이지 사람 누가 그걸 반대하거나 막을 수 있느냐고 한 것입니다. 이와 같이 하나님께서는 사무엘상 2:6-8에서 "여호와는 죽이기도 하시고 살리기도 하시며 음부에 내리기도 하시고 올리기도 하시는도다. 여호와는 가난하게도 하시고 부하게도 하시며 낮추기도 하시고 높이기도 하시는도다. 가난한 자를 진토에서 일으키시며 빈핍한 자를 거름 무더기에서 드사 귀족들과 함께 앉게 하시며 영광의 위(位)를 차지하게 하시는도다"고 하십니다. 이렇게 사람의 걸음은 여호와께로서 말미암으니 사람이 어찌 자기의 길을 알 수 있으랴 하신 것입니다.

그런고로 우리 교우들도 언제든지 자기가 스스로 무슨 일을 한다고 생각지 말고 언제든지 가져야 할 중요한 정신은 여호와께 모든 것을 맡기고 의지하고 살아야 할 것입니다. 여호와께 모든 걸 맡기고 의지한다는 정신이 믿음의 가장 기초적인 것입니다. 그것은 내 사업경영뿐 아니라 내 건강과 내 생활과 내 생명도 다 여호와께 맡기고, 또한 내 가족의 한 사람 한 사람 어린 것들도 어려서부터 여호와께 모든 걸 맡기고 의지하고 살아 버릇해야 합니다. 이것이 참으로 예수를 믿고 사는 것입니다. 믿는다는 건 의지하고 사는 것입니다. 이 세상의 돈을 의지하지 않고 세상의 세력을 의지하지 않고 자기 건강도 의지하지 않고 자기 지혜나 자기의 재주나 자기의 부지런함도 다 의지하지 아니하고, 오직 여호와께 다 맡기고 나에게 지혜를 주시기 바라고 건강도 주시기를 바라고 또 기회도 잘 주시기를 바라고 나의 사업도 붙들어 주시기를 바라고 나의 가정도 건강하게 건전하게 자라가게 붙들어 주시기를 바라고 살아가야 한다는 말씀입니다. 그것이 예수를 믿는 도리의 첫째 현실상 중요한 이치입니다. 여호와를 의지하고 사는 것이 믿는 것입니다. 예수께서 십자가에서 달리심으로 나를 구원하셔서 죄를 다 용서하셨다고 하는 것도 그 사실을 믿고 의지하니깐 내 것이 되는 것입니다. 그리고 매일매일 살아가는 생활 행보에서 꼭 예수님을 의지하고 다 맡기고 살아가야 합니다.

오늘은 우리가 어떻게 모든 일에 여호와만을 의지해야 하는지를 생각하였습니다. 제 마음대로 이 세상 사람이 생각하는 식으로 사업이나 생활을 생각하면 그게 악한 자랑이고 허탄한 자랑이다 이렇게 말씀하신 것을 명심해서 주님의 거룩하신 능력과 사랑을 확실히 믿고 의지해야 할 것입니다.

기도

사랑하시는 주님, 저희들 하나하나가 저희의 일생의 생활을 해 나갈 때 다 여호와께 믿고 의지하고 살게 하시고 주께서 가장 선하신 대로 좋은 길을 내실 줄을 믿사오니 주님이 주시는 은혜를 믿고 주님의 사랑을 믿고 의지하고 다 맡기고 살게 합소서. 혹여라도 제 스스로의 지혜로 제가 자기 생명을 경영하는 것같이 오해하지 말게 하시고, 지금까지 보호하시고 지키사 건강을 주시고 생각할 수 있게 하시고 노력할 수 있게 하시고 시간을 주시고 사업의 기초를 주신 하나님 앞에 감사하면서 진정으로 주님께서 더욱 붙들어 주시고 불쌍히 여기사 저희가 이 세상에 나온 보람 있는 생활을 하도록 정신 있고 목적 있는 생활을 하도록 주님의 은혜 베푸시기를 바라면서 의지하고 살게 하여 주시옵소서.

우리 주 예수님 이름으로 기도하옵나이다. 아멘.

1977년 9월 25일

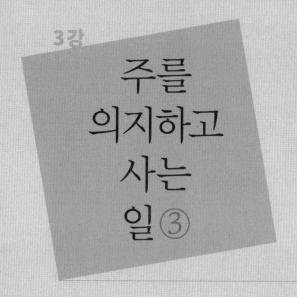

3강

주를
의지하고
사는
일③

시편 21:1-9

1 여호와여 왕이 주의 힘을 인하여 기뻐하며 주의 구원을 인하여 크게 즐거워하리이

다 2 그 마음의 소원을 주셨으며 그 입술의 구함을 거절치 아니하셨나이다(셀라) 3 주

의 아름다운 복으로 저를 영접하시고 정금 면류관을 그 머리에 씌우셨나이다 ⁴ 저가 생명을 구하매 주께서 주셨으니 곧 영영한 장수로소이다 ⁵ 주의 구원으로 그 영광을 크게 하시고 존귀와 엄위로 저에게 입히시나이다 ⁶ 저로 영영토록 지극한 복을 받게 하시며 주의 앞에서 기쁘고 즐겁게 하시나이다 ⁷ 왕이 여호와를 의지하오니 지극히 높으신 자의 인자함으로 요동치 아니하리이다 ⁸ 네 손이 네 모든 원수를 발견함이여 네 오른손이 너를 미워하는 자를 발견하리로다 ⁹ 네가 노할 때에 저희로 풀무 같게 할 것이라 여호와께서 진노로 저희를 삼키시리니 불이 저희를 소멸하리로다

로마서 11:17-24

¹⁷ 또한 가지 얼마가 꺾여졌는데 돌감람나무인 네가 그들 중에 접붙임이 되어 참감람나무 뿌리의 진액을 함께 받는 자 되었은즉 ¹⁸ 그 가지들을 향하여 자긍하지 말라 자긍할지라도 네가 뿌리를 보전하는 것이 아니요 뿌리가 너를 보전하는 것이니라 ¹⁹ 그러면 네 말이 가지들이 꺾이운 것은 나로 접붙임을 받게 하려 함이라 하리니 ²⁰ 옳도다 저희는 믿지 아니하므로 꺾이우고 너는 믿으므로 섰는지라 높은 마음을 품지 말고 도리어 두려워하라 ²¹ 하나님이 원 가지들도 아끼지 아니하셨은즉 너도 아끼지 아니하시리라 ²² 그러므로 하나님의 인자와 엄위를 보라 넘어지는 자들에게는 엄위가 있으니 너희가 만일 하나님의 인자에 거하면 그 인자가 너희에게 있으리라 그렇지 않으면 너도 찍히는바 되리라 ²³ 저희도 믿지 아니하는데 거하지 아니하면 접붙임을 얻으리니 이는 저희를 접붙이실 능력이 하나님께 있음이라 ²⁴ 네가 원 돌감람나무에서 찍힘을 받고 본성을 거스려 좋은 감람나무에 접붙임을 얻었은즉 원 가지인 이 사람들이야 얼마나 더 자기 감람나무에 접붙이심을 얻으랴

주를 의지하고
사는 일③

지난 주일에 "네 생명이 무엇이뇨, 잠깐 보이다 없어지는 안개니라" 하는 말씀을 생각했습니다. 자기 사는 것을 제가 제 힘으로 사는 것같이 생각하는 이 어리석은 것과 허탄한 자랑을 네가 경계하고, 믿는 사람답게 주께 의지하고 주님이 나에게 생명 호흡을 주시고 자유도 주시고 지혜도 주시고 건강도 주시고 사업도 유지하게 하셔서 모두가 주님의 은혜 가운데 살며, 이 세상 사람같이 헛되이 노력해서 헛되이 제 것 삼아 가지고 하지 않고 결국은 가치 있고 의미 있게 모든 것을 잘 쓰고 살고 이리하여 우리의 일생이 하나님 앞에 가치 있는 사람 되기를, 하나님께서 이 세상에 보내신 보람 있는 사람 되기를, 주님의 영광을 위하여 바로 쓰이도록 우리가 간절히 바라고 그렇게 살아야 할 것을 이야기했습니다.

오늘도 지난 주일에 이어서 계속 생각해 나갈 텐데, 성경은 시편 20:1-9을 읽었습니다만 거기서 우리가 특별히 생각해야 할 말씀은 시편 20:7-8입니다. "혹은 병거 혹은 말을 의지하나" 즉 어떤 사람은 병거, 지금 요새 말하면 전차, 탱크를 의지하고,

혹은 옛날엔 전쟁할 때 말이 참 귀한 것이었는데 요새 같으면 철갑의 자동차나 장갑차나 이런 것을 의지하지만, "우리는 여호와 우리 하나님의 이름을 자랑하리로다." 그런 것을 가지고서 뽐내고 그런 무기가 많아서 우리의 무력이 강하니까 이긴다고 생각지 않고 우리 하나님 즉 우리에게 약속하시고 또 우리에게 모든 구원과 좋은 것을 내리시고 우리를 당신의 백성 삼으시고 당신의 자녀를 삼으신 여호와 우리 하나님의 이름을 자랑하겠다고 한 것입니다. 병거나 말을 의지하는 "저희는 굽어 엎드러지고 우리는 일어나 바로 서도다." 이와 같은 말씀을 또한 다른 여러 말씀과 더불어 생각하고자 합니다.

장래 일을 정확히 알지 못함

지난번 말씀에서도 우리가 봤지만 "네가 네 장래 일을 알지 못하는도다" 하는 것입니다. "내일 일을 너희가 알지 못하는도다. 너희의 생명이 무엇이뇨 너희는 잠깐 보이다 없어지는 안개니라." 이게 지난번 야고보 4장에서 특별히 14절에 있는 말씀인데, 우리는 장래 일을 알지 못한다 하는 것입니다. 왜 알지 못하냐 하면 우리의 인식 작용이, 우리가 깨닫고 알고 하는 작용이 장래를 다 알 수 있게 만들어진 것이 아니라는 것입니다. 당초 우리는 창조되기를 그렇게 창조된 것입니다. 아담이 죄짓기 전에 장래 일을 훤하게 다 알았던 것이 아닙니다. 장래 일을 훤히 알았더라면 그렇게 죄를 안 질 뻔도 했지만 알게 돼 있지 않았습니다.

그건 사람이 지어지기를 원래 자기가 자기를 스스로 운전해서 자기 생활을 경영하도록 지어진 것이 아니고 장래 일을 모르는 까닭에 오늘 주신 눈앞에 보는 일을 충실히 하면서 내일 일은 전능하신 하나님께 부탁하고 그에게 의지하면서 즉 주님을 의지하면서 걸어가도록 만들어진 것입니다. 그런 까닭에 잠언 27:1을 보면 "너는 내일 일을 자랑하지 말라 하루 동안에 무슨 일이 날는지 네가 알 수 없음이니라." 내일 일을 왜 자랑하지 말아야 할 것인고 하니 하루 동안에 무슨 일이 날는지 네가 알 수 없으니까 그렇다. 내일 일을 자랑한다는 것은 어리석은 일이다. 아, 내일은 이렇게 된다, 또 그 일은 저럴 거다 하지만 그렇게 자랑하는 것은 아니다 그것입니다.

여기서 우리가 주의해야 할 것은 사람에게는 하나님이 내신 법칙을 아는 지혜와 인식 능력을 주셨다는 사실입니다. 하나님이 내신 법칙이라 할 때는 콩을 심으면 콩이 난다 하는 것도 하나의 법칙이지요. 어떤 원인이 있으면 그 원인을 가르쳐 주는 어떤 현상이 있고 그 원인과 현상을 잘 보고서 그러면 이런 결과가 이다음 시간에 나타날 것이라고 알게 되는 것입니다.

예를 들면 저녁이 돼서 석양에 붉은 놀이 벌게지면, '아, 저렇게 생겼으니 기상의 일반 법칙으로 봐서 즉 우리가 살고 있는 이 땅에 있는 법칙으로 봐서는 내일은 날이 좋겠다' 혹은 아침에 하늘이 벌건 후 구름이 끼면, '아, 오늘은 날이 벌써 이렇게 생긴 것이 흐리고 궂겠다' 이렇게 말할 수 있습니다. 또 정밀한 기계를 가지고 사방에 있는 기상의 상태를 조사해서 종합해 가지고, 그러니 이러한 기상 상태가 저기서부터 흘러서 이쪽으로 이렇게 내려올 것이다 하는 것도 일반 자연법칙에 의해서 알 수 있습니다. 그러니까 오늘은 날이 궂겠다든지 비가 오겠다든지 화창하겠다든지 혹은 가끔 구름이 끼겠다든지 하는 정도로 우리가 얘기를 해 나가는 것이지요. 대개 내일도 날이 좋을 것입니다 하고 천기예보도 하는 것이고, 또 어떤 사회에서는 이렇게 이렇게 해서 물건이 딸리니 장차 이 물건이 딸리는 것 때문에 이러이러한 파동이 일어날 것 같습니다 하고 예측도 합니다.

어떤 원인이 있을 때 그 원인이 당연히 끌고 들어오는 결과를 사람은 미리 생각할 수 있고 짐작할 수 있습니다. 이런 의미로서 장래의 일을 우리가 알 수 있느냐 하면 그런 의미로는 장래 일을 짐작하고 알 수 있습니다. 그리고 장래 일을 내다보고 짐작하고 알 수가 없다면 정치를 할 수도 없고, 더구나 훌륭한 정치를 한다고는 할 수 없는 것입니다. 훌륭한 살림도 하기가 어려운 것이지요.

그런데 성경은 "너는 내일 일을 자랑하지 말라. 하루 동안에 무슨 일이 날는지 네가 알 수 없음이니라." 이렇게 가르쳤는데 사람이 여러 가지로 궁구하고 살펴도 장래 일은 모른다 하는 말이 성경에는 많이 있습니다. 전도서 8:7을 보면 "사람이 장래 일을 알지 못하나니 장래 일을 가르칠 자가 누구랴" 그랬어요. 즉 장래 일을 사람은 알 수 없으니 장래 일을 누가 가르칠 사람이 있겠느냐? 전도서 8:17을 보면 "하나님의 모든 행하시는 일을 살펴보니 해 아래에서 하시는 일을 사람이 능히 깨달을 수 없도다. 사람이 아무리 애써서 궁구할지라도 능히 깨닫지 못하나니 비록 지혜자가 아노라고 할지라도 능히 깨닫지 못하리로다." 또 전도서 9:12에 "대저 사람은 자기의 시기를 알지 못하나니 물고기가 재앙의 그물에 걸리고 새가 올무에 걸림 같이 인생도 재앙의 날이 홀연히 임하면 거기에 걸리느니라." 이어서 전도서 10:14에 "우매자는 말을 많이 하거니와 사람이 장래 일을 알지 못하나니 나중 일을 말하게 할 자가 누구냐?" 아까 야고보서 4:14 말씀같이 "내일 일을 너희가 알지 못하느니라. 너희 생명이 무엇이뇨 너희는 잠깐 보이다 없어지는 안개니라." 이런 말들에서 우리가 중요히 보는 것은 사람이 그럼 장래에 대해서 전연 깜깜하고 조금 있다가 무엇이 발생할지 도무지 모르느냐 하면 전연 모른다고 하는 것이 아니라 정확하게 모른다는 것입니다.

죄에 대하여 엄위로우신 하나님

그리고 특별히 하나님께서 어떤 일을 감추셨다가 조금 있다가 그에게 재앙을 내리든지 형벌을 내리든지 무서움을 그에게 내리든지 하는 것에 대해서는 사람이 알지 못하는 것이다. 그래서 마치 물고기가 재앙의 그물에 가서 척 걸리는 것도 걸리기 직전까지 제가 모르고 좋다고 헤엄치고 가다가 떡 걸리고, 새 역시 새 그물을 치고 올무를 만들어 놨으면 가다가 척하니 걸리는데 날아갈 때는 재빨리 어디로 간다고 가다가선 쩍 걸려서 그냥 잡혀버리는 것처럼 재앙이라는 것이 홀연히 올 때 그저 당하고 만다. 사람에게는 재앙이 예고를 하고 이제 올 테니까 기다려라 준비해라 하지 않고 홀연히 임할 때 그만 그대로 다 당하고 만다는 것입니다. 사람이 자기 일을 가지고 '이후의 날에 난 이렇게 된다'고 누가 그걸 얘기 하겠느냐? 다 모르는 것이다.

그러면 아까 얘기한 것과 같이 사람이 일반법칙을 깨달아서 인과의 법칙에 의해서 어떤 원인 하에서 어떠한 결과가 그 다음에 나타나리라는 것을 짐작한다고 하더라도 모든 것이 그 인과의 법칙대로, 고것만이 전부 규정된 대로 움직이고 돌연한 새로운 사실이 중간에 끼거나 갑자기 쏟아지거나 하는 일이 없느냐 하면, 있습니다. 하나님이 원인이 되사 하나님이 내리시고자 하면 이 세상에 하나님께서 이미 보이신 원인에 의해서 거두는 결과 이외의 사실들이 확연히 아주 우수수 무섭게 사람에게 쏟아지기도 합니다. 이와 같이 사람에게는 때를 따라서 무서운 결과가 쏟아지는 이것이 재앙이고 혹은 큰 불행이고 혹은 큰 무서운 일이고 말로 할 수 없는 것들입니다.

그럼 그것은 무엇이 원인이냐? 그게 먼 원인을 따지자면 사람의 죄이고 그 죄에 대한 하나님의 심판이란 법칙이 거기 자재해서 그러는 것이지만 근인(近因)은 알 수가 없습니다. 하나님께서 그런 무서운 재앙과 형벌을 사람들이나 혹은 그 사회에 내린다 하는 일의 근인은 직접 알 수 없다는 것입니다. 그것은 하나님 당신이 원하시는 시기, 원하시는 때, 원하시는 그 거룩한 목적 때문에 갑자기 어떤 사회, 어떤 민족, 어떤 사람들, 어떤 사람에게 큰 재앙과 무서운 채찍을 가지고서는 내려치시는 것입니다.

이와 같이 하나님은 죄에 대해서 엄위로우신 분임을 잊어서는 안 되는 것입니다. 그 동안 우리는 하나님이 이렇게 엄위로우셔서 재앙을 내리고 형벌을 내리신다는 것을 자꾸 강조했는데, 하나님은 사랑이라 하는 말로 자꾸 두호(斗護)해서, 그렇게 흐려서 하나님이 무서운 분임을, 엄위로우신 면을 잊어버려서는 안 된다는 것입니다. "그러므로 하나님의 인자하심과 엄위하심을 보라. 넘어지는 자에게는 엄위가 있느니라." 하나님 앞에서 바로 반듯이 서서 살지 않고 넘어져서 타락하는 사람에게는 하나님의 엄위가 있으나 네가 하나님의 인자 가운데 거하면, 하나님의 인자가 네 안에 거하리라. 하나님의 사랑 안에 네가 늘 거하고 하나님께서 요구하시는 대로 사랑하는 가운데 살고 있으면 하나님의 사랑이 너희에게 있으리라고 로마서에서 얘기했습니다(롬 11:22). 어쨌든지 문제는 하나님은 엄위하신 하나님이시다. 사람이 죄가 있는데도 회개치 아니하면, 날마다 분노하시는 하나님 혹은 진노하시는 하나님이라고 그랬어요. 날마다 죄인들이 죄를 짓고 불의를 행하는 일에 대해서 그대로 보시고 넘기시지 않고, 그냥 둬두시지 않고 날마다 진노하시는 하나님이십니다.

이 진노하시는 하나님은 사람을 형벌하시려고 혹은 칼을 가시고 활을 당긴다는 말로 성경은 표현했습니다. 하나님이 엄위로우신 재판장이신 것을 잊어버려서는 안 된다 그 말입니다. 시편 7:11을 보면 "하나님은 의로우신 재판장이심이여 매일 분노하시는 하나님이시로다." 다시 그 다음 절도 볼 것 같으면 "사람이 회개치 아니하면 저가 그 칼을 갈으심이여 그 활을 이미 당겨 예비하셨도다. 죽일 기계를 또한 예비하심이여 그 만든 살은 화전(火箭)이로다"(12-13절). 이렇게 사람이 회개를 하지 않고 죄 가운데 그냥 계속 있으면서 완패하고 제 멋대로 나가면 하나님께서는 매일 분노하시는 엄위로우신 재판장, 의로우신 재판장으로서 죽일 기계를 예비하셔서 사람을 결국 치시므로 그가 땅에서 의미 없이 사라져 버리게 만드실 것입니다. 그 말씀이 시의 형태를 취하고 있는 까닭에 뭐 꼭 기계로 쳐야 할 것은 아니지만 마치 그런 기계가 있어서 머지않아 갑자기 그것이 그에게 임하는 것과 같이 칼을 갈으시고 무얼 치든지 칠 것이다 하는 그런 뜻입니다. 활은 이미 주욱 댕겨서 예비해서 탁 놓기만 하면 그 사람에게 가서 탁 맞아서 꿰뚫릴 것입니다. 이와 같은 시적인 표현으로서 하나님의 분노가 사람 앞에 닥친다는 사실을 보이고 있습니다. 언제든지 심판이라는 것을 금방 눈 깜짝할 사이에 그가 당할 것입니다. 누가 그걸 당할는지 이 화살을 이렇게 팽팽하게 활을 당겨가지고 지금 누구에게 쏠는지 알 수 없습니다. 회개치 아니하는 사람에게 날아가는 것입니다. 이와 같이 하나님이 엄위로우시다는 것을 성경은 우리에게 계속적으로 가르쳐서 사람으로 하여금 하나님을 두려워하고 살게 하셨지 하나님을 만홀히 여기고 제멋대로 살게 아니하셨다는 겁니다.

그런데도 불구하고 사람들이 하나님을 배반하고 제 마음대로 자행자지하고 살면 악한 자는 악이 관영해서 어떤 일정한 정도에 이를 것 같으면 하나님이 홀연히 심판하시는 것입니다. 또한 하나님을 믿노라 하는 사람들도 하나님의 그 엄위로우신 것을 알지도 못하고 '사랑이다, 사랑이다' 하고 밤낮 하나님께 그저 복 주시기만 바라고 있고 하나님의 도리는 무시하고 제 욕심을 채우려 하고, 세상에서 가다가 힘이 모자라서 안 되면 또 하나님보고 복 주시라고만 자꾸 해서 문제를 풀어 달라는 식으로 살면 유치한 것과 그 욕심 많은 것에 대해서 하나님은 도저히 기뻐하시지 않는 것입니다. 그걸 회개하기를 바라십니다. 회개치 아니하면 그를 언제든지 징계하실 것이므로 우리는 이와 같은 큰 도리를 주의해야 합니다. 이렇게 하나님을 두려워할 줄 아는 것이 바른 신앙입니다.

　그런데 하나님을 두려워할 줄 모르고 종교라고 해서 기독교라는 걸 자기가 스스로 취택해 가지고 그 취택한 데 들어가서 자기가 기독교인답게 살겠다 하는 것은 부정당한 것입니다. 예수님이 말씀하시기를 "너희가 나를 택한 것이 아니다. 너희가 나를 선택해서 기독교인이 된 거 아니다. 내가 너희를 택하여 세웠느니라. 이는 나가서 과실을 맺고 더 맺게 하려고 한 것이다." 예수께서 우리를 선택해서 그리스도인이 되게 하시고 하나님의 자녀가 되게 하신 것입니다. 이렇게 하나님이 하고자 하셔서 내가 하나님의 자녀가 된 것이지 나를 자식으로 삼으실 하나님이 부르지 아니하셨다면, 원치 않으셨다면 도저히 그리 안 되는 것입니다. 그런고로 이런 것으로 봐서 우리가 항상 주의해야 할 것은 하나님은 항상 두려우신 하나님이시요, 죄에 대해서 그 의로우신 재판장으로 심판하시는 하나님이시다 하는 사실입니다.

　우리가 예수 그리스도를 믿는 것은 그리스도를 믿음으로 말미암아 죄의 형벌을 다 면제받고 용서를 받았지만 죄를 짓는 그 사람의 악습과 타락한 상태와 저급한 상태로 방치하시고 그냥 내깔려 두시는 하나님이 아니시다 하는 것을 주의해야 합니다. 그러면 어떻게 하시는가? 하나님께서는 그런 사람을 매를 가지고 때리시는데 이 때리시는 것은 결코 그를 죽이려고, 멸망시켜 버리려고 그러시는 것이 아닙니다. 그가 깨달아서 하나님을 알고 바로 돌아와서 건실하게 하나님의 자식답게 살라는 그런 큰 의미가 있는 것입니다. 무릇 징계라는 것은 모든 아버지가 사랑하는 자식에게 다 내리는 것입니다. 자식이 바르게 가지 못하고 굽어지게 갈 것 같으면 어떤 아버지든지 그 자식의 굽은 것을 바로잡기 위해서 징계하는 것입니다. 이런 사실은 하나님께도 꼭 마찬가지로 하나님께서 그 사랑하는 자를 징계하시는 까닭에 무릇 너희에게 징계가 없다면 그건 진정한 아들이 아니지 않느냐 하십니다. 이렇게 히브리서에서도 하나님이 그 사람을 하나님의 자식답게 기르시기 위해서 때때로 징계하신다고 가르칩니다.

이런 사실을 우리가 생각할 때 우리들 자신이 하나님 앞에 모든 것을 맡기고 그가 나를 인도하시는 대로 따라가야 할 것입니다. 여기 성경 말씀이 일반법칙에 의해서, 가령 원인에 의한 결과를 안다고 그래도 그 원인과 결과의 진행 과정 사이에서 하나님이 친히 원인이 되사 내려 퍼부으시는 무서운 재앙이나 무서운 결과를 도저히 사람이 알 수 없이 그냥 당하고 마는 것이라고 아까 말했습니다. 그런 의미에서 사람은 제 장래를 아무것도 없이 꼭 인과의 법칙만이 사람을 지배하리라고 생각하는 어리석음을 버리고 하나님께서 친히 징계를 하신다는 사실, 죄에 대해서 신(神)으로 손을 대서 징벌하신다는 사실을 늘 주의해서 알고 있어라 그것입니다.

그래서 하나님이 친히 죄에 대하여 형벌을 하실 때 사람은 거기에 대해서 왜 이러십니까 하고 아무도 물을 수 없습니다. 그렇게 하나님께는 절대의 권리가 있어서 거룩하신 뜻으로 가장 선하고 아름다운 것을 사람에게서 이루시려고 하시는 것인데 그런 것을 생각지 못하고 사람이 제 마음대로 제 뜻대로 무엇을 해보려고 생각하고 완전히 맡기지 않고 의지하지 않고 나가는 것은 대단히 어리석은 일입니다. 이 어리석은 일에 대해서 그냥 가만 둬두시는 것이 아니고 반드시 징계를 하신다는 것입니다.

하나님의 말씀 구약 욥기 9:12을 보면 "하나님이 빼앗으시면 누가 막을 수 있으며 무엇을 하시나이까 하고 누가 물을 수 있으랴." 하나님이 한번 뺏으려고 하시면 아무도 항의 못하는 것입니다. 하나님이 건강을 뺏어 버릴 때 '아 왜 그러십니까?' 하고 못하는 것입니다. 참말로 우리는 항상 하나님 앞에서 내 앞길에 무엇이 기다리고 있는지 모르는 어리석은 사람이라는 것을 진중하게 생각하고 하나님의 사랑을 믿고 하나님이 나를 위해서 좋은 뜻을 가지고 준비하신 그 은혜를 믿고 그를 의지해야 합니다. 그런고로 하나님께서도 "너희가 돌이키고 돌이켜서 너의 영혼아, 내 생각은 너희 생각과 다르니라. 또 내 뜻은 너희 뜻과 달라서 재앙의 생각이 아니니 내게로 돌아오라" 하시는 말씀을 생각해야 할 것입니다. 재앙을 내리시겠다는 것이 하나님의 뜻이 아니라 하는 것을 우리가 주의해야 합니다.

이러하니 너는 내일 일을 자랑하지 말라. 왜냐하면 하나님의 거룩하신 진노나 하나님의 거룩하신 작정이 그 사람에게 무엇을 어떻게 쏟으려고 하셨는지, 무엇을 어떻게 틀어 놓으시려고 하셨는지, 어떤 길을 어떻게 강요하시려고 모든 일을 다 뒤집어 놓으셨는지 그건 다 아무도 알 수 없기 때문입니다. 사람은 꼭 자기가 계획해서 심어놓은 그대로만 스르륵 다 거두는 게 아니라 그 이상의 많은 신비한 사실, 사람이 알 수 없는 사실들을 자기가 당한다는 것입니다. 그런고로 자기 계획대로 꼭 되는 것은 아닙니다. 계획의 어떤 부분이 된다 할지라도 그 외에 많은 일이 그보다 훨씬 더 큰 비중과 능력을 가지고 와서 압도하는 일이 많은 것입니다. 그런 일을 하나님께서 친히 하시는 까닭에 또 하나님께서 그렇게 하도록 일을 섭리로 주장하신 까닭에 사람이 막고자 해도 막을 수가 없는 것입니다.

그러니 우리는 내일 일을 자랑하지 못하는 것입니다. 사람은 자기의 시기를 알지 못한다. '아 그렇게 했으면 좋은데, 그때 요렇게 했으면 좋을 텐데' 그것을 모르는 것입니다. 그 시기에 무엇이 이제 올는지 그 시기의 내용, 그 시기의 성격을 알 수가 없습니다. 마치 앞에는 재앙이 있는데 물고기가 그리로 훅 가다가 재앙의 그물에 걸리듯이, 새가 그 올무에 걸리듯이 사람에게도 홀연히 하나님이 그 재앙을 내리시면 그냥 홀연히 임하는 재앙에서 벗어날 수 없다 말입니다(전 9:12). 그런고로 우매한 사람은, 어리석은 사람은 전도서 10:14에 "우매자는 말을 많이 하지만 아무도 사람이 장래 일을 알지 못하는 것이다." 혹시 안다고 계산하고 무얼 떠들고 무슨 법칙을 떠들고 그렇지만 내일 일은 알지 못하는 것이다 그 말입니다.

모든 것을 다 주께 맡기고 살라

그런고로 우리는 주의해서 하나님께서 선하신 뜻을 가지고 나를 붙드사 늘 인도하신다는 것, 모든 염려를 주께 맡기면 주께서 인도하신다는 사실을 우리는 믿어야 합니다. 베드로전서 5:7에 "네 염려를 다 주께 맡겨 버리라. 이는 저가 너를 권고하심이니라." 권고라는 것은 자기의 권속(眷屬)으로, 즉 자기의 가족으로, 자기의 자식들로 다 돌아보시고 친히 길러 주시고 보호해 주시고 모든 것을 다 주장해 주신다는 의미입니다. 그러니까 네 모든 염려를 다 주께 맡겨 버리라고 하십니다.

이렇게 모든 것을 주께 다 맡겨 버리고 사는 이 생활을 가리켜 믿고 사는 것, 신뢰하고 믿고 의지하고 사는 생활이라 합니다. 시편 37:5에 "너희 길을 여호와께 맡기라. 저를 의지하면 저가 이루시고", 이어 6절도 보면 "네 의를 빛같이 나타내시며 네 공의를 정오의 빛같이 하시리라." 이 말씀은 하나님 앞에 당위와 정당한 생활을 하는 사람에게 특별히 적용하는 말씀입니다. 네가 정당한 생활을 하면 그 결과를 광명하게 드러내 주시겠다는 것입니다. 또 시편 55:22에 "네 짐을 여호와께 맡겨 버리라. 너를 붙드시고 의인이 요동하는 것을 영영히 허락지 않으신다." 요동치 않게 든든하게 해주신다. 장래의 일을 우리가 모르니까 아는 체하지 말고 또 하나님께 모든 것을 맡기고 나에게 맡기신 정당히 해야 할 일들을 충실히 해 나갈 때 우리의 그 정당한 일을 하나님께서 승인하시고 그 일로 말미암은 결과를 가지고 빛을 잘 드러내게 해 주실 것입니다.

장래 일을 알지 못하는 사람으로서 그럼 장래의 계획을 어떻게 해야 하는가? 사람에게 주신 건실한 이성과 지혜를 써서 항상 악과 불의를 피해야 하겠지요. 뻔히 이렇게 하면 최종 결과는 재앙이 온다는 것을 알면서도 그것을 한다면, 즉 '아, 난 장래의 일을 모르니까 괜찮다' 한다면 그것은 장래의 일을 모른다는 말을 방패로 삼아 자기의 욕심과 악을 꾀하는 일이 되는 것입니다.

사람이 항상 선을 도모해야지요. 장래의 일을 알지 못하는 까닭에 장래의 일은 하나님께 맡기면서 선의 열매를 거두기 위하여 소원하는 것입니다. 그래서 항상 선을 심고 선을 거두어 나가는 것이 정당한 일입니다. 오늘 내가 하는 것이 하나님 앞에 받으실만한 일이면 이 받으실만한 일 때문에 그 열매로 하나님은 기뻐하시고 네가 작은 일에 충성을 했으니 "잘 하였도다 착하고 신실한 종아, 내가 많은 것으로 네게 맡기고 또한 많은 것으로 줄 것이다." 이렇게 항상 선을 심고 의를 심고 또한 선을 거두며 의의 열매를 거두는 것이 사람의 지혜요 정당한 일입니다.

그것은 장래를 알아서 장래가 자기에겐 당장 다 된다고 해서만 그런 게 아니고, 그러한 어쭙잖은 생각은 아니하고, 나는 장래를 모르나 하나님이 내신 그 은혜로 지금 봄에 밭을 갈아야 할 때는 밭을 가는 것이고 그러면 가을이 돼서 거둔다는 것입니다. 밭 갈라고 해도 장래의 일을 모르니까 어찌될지 모르니까 안 하겠다, 이것은 옳지 않은 것입니다. 비록 가다가 여름에 큰 바람이 불고 큰 비가 오고 홍수가 난다든지 무슨 일이 있어서 그것이 흉작이 된다고 할지라도 봄에 밭 갈도록 나에게 기회를 주시고 그 시기가 딱 나를 기다리고 있으면 나는 그 당시에 해야 할 자기의 최선을 늘 다 해야 할 것입니다. 내 목전에 오늘 해야 할 일, 내일을 위해서 혹은 장래를 위해서 필요한 거룩한 열매가 나타나게 하려면 최선을 다하고, 그 일의 진행과 그 일의 지지는 하나님께 맡기는 것입니다.

이렇게 해서 하나님께서 그것을 잘 지지해 주시고 또 지탱해 주셔야만 열매도 거두는 것입니다. 도중에 하나님의 뜻이 그렇지 아니해서 그것을 쓸어버리시더라도 내가 오늘 주님 앞에 할 일을 하고 갔으니까 후회할 일이 없는 것입니다. 날마다 자기가 자기 생활을 충실히 하고 진실히 했으니까 나머지 문제는 전능하신 주님의 손에 맡기고 주님이 당신의 뜻대로 그 다음 일을 해주시기를 바라고 사는 것이 이게 정당한 신앙생활입니다. 이것을 생각하고 틀림없이 주께 다 맡기고 늘 오늘 생활을 충실하게 하되, 내가 해야 할 것 다시 말해 내일을 위한 일이든지 내년을 위한 일이든지 지금 해야 할 것을 충실히 해놓고 그 후에 결과를 거두거나 못 거두는 것은 그 다음의 일인 것입니다. 매일매일 주시는 생활을 충실히 하는 것과 동시에 하나님께서 그 일을 어떻게 인도하시고 주장하시고 그 일을 다스려 주시는가에 따라 얻을 것입니다. 이렇게 하나님이 친히 만사를 주장하시고 지배하시고 통치해 주시는 사실을 믿고 사는 생활이 우리 신앙이 되어야 합니다.

기도

　거룩하신 아버지시여, 주께서 저희에게 또한 주님을 믿고 의지하고 살게 하시고 모든 것을 주께 맡기고 살게 하시며 그러나 오늘 저희에게 주신 일을 충실하게 감당하고 충실하게 일을 해서 내일을 위해서나 장래의 열매를 위한 씨로, 심을 최초의 파종으로서도 일을 하게 하시고 장래의 열매를 또한 거두게 하심을 저희가 기대하면서 주님 앞에 오늘을 충실하게 살게 하시고, 이러므로 주께서 저희를 쓰셔서 하시고자 하시는 일을 충실히 하시는 그 거룩한 은혜의 세계에 늘 들어가게 하여 주옵소서. 영특한[警悟] 사람들같이 내일을 예료하고 내일을 계획하고 앉아서 이러고저러고 하지 않게 하시고 내일 일을 주께 맡기나 그러나 내일에 거두어야 할 선한 일을 저희에게 생각하게 하시고 지혜를 주시면 주신 지혜에 따라서 내일에 거두어야 할 선한 일의 씨를 미리 파종하고 또한 그 다음의 결과를 주께 맡기고 기다리면서 날마다 충실하게 꼭 해야 할 일을 해 나가게 하시옵소서. 이리하여 저희 신앙생활이 건실하고 아무것도 않는 게으른 자가 되지 않고 이상한 이론 가운데 빠져서 허랑방탕하거나 허무한 가운데 지내는 사람도 되지 않고 주님 앞에 불충실한 생활을 하는 사람도 되지 않고 또한 교만하고 거만하여 내일을 자기가 마치 경영할 수 있는 것같이 장래를 위한 경영을 하는 사람도 되지 않고 주께서 저희에게 지혜를 주셔서 깨닫게 하시는 대로 지금 심어야 할 씨를 심고 지금 가꿔야 할 것을 가꾸고 지금 해야 할 일들을 충실히 하고 일을 해서 감당해 나가게 하시옵소서.

우리 주 예수님의 이름으로 기도하옵나이다. 아멘.

1977년 10월 2일

주를
의지하고
사는
일 ④

로마서 11:17-24

17 또한 가지 얼마가 꺾여졌는데 돌감람나무인 네가 그들 중에 접붙임이 되어 참감람나무 뿌리의 진액을 함께 받는 자 되었은즉 18 그 가지들을 향하여 자긍하지 말라 자긍할지라도 네가 뿌리를 보전하는 것이 아니요 뿌리가 너를 보전하는 것이니라 19 그러면 네 말이 가지들이 꺾이운 것은 나로 접붙임을 받게 하려 함이라 하리니 20 옳도다 저희는 믿지 아니하므로 꺾이우고 너는 믿으므로 섰는지라 높은 마음을 품지 말고 도리어 두려워하라 21 하나님이 원 가지들도 아끼지 아니하셨은즉 너도 아끼지 아니하시리라 22 그러므로 하나님의 인자와 엄위를 보라 넘어지는 자들에게는 엄위가 있으니 너희가 만일 하나님의 인자에 거하면 그 인자가 너희에게 있으리라 그렇지 않으면 너도 찍히는바 되리라 23 저희도 믿지 아니하는데 거하지 아니하면 접붙임을 얻으리니 이는 저희를 접붙이실 능력이 하나님께 있음이라 24 네가 원 돌감람나무에서 찍힘을 받고 본성을 거스려 좋은 감람나무에 접붙임을 얻었은즉 원 가지인 이 사람들이야 얼마나 더 자기 감람나무에 접붙이심을 얻으랴

주를 의지하고
사는 일④

하나님만 의지하고 모두 맡기라

주님만 의지하고 사는 생활에 대해서 좀 더 생각하겠습니다. 오늘 본문 하나님의 말씀을 보면 특별히 "그러므로 하나님의 인자와 엄위를 보라 넘어지는 자에게는 엄위가 있으니 너희가 만일 하나님의 인자에 거하면 그 인자가 너희 안에 있으리라. 그렇지 않으면 너희도 찍히는 바가 되리라"(롬 11:22), 이 말씀을 주의해서 생각하십시다. 우리가 하나님의 자녀가 된 것을 다음과 같이 설명하고 있습니다. 우리 이전에 이미 이스라엘 백성을 하나님이 택하사 당신의 소유로, 당신의 거룩한 산업으로 쓰시며 나갔지만, 그들이 자행자지(自行自止)하므로 감람나무, 마치 이스라엘을 그렇게 상징하여, 그놈의 중간을 탁 찍어 가지고 그 위를 집어 내버렸어요. 그리고 들에 야생하고 있는 감람나무 비슷한 아무것도 아닌 이방 사람을 똑 끊어 찍어 가지고 그 줄기를 진짜 감람나무의 찍힌 자리에다가 접을 붙여 그 진액을 다 받아서, 사실상 이스라엘 사람이 과거에 받아야 할 모든 은혜와 복과 특권과 영광을 이제 우리가 다 받아서 누리고 살게 되었다는 것입니다. 그렇다고 해서 우리는 이스라엘 사람들이 그렇게 타락한 것을 비웃어서는 안 됩니다. 왜냐하면 누구든지 그와 같이 되기가 쉽기 때문입니다. 그러므로 항상 진실하게 살아야 합니다.

하나님은 저 원 가지도 안 아끼고 탁 찍어서 불에 던지셨는데 우리같이 접붙임을 받은 자들이 그 사람들과 같이 그렇게 자행자지하든지 자기 뜻대로 하고도 괜찮을 것으로 생각하지 말라는 것입니다. 그래서 하신 말씀이 '하나님의 엄위, 하나님이 의로우셔서 토죄하시는 것을 보라. 그리고 하나님이 관대하시고 자비하신 인자를 보라! 넘어지는 자에게는 하나님의 엄위가 있다. 타락하고 제멋대로 가는 자에게는 무서운 엄위가 그에게 임할 것이니 너희들이 사랑하시는 자 안에 늘 거하면 그 인자가 너희 안에 거할 것이다'고 한 것입니다. 이렇게 오늘 읽은 성경 말씀처럼 그 인자 안에 늘 거한다는 것이 중요합니다. 우리를 늘 사랑하시는 그 사랑 안에 우리는 늘 거해야 하겠다 하는 것입니다.

그동안 우리는 오직 하나님만 의지하고 주 예수 그리스도만 의지하고 그에게 모든 것을 맡기고 살아야겠다는 것을 생각했습니다. 우리가 만사에 주님만 의지하고 또 우리 생명이 아무 것도 아니요 잠깐 보이다 없어지는 안개인 것으로 잘 깨닫고 자기 생명을 자기가 스스로 잘 유지하고 자기가 길게 버티고 나갈 수 있다고 생각하는 이런 자랑이나 그릇된 생각이 오만한 것이요 교만한 생각, 허탄한 자랑, 곧 악한 것이라고 하는 것을 배웠습니다. 그리고 "네가 내일 일을 자랑하지 말라. 하루 동안에 무슨 일이 날는지 네가 알 수 없음이니라" 하는 말로 내일 일을 자랑하지 말고, "우리 모든 염려를 주께 다 맡겨 버리라. 저가 너를 권고하시느니라." 자녀로서 사랑하셔서 모든 것을 다 돌아보시고 친히 주장하신다 하는 이런 것들을 우리가 배웠습니다. 우리는 마음 가운데 항상 깊이 주님만 의지해야 한다는 큰 도리를 품고 살아야 합니다. 마음이 어떤 일에 대해서 반성을 해서 잘못을 고쳐 가는 상태보다 더 높이 올라가서 자연스럽게 만사에 무슨 일이 있을 때 주님만 의지해 버릇하는 생활을 하게 되기를 늘 바라는 것입니다.

하나님의 선의를 믿고서 행하라

시편 68:19을 보면 "날마다 우리 짐을 지시는 우리의 구원이신 하나님을 찬송하리로다." 이렇게 날마다 우리 짐을 져 주신다고 했습니다. 우리의 매일매일 생활에 필요한 모든 것, 우리가 지고 가야 할 짐을 우리가 스스로 지려고 하지 말고 여호와 하나님께 다 맡기고 대신 하나님께서 우리에게 요구하시는 짐이 있는데 그걸 져야 합니다. "수고하고 무거운 짐 진 자는 다 내게로 오너라. 내가 너를 편히 쉬게 하리라. 나는 마음이 온유하고 겸손하니 너희는 내 멍에를 메고 내게 배우라. 그리하면 네 마음에 평안함을 얻으리니 이는 내 멍에는 쉽고 내 짐은 가벼움이라"(마 11:28-30), '수고하고 무거운 짐 진 사람들도 다 예수께 오라. 자기 짐을 제가 지려고 하지 말고 예수님께서 우리에게 맡기시는 짐을 지고 가라. 내 짐, 내 멍에는 쉽고 가볍다' 하신 그것을 지고 가야 합니다.

이렇게 하나님만 즉 예수님만 의지하고 사는 이 생활이 예수 믿는 생활인데, 사람이 예수님만 의지하고 믿고 살아야 할 텐데 그러지 아니하고 자기를 믿고 혹은 인생을 믿고 돈을 믿고 자기 지혜를 믿고 사는 수가 많다는 것입니다. 이런 때 성경 말씀은 우리에게 자기를 믿지 말라고, 사람을 믿지 말라고 합니다. 사람이란 것을 믿지 말라는 게 첫째입니다. 이사야 2:22에 "너희는 인생을 의지하지 말라. 그의 호흡은 코에 있나니 수에 칠 가치가 어디 있느뇨?" '이제 무슨 일이 있으면 그래도 한몫할 테니 다 동원한다면 나를 잘 붙들어 줄 것이다' 이렇게 생각하는 것은 수에 칠 가치가 없다는 것입니다. 그러니 인생을 의지하지 말라고 하십니다. 이것은 우리가 사람끼리 생활하는데 믿지 않는 자의 말은 신뢰, 의지, 혹은 신용을 하지 말라는 그런 의미가 아니지요. 의지한다는 것은 거기다 몸을 다 부리고 거기다 자기 생명을 맡기고 탁 의뢰해 버린다는 뜻입니다. '너희는 인생을 의지하지 말라. 그의 호흡은 코에 있다.' 그가 죽는다는 것은 참 간단한 일이라는 것입니다. 하나님이 불러 가시면 달깍 끝나는 것인데 대체 무엇을 믿고 사람을 의지하겠느냐는 것입니다.

우리는 이 세상 사람이 정상적으로 호흡하고 생활하고 존재한다는 것을 전제로 하고야 여러 가지 비즈니스도 하고 서로 신용 관계를 가지고 또 거래도 하는 것입니다. 하지만 그럴 때마다 그 사람이 제 힘으로 생활을 잘 유지할 것이라고 보는 게 아닙니다. 일반법칙뿐 아니라 하나님이 우리를 선히 대접하셔서 일에 파탄이 생기게 하시지 않고 사람과 사람 사이에 일반법칙대로, 보통 사람들이 다 지켜야 할 보편적인 법칙대로 서로 신용하고 거래를 하고 있으니까 이 일로 인하여 갑자기 하나님이 나를 무너뜨리시지 아니하시고 나와 관계하는 사람들을 갑자기 쳐서 무너뜨리시지 아니할 것으로 하나님을 신뢰하고 그렇게 하나님께 딱 믿고 일을 진행합니다. 즉 하나님께서 나를 어떻게 사랑하시고 나에게 어떻게 선의를 베푸시는가를 믿고서야 우리가 안전히 거래도 하고 장사도 하고 여러 가지 사업을 경영할 수 있는 것이라 말입니다.

그렇지 아니하고 우리가 하나님께서 나를 아주 선하게 대하시고 사랑으로 대하사 필요한 모든 것을 다 주선해 주신다, 이런 사실을 믿지 아니했다면 우리는 어떻게 세상 사람을 의지하고서 무슨 일을 미리 다 예료하고 미리 받을 약속을 하고 그러겠는가! 대체 이런 약속이나 서로 계약한 것들이 앞으로 잘 되어 갈 것인지 틀어질 것인지 알 수 있나요? 상대가 다 살고 또 여전히 활동하는 것을 봐야 할 것입니다. 만일 그 사람들이 살고 활동하는 것이 그 사람의 힘과 그 사람이 괜찮을 터이지 하는 어떤 막연한 운명을 믿고 한다 할 것 같으면 이것은 신자의 도리가 아닙니다. 막연한 운명을 믿는 것이 아니라 하나님의 선의를 믿고 나를 붙들어 주실 것을 믿고 어떤 문제에서 그 일이 비록 뜻밖의(不如意) 사태로 괴로움을 받을지라도 하나님이 나를 심히 사랑하사 가장 선하신 길로 인도하시고 구제해 주시고 또 모든 것을 다 보충해 주시는 것을 믿는 까닭에 하는 것입니다. 하나님을 믿고 그가 나를 선대하시고 공연한 파탄과 괴롬 가운데 미끌어져 들어가지 아니하리라는 것을 믿고서 하는 것입니다.

한마디로 하나님을 믿으니까 내가 안심하고 사람과도 거래를 하는 것이라 말입니다. 하나님의 선의와 통재와 지지해 주심을 믿으니까 살기도 하고 이것도 저것도 하리라고 믿는 것이지 하나님을 안 믿고 사람이 결국 어떤 알 수 없는 운명에 의해서 '평안할 것이다. 괜찮을 것이다. 내 일은 잘 될 것이다.' 이렇게 믿는 것이 아니라는 것입니다. 그런 까닭에 비록 우리가 신용하고 거래를 하고 약속을 하고 일을 해 나갈지라도 그 사람에게 대하여 의지하지는 않습니다. 이래서 이사야 2:22에 "너희는 인생을 의지하지 말라. 그의 호흡은 코에 있나니 수에 칠 가치가 어디 있느뇨?" 했습니다. 생활 가운데 어떤 일이 있다든지 무슨 변(變)이 있을 때 상대가 괜찮은 사람이니 그도 나를 잘 봐 줄 것이다 하고, 그렇게 사람을 원래 의지하지 않아야 한다는 점을 우리가 주의해야 합니다.

하나님이 쓰시는 도구나 종을 의지하지 말라

　사람이 흔히 인생을 의지하는 일 가운데에는 병이 났을 때 의사를 의지하는 것과 또 무슨 어려운 일이 있을 때 유능한 이가 선의를 가지고 나에게 무엇을 잘 도와주는 경우 그 사람을 의지하는 심정을 이제 반성하고 생각해 봅시다. 병이 날 것 같으면 병을 고치려고 백방으로 애를 쓰다가 마침내 좋은 용한 의사를 만나게 되면 '아, 저 의사의 손에 맡기면 그가 훌륭한 약도 발견한 사람이니까 나의 병도 잘 나을 수 있을 것이다' 하고 의사에 대한 기대로 의지가 아주 팽팽히 부풀어 올라서 마음 가득한 경우가 있을 것입니다. 이런 때 주의를 해야 합니다. 사람을 의지하지 않는 사람은, 인생을 의지하지 않는 하나님의 사람은 그런 때 결코 그렇게 의사를 의지하지 않는 것입니다.

　또 병이 났을 때 어디에 새로 약이 발명되어 가지고 그것이 아주 특효약이라 하여 그 약을 의지해 가지고 병을 고치려 하지만 그 약을 쓰고 그 의사의 손을 만났어도 병이 낫지 않고 여전히 다시 되돌아가고 되돌아가는 고통을 당하면 그때는 비로소 사람을 의지했던 것이 허무하다는 것을 느끼고 절망 가운데 빠지기가 쉬운 것입니다. 이런 상태 가운데 빠져 들어가는 것이 신자의 바른 심정은 아닙니다. 이런 상태 가운데 신자가 빠져 들어가서는 안 됩니다. 당초부터 사람을 의지하지 아니해야 합니다. 그러나 사람을 그렇게 의지하고 약을 의지하고 사람의 재주를 의지하고 명철을 의지하고 그러면 마침내 실망, 환

멸을 맛보는 시간이 오고 그때에야 환연히 깨닫고 '아, 내가 의지하지 아니해야 할 사람을 의지하고 사람의 지혜와 총명과 능력을 의지하고 또 사람들이 만들어 놓은 새로운 약, 새로운 무엇이라고 하는 것을 의지했더니 하나님께서 중대하게 날 꾸짖으시는구나' 하고 깨달을 것이라 말입니다. 이런 깨달음이 또한 필요한 것입니다.

아주 용한 의사의 경우 하나님께서 그에게 지혜를 주셔서 일반적인 진리를 잘 유용해서 사람에게 적용할 것입니다. 또 좋은 약도 사람이 하나님이 주신 지혜와 일반은사에 의해서 악한 병을 어떻게 하면 삭감하고 바로잡을 수 있을까 하고 연구를 한 결과 나온 것입니다. 좋은 약이든 유명한 의사이든 의지할 대상은 아닙니다. 그렇게 의지했다가 나중에 실망하면 '내가 이렇게 물질을 의지하고 거기 무슨 독특한 법이 있는 것 같이 의지했더니 이렇게 됐다'고 생각할 것입니다.

그러면 좋은 약을 발명한 것은 하나님의 법칙을 떠나서 마음대로 하는 것이냐면 그건 아닙니다. 하나님이 내신 과학의 법칙, 일반의 법칙에 의해서 사람은 주신 은사대로 하나님을 모르는 사람일지라도 받은 은사(gift), 받은 재주라는 것이 있어서, 거기에 의해서 열심히 연구해 가지고 아주 특효약이라고 할 걸 내놓습니다. 말하자면 이런 일에 대해서는 요렇게 대처한다 하는 일반법칙이지요. 많은 박테리아가 사람을 죽이려고 달려들 때도 박테리아를 죽이는 약이 있으면 그것을 죽임으로

써 사람이 박테리아의 공격을 받아 고통당하는 질병에서 회복할 것이라고 믿게 됩니다. 이런 점으로 봐서는 이것이 하나님이 내신 법칙이 아닌 것이 아닙니다. 이런 법칙에 의해서 약도 만들고 의사도 사람을 진찰하고 투약을 하고 치료를 해 나가는 것입니다.

그런데 하나님이 내신 일반법칙을 의지하는 것이 잘못이냐 하겠지만 문제는 하나님께서 우리를 건져내시고 우리가 하나님만 의지하고 살게 된 이후로는 하나님 당신을 직접 의지해야지, 하나님이 내셨다 해서 일반법칙을 의지하고 거기에 의거해서 활동하는 사람을 의지하고 하는 이게 사람을 의지하는 것이요 인생을 의지하는 겁니다. 그렇게 사람을 의지하는 심정이 없어지고 오직 하나님만을 의지하고 하나님의 선의를 믿고 하나님의 지혜와 사랑을 믿은 까닭에, 그 지혜와 사랑과 권능으로 어떤 사람이 됐든지 용한 의사이든 좋은 약이든 당신이 원하시는 대로 데려다가 쓰셔서 사랑하는 자녀를 낫게 하시고 건강케 해 주시고 하는 이런 것을 믿어야 합니다. 사람에게 지혜를 주사 좋은 약을 만들어 내게 하고 좋은 의사로 훈련을 받게 한 사람을 데려다 쓰신다 말입니다.

하나님께서 친히 나에게 선의를 가지고 은혜를 베푸실 것을 믿고 그 하나님께 의지한 후에 하나님께서 쓰시는 종으로서 훌륭한 의사, 또 하나님께서 쓰시는 도구로서 새로 발명한 특효약, 이런 것을 우리가 깨닫고 좋은 의사나 특효약을 자기에게 적용하려고 할 때도 그것이 가지고 있는 일반적인 법칙을 무시하는 것은 아니나 그것은 의뢰해 버리지 않는 것입니다. 왜죠? 아무리 일반법칙이라고 하지만 그것은 일반법칙이지 하나님께서 적극적으로 하고자 아니하시면 그런 것들이 나에게는 효과를 발생하지 않는다는 것입니다. 그런 것들이 하나님을 모르는 일반 사람들에게는 상당한 효과를 내지만 하나님을 알고 믿고 의지하고 살 사람에게는 사람을 교훈하시기 위하여 어느 때는 효과가 대단히 감소하기도 하는 것이고 또 근본적으로 말하면 안 믿는 사람이 됐든지 믿는 사람이 됐든지 좋은 의사에게 가서 진찰을 받고 치료를 받는다든지, 좋은 특효약을 써서 병을 낫게 하려고 할 때는 하나님이 내신 일반법칙을 다 신뢰할 뿐 아니라 그 일반법칙 하에서도 그 의사나 약만으로 다 되는 것이 아닙니다. 거기에 내 편의 컨디션이라는 것도 하나님이 조성해 주셔야 하는 것입니다. 오늘날에 발달한 의학이 많이 말하는 것과 같이 많은 경우 사람은 자기 스스로 잘 회복할 수 있게 생명력의 활동에 의해서 병을 극복하고 이기는 것이지 반드시 약이 들어가서 그 약으로 이기는 것은 아니라는 것입니다. 마찬가지로 내 편에 하나님께서 많은 은혜를 주셔서 생명력이 활발하게 작용하므로 약을 쓰더라도 효과가 있게 하셔야지 생명력이 작용하지 않는 사람에게는 그런 것이 미미해서 힘이 없는 사람이라면 아무리 특효약이라고 써도 금방 벌떡 일어나는 일이 없는 것이다 말입니다.

그런 까닭에 하나님의 일반법칙이라고 할 때에는 선의를 가지시고 의사도 쓰시고 약도 쓰시는 것과 같이 나도 하나님께서 생명력으로 공급해 주셔서 더욱 기운 있게 모든 질병을 이기고 모든 신체를 좀먹어 가는 다른 세력을 이기게 만들어 주셔야 하는 것입니다. 박테리아를 꼭 약을 넣어가지고 그놈을 다 죽이기만 해야 하는 것이 아니라 자신의 생명력의 발휘가 더 강해서 이길 수 있습니다. 그리고 보통 힘을 가지고 보통 사람으로서 이기기 힘든 부분을 약이라든지 의사의 여러 가지 처방에 의해서 그걸 소멸한다든지 약화시켜서 그 사람으로 하여금 결국은 잘 극복하여 건강을 회복하도록 만드는 것입니다.

이와 같은 사실을 우리가 의사를 볼 때라든지 좋은 약을 쓰려 할 때 먼저 깊이 바로 인식해서 바로 믿고 나가야 할 것입니다. 의사라든지 약이라는 것은 그게 일반법칙 하에서 의미가 있고 내가 의사한테 진료를 본다든지 약을 쓴다든지 하는 것도 일반법칙 하에서 이뤄지는 것입니다. 즉 나 자신의 생명력과 능력과 또 그런 약을 받아들이는 여러 가지의 힘 때문에 거기에 반응을 일으킬 수 있는 인간으로서 작용이 있어서 그게 효과를 내는 것이라 말입니다. 그런 까닭에 그런 모든 일에서 하나님이 친히 주장하셔서 훨씬 풍성한 효과를 내주시기를 바라고 믿어야 합니다. 그렇게 믿으니까 하나님이 선의로써 나에게 좋은 의사를 만나게 하고 좋은 약을 쓰게 하고 또 내 자신에게도 그런 것을 잘 받을 수 있게 내 신체의 컨디션을 만들어 주시고 조성해 주시고 또 그럴 기회를 나에게 주십니다. 이런 모든 일에 최종의 통재자요 모든 것을 섭리하시는 분은 하나님이십니다. 그런고로 이렇게 하나님의 선의를 우리가 믿고 하나님께서 나를 낫게 해 주시고 건강케 해 주시고 나를 붙들어 주시고 나의 모든 마음의 소원을 들어 주시고 내가 당하는 모든 일에 친히 주장하셔서 선한 열매로 인도하실 것을 믿고서 나가는 것입니다.

그런데 의사나 약을 하나님이 쓰시는 도구로 알고 종으로 알고서 그 일에 찾아가야 하는 것이지 의사는 소용이 없고 기도만 해야겠다는 것도 부정당한 것입니다. 게다가 의사면 된다 하는 이런 생각은 아주 더 잘못된 것입니다. 우리는 병이라든지 어려움이 있을 때 의사나 나를 도울 수 있는 사람이나 그 여타의 문제에 대해서 항상 하나님을 믿고 하나님께서 선의로 나를 주장하신다는 크신 뜻을 믿는 까닭에 하나님이 나에게 주시는 그 길이 무엇인가를 찾아서 의사한테도 가고 혹은 자기를 도울 수 있는 사람에게라도 가는 것입니다. 그러나 마음은 늘 하나님께 있어야 합니다. 나를 참으로 도우시는 이는 하나님밖에 없다! "눈을 들어 산을 보니 나의 도움이 어디서 올꼬. 나의 도움이 천지를 지으신 여호와에게서로다"(시 121:1-2). 즉 천지를 지으신 여호와에게서만 도움이 있는 것이다. 이렇게 진정으로 하나님께 향하여서 그가 친히 권고하시고 주장하시고 모든 필요한 것을 내려주시기를 바라고 살라는 것입니다.

그러지 않고 인생을 의지하고 또 인생이 가지고 있는 무슨 재주를 의지하고 인생이 발명해 놓은 무슨 특별한 것들을 의지하는 이런 잘못은 우리가 흔히 범하기 쉽지만 늘 마음에 그런 것을 반성하고 책망하고 하나님을 의지하고 하나님이 쓰시는 도구나 종들로서 그런 일반법칙에 아주 훈련되어 있는 특수한 사람들과도 접촉하고 그들의 시책에 대해서도 즐겁게 하나님께서 이것을 친히 주장하셔서 써 주시기를 바라는 마음으로 접촉해야 하는 것입니다. 하나님께서 친히 주장해 주시길 바라야지 하나님이 그 사람들이 하는 것을 좀 도와주시길 바라는 것이 아닙니다. 왜냐하면 만사를 가능하게 하고 또 훈련도 받게 하고 하시는 이가 바로 하나님이시기 때문입니다. 하나님의 섭리와 통어로 지금까지 의사나 약도 다 있어 온 까닭에 하나님이 나도 다스리셔서, 통어하셔서 하나님이 주장하셔서 일을 효과 있게 이루게 해 주셔야만 할 것을 믿어야 합니다. 혹여라도 하나님은 와서 도와주시는 것이고 사람이 주동이 되어야 한다는 생각을 아니해야 합니다. 우리가 주의할 것은 사람이 아무리 자기가 무엇을 스스로 잘 한다고 해도 사람을 서로 의지하지 아니해야 하고, 사람을 신용하지만 의지하고서 거기다 모든 걸 맡기고 거기다 소망을 두지 아니해야 합니다.

무력을 의지하는 사람의 어리석음
시편 146:3-4을 보면 "방백들을 의지하지 말며" 방백이라고 할 때는 그때 거기 그 지역을 다스리는 사람, 한마디로 통치하는 사람, 행정하는 사람들이지요, "방백들을 의지하지 말며 도울 힘이 없는 인생도 의지하지 말지니 그 호흡이 끊어지면 흙으로 돌아가서 당일에 그 도모가 소멸하리로다." 그 도모가 허사가 된다는 것입니다. "네 생명이 무엇이뇨 잠깐 있다가 없어지는 안개니라." 그 호흡이 코에 있어서 하나님이 불러가 버리시면 그냥 당장에 그가 지금까지 뭘 하겠다고 계획하던 아무것도 할 수 없이 소멸해 버리고 만다는 것입니다.

우리가 주의할 것은 사람의 생명을 사람이 스스로 알지 못하고 사람이 자기 장래를 모르는데, 그러한 인간이 우리 자신이 됐든지 타인이 됐든지 의지하면 아니 된다. 또 사람은 사람의 무력(武力)이라든지 이런 것을 쉽게 의지하는데, 우리가 지난번에 본 성경 말씀대로 시편 20:7-8 보면 "혹은 병거 혹은 말을 의지하나 우리는 여호와 우리 하나님의 이름을 자랑하리로다. 저희는 굽어 엎드러지고 우리는 일어나 바로 서도다." 사람이 자기의 무기와 무력을 의지하고 뽐내고 얼마든지 잘 설 수 있을 것처럼 생각하지만 하나님이 개인 개인의 생명을 친히 주장하셔서 "어리석은 자여 오늘밤에 네 영혼을 도로 찾으리니 네 준비가, 너의 도모(圖謀)가 다 무슨 소용이 있느냐?" 이렇게 말씀하셨어요.

지난번 우리가 본 누가복음 12장, 어리석은 부자의 비유 가운데 "하나님은 이르시되 어리석은 자여 오늘 밤에 네 영혼을 도로 찾으리니 그러면 네 예비한 것이 뉘 것이 되겠느냐"(20절). 그런고로 우리가 주의해서 오직 사람을 의지하지 않고 하나님만 늘 의지하고 살아야 합니다. 또 사람의 무력이나 그런 것으로 위기에서 자기가 구원 받는다고도 생각 말아야 합니다. 그러나 이런 것도 흔히 잘 하는 일들입니다. 사람은 아주 부국(富國)이 되고 강병(强兵)을 가지면 다른 사람이나 다른 나라가 와서 집적거리지 못한다. 미국과 같이 아주 강국이고 부국이고 하니까 세계에서도 맹주가 되다시피 해서 공산주의와 대립한 큰 세력을 가지고 가지 않느냐? 하지만 우리가 주의할 것은 그리스도를 믿는 사람은 하나님만 절대로 의지하되 우리의 안전보장과 우리의 주위의 생활도 하나님께서 보호해 주신다는 걸 믿어야 합니다. "여호와께서 집을 세우지 아니하시면 세우는 자의 수고가 헛되며 여호와께서 성을 지키시지 아니하시면 파수꾼의 경성함이 허사로다"(시 127:1-2). 여호와께서 세우시고 성을 지키셔야 하는 것이다. 그런고로 절대로 하나님만을 꼭 의지해야 하는 것이다. 하나님이 안 여시면 아무리 강하다고 하더라도 도저히 제가 꼭 이기려 하는 것도 생각 못하고 평안하리라는 것도 생각 못하고 멸망이 홀연히 임할 수 있는 것입니다.

하나님께서 어떤 한 사회를 보존하실 때 그 사회에 여러 가지 힘을 주셔서 그것들이 일반법칙 하에서 운영되도록 하십니다. 이 세상에서 일반법칙이란 것은 힘이 더 세야 능히 자기를 잘 보존하지 연약하면 좀 더 큰 힘을 가진 사회와 큰 힘을 가진 국가가 와서 덮쳐서 삼켜버리는 것입니다. 이렇게 해서 소위 약육강식이라, 약한 자의 고기를 강한 자가 와서 뜯어 먹는 맹수와 같이 서로 으르렁거리고 호시탐탐 상대방을 집어 먹고자 하는 것이 이 세상에 있는 여러 나라들이 가지고 있는 성격인 것을, 성경은 우리에게 가르치셨는데 그러한 속에서 어떤 나라나 사회가 자기의 안전이 보존되고 유지되려면 여러 가지 조건이 필요한 것입니다.

어쨌든지 간에 어떤 큰 세력이 있는, 능력이 있는, 즉 물리력이 있는 사실이 주장하고 지배를 늘 해야 할 것입니다. 이런 의미에서 병거, 말하자면 군비라는 것은 중요하게 그 나라의 안전 보장에 큰 관계가 있는 것이지만 주를 믿는 사람이 주를 믿는 대신 군비(軍備)를 믿고 무력(武力)을 믿고 자기네 스스로의 인간 물리력의 강한 것을 믿고 나간다면 그것으로 그래도 그들은 안전이 보장되고 평안하냐? 그런 사람들에게 중요히 가르치는 것이 역사의 교훈입니다.

인류 역사에서 고대로 올라가면 하나님을 모르는 백성들이 한때 강성하게 일어났다가 망한 것을 우리가 봅니다. 아시리아도 그랬고 바빌로니아도 그랬고 페르시아 그렇고 또 마케도니아, 헬라도 그랬고, 또 세상에 그리스도의 도리가 그 주위에 들어가기 이전에 일어났다가 망한 나라가 많고, 우리 동양의 역사를 보더라도 많습니다. 하나님이 내신 일반 법칙에 의해서 한

때 성하다가 그 세력이라는 게 무슨 일로든지 차츰 차츰 그냥 흐트러지고 엷어지고 옅어져 가지고 그만 픽 쓰러지고 망하는 일이 흔히 역사상에 나타나는 예입니다. 부침(浮沈)한다고 물 위에 떠올랐다가 도로 가라앉았다 하는 것과 마찬가지요. 그러한 인류 역사의 진행에서 사람이 자기의 무력을 믿고 산다고 할 것 같으면 참으로 그런 안전이 그 사회에 있느냐 하면 그것이 한때인 것입니다. 한때는 그걸로 아주 성하게 안전하게 사는 것 같지만 어느 시기가 지나면 다시 더 강한 자가 일어나서 이들을 회오리바람 같이 쫓아와서 쓸어버리는 것입니다.

특별히 어떤 개인의 생활에서는 더군다나 저가 스스로 튼튼히 강하게 무장을 하고 돈으로든지 사회 세력으로든지 권력으로든지 자기를 무장을 하고 튼튼히 서서 가지만 언제까지 갑니까? 그 사람이 갑자기 꺼꾸러지든지 그냥 순식간에 쇠퇴하고 그냥 실패해 버리고 넘어져 버리고 마는 원인이라는 것은 한 군데서만 오는 것이 아닙니다. 사람 제가 아무리 안전히 자기를 다 막았다고 하더라도 어느 틈엔가 쇠퇴와 멸망의 요소와 조건들이 차례차례 가까이 와서 자기를 붙들어 가지고 끌어내리는 것입니다. 이렇게 믿지 않는 사람은 저를 믿고 살다가 믿고 사는 제 자신이 어찌할 수 없이 그냥 망하고 넘어지고 마는 그런 역사를 되풀이해 나가는 것입니다.

영구하게 우리가 안 넘어지고 서겠다는 그런 의미보다 더 중요한 것은 하나님께서 우리를 이 세상에 두시고 세우셨으니,

두시고 세우신 그 본의를 따라서 서서 능히 하나님의 영광을 증명하고 살아야 하는 것입니다. 한때는 비 뒤의 죽순과 같이 무성하게 일어나서 여름철엔 녹음이 성하다가 북풍한설(北風寒雪)이 불어 닥치면 다 낙엽이 떨어져 버리고 그리고 앙상하게 뼈다귀만 남는 식으로 그렇게 다시 쇠퇴하고 하는 그런 생활을 아니 해야 한다고 성경에서 우리에게 요구한 것입니다. 복 있는 사람은 그런고로 "저는 시냇가에 심은 나무가 시절을 좇아 과실을 맺으며 그 잎사귀가 마르지 아니함 같으니"(시 1:3), 이렇게 늘 무시로 청청해 가지고 잎사귀가 마르지 않고 서 있는 것과 같이 하나님을 증거하는 그 영광의 생활이 변함없이 더욱 위를 향해서 치솟아 마치 독수리가 공중을 향해 자꾸 올라가듯이 올라가는 것입니다. 그러므로 오직 만사에 하나님만을 꼭 의지해야 하는 것입니다.

기도

주님이여 저희는 늘 주님만을 의지하고 살며 이것저것 이 세상에 있는 힘 있다는 것을 의지하지 않는 심정을 늘 허락하시고 이리하여 하나님의 백성으로 거룩되이 서게 합소서. 주 예수 이름으로 기도하옵나이다. 아멘.

1977년 10월 9일

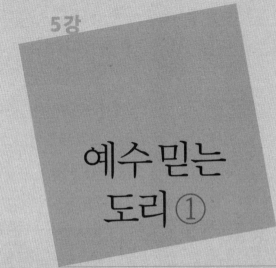

5강

예수 믿는
도리 ①

요한복음 3:16-21

16 하나님이 세상을 이처럼 사랑하사 독생자를 주셨으니 이는 저를 믿는 자마다 멸망치 않고 영생을 얻게 하려 하심이라 17 하나님이 그 아들을 세상에 보내신 것은 세상을 심판하려 하심이 아니요 저로 말미암아 세상이 구원을 받게 하려 하심이라 18 저를 믿는 자는 심판을 받지 아니하는 것이요 믿지 아니하는 자는 하나님의 독생자의 이름을 믿지 아니하므로 벌써 심판을 받은 것이니라 19 그 정죄는 이것이니 곧 빛이 세상에 왔으되 사람들이 자기 행위가 악하므로 빛보다 어두움을 더 사랑한 것이니라 20 악을 행하는 자마다 빛을 미워하여 빛으로 오지 아니하나니 이는 그 행위가 드러날까 함이요 21 진리를 좇는 자는 빛으로 오나니 이는 그 행위가 하나님 안에서 행한 것임을 나타내려 함이라 하시니라

예수 믿는 도리 ①

영원한 생명을 받음

하나님의 말씀을 한 군데 더 읽겠습니다. 오늘 우리가 요한복음 3:16-21까지 읽었는데, 그 21절 이후 죽 읽어 내려갈 것 같으면 35절에서부터 이런 말씀이 있습니다. "아버지께서 아들을 사랑하사 만물을 다 그 손에 주셨으니 아들을 믿는 자는 영생이 있고 아들을 순종치 아니하는 자는 영생을 보지 못하고 도리어 하나님의 진노가 그 위에 머물러 있느니라"(35-36절). 아들을 믿는 사람과 믿지 않는 사람을 갈라놓고 말씀을 하신 것인데, 아들인 예수 그리스도를 믿는 자는 그에게 영생을 이미 주셨으므로 영생이 그에게 있고, 아들을 순종하지 아니하는 자는 영생을 보지 못하고 도리어 하나님의 진노가 그 위에 머물러 있느니라 하시는 말씀입니다.

오늘 우리가 낭독한 하나님의 말씀은 요한복음 3:16, 이건 다 잘 아는 말씀입니다. 하나님이 이 세상을 어떻게 사랑하셨느냐 하면 독생자를 주셔서 사람들이 그 독생자의 이름을 믿음으로 구원을 받도록 사랑하신 것이다. 그래서 하나님이 이 세상을 이만큼 사랑하사, 혹은 이렇게 사랑하사 독생자를 주셨으니, 왜 주셨느냐 하면 이는 저를 믿는 자마다, 멸망을 받지 아니할 뿐 아니라 오히려 영생을 얻게 하려 하신 것이다. 영생을 얻는 것이다. 그 다음에 17절 보면 하나님께서 그 아들을 이 세상에 보내신 것은 그것으로 이 세상을 심판하여 죄 있는 자를 멸망시키려고 하신 것이 아니고 오직 예수 그리스도, 즉 하나님의 독생자로 말미암아서 이 세상 사람이 구원을 받게 하려 하심이라. 그러므로 예수님을 믿는 사람은 하나님의 그 무서운 정죄, 심판을 받지 아니하는 것이지만 믿지 아니하는 사람은 하나님의 독생자의 이름을 믿지 아니하는 까닭에 벌써 다 정죄를, 심판을 받은 것이라 그랬습니다.

그 사람들이 심판을 받았는지 아니 받았는지 어떻게 아느냐 할 때 그 사람들이 받은, 정죄 받은 상태는 이것으로 우리가 알 수 있다. 무엇이냐 하면, 빛이 세상에 왔으되 사람들이 자기의 행위가 악하므로 빛보다도 어둠을 더 사랑하는 그것이다. 사람들이 예수 그리스도를 향해서 오지 아니하고, 빛을 받아서 참으로 하나님이 우리를 세상에 내신 본의가 무엇인지를 깨닫고 살려고 하지 않고 또 무엇보다도 하나님께서 우리에게 주신 영원한 생명을 받으려고 하지 아니하고 오히려 깜깜한 사람의 소견과 사람의 지혜와 사람의 경영과, 이 사람들만이 살고 있는 세계를 그것이 제일인 줄로 알고 그것을 가지고 어떻게 해야겠다고 하고 또 그거 이외에 달리는 별 수가 없는 것으로 알고 이 세상만 따라가는 것이다. 이 세상만 따라가고 빛으로 오신 예수 그리스도를 따르지 않는 그 사실을 보면 그 사람이 벌써 정죄함을 받은, 심판을 받은 것을 여기 보여 주시는 것입니다.

그런 까닭에 우리가 지금 예수를 믿고 나왔다 하는 이 사실을 돌이켜 생각해보면 그게 아무렇게나 됐다든지 내가 잠시 생각한 결과 예수를 믿고 사는 것이 좋다고 생각해서 믿고 나왔다든지 그렇게 된 것이 아니다 하는 것입니다. 원래 예수를 믿고 나왔다 하는 사실은 거기에 무엇이 들어 있느냐 하면 예수님께서 나를 죄 가운데서 건지사 영원한 멸망을 받아야 할 나를 영원한 멸망의 모든 값을 예수님이 친히 다 치러 주시고 그 대신 하나님께서 나를 죄 있는 사람으로 다루시지 않고 건져 내사 내가 하나님 앞에서 새로운 세계, 즉 죄 없는 사람들만이 받을 수 있는 하나님의 사랑의 선물을 받는 세계에 들어오게 하셨는데, 하나님께서 사랑으로 주신 이 선물, 거저 주신 이것은 무엇보다도 죄를 용서하셔서 죄 값을 받지 아니하시는 그 점에 있을 뿐만 아니라, 오히려 우리에게 영원한 생명을 주셔서 이제부터 우리는 영원한 생명으로 새로 지은 자가 돼서, 새로 지은 자가 무엇에 상당하냐 할 때 그냥 사람이 아니고 하나님의 자녀라 하는 위치에 올라가게 하신 것입니다.

영생에 대한 곡해에서 벗어나야

우리가 영생을 받았다 하는 말을 왕왕이 한국 말, 영생(永

生)이라는 말 때문에 곡해하는 수가 있습니다. 영생이라는 말을 흔히 생각할 때 우리가 이 세상에서 예수를 믿고 살다가 죽을 것 같으면 영혼이 영원한 저 천당으로 가서 저 천당에서 영원토록 죽지 않고 복락을 누리면서 살아간다, 이렇게 영혼이 영원토록 살아간다 하는 의미로 영생을 가졌다고 생각하고 그렇게 말하는 이가 참으로 많이 있습니다만 성경이 가르친 영생이라는 말뜻은 그것이 아니고 우리말로 똑똑히 바로 번역하자면 '영원한 생명'이라는 말입니다. 영원한 생활이라는 말이 아니라 영원한 생명이라는 말이에요. 그래서 영생을 받았다 할 때는 우리 안에 그 영원한 생명이 이미 있다 하는 그 말이지 내가 죽은 다음에 영혼이 영원한 천국에 가서 혹은 천당에 가서 복락을 누리고 산다는 그런 의미가 아닙니다.

그러면 사람이 죽은 다음에 어떻게 되느냐 하는 문제에 대해서는 성경이 또한 우리에게 분명히 가르치고 있습니다. 한마디로 말하자면 이 세상에서 하나님의 자녀로서 영원한 생명을 받아 새로 난 사람은 이제 하나님의 자녀로서 그 권리와 기쁨과 또 거기에 따르는 하나님 나라의 모든 좋은 것들을 다 받고 살게 하셨는데, 그것이 필요에 따라서는 이생에서도 부분적으로 벌써 그것을 가지고 살게 하셨고, 그 다음에 그것이 완전하게 우리에게 있게 되는 날은 언제냐 하면 우리가 영원히 영광을 입는, 즉 부활의 영광을 입는 그 시간부터입니다. 거기를 향해서 우리는 날마다 자꾸 영광이 더해가면서 올라가는 생활을 하는 것입니다. 결코 이 세상에서 살다가 죽는 그 시간부터 비로소 영광스럽고 즐거운 세계가 전개된다고 그러는 것이 아닙니다.

우리가 사람으로 이 세상에 태어났다가 사람으로 죽은 다음에 영혼만 따로 돌아다닌다면 그건 완전한 사람은 아닙니다. 사람이라 할 때는 육신과 영혼이 합쳐 가지고 된 것인 까닭에 육신은 없고 영혼만 돌아다니는 건 그 사람이 영혼뿐이지 그게 완전한 사람은 아닙니다. 하나님께서 우리를 건져내시고 우리를 향하여 품으신 거룩하신 뜻은 사람으로 살다가 사람 아닌 영혼만 떠돌아다니게 만드신다는 데 있는 것이 아니고 사람으로서 가장 완전한 형태 가운데 들어가게 하시자는 것입니다.

그러면 이 세상에 살다가 죽으면 어떻게 되는가 할 때 그에 대하여는 성경이 우리에게 잘 똑똑하게 가르친 바가 있습니다. 우리가 죽음이라 할 때에도 성경에서는 그냥 죽음이라 하는 말을 세상 사람이 쓰듯이 쓰지를 아니했습니다. 죽음이라 할 때, 이 세상 사람이 죽는다고 하는 말뜻은 '이 육신과 영혼이 같이 있다가 그것이 서로 나뉘는 시간부터 그 사람은 죽은 사람이다' 하는 말로 표현하는 것입니다.

잠자는 자들이 영광의 몸을 입음

그러나 성경은 오히려 그리스도를 믿고 이 세상에서 살다가 그 육신과 영혼이 나뉜 사람들을 가리켜서 자는 사람들, 잔다 하는 말로 많이 표현했습니다. 잠자는 자들도 적지 아니하다. 또 살아남은 자들도 결단코 자는 자들보다 앞서지 못하리라고 해서, 마치 자는 것과 같이 얘기하고 있습니다. 왜 그걸 자는 것과 같이 얘기하느냐 하면 마치 자려던 사람은 자다가 다시 깰 것 같으면 자기 전의 그 사람 그대로 육신 영혼이 다 온전한 사람으로 다시 일어나기 때문입니다. 그렇게 자다가 일어날 때 육신은 어디로 가고 영혼만 일어나 돌아다니는 일이 없듯이 우리들도 이 세상에서 육신과 영혼이 나뉘는 시간, 소위 세상 사람이 말하는 죽는 시간이 있을지라도 하나님 안목에서 볼 때는 자는 것과 같은 것입니다.

그 시간이 지나면 하나님께서 정하신 날, 이제 그리스도께서 영광의 몸으로 만유를 그 아래 복종시키는 큰 권세를 가지고 땅위에 심판하러 내려오시는 그 시간에 그리스도 안에서 이미 이렇게 자는 사람들, 즉 육신과 영혼이 나뉜 사람들도 홀연히 새로운 육신과 그의 영혼이 합쳐서 이제는 그가 예수 그리스도께서 부활하신 후에 입으신 몸과 같은 영광스런 몸, 부활하신 그 몸, 찬란한 몸을 다 입을 것입니다. 그때 그 당시에 아직 땅 위에서 죽지 않고 살아 있던 사람들은 홀연히 순식간에 변화해서 그리스도 앞으로 끌어 올려가 그리스도와 함께 항상 같이 살 것이라고 가르쳤습니다. 이와 같이 해서 그들은 다 같이 육신을 또 한 번 다시 입되 그 육신은 가장 영광스러운 그 몸입니다. 마치 부활하신 예수 그리스도의 몸과 같은 그런 몸입니다. 이런 까닭에 부활하신 예수 그리스도의 몸을 가리켜서 잠자는 자의 첫 열매가 되셨다고 하셨습니다.

이에 관한 하나님의 말씀을 한두 군데 찾아보겠습니다. 첫째는 고린도전서 15:51 말씀 가운데에 이런 말씀이 있습니다. "보라 내가 너희에게 비밀을 말하노니 우리가 다 잠 잘 것이 아니요." 여기 잠잔다는 말을 썼습니다. 예수를 믿는 사람은 누구든지 깡그리 다 죽는 게 아니라 예수님 재림하실 그 당시에 살아 있어서 죽지 아니할 사람도 있는 것이다. 그런고로 다 잠잘 것이 아니요, "마지막 나팔에 순식간에 홀연히 다 변화하리니" 예수님이 재림하실 때에 천사장의 호령과 하나님의 나팔 소리로 하늘로 좇아 강림하실 때, 그 마지막 나팔 소리가 날 때 순식간에 예수를 믿는 모든 사람은 이미 그리스도 안에서 믿다가 이 세상에서 죽고 잠자고 있는 사람이든지, 그 때 아직 살아서 세상에 돌아다니는 사람이든지 할 것 없이 전부가 다, 순식간에, 눈 깜짝할 사이에 홀연히 다 변화하리니, "나팔소리가 나매 죽은 자들이 썩지 아니할 것으로 다시 살고 우리도"(52절) 즉 살아 있는 그런 사람들도 "변화하리라. 이 썩을 것이 불가불 썩지 아니할 것을 입겠고 이 죽을 것이 죽지 아니함을 입으리로다. 이 썩을 것이 썩지 아니함을 입고 이 죽을 것이 죽지 아니함을 입을 때는 사망이 이김의 (즉 승리에) 삼킨 바가 되리라고 기록된 말씀이 응하리라. 사망아 너희의 이기는 것이 어디 있느뇨"(고전 15:51-55). 죽음이라는 것이 지금은 최종적으로 가장 강한 것같이 나타나 있습니다. 모두 이러고저러고 나와도 죽음 앞에서는 어떻게 할 수가 없는 처지입니다. 그러나 그 날 예수님께서 하나님의 나팔로 천사장의 호령수로 하늘로 좇아 친히 강림하셔서 그리스도 안에 있는 모든 자들이, 그때 살아 있던 사람이든지 그 전에 이미 죽은 사람이든지 할 것 없이 다 순식간에 변화할 때에는 다시는 죽음이 이제 더 세력을 펼 수가 없게 된다. 아무도 죽음 앞에서 어찌 할 수 없이 다시 죽어 간다든지 하는 일은 없을 것이므로 그때 비로소 승리라는 그 사실이 죽음을 삼키는 시간이 되는 것이다. 그렇게 말씀을 하셨어요.

데살로니가전서 4:14에도 비슷한 말씀이 있어요. "우리가 예수의 죽었다가 다시 사심을 믿을진대" 예수 그리스도의 부활을 우리가 믿는다면 말이오. "이와 같이 예수 안에서 자는 자들도" 즉 예수를 믿고서 이 세상 살다가 세상에서 육신과 영혼이 나뉘어서 죽은 사람들도 "하나님이 저와 함께" 예수 그리스도와 함께 "데리고 오시리라." 홀연히 그 사람들도 다 부활을 해서 새로운 육신, 영광스러운 육신을 입고 그리스도와 함께 이 땅 위에 데리고 오신다는 것입니다. "우리가 주의 말씀으로 너희에게 이것을 말하노니 주님 강림하실 때까지 우리 살아 남아 있는 자도 자는 자보다" 즉 그리스도 안에서 죽은 자보다 "결단코 앞서지 못하리라. 주께서 호령과 천사장의 소리와 하나님의 나팔로 친히 하늘로 좇아 강림하시리니 그리스도 안에서 죽은 자들이 먼저 일어나고 그 후에 우리 살아남은 자도 저희와 함께 구름 속으로 끌어 올려 공중에서 주를 영접하게 하시리니 그리하여 우리가 항상 주와 함께 있으리라"(살전 4:15-17). 이것이 또한 가장 중요한 일의 한 가지입니다.

예수 그리스도께서 이미 먼저 부활을 하셔서 그가 모든 잠자는 자의 첫 열매가 됐다고 했습니다. 고린도전서 15:23을 보면 "그러나 각각 자기의 차례대로" 즉, 차서대로 "되리니 먼저는 첫 열매인 그리스도요 다음에는 그리스도 강림하실 때에 그에게 붙은 자요 그 후에는 나중이니 저가 모든 정사와 모든 권세와 능력을 멸하시고 나라를 아버지 하나님께 바칠 때라. 저가 모든 원수를 그 발 아래 둘 때까지 불가불 왕 노릇 하시리라. 맨 나중에 멸망 받을 원수는" 그 사망이라는 자다. "사망이니라. 만물을 저의 발 아래 두시니 그가 마침내 맨 마지막에 사망을 멸해 버리시는 것이니라."

잠깐 읽은 이 말씀들 가운데서 알 수 있는 것과 같이 그리스도 안에서의 큰 소망은 죽어서 천당을 간다는 것이 아닙니다. 이 우리의 육신, 지금 이 겉 사람은 날로 후패해서 썩어가고 혹은 시들어져가고 늙어가고 쇠퇴해가고 그래서 마침내 그것이 땅으로 들어가서 흙으로 돌아갈 것입니다. 그리고 하나님께서 사람을 만드실 때 이러한 우리의 모양으로 각각 다 만드셨던 것인데 이 세상에 살다가 이 육신이 스러져 버리면 영혼만 어디로 돌아다니면서 무엇을 하는 게 아닙니다.

예수 그리스도께서 돌아가신 후에 다시 사셨을 때 영만 홀로 하늘로 올라가신 것이 아니고 육신으로 다시 사셔서 그 다시 사신 몸이 영광스럽게 활동하시고 영광스럽게 이 땅 위에서도 자유자재로 계시다가 또한 공중으로 끌어 올려서 승천하시고 승천하실 뿐 아니라 우주만상의 영광의 가장 중심이 되는 자리, 곧 하나님의 보좌 그 우편에 가서 앉으신 몸이 됐다 말입니다. 이것이 영만, 신으로만 있는 것이냐 하면 신으로만 있는 것이 아니라 육신을 입고 계신 신으로서 그 육신이 영광스럽게 변해서 극진한 영광, 더 말할 수 없는 영광스러운 상태로 변해서 우주의 영광의 중심 가운데 앉아 계시게 됐더라 하는 것을 우리가 생각할 때 그가 첫 열매가 되셔서 이제 다음에 부활하는 사람들은 그리스도의 그 영광의 몸과 같이 또한 영광의 몸을 입고 일어날 것입니다.

이런 것들은 우리가 예수를 믿고 사는 도리 가운데 가장 중요한 도리입니다. 예수 그리스도의 부활을 믿는 것과 동시에 나도 이와 같이 부활할 것을 믿는다 하는 것이 중요한 도리입니다. 그런고로 종래에 특별히 한국에서 많이 있던 잘못된 공식이라고 할는지, '예수 믿고 천당 가시오' 하는 생각에서 우리가 벗어나야 할 것입니다.

사람이 이 세상에서 예수 그리스도를 믿고 살다가 그 육신과 영혼이 나뉘면 영혼은 어디로 가느냐 하면 물론 두말할 것 없이 낙원으로 가든지 영원한 형벌의 자리로 떨어지는 것입니다. 마치 십자가를 지시고 예수 그리스도께서 골고다에서 달려 돌아가셨을 때 좌우편에 강도들이 하나씩 다 매달렸었는데, 그 중 하나는 예수 그리스도를 비난하고 욕질을 하고 죽는 시간에도 '당신이 메시아라면서 이게 무슨 꼴이냐' 하고 '메시아 같으면 당신도 십자가에서 내려오고 우리도 좀 내려오게 해 달라'고 이렇게 비난조로 얘기했지만, 또 다른 편에 있는 강도 하나는 하는 말이 '네가 죽어 가면서도 아직도 주둥이만 살아서 그렇게 이분을 욕하느냐? 저 의인은 이 세상에 살아계시면서 한 가지라도 불의한 것이 없었다. 어찌하여 네가 그리 생각하느냐?' 하더니 이번에는 예수님을 향해서, '예수님이여 당신의 나라에 임하실 때에 나를 생각해 줍소서' 하고 갈구를 하고 애원을 하니까 예수께서 '오냐 오늘 네가 나와 함께 낙원에 가 있으리라' 하셨습니다. 이것은 그 강도의 몸뚱이가 낙원으로 올라가겠다는 얘기는 아닙니다.

영광스런 몸으로 부활하심

이 오늘이라 하는 시간은 예수님이 십자가에 달려 돌아가시고 그 육신은 무덤에 묻혔던 때입니다. 아리마대 요셉이라는 부자가 자기 죽은 다음에 들어가려고 만들어 놓았던 무덤에 들어가서 누워 계셨던 것입니다. 그 무덤이라는 것은 한국 사람의 무덤과 같이 시체를 꽁꽁 묶고 널에다가 넣어가지고 땅을 깊이 파고 그 속에다가 다져 버리는 그런 것이 아니고, 큰 동굴을 파는데 그 안에 침대같이 벽을 파서 그 위에다가 시체를 가만히 뉘어 놓았습니다. 그런 까닭에 예수께서 그런 동굴 속에 가만히 누워 계시다가 사흘 만에 부활하셨는데 그 부활하신 육신은 예수 그리스도임이 분명하지만 찬란한 영광이 있어서 무엇을 가지고 막을 수가 없는 그런 육신입니다. 부활하신 그 날이 주일날인데, 예수님께서 금요일 아침 아홉시부터 여섯 시간 동안 십자가에 달려 계시다가 오후 세시에 운명하시고 그 다음에 제자들이 그날 해 지기 전에 십자가에서 내려서 예수님을 무덤에다가 갖다 두었는데, 토요일 곧 안식일 무덤에 그냥 계셨다가 주일날 새벽에, 그러니까 이레 중 첫날 새벽 미명에 일어나서 나오신 것입니다.

그날 저녁에 제자들이 유대 사람들을 두려워해서 문을 꼭꼭 다 잠그고 앉아서 자기네끼리 모여서 그저께 돌아가신 선생님의 일을 생각하고 '자 우리는 그러면 앞으로 어떻게 할 것인가' 하고 탄식들을 하고 막막한 가운데에 있을 때 홀연히 거기 예수님이 나타나서 '너희들은 평안하냐', 혹은 '평안이 너희에게 있을지어다.' 이것이 히브리 사람들의 인사하는 방법입니다. '너희들에게 평안이 있을지어다' 그렇게 하니까, 사람들이 그 예수님을 혼령이 나타난 것인가 하고 생각했다는 것입니다. 이런 일이 몇 번이나 있었어요. 그러기 까닭에 제자들은 그게 신인가 하였지만, '너희가 나를 혼령인 줄 알고 의심하지 말라. 영이라고 하는 것은 살, 뼈라는 것이 없지만 너희가 본 대로 내게는 이 살도 있고 지금 뼈도 있지 않느냐? 못 박혔던 이 못 자국까지 가지고 있는 손이 있지 않느냐?' 해서 그게 부활 이전에 세상에 살아 계실 때의 그 몸, 즉 못으로 박혀 가지고 자욱이 났던 그 몸 그대로를 가지고 오히려 그것을 영광스럽게 만들어서 보인 사실을 그들에게 일러주신 것입니다. 그리고서는, '너희 거기 먹을 거 있느냐?' 하셔서 거기 먹을 것, 구운 생선을 갖다 드리니까 그 앞에서 그걸 또한 잡수셨다 말입니다. 그리고 문을 닫았는데 홀연히 나타나시고, 또 내가 너희를 만나겠다 하는 말씀을 끝내고서 홀연히 사라져 버리시는 일이 있었어요. 제자들도 홀연히 나타났다 홀연히 사라지는 이 사실 앞에서 어쩐 일인가 했던 것입니다.

그러나 이 부활의 사실이 참으로 신비하고 영광스러운 사실인 것을 차례차례 배우기 시작했어요. 예수님이 부활하신 다음에 40일 동안 땅에 계시면서 제자들을 가르쳐서 비겁하고 의심 많던 그들이 나중에는 예수님이 승천하신 후에 오순절 지나서는 담대하고 확신하는 사람들이 되어 무엇보다도 예수님은 부활하셨다는 그 부활을 증거했습니다.

제자들이 이렇게 부활을 증거하고 돌아다닐 때는 그것이 당대의 얘기고 얼마 전의 얘기입니다. 그때가 오순절이니까 유월절로부터 불과 오십일 이후입니다. 예수님이 돌아가시기를 유월절에 돌아가셨으니까 불과 오십여 일 전에 예수님이 돌아가셨다는 사실과 부활하셨다는 사실이 분명하다는 것을 지금 증명하고 있는 것입니다. 두 달 전 얘기입니다. 그때 만일 그게 사실이 아니었다면 그 예수님을 십자가에 못 박아 죽이려고 사갈같이 미워하던 자들이 막 입에다가 거품을 물어 가면서 그럴 수가 있느냐? 이놈들 거짓말 말아라, 혹세무민하는 소리 하지 말라고 떠들었겠지만 아무도 그렇게 떠든 기록이 없어요. 그 제자들이 초대 교회에서 최초로 예수 그리스도의 부활을 증명하던 그 활동과 사명을 우리가 사도행전에서 자세히 읽어보고, 또 그 당시의 여러 가지 역사를 고증해 보지만 예수님의 부활에 대하여 아무도 그게 거짓말이다, 절대로 없는 것을 저렇게 만들어냈다고 그렇게 말을 못했다는 것입니다. 그때는 생생한 사실로서 생생한 현실 앞에서 부인할 수가 없었습니다. 왜냐하면 오순절 가까이까지, 부활하신 예수님은 즉 부활하신 후에 40일 동안이나 땅에 계시면서 여기저기 나타나 보이셨기 때문입니다. 그걸 믿는 사람, 그걸 본 사람들이 하도 많으니까 그 많은 증인들 앞에서 그걸 부인할 수가 없었던 것입니다.

그런데 어떠한 몸으로 부활하셨느냐 하면 지금 내가 설명한 것과 같은 그런 영광스러운 몸으로 부활하신 것입니다. 그런 영광스러운 몸으로 부활하시기 전에는 그 육신은 무덤에 옮겨졌어요. 오늘 네가 나와 함께 낙원에 있으리라고 십자가상에서 옆에 달린 그 죄수에게 말씀을 하셨는데 그 오늘이라고 하는 그 날, 예수님이 십자가에 달리시던 그 날 저녁에 예수님의 육신은 무덤에 있었지만 그의 영은 낙원에 있었고, 낙원에 계신 예수님의 영과 함께 있던 영의 하나는 분명히 그 옆에서 '예수여, 나라에 임하실 때에 나를 기억하옵소서' 하고 호소하던 그 강도의 영혼도 거기에 가 있을 것이다 그 말입니다.

소망의 정점은 천당이 아님

이와 같이 그리스도를 믿는 사람이 이 세상에 살다가 육신과 영혼이 나뉘어서 육신이 다 보는 대로 장례식을 해 가지고 땅에다가 묻어 버리면 그 영혼은 어디가 있느냐 하면 순식간에 예수 그리스도의 품에 가 있는 것입니다. 그것을 가리켜서 우리가 보통 말하는 천당이라고 하는 것입니다. 그러므로 예수를 믿고 천당 가는 것이 거짓말이 아닙니다. 그러나 예수를 믿고 천당 가는 그것이 최종이 아니고 그것이 우리의 소망의 정점이 아닙니다. 그것은 성경에서 가르친 대로 보면 잠깐 기다리고 있는 잠자는 시간과 같은 것입니다. 영원히 잠잔다는 말이 아니라 육신이 땅 위에서 그냥 누워 있다가 잠자는 사람이 나중에 일어나면 육신과 영혼이 온전하듯이 마지막에 예수님 재강림 하실 때에 홀연히 입을 새 육신, 영광스러운 육신과 영혼이 합칠 것을 생각하고 보면 지금은 마치 잠자고 있는 것과 같은 것에 불과하다 하는 것입니다. 영원히 죽어서 다시는 돌아오지 못할 세상으로 가는 것이 아닙니다. 영원히 그렇게 되는 것이 아니라 육신은 잠자는 것과 같이 땅에 있다가 그보다 더 좋은 육신, 더 이루 말할 수 없이 비교할 수 없는 아름다운 육신을 또한 그 영혼이 입고 영원히 하나님을 뵙고 그리스도를 섬기고 살아갈 것입니다.

그러므로 우리가 이제 주의해야 할 것은 예수를 믿고 천당 간다 하는 이러한 일반적인 생각, 그 생각을 고쳐서 예수를 믿는 사람은 땅 위에 살 동안에 그리스도와 함께 동행동거 할 수가 있고, 또 그리스도의 부활하신 몸에 준해서 그와 방불한 거룩한 생명을 가진 사람으로 살아갈 수가 있고, 이 세상에서 살다 죽은 다음에는 영혼이 잠시 동안 천당에 가서 그리스도의 품 안에서 살고 있다가 이제 예수님이 재림하실 때는 마침내 예수 그리스도께서 입으신 그 영광스런 몸과 같은 영광스러운 몸을 같이 입고 영원한 세계에서 영원히 그리스도를 찬양하면서 자기의 각각 할 일과 혹은 그 창조적인 큰 능력을 발휘하는 가장 완성된 인간으로서의 위치와 기능을 발휘하고 살아갈 것이다 하는 것입니다.

이러기 위해서 하나님께서는 아담과 하와를 제일 처음에 창조하셨던 것입니다. 창조하신 다음에 아직 그러한 영광을 입지 못한 그들을 그런 영광의 정점을 향해서 올라갈 수 있도록 모든 필요한 은혜를 다 주셨지만 주신 은혜의 그 자유를 거꾸로 잘못 사용해 가지고 흑암과 영원한 멸망으로 들어가는 범죄의 상태로 들어가고 말았던 것입니다. 그 후에 아담의 자손 된 모든 인류는 하나도 남김없이 오직 예수 그리스도 이외에는 모든 사람이 죄를 다 범하매 하나님의 그 영광의 위치에는 이르지 못하더라, 이렇게 말씀하신 것입니다. 그런데 이제 믿지 않는 사람의 상태에 대해서 우리가 좀 더 바라볼 것은 우리 자신이 어떠한 큰 구원을 받았는가를 알기 위해서 그런 것이다 하는 것입니다. 그러면 이다음에 다시 이 일을 계속해서 생각하십시다.

기도

거룩하신 아버지여, 오늘 저희가 주의 말씀으로써 그리스도를 믿는 사람이 가질 소망이 무엇이며 어떻게 큰 영광스러운 내용을 주께서 약속하셨는가를 생각해 보았습니다. 잘못된 생각과 혹은 그릇된 종교의 영향을 받아서 이 세상에서 살다가 죽은 다음에 후생이라도 잘 살겠다는 이러한 미미한 생각으로 살 것이 아니고 이생에서 사는 동안에 벌써 그리스도의 주신 바 영원한 생명을 받아 가지고 새로운 피조물로서 살며 육신과 영혼이 떠나는 날 그 영혼을 주께서 잠시 받아 두셔서 그리스도의 그 낙원에, 천당에 두시지만 마침내 그리스도 강림하실 때에 영광스러운 완성된 영광의 육신을 다시 입게 하사 그리스도와 방불한 상태로 무한한 그리스도의 그 사랑의 대상이 되어서 사랑을 받고 주 하나님을 섬기면서 살아가게 하실 것을 생각하고 이러한 영광의 정점을 향해서 저희가 이 세상에서 구원을 받은 즉시부터 더욱 그 목표를 향해서 올라갈 수 있게 하여 주셨사오니 이 큰 도리를 바로 깨달아 알게 하여 주시고 바로 서서 나가게 합소서. 저희 모든 이 식구들이 하나하나 주께 은혜를 받아서 이런 거룩한 도리를 바로 깨닫고 이 거룩한 도리 안에서 오늘 나는 어떻게 살아가는 것인가를 더욱 명백하게 깨달아 알게 하옵소서.

우리 구주 예수님 이름으로 기도하옵나이다. 아멘.

1977년 10월 16일

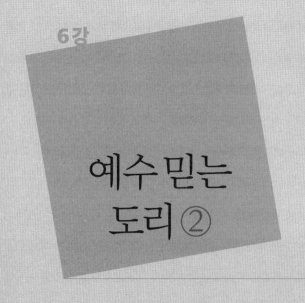

6강

예수 믿는
도리②

로마서 1:18-32

18 하나님의 진노가 불의로 진리를 막는 사람들의 모든 경건치 않음과 불의에 대하여

하늘로 좇아 나타나나니 ¹⁹ 이는 하나님을 알만한 것이 저희 속에 보임이라 하나님께서 이를 저희에게 보이셨느니라 ²⁰ 창세로부터 그의 보이지 아니하는 것들 곧 그의 영원하신 능력과 신성이 그 만드신 만물에 분명히 보여 알게 되나니 그러므로 저희가 핑계치 못할지니라 ²¹ 하나님을 알되 하나님으로 영화롭게도 아니하며 감사치도 아니하고 오히려 그 생각이 허망하여지며 미련한 마음이 어두워졌나니 ²² 스스로 지혜 있다 하나 우준하게 되어 ²³ 썩어지지 아니하는 하나님의 영광을 썩어질 사람과 금수와 버러지 형상의 우상으로 바꾸었느니라 ²⁴ 그러므로 하나님께서 저희를 마음의 정욕대로 더러움에 내어 버려두사 저희 몸을 서로 욕되게 하셨으니 ²⁵ 이는 저희가 하나님의 진리를 거짓 것으로 바꾸어 피조물을 조물주보다 더 경배하고 섬김이라 주는 곧 영원히 찬송할 이시로다 아멘 ²⁶ 이를 인하여 하나님께서 저희를 부끄러운 욕심에 내어 버려두셨으니 곧 저희 여인들도 순리대로 쓸 것을 바꾸어 역리로 쓰며 ²⁷ 이와 같이 남자들도 순리대로 여인 쓰기를 버리고 서로 향하여 음욕이 불 일 듯하매 남자가 남자로 더불어 부끄러운 일을 행하여 저희의 그릇됨에 상당한 보응을 그 자신에 받았느니라 ²⁸ 또한 저희가 마음에 하나님 두기를 싫어하매 하나님께서 저희를 그 상실한 마음대로 내어 버려두사 합당치 못한 일을 하게 하셨으니 ²⁹ 곧 모든 불의, 추악, 탐욕, 악의가 가득한 자요 시기, 살인, 분쟁, 사기, 악독이 가득한 자요 수군수군하는 자요 ³⁰ 비방하는 자요 하나님의 미워하시는 자요 능욕하는 자요 교만한 자요 자랑하는 자요 악을 도모하는 자요 부모를 거역하는 자요 ³¹ 우매한 자요 배역하는 자요 무정한 자요 무자비한 자라 ³² 저희가 이같은 일을 행하는 자는 사형에 해당하다고 하나님의 정하심을 알고도 자기들만 행할 뿐 아니라 또한 그 일을 행하는 자를 옳다 하느니라

예수 믿는 도리 ②

영원한 생명과 영원한 형벌

지난번에 우리는 예수 믿는 도리의 가장 기초적인 것의 한 가지를 생각했습니다. 믿는 사람은 영원한 생명을 가졌다는 것과 또한 이 세상에서 살 때에 예수 믿는 도리를 마치 '예수 믿고 천당 갑니다' 하는 것으로만 생각하지 않고 오히려 하나님께서 우리를 이 세상에 사람으로 만들어 내신 본래의 큰 목적과 큰 목표를 바로 생각해서 그리스도가 재림하실 때 입을 그 영광의 몸을 생각하고 그것이 우리에게서 온전히 이루는 그 날을 향해서 날마다 전진해 나간다는 것이 중요하다고 배웠습니다. 그러면 이제 목표는 이렇게 있지만 나의 생활은 어떻게 해야 하는가에 대한 것을 오늘 중요히 생각해 나가십시다.

그리스도를 믿지 않고 사는 사람은 요한복음 3:18에 있는 말씀과 같이 "저를 믿는 자는 심판을 받지 아니하는 것이요 믿지 아니하는 자는 하나님의 독생자의 이름을 믿지 아니하므로 벌써 심판을 받은 것이니라." 그리스도를 믿지 않는 사람일지라도 그 사람이 사람과 사람 사이의 관계에서는 착하고 훌륭한 사람도 많습니다. 예수 믿는 사람보다도 오히려 맘이 착하고 남을 잘 도와주고 또 좋은 일을 많이 하는 사람도 있습니다. 도덕으로 보아도 예수 믿는다고 해서 금방 훌륭한 도덕군자가 되는 것도 아니고 또 예수를 안 믿었다고 해서 그 사람이 깡그리 악인이 아닙니다. 오히려 예수를 믿는다고 하면서도 악한 짓을 하는 사람들이 많이 있고, 어둠에 그냥 있어서 암매한 가운데 사는 사람이 많고 믿는 사람인지 안 믿는 사람인지 분간할 수 없이 사는 사람들도 많이 있습니다. 예수를 안 믿지만 그가 예배당을 안 다니고 예수 이름을 부르지 않지만 항상 양심을 좇아 살려고 하고 또 항상 남을 도우려고 하고 이 사회에서 자기의 책임을 충실히 하려고 애쓰는 인물들도 이 세상에 있어서 그런 이들을 가리켜서 성자라고도 하고 현인이라고도 하고 대인군자(大人君子)라고도 하고 관후장자(寬厚長者)라고도 하는, 여러 종류의 유덕한 사람들이 이 세상에도 많이 있습니다.

그렇지만 참으로 안 믿는 사람에게 한 가지 분명히 나타나는 것은 하나님의 독생자의 이름을 믿지 아니하는 까닭에 이미 심판을 받아 가지고 있다 하는 사실입니다. 즉 정죄함이 되어 있다 하는 말입니다. 무슨 뜻이냐? 그 사람이 비록 마음이 순하고 다정하고 유덕하고 혹은 근실하고 여러 가지 선덕을 많이 가지고 있는 사람이라고 할지라도 요컨대 그 사람이 가지고 있는 선덕이라든지 악덕이라든지 그게 문제가 아니고 그가 예수 그리스도로 말미암아 구원을 받아 가지고 있는가, 구원을 안 받았는가를 가지고 따져서 받지 아니한 사람은 장차 죽은 다음에 멸망한다는 그것만이 아니고, 즉 이 세상에서 살다가 그 영혼이 지옥으로 간다든지 그 후에는 나중에 심판의 부활을 받아서 영원한 불못의 형벌을 받는다든지 그런 것만 의미하는 게 아니고, 지금 이 세상에 살면서도 그는 그 운명이 멸망의 길을 늘 가게 되어 있는 것이고, 그는 하나님 앞에서 언제 큰 형벌에 들어가게 될는지 알지 못하는 가운데서 살아가는 상태에 있으며 무엇보다도 그는 이미 정죄 받아 있다, 심판을 받아 가지고 있다 하는 것입니다.

이 심판 받아 가지고 있다 하는 말을 다른 말로 말하면 마치 재판소에서 죄수들을 세워놓고 판사가 형벌을 선고했다는 말입니다. 너는 몇 년 징역, 너는 사형이라든지 너는 벌금…… 이렇게 선고를 받은 사람은 가령, 사형을 선고받았다 하더라도 받은 즉시에 금방 내다 죽이지는 않고 사형을 집행하는 그 시간까지 그는 옥에 갇혀 있으면서 살기는 살지만 그게 결국은 사형 집행을 받기 위해서 그냥 그러고 있는 거와 마찬가지입니다. 이와 같이 믿지 않는 사람에게 벌써 형벌을 선고하셨다는 그 말이 곧 심판을 하셨다는 말입니다. 믿지 아니하는 사람에게 향해서는 우리 하나님의 그 무서운 엄위의 법정에서 뭐라고 선고했는고 하니 너는 하나님께서 구원하시기 위하여서 마련하신 그 독생자를, 육신의 몸을 가지고 땅에 가게 하신 그 사실을 배척하고 받지 않고 믿지 않는 그것 하나만으로도 영원한 멸망을 받을 수밖에 없는 죄목에 해당하므로 너는 이제 영원한 형벌을 받을 자다, 하는 선고를 하노라! 이렇게 해서 형의 선고를 받았다 말입니다. 그래서 그가 이 세상에서 살면서 자기는 행복을 찾느라고 애를 쓰고 잘 살아 보겠다고 애를 쓰지만 세상에 사는 동안 어느 때는 좋은 밥도 먹고 좋은 집에서도 살고 하는 때가 없는 거 아니지만, 그러나 잠깐의 그 시간이 지난 다음에는 영원한 멸망이라는 것이 그에게 아주 캄캄한 구름과 같이, 어둠의 장막과 같이 둘러씌우게 된다 말입니다. 이것이 그가 받은 심판, 혹은 정죄라는 것입니다.

이러한 정죄의 사실 가운데 그가 있어서 예수 그리스도를 믿는 빛으로 가지 아니하고 자기를 믿고 자기의 의로움을 믿고 자기의 덕을 믿고 이 세상을 믿고 나가려고 하는 그 길로 가는 이것, 이것이 암매의 행보, 어둠의 길을 향한 행진입니다. 그것이 벌써 '저는 영원한 형벌을 받는다'고 선고받은 사람이라는 사실을 나타냅니다. 그 아래에 있는 19절 이하에 있는 말씀들이 그것입니다. 어둠을 더 좋아하고 그리로 간다. 이 말은 이 세상사람 보기에 아주 깜깜하고 흑암이 가득 차 있는 불의와 악과 음모와 패덕을 행한다는 그런 말보다도 빛이 곧 예수 그리스도가 세상에 임했는데, 생명의 빛인 예수 그리스도를 향해 가지를 아니하고 그대로 이 세상을 향해서 문화라, 아름다움이라, 선이라, 위대한 예술, 위대한 창조, 위대한 진리의 탐구라, 이런 말들과 구실들을 붙여 가지고 세상을 향해서 자꾸 그대로 가되 빚인 예수 그리스도를 제공해도 그런 것은 다 어리석은 사람들이 생각하는 거라든지, 그것도 일리는 있지만 내가 가는 길도 일리가 있는 일이다 하고 이렇게 말한다 말입니다. 그처럼 완고해서 그리스도를 좀체 받으려고 하지 않고 그냥 제 길을 간다 말입니다. 이 세상의 믿지 아니하는 사람들은 이미 선고를 받아서 말하자면 사형 선고를 받은 죄수들로 잠깐 사형 집행까지 기다리고 있는 기간이 곧 이 세상에서 살고 있는 기간에 불과한 것이다 하는 뜻입니다.

그러면 심판을 이미 받은 사람, 즉 하나님 앞에 그 형벌의 선고를 이미 받은 사람에게는 어떠한 위험이 늘 따르느냐 할 것 같으면 그건 마치 감옥에 갇힌 죄수 가운데 기결수, 즉 이미 형벌이 선고된 죄수는 비록 감옥에 얼마동안 있어서 이 세상 사람처럼 밥을 먹고 잠을 자고 살고는 있지만 어느 날 그를 불러다가 그 형벌을 줄는지 알 수 없는 상태에 있다는 것입니다. 그런데 하나님 앞에서 큰 형벌의 선고를 받은 사람들은 이 세상 재판소에서 어떤 형을 선고받은 사람이 그 형이 집행될 때까지, 즉 형벌을 실지로 완전히 받을 때까지 감옥에 머물듯이 그렇게만 있는 것이 아닌 것을 또 한 가지 우리가 생각해야 합니다.

하나님께로부터 선고를 받은 사람은 받은 그 형량이, 즉 그 형벌의 내용이라는 것이 영원한 형벌이고 그것은 세상에서 생각할 수 없는 가장 무서운 형벌입니다. 그것은 지극히 높으신 하나님 앞에 지은 죄인 까닭에 지극히 높으신 하나님 앞에서 하나님께 향한 죄는 지극히 높으신 하나님의 높으심과 같이 죄도 무섭고 형벌도 무서운 것입니다. 그러한 죄의 형벌을 받아야 하는 까닭에 영원한 세상에 가서 받더라도 세세무궁토록 받아도 다함이 없는 것입니다. 따라서 하나님께서는 그를 이 세상에 인간으로 두신 그 거룩한 뜻을 이 사람은 알지 못하고 배반하고 산다는 그것 때문에라도 때를 따라서 보통 이 세상 사람은 도저히 알 수 없는 그 무서운 형벌로 그 사람이나 그 가족에게나 그 사회에 내리시는 것을 우리는 보게 되는 것입니다.

사람이 죄의 형벌을 영원한 세계에서 영원한 지옥으로만 다 받고 끝나는 것이 아니고 이미 형의 선고를 받은 사람은 이 세상에서라도 무서운 형벌을 때를 따라서 하나님께서 내리시므로 받는 것입니다. 그런데 모든 죄의 형벌은 두 가지의 방법으로 받게 되는데 첫째는 하나님이 내신 이 자연의 법칙에 의해서 받는 것입니다. 일종의 인과의 법칙이라는 것인데, 콩을 심은 자는 때가 되면 콩을 거두고 나락을 심은 자는 가을이 되면 벼를 거두는 것처럼 젊어서 게으르고 노력을 하지 않고 편하게 흥뚱항뚱 지내는 사람은 나중에 나이 연만(年晚)하게 되어서 아무것도 저축한 바가 없고 가진 바가 없어서 빈곤하고 부끄러운 상태에 빠지게 되는 것이고, 또 젊어서 자기의 육신을 함부로 하고 불의하고 악한 짓을 하고 돌아다닐 것 같으면 자연히 생리의 법칙에 따라서 육신은 나이 먹어가면서 더욱 피폐하고 폐퇴(廢頹)하는 데다가 사람 앞에서 쓰일 만한 것이 되지 못하게 질병과 고통 가운데 울기도 할 것입니다. 이런 것들은 자연의 법칙에 의해서 받는 잘못과 불의한 일의 보응인데, 이것이 이 세상에서 다 나타나는 것입니다.

그렇지만 그것만이 전부가 아니고 어떤 사람은 자기가 저지른 죄악을 봐서는 그렇게 큰 불행과 액 가운데 빠져 들어갈 것이 아니라고 자타가 다 볼만한 사람인데 갑자기 이상한 액(厄), 액운(厄運)이 그를 지배해 가지고 사람들이 그것을 운명이다, 액운이다 하고 말을 하지만 어떤 무서운 운명이 그를 지배해 가지고서 그나 그 식구들이나 혹은 어느 때는 그 개인만이 아니고 그 사람이 거하는 사회가 함께 큰 고통과 슬픔과 지극한 환난 가운데 빠져 들어가는 수도 있습니다. 이런 것을 믿지 않는 사람들의 생활 속에서 주의해서 볼 때 그것이 때때로 일어나는 것이지만, 사람들은 그런 것은 이 세상 살아가는 데에 그저 언제든지 흔히 있기 쉬운 불행이다 생각을 하고 그것으로 인하여 교훈을 받으려고 하지 아니하고 하나님 앞에 회개하고 나오질 않습니다. 이런 무서운 죄의 형벌의 사실들은 사람들로 하여금 마음에 '그러니 나는 이 무섭고 엄숙한 큰 심판 앞에서 어떻게 하면 좋을꼬?' 하고 생각을 해 봐야 하는 것입니다.

　여기에 대해서 우리가 나중에 좀 더 자세히 배울 것은 믿는 사람에게는 어떻게 되느냐? 믿는 사람은 아무런 불행도 안 받고 어떤 액운이 한 사회에 한꺼번에 떨어지면 거기 믿는 사람, 안 믿는 사람 섞여서 살면 믿는 사람은 안 받고 안 믿는 사람만 골라서 쏙 받게 되느냐? 예를 들면 큰 흉년이 들고 한재(旱災)가 나면 믿는 사람의 논에는 물이 그냥 위에서 쏟아지고 믿지 않는 사람의 논은 그냥 한발(旱魃)로 빼빼 말라 가지고 땅이 터지느냐? 그 사회가 전쟁이 나서 굉장히 시끄럽다든지 지진이 났다든지 화산이 터졌다든지 하면 거기는 믿는 사람 안 믿는 사람 다 고를 것 없이 다 같이 받는 것을 우리가 봅니다. 이것이 안 믿는 사람에게는 무엇을 의미하느냐 할 때 하나님의 진노를 표시하는 것이고 그로 말미암아서 그 사람이 깨닫고 하나님께 나오면 좋지만 그렇지 않으면 그대로 형벌로 계속되는 것뿐이다 하는 것입니다. 그뿐 아니라 어떤 사람이 죄를 짓고서 죄가 죄 된 줄 알지 못하고 더욱 더 불의하고 악한 죄를 짓고 점점 더 나아가면 그것도 또한 큰 형벌입니다. 죄 지은 사람이 죄 지었다는 것을 깨닫지 못하고 더욱 마음이 담대하여져서 그 다음부터는 더 큰 악을 행하고 그 몸이 악을 행하기에만 익숙해져 버린다는 것은 점점 못되게 되어 나가는 것으로서 나중에 아주 무서운 큰 형벌을 불러들이는 장본이 되는 것으로, 이런 것도 또한 그의 형벌의 하나입니다.

이러한 모든 사실에서 주의할 것은 자연의 법칙으로 하나님이 그것을 자연스럽게 일어나게만 놔두는 것이 아니라 하나님께서는 때때로 적극적으로 어떠한 사람들, 어떤 사회, 어떤 개인, 어떤 가정을 무서운 운명으로 방문하셔서 내리치시는 일이 있다 하는 것을 성경에서 우리가 보게 됩니다. 그래서 우리는 항상 이런 일을 주의해서 생각해야 합니다. 어떤 큰 불행이 있을 때 두려운 태도로 마음에 두려워하면서 하나님께 바르게 생각해야 합니다.

하나님의 말씀을 보면 "그러므로 주 만군의 여호와 이스라엘의 전능자가 말씀하시되 슬프다 내가 장차 내 대적에게 보복하겠고 또 대적에게 보복하여 내 마음을 편하게 하겠고 내 원수에게 보복하리라"(사 1:24). 하나님께서 그 원수, 죄를 짓고 하나님을 멸시하고 돌아다니는 이런 사람들을 언제까지든지 그냥 놔두시지 않는다는 것입니다. 자기의 원수와 대적에게 결국은 보복을 해서 당신의 그 불의가 파괴당한 것을 다시 고쳐서 그 마음에 평안함을 얻겠다 하는 뜻이 있습니다. 그리고 "배역한 자와 죄인은 함께 패망하고 여호와를 버린 자도 멸망할 것이다"(사 1:28). 이렇게 해서 배역한 자나 죄인은 함께 다 패망해 나가고 또 여호와를 버린 자도 멸망할 것이라는 말씀을 참 주의를 해야 할 것입니다. 신약에 볼 것 같으면 "이제 도끼를 나무뿌리에 두었으니 열매를 맺지 아니하는 나무마다 찍어 불에 던지리라"(마 3:10) 하고, 열매 맺지 아니하는 나무가 한두 그루가 아니지만 하나님께서 어떤 나무는 찍어 버려서, 불에 던져 버리십니다. 무서운 형벌을 그에게 내리시는 것입니다.

이렇게 하나님께서 적극적으로 죄를 다스리고 그 보복을 하시는 일이 장차 영원한 세상에서 지옥의 형벌로만 하시는 게 아니라 이 땅에서도 하시는 것입니다. 그러나 이 땅에서 받는 보복 그것으로만 끝나는 것이 아니고 그는 다시 이 세상에서 운명이 끝나는 날 영원한 형벌로 들어가고 마는 것입니다. 그와 같은 데 이르는 것은 영원의 형벌에 들어가는 것인데, 이것이 이 세상에서 가장 극형인 사형이라는 말보다 더 무서운 하나님의 세계에서의 극형입니다. 이런 무서운 형벌 가운데 들어가고 마는 것입니다. 요한복음 3:18에서 말씀하신대로 "저를 믿지 않는 자는 아버지의 독생자의 이름을 믿지 아니하므로 벌써 심판을 받은 것이니라." 벌써 정죄함, 벌써 형의 선고를 받은 것이니라 그 말입니다. 이것이 믿지 아니한 사람이 가지고 있는 일반적인 한 상태입니다. 그가 좋다든지 나쁘다든지 하는 문제가 아닙니다. 그가 하나님 앞에 서 있는 법적인 자리가 그러한 자리입니다. 이러한 자리에서 건져내어 주신 이것이 우리의 받은 구원에서 갖는 첫째의 큰 기쁨의 내용입니다.

여러분, 모든 사람이 다 같이 하나님 앞에 죄인인 까닭에 죄지은 자는 필연적으로 죄책을 갖게 됩니다. 죄 있는 자는 죄에 상당한 형벌을 받는 것입니다. 그런데 우리의 형벌, 즉 죄로 말미암아 받은 형벌이라고 할 때 그러면 조금 잘못했어도 다 그렇게 영원한 형벌을 받아야 하고 아주 아픈 잘못을 가졌어도 그렇게 꼭 같이 영원한 형벌을 받아야 하느냐 그것입니다. 거기에 대해서 하나님께서 우리에게 가르쳐 주신 거룩한 도리가 있습니다. 누가복음 12:47-48을 보면 이런 말씀이 있어요. "주인의 뜻을 알고도 예비치 아니하고 그 뜻대로 행치 아니한 종은 많이 맞을 것이요 알지 못하고 맞을 일을 행한 종은 적게 맞으리라. 무릇 많이 받은 자에게서는 많이 찾을 것이요 많이 맡은 자에게는 많이 달라 할 것이니라." 이게 하나의 큰 원칙으로서 사람이 알고 잘못하면 더 맞고, 모르고 잘못했으면 덜 맞는다. 즉 모든 형벌이 꼭 같은 게 아니라 거기에 경중(輕重)이 있다는 말씀입니다.

여기 영원한 형벌이라 할 때에 그 영원한 형벌의 본질이 어떤 것이냐 할 것 같으면 요컨대 사람이 하나님 앞에서 지은 죄라는 것이 하나님의 독생자의 이름을 받지 아니하고 배척하고 나아갔다는 그것으로 말미암아 형을 가하기로 한달 것 같으면 그것이 최소한도로 영원한 멸망이라는 얘기입니다. 물론 영원한 불못이나 지옥에 가서 받는 형벌이라는 것이 꼭 일향(一向)한 것은 아닙니다. 그러나 문제는 가장 경미하다고 하더라도 그게 영원한 형벌이고 가장 무서운 지옥, 우리 사람으로 상상할 수 없는 그런 형벌이 되는 것입니다. 왜 그렇게 되겠느냐 할 때에는 그 사람의 죄가 하나님 앞에서 범죄한 것이고 하나님을 범하는 까닭에 그렇습니다. 즉 죄라는 것은 하나님께 짓는 것이고, 사람에게 자기가 잘못했을지라도 사람에게 죄 짓는 게 아니라 사람에게 마땅히 어떻게 해야 할 것을 하지 아니했다는, 즉 인도(人道)를 무시해 버린 사실이 있다면 그 인도도 하나님이 내리신 것임을 알아야 합니다. 모든 법의 근원이 하나님이신 까닭에 그 법을 만일 어기고 범했을 것 같으면 하나님 당신에게 향해서 범죄한 것이 됩니다.

형벌의 면제와 새로운 생명

그런고로 사람은 하나님께 범죄한 것이고 그 하나님께 범죄한 사실이 사람에게는 해를 끼치는 것입니다. 사람에게 손해를 끼치고 범죄는 하나님 앞에 하므로 하나님 앞에 그 죄책을 지게 되는 것입니다. 하나님 앞에 짓는 죄라는 것은 하나님은 절대이신 분인 까닭에 지극히 높은 형벌을 받아야 하는 것입니다. 우리가 가령 사람끼리라도 그 사람이 누구냐에 따라서 조그마한 말 한마디 잘못한 것의 죄, 즉 죄책도 커지는 것입니다. 예를 들어서 "네 이놈" 하는 말을 한마디 하는데, 가령 어떤 젊은 사람이 아주 어린아이에게 "네 이놈" 그렇게 말을 했다고 하면, 우리가 굉장히 지탄을 받고 죄인이라고 따지지 않는다 말입니다. 이제 6, 7세 먹은 아이들 보고 "네 이놈" 한다고 해도 크게 따지지는 않을 것입니다. 그러나 자기하고 비슷한 나이를 가진 사람끼리 "네 이놈" 하면 '아 이 사람이 미쳤나, 왜 갑자기 나를 보고 그렇게 온공(溫恭)하게 서로 얘기하던 사람이 예를 무시하고 그리고 이렇게 함부로 패덕(悖德)을 하는가' 하고서 이상하게 알 것입니다. 하물며 자기보다 존장(尊長) 되는 분보고 "네 이놈" 한다면 그 때는 굉장히 징벌을 받아야 할 일이 되는 것이고, 아주 그 나라나 사회에서 높은 인물에게 향해서 "네 이놈" 하고 막 욕을 한다면 그 벌이라는 것은 그 인물의 높이에 따라서 더 가해진다는 것입니다.

그렇다면 하나님 앞에 지은 죄라는 것은 아주 적은 것일지라도 지극히 높아서, 더 높을 수가 없는 절대 지고(至高)의 하나님 앞에 지은 죄인 까닭에 그 형벌도 절대의 것이 되는 것입니다. 이렇게 해서 사람이 하나님 앞에, 하나님을 향해서 지은 죄로 말미암아서 받는 형벌은 하나님이 영원하심과 같이 그 형벌도 영원한 거고, 하나님이 절대하심과 같이 형벌도 절대의 무서움 가운데 빠져 들어갈 것입니다.

이런 도리는 그러하지만 문제는 이렇게 해서 무서운 형벌 가운데 빠져 들어가는 그 사람에게서, 그런 사람의 생활 속에 행복이 거기 있다고 볼 수 없는 것입니다. 왜냐하면 이 세상 사는 동안에 이 곳이 행복스러운 것 같지만 어느 한 가지도, 예컨대 많은 돈도, 높은 권세도, 높은 명예도, 그리고 남의 칭찬도, 혹은 그의 높은 덕도 그를 이 영원한 형벌의 위치에서 벗겨 내지를 못하는 것이고, 또 그 암매한 속에서 그리스도를 받지 아니하고 스스로 자기가 살겠다고 하는 그 속에서 건져내지를 못하는 것입니다.

죄책의 형벌은 이렇게 무서운 것입니다. 이렇게 무서운 형벌을 왜 하나님이 가하시느냐, 자애로우신 하나님께서 어찌하여 이렇게 가하시느냐 할 때, 우리가 주의할 것은 하나님은 자애로우시다는 이 주장은 오늘날 그릇된 신학자들에게서 나온 주장이고, 하나님이 분명히 무한하신 사랑과 자애를 가지셨지만 그와 꼭 같이 무한하신 의와 엄위를 가지신 것입니다. 그런고로 "하나님의 엄위와 인자를 보라" 했습니다. 하나님은 그렇게 무한하신 엄위, 즉 공의를 가지셔서 그 의를 조금치라도 굽힘이 없이 사랑하시는 하나님인 까닭에 그의 무한하신 사랑도 그 의를 손상해 가면서 나타나는 것이 아니고 그 모든 것을 양전(兩全)해서 완전히 다 드러내시는 까닭에 예수 그리스도께서 이 세상에 오실 필요가 있었고 그런 까닭에 그리스도께서 십자가에 달려 돌아가셔서 모든 지옥 위의 지옥의 형벌을 다 그가 받으셔야만 하는 것이었다 말입니다. 이렇게 큰 사랑으로 예수 그리스도께서 지옥 위의 지옥의 형벌을 다 받아서 열어 놓으신 구원의 길을 경홀히 여기고 무시하고 혹은 완고하여 받지 아니하고 제가 잘났다고 생각하는 이 어리석고 멍청한 인생에 대해서 하나님께서 그대로 오냐 오냐 하고 받아 주시지 아니하신다는 것입니다.

그런데 우리가 감사한 것은 이러한 무서운 죄책의 형벌에서 우리가 구원함을 받고 예수 그리스도를 믿게 하셨고 의지하게 하시고 이제는 구원을 받아서, 즉 죄의 형벌을 완전히 면제 받을 뿐 아니라 거룩한 새로운 생명을 우리가 받게 하신 이것을 생각할 때 참으로 감사한 것입니다. 그리스도를 믿었다는 사실은 첫째는 이 무서운 죄책의 형벌을 완전히 없이해 주셨다는, 면제해 주셨다는 사실이요 둘째는 우리에게 영원한 생명을 주셔서 이제는 하나님의 것으로 하나님의 자녀로, 하나님의 상속자로 세워 주셨다는 이 큰 사실들을 확호하게 믿고 의지하고 거기서 나온 모든 축복의 사실을 우리가 우리 것을 삼아서 사는 것입니다.

기도

거룩하신 아버지시여, 이 세상에서 주를 믿지 아니하고 자기의 길을 스스로 걷는 사람들이 받는 이 무서운 형벌의 사실에 대해서 이제 생각했사옵니다. 저희를 얼마나 사랑하셨기에 이런 것도 깨닫게 하시고 또한 저희 마음 가운데 예수 그리스도를 믿을 수 있게 하시고 그리스도를 전파할 때 그것을 뒤로 하지 않고 그를 의지하고 나가겠다고 생각하고 받아들이게 하신 것을 돌아보며 감사하옵나이다. 저희가 주님의 그 크신 은혜로 이렇게 구원을 받고 무서운 죄의 모든 책임을 다 면제 받아서 형벌이 저희에게서는 상관이 없고 이제는 주님의 크신 은혜만이 저희에게 있사오니 은혜 가운데 거룩되이 살게 하시고 은혜의 사실을 참으로 바로 깨달아 알게 하시고 영원한 생명과 평강을 주신 것을 감사하면서 살아가게 하옵소서.

우리 주 예수 이름으로 기도하옵나이다. 아멘.

1977년 10월 21일

7강

중생의 뜻

요한복음 1:1-13

[1] 태초에 말씀이 계시니라 이 말씀이 하나님과 함께 계셨으니 이 말씀은 곧 하나님이시니라 [2] 그가 태초에 하나님과 함께 계셨고 [3] 만물이 그로 말미암아 지은바 되었으니 지은 것이 하나도 그가 없이는 된 것이 없느니라 [4] 그 안에 생명이 있었으니 이 생명은 사람들의 빛이라 [5] 빛이 어두움에 비취되 어두움이 깨닫지 못하더라 [6] 하나님께로서 보내심을 받은 사람이 났으니 이름은 요한이라 [7] 저가 증거하러 왔으니 곧 빛에 대하여 증거하고 모든 사람으로 자기를 인하여 믿게 하려 함이라 [8] 그는 이 빛이 아니요 이 빛에 대하여 증거하러 온 자라 [9] 참빛 곧 세상에 와서 각 사람에게 비취는 빛이 있었나니 [10] 그가 세상에 계셨으며 세상은 그로 말미암아 지은바 되었으되 세상이 그를 알지 못하였고 [11] 자기 땅에 오매 자기 백성이 영접지 아니하였으나 [12] 영접하는 자 곧 그 이름을 믿는 자들에게는 하나님의 자녀가 되는 권세를 주셨으니 [13] 이는 혈통으로나 육정으로나 사람의 뜻으로 나지 아니하고 오직 하나님께로서 난 자들이니라

중생의 뜻

하나님께로서 난 자

그동안 우리는 주님께 모든 걸 다 맡기고 살아가야 할 것과 또 이 세상에서 죄를 짓고 주님을 모르고 사는 사람들은 번영하고 잘사는 것 같을지라도 주님께 이미 심판을 받아가지고 있어서 언제 그 사람들에게 큰 불행과 하나님의 형벌이 임할는지 알지 못하는 것이고 또 죽으면 반드시 영원히 다 지옥의 형벌을 면치 못한다는 것을 배웠습니다.

이제 우리가 생각할 것은 오늘 읽은 하나님 말씀 요한복음 1:1-13에서 12-13절 말씀, 영접하는 자 즉 예수 그리스도께서 이 세상에 오셨을 때 그리스도를 참된 하나님의 아들로 구주로 알고 대접하고 영접해 맞이한 사람은 그 이름을 믿는 자라는 말씀입니다. '예수님의 이름을 믿는다는 말'은 예수님의 이름이 대표하는 그의 모든 능력과 자격이 주는 바 그 은혜를, 거저 주시는 선물을 확실히 믿고 의지하여 다 받은 사람이라는 것을 뜻하는 것으로 그 사람들에게는 하나님께서 권세를 주사 하나님의 자녀가 되게 하셨다는 것입니다. "영접하는 자 곧 그 이름을 믿는 자들에게는 하나님의 자녀가 되는 권세를 주셨으니"(12절) 이 하나님의 자녀가 된다는 사실은 그저 이 세상에 믿지 않는 사람을 하나님이 양자삼듯이 데려다가 내 자식이라 부르자 하고서 이제 이 집안에서 살라 하고 고아를 데려다 기르듯이 한 그런 것이 아닙니다. 그 아래 말씀에 따르면 육신으로 난 것도 아니고 혈기로 난 것도 아니고 육정으로 난 것이 아닙니다. 사람의 정으로 사람이 원하는 대로 해서 이 세상 사람이 세상에 나오듯이 사람의 피로 혈기로, 부정모혈(父精母血)로써 이 세상에 나온 것이 아니고 또 사람의 뜻대로 나온 것도 아니라 오직 하나님께로서 난 자들이라고 하였습니다.

이렇게 하나님께로부터 났다 하는 말은 하나님께로부터 탄생해 온 것이다 하는 의미입니다. 사람이 어머니 뱃속에서 나오면 어머니가 아기를 낳았다고 그렇게 말합니다. 그러한 낳는다는 말, 생산한다는 말을 거기 써서 하나님께로부터 생산된 자들이라고 하였습니다. 어떤 사람보고 저이는 아버지가 난 자식이다, 아무개가 난 자식이 다 이렇게 우리말로도 하듯이 분명히 하나님께로부터 생산이 돼서 나온 사람이다 하는 말입니다. 그런 까닭에 하나님께로서 난 자라 하는 말이 그 밖의 다른 평범한 의미로, 말하자면 하나님 측에서 보여준 사람이다 혹은 하나님 편에다가 세워준 사람이다 하는 의미가 아닙니다.

그런고로 거기에 있는 이 말씀의 거룩한 뜻을 항상 첫째로 주의해야 할 것입니다. 예수 그리스도를 맞이하고 받아들이는 사람이라는 것은 곧 예수 그리스도를 믿는 사람이다, 그 이름이 대표하고 있는 모든 능력과 은혜를 믿는 사람이다 하는 말입니다. 그런 하나님의 자녀가 되는 권세를 주셨는데 이는 사람의 혈통으로나 혹은 육정으로나 사람의 뜻으로 나지 아니하고 오직 하나님께로서 난 자들이라는 것입니다. 거기를 다시 주의해서 보면, "영접하는 자 곧 그 이름을 믿는 자들에게는 하나님의 자녀가 되는 권세를 주셨으니 이는 혈통으로나 육정으로나 사람의 뜻으로 나지 아니하고 오직 하나님께로서 난 자들이니라"(12-13절).

이와 같이 하나님께로부터 새로 났다는 것을 주의해야 하는데, 그러면 그가 하나님의 자녀라는 사실은 하나님께서 무엇으로 그를 낳았겠느냐 할 때 성령이 새롭게 하신 것과 또 하나님의 말씀을 가지고 그를 낳게 하셨다는 것입니다. 베드로전서 1:23을 보면 "너희가 거듭난 것이 썩어질 씨로 된 것이 아니요 썩지 아니할 씨로 된 것이니 하나님의 살아있고 항상 있는 말씀으로 되었느니라." 이렇게 말씀으로 낳으셨다 하는 말이 있어요. 야고보 1:18에도 마찬가지로 "자기의 뜻을 따라 진리의 말씀으로 우리를 낳으셨느니라." 요한이 쓴 요한일서 서신에서도 "하나님께로부터 난 자마다 세상을 이기느니라"(요일 5:4)고 하였습니다. 하나님이 우리를 탄생케 했다. 당신이 친히 자식으로 생산하신 것이다. 이것이 거듭났다는 말뜻입니다.

죄책과 속죄

나쁘고 죄 있고 부패한 사람인 우리를 갖다가 고쳐 가지고 새로 기계를 수선해서 새 것 같이 만들듯이 만들어 놓았다는 뜻이 아니다 하는 것을 주의하세요. 그렇게 개과천선(改過遷善) 시켰다는 게 아닙니다. 허물을 고치고 선한 것으로 바꿔 놨다는 그런 뜻이 아닙니다. 이 세상의 모든 도덕은 개과천선이라는 것을 중요히 생각합니다. 그 사람이 지금까지 잘못했지만 이제부터 그 사람의 속에 있는 좋은 심정, 선한 품성, 의를 사모하는 것, 용기, 덕, 이런 것들을 아주 높이 발휘해서 지금까지 살던 잘못된 생활을 완전히 고치고 잘못된 여러 악습을 버리고 이제는 선을 행하고 의를 좇으며 살아가는 그런 생활이 이 세상에서 윤리적인 생활인 것이고 윤리적인 교훈에서 권하는 생활입니다. 그런 생활을 고대의 소위 성현(聖賢)이라고 하는 여러 현철(賢哲)한 사람들이 다 권한 것입니다. 그러나 성경이 우리에게 가르치는 거듭난다 하는 뜻은 결코 그런 뜻이 아님을 이제 주의해서 늘 명심해야 할 것입니다.

그러면 무슨 뜻이냐 하면 우리가 아무리 착하고 아무리 애써서 세상에서 말하는 성자가 되었다 할지라도 그로 말미암아서 하나님이 받으실 만큼, 하나님이 구원할 필요조차 없이, 그가 하늘나라에 들어갈 만큼 착하고 의롭고 거룩한 사람이 되지 못한다는 것입니다. 사람의 본성 가운데 있는 부패와 타락한 심정, 사람이 가지고 있는 의의 심정, 또 선의 심정, 미를 추구하는 심정을 가지고 누르고 눌러서 의와 미나 선을 나타내는 심정으로 살아간다 할지라도 하나님 앞에는 그것이 참으로 볼품이 없이 더럽고 추한 것이라 말입니다. 그래서 이사야에서도 말씀하시기를 "우리의 의는 더러운 옷 즉 남루한 옷과 같다"(사 64:6). 남루한 옷을 여기저기 기워서 입어도 결코 새 옷과 같지 아니한 것이오. 하물며 사람이 아무리 묵은 사람, 헌 사람을 수선해서 잘못된 것을 다 메우고 혹은 다시 하지 않도록 하고 다 때워 놓고 새사람과 같이 내어 놓았어도 그게 완전히 새로 난 사람도 아닐 뿐 아니라 하나님 보시기에는 너무나 그 속의 부패라는 것을 잘 보시는 까닭에 도저히 받으실 수 없는 것이오. 사람이 아무리 개과천선을 하고 아무리 윤리적으로 도덕적으로 노력하고 애를 써도 그 사람의 속에 있는 부패와 타락의 본성을 지울 수가 없게 돼 있습니다.

전에도 말씀했지만 사람이 죄를 짓고 가노라면 세월은 가는 것이고 과거에 지은 죄를 죄 아닌 것으로 돌이켜 놓을 재주가 없는 것입니다. 다른 말로 말하면 죄를 지은 역사를 도말(塗抹)해 버리고 지워버릴 수가 없습니다. 아무리 오늘부터는 백 퍼센트 완전하다고 할지라도 오늘까지의 생활의 모든 불완전과 결핍과 죄악과 부패의 타락상은 그것이 하나의 역사로 확연히 남아서 도저히 그것을 어떻게 할 길이 없는 것입니다. 이것은 자기가 늘 짊어지고 다니는 것입니다. 어제라고 하는 터 위에서, 여러 가지의 잘못과 죄가 많은 과거라고 하는 터 위에서 오늘이라는 것이 서 있고 오늘 나는 생명호흡을 가지면서 앞으로 전진하는 것입니다.

이러한 까닭에 하나님께서 과거의 모든 죄와 현재 내가 가지고 있는 모든 결핍과 부족을 죄로 보시지 않고 덮어 버리시고 나를 거기에 상당한 대로 형벌하시지 않고 나를 하나님의 것으로 대접하시지 아니하는 이상에는 엄정하시고 엄위로우신 절대 의의 하나님의 무서운 손에서, 무서운 심판에서 피할 사람은 아무도 없는 것입니다. 그런데 하나님께서는 그것을 예수 그리스도의 공로를 보시고 덮어 버리시고 죄 없는 자와 같이 여기시는 것, 이게 의롭다 하심이라 하는 뜻인데, 하나님의 법정에서 '저는 죄 있는 자로 내가 다루지 아니한다' 이렇게 선언하신 것인데 그렇게만 한 것으로 끝나는 건 아닙니다. 만일 우리가 그렇게 선언을 받았다면 다음의 우리 생활은 완전하냐 할 때 도저히 완전할 수가 없습니다. 왜냐면 우리의 부패와 전적 무능력 다시 말해 선한 일을 하고 하나님의 표준에 맞도록 선한 사람이 되기에는 전적으로 우리는 능력이 너무나 부족하고 차지 못하다는 이 사실은 그대로 있는 것입니다.

예를 하나 들어서 어떤 사람이 마약에 중독되어 아주 못쓰게 됐으면 그 사람에게는 나라에서 금하는, 국법에서 금하는 마약에 중독됐다는 사실로 국법의 다스림을 받아서 형벌을 받아야 합니다. 비록 누군가가 대신 그의 형벌을 면제해 주도록 주선을 해서 그가 가령 벌금 얼마를 물어야 할 것을 누가 대신 물어서 그는 풀려 나왔다고 하더라도, 그가 무죄한 사람이 된 것 같을지라도, 형벌을 받지 아니한다는 자격만 갖는 것입니다. 다시 한 시간만 더 살든지 하루만 더 살면 또 다시 형벌 받을 수 있는 그 자격, 그 잘못 속으로 도로 들어가는 사람이 될 것은 아주 명백한 사실입니다. 아편에 중독된, 그 노예 된 상태에서 못 벗어난 까닭에 그렇다 말입니다. "죄를 짓는 자는 죄의 종이라" 하신 말씀과 같이 사람은 죄를 지어서 마치 마약 중독자가 마약에 완전히 중독되듯이 죄의 그 무서운 발톱 아래서 노예가 되어 자기가 스스로 이기지 못하고 죄에 질질 끌려간다 말입니다.

이와 같이 죄의 세력은 무서운 것입니다. 누군가가 이 죄의 권세에서, 죄가 나를 노예 상태로 꼭 쥐고 있는 상태에서 완전히 벗겨서 죄가 다시 내 속에서 나를 선동해 가지고서 죄 지을 마음을 일으키지 않도록 해 주시기 전에는 내가 스스로 죄 지을 마음을 완전히 끊어 버리고 없애 버리고 산다는 길은 없습니다. 우리의 몸으로 우리의 행동으로는 스스로 죽을 듯이 아주 피나는 노력을 해서 단속을 할지라도 우리 속에서 죄를 짓고자 하는 그 욕망은 순간순간으로 일어나서 우리를 지배한다는 사실을 우리가 늘 다 경험하고 아는 것입니다.

그러면 그와 같은 사람은 그것이 온전히 벗겨져야 즉 아편 중독자는 해독이 되어 완전히 성한 사람이 돼야 비로소 성한 사람이 되는 것입니다. 우리는 이렇게 죄로 인한 부패와 타락상의 지배를 받아 가지고 살고 있는 까닭에 외면으로는 주리 참듯이 참아가면서 자기를 단속하면서 바깥으로 작죄(作罪)를 안 하려고 작위를 하지 않으려고 애쓸지라도 마음 가운데에는 허다한 많은 죄가 요동치는 것입니다. 남을 미워하는 거라든지 시기하는 거 질투하는 거라든지 또 그렇지 아니하면 불의한 심정을 품는 거라든지 또 그렇지 않으면 사람에게 포악한 심정을 품는 거라든지 이런 것이 아주 파노라마같이 순간순간 우리 마음을 때때로 지배한다는 것입니다. 내가 몸을 꼼짝 않고 움직이지 않고 누워 있을지라도 죄는 내 속에서 요동하고 있는 사실, 지금 내 의지와 내 자신의 욕망을 때를 따라 지배하고 주장하고 있다는 것을 다 느끼는 것입니다. 이러한 상태 가운데 있는 그 사람이 예수님의 공로로 속죄함을 받았다고 해서 하나님의 나라를 구성할 수 있는 거룩한 자격을 다 갖춘 것은 아닙니다.

그러한 까닭에 하나님께서 단순히 그를 죄의 형벌 받을 데서 건져내셨을 뿐 아니라 이제는 예수 그리스도 안에서 우리를 새로운 것으로 다시 창조해 내신 것입니다. 이것은 다시 조성해 냈다든지 만들어 냈다든지 혹은 수선해 놓았다든지 개선해 놓았다든지 그런 것이 아닙니다. 창조, 창조를 하셨다 그 말입니다. 이 창조란 말은 하나님께서 전에 일찍이 없던 것을 오직 하나님만이 새로 만들어 내놓으실 때만 성립하는 말입니다. 그 형식, 껍데기는 전에 있던 재료를 혹시 썼을지라도 그 본질은 도저히 전에 없던 것을 낼 때 그게 창조입니다. 맨 처음 하나님께서 천지를 창조하셨을 그때의 기록을 보면 창조했다는 말이 창세기 1장에 세 번 나오는데, 맨 처음은 하나님이 태초에 천지를 창조하시니라 해서 천지창조 한 이야기가 나오고, 그 다음에는 동물 생명이 비로소 창조된 이야기가 나오는데 그것은 21절이고, 그 다음에는 또 사람을 창조하셨다는 말이 27절에 나옵니다.

이렇게 천지를 창조하셨다 하면 천지라는 것이 그 이전에는 없었던 것을, 하나님의 거룩하신 의중에만 있었던 것을 하나님이 구체적으로 현실적으로 나타나게 하신 그것을 의미한 것이고, 또 동물 생명을 창조하신 이야기는 요컨대 그 이전에 거기 식물은 있었지만 동물의 본질이 존재하지 않았던 것인데 그때 하나님의 의중에 있었던 그런 새로운 동물이란 것의 존재를 비로소 있게 하신 그것을 의미한 것이고, 또 사람을 창조하셨다면 전에 어디 있던 무엇을 고쳐 가지고 조성해 놓았다는 말이 아니라 전연 전에 없던 것을 만들어 내셨다 하는 그런 의미입니다.

그러나 여기서 우리가 주의할 것은 그 형식, 외부의 것은 혹시 있던 재료를 가지고 형성해 놓을지라도 가장 중요한 생명과 존재, 본질이라는 것은 그때사 만들었다는 것입니다. 예를 들면 동물도 흙으로 하나님께서 지으셨다 하는 말이 창세기 2:19에 나타나고, 또 사람은 더 두말할 것 없이 흙으로 빚은 것같이 말씀이 되어 있는데 그것이 2:7에 있는 말씀입니다. 그럴지라도 그건 외부의 재료에 불과한 것이고, 이 사람이라는 한 인격, 하나의 영혼에 생명체가 존재할 때는 그것은 하나님의 거룩한 의도에 따라 거기에 존재하라 함으로써 존재한 것이지 무슨 흙을 따로 만들어서 석고로 조각사가 빚듯이 만들어 놓아두었다가 후에 거기다 무슨 새로운 것을 또 가미해 가지고 화합시켰다든지 조합해서 무얼 만들었다는 말은 아닌 것입니다.

새로운 생명과 새 피조물

어쨌든지 사람을 맨 처음에 만드실 때 동물도 그랬지만 흙으로 그 형상을 빚었다, 그 형상은 흙으로 하나님께서 일일이 손을 가지고 요렇게 요렇게 만들어냈다는 그런 의미보다도 그 흙을 취합해 가지고, 그 사람의 외형 육신의 형질을 이루게 만드셨다는 그런 것뿐입니다. 하나님이 일일이 손으로서 조각가가 석고를 가지고 주무르듯이 주물러야 할 이유는 없는 것입니다. 그리고 그것은 껍데기는 따로 만들고 속은 따로 만들고 뭐 그렇게 음식 빚듯이 그렇게 만든 것도 아니고 말씀 한마디로 비록 형질은 흙으로 됐을지라도 완전한, 전에 절대로 존재하지 않았던 새로운 피조물 새로운 존재자가 거기 하나 있었다 말입니다. 이것이 사람이에요.

이런 것을 가르쳐 창조라고 하는데, 고린도후서 5:17에 "하나님께서 우리를 다시 창조했다"고 하는 말씀이 있습니다. "누구든지 그리스도 예수 안에 있으면 새로 창조된 것이니 새로 지은 것이라 이전 것은 지나갔으니 보라 새 것이 되었도다." 이전 것은 다 없어졌다. 이제는 새 것이다. 여기 보면 새로 지은 것이라는 말이 원문에는 새로 창조된 것이다 그랬습니다. 에베소서 2:10에도 "그리스도 예수 안에서 우리는 새로 피조된 자니 즉 새로 지음을 받은 자"라고 했습니다. 새로 창조됨을 받은 자라는 말뜻이에요. 그런고로 이와 같이 하나님께서 우리를 새로 창조했다 하는 사실은, 지금 하나님이 내놓으신 이 새 창조물은 전에 절대로 이와 유사한 것이나 그런 것이 없었다 하는 것을 의미합니다. 다른 말로 말하면 하나님 안에서 하나님의 자녀로서 새로 낳으셨다는 것인데 이것은 새로운 창조라는 사실을 의미하는 것입니다. 이렇게 새로 창조한 것은 전에 없던 것이지 전에 어디 있던 것을 고쳤다는 말은 아닙니다.

그러면 우리의 몸뚱이가 무엇이 새로 창조된 것이냐? 이것은 옛날 아담을 하나님이 새로 인간으로서 창조하신 이래로 자자손손이 낳고 낳고 낳고 해서 육신이 탄생되어 계계승승해서 나와 있는 것이 아니냐 하겠는데 그건 분명히 그래요. 그러나 마치 최초 인생 아담을 하나님이 창조하실 때도 그 육신의 형질은 이미 존재했던 재료인 흙으로 성립되게 하신 것처럼 오늘날 우리를 하나님의 말씀으로 새로 낳으시고 새로 창조하실 때에도 우리의 재료라는 것, 껍데기라는 것은 인간 그대로입니다. 각각 아무개라고 이름 붙인 그 인간 그대로를 하나님이 그냥 쓰셔서 거기에 새로운 생명과 새로운 본질로 채워주신 것입니다.

이것이 새로운 피조물이 되었다는 뜻입니다. 믿지 않는 사람과는 전연 근본적으로 다른, 하나님이 보시기에는, 또 사람도 주의해서 바라볼 때 아주 본질적으로 다른 것이 거기 있는 것이지 예수 안 믿는 사람이 믿기로 작정하고 들어와서 기독 종교를 자기가 머리에다 이고 다니는 것은 아니다 말입니다. 사람이 자기 종교를 자기 머리에 이고 다녀도 그걸 가지고 어떻게 할 수 없는 시간이 오는 것을 알죠? 맨 처음 날 예배를 시작할 때 여러분께 강설하기를 제자들이 자기의 종교로 예수님을 한 번 잘 섬기고 예수님께서 하는 일을 협조해서 자기네도 긴하게 유용하게 한 번 일을 해보겠다는 이런 열성 있는 종교를 가지고 갔지만 큰 풍랑 앞에서는 마침내 다 포기하고 예수님께 불쌍히 여겨 주십시오, 하고 구하는 수밖에 없었어요. 이와 같이 사람은 자기가 스스로 예수를 선택하고 그 종교를 취한 것이 아닙니다. "너희가 나를 택한 것이 아니고 내가 너희를 택하여 세웠다." 예수님이 제자들 보고 그렇게 말씀하신 것입니다. 예수께서 세계의 많은 사람들 가운데서 우리같이 못나고 힘없는 자들을 골라 순식간에 하나님의 크신 능력과 성령의 크신 능력으로 창조하셔서 새로운 피조물이 되게 하신 것입니다. 이것이 중생이라는 사실입니다.

그건 어떤 식으로 창조됐느냐 하면 아드님 예수 그리스도의 형상을 본받아서 그의 본질과 같은 영원한 생명을 우리 안에 주신 것입니다. 안 믿는 사람에게는 그런 생명이 있을 수가 없습니다. 마치 흙에 동물적 생명이 들어가니 그건 동물이라는 새로운 피조물이 되고, 흙으로 지은 이 형질 가운데 새로운 사람의 생명이 가서 연합하니까 거기에 사람이라는 새로운 피조물이 존재했듯이 이 세상 사람 안에서 어떤 사람들을 선택해 가지고 하나님께서 그리스도적인 새로운 생명을 그에게 불어넣어 주니까 그 생명으로 말미암아 새로운 피조물이 된 것입니다. 이 피조물이 된 새 것을 무엇이라고 부르느냐 하면 그냥 사람이라고 부를 수가 없는 까닭에 하나님께서는 하나님의 아들 딸이라 자녀라고 부르신다 그 말입니다. 안 믿는 사람도 하나님의 자녀이냐 하면 그건 아닙니다.

이렇게 하나님께서 새로 이상한 물건으로 그냥 만들어 내 놓은 것이 아니고, 전에 없던 기묘한 어떤 존재자로 새로 창조한 것이 아니라 하나님의 아들 예수 그리스도의 생명을 우리에게 집어넣어서 그 생명이 항상 마치 전파가 투사되듯이 늘 우리에게 접촉되고 그리스도와 연결되어 가지고 우리로 살게 만드신 것입니다. 그래서 예수님이 말씀하시기를 요한복음 10:27에 "내가 저희에게 영생을 주노니 즉 영원한 생명을 주노니 영원히 멸망치 아니할 터이요 또한 내 손에서 그를 빼앗을 자가 없느니라." 한번 들어간 이 영원한 생명은 영원하고 그것이 영원한 까닭에 다시 그것이 나갔다 들어갔다 하지 않는 것이고 변경할 수가 없습니다. 이렇게 해서 완전하고 영원한 피조물로 우리를 새로 세우신 것입니다.

이것은 무엇과 꼭 같으냐 하면 하나님이 우리를 하나님의 자녀로 이제 새로 낳으신 것이다, 하고 표현한 것과 같은 것입니다. 세상 사람이 부모에게서 나와서 우리는 사람이 되었지만 하나님이 이번에는 우리를 다시 탄생하게 하심으로 즉 우리를 생산하심으로 우리는 하나님의 자녀가 된 것입니다. 우리가 하나님 자녀가 된 것은 꾸어서 된 것도 아니고 사람 가운데 몇을 뽑아다가 하나님의 자녀라고 명목을 붙이고 재산을 주고 그래서 된 것도 아닙니다. 오히려 그 본질이 하나님께로부터 다시 나왔으므로 하나님의 자녀가 된 것인데 이런 것이 중생입니다.

그러면 이렇게 중생한 사람은 그가 아무리 못나고 이 세상에서는 희미하고 아무것도 아닐지라도 하나님의 자녀라 하는 이 큰 사실이 늘 그에게 자격으로 붙어 다니는 것입니다. 사람이 임금한테서 났으면 그게 잘났든지 못났든지 공부를 많이 했든지 아직 공부를 못한 어린아이든지 간에 왕자인 것입니다. 그와 같이 우리가 하나님께로부터 났으니까 하나님이 우리를 그 자식으로 낳으셨으니까 우리가 하나님의 자식인 것입니다. 하나님의 자식은 이 세상 사람과는 다른 것이에요. 이렇게 하나님의 자식으로 났으니까 하나님을 공경하고 살고 하나님을 섬기면서 일생 하나님의 집안에서 하나님의 자녀로 살아가야 합니다. 하나님의 집안에서 멀리 다른 데로 가서는 안 되는 것입니다. 하나님이 사랑하시고 돌아보시고 늘 우리와 교통하시고 말씀하시고 정답게 지내는 그 테두리 안에서 살아야 합니다.

만일 이 테두리를 벗어서 제 맘대로 자행자지하고 이 세상에 가서 세상 사람처럼 한번 살아 보겠다 하면 그것은 마치 탕자와 같은, 방탕한 자식과 같은 사람이 되는 것입니다. 그가 아버지에게 재산을 주십시오 해서 타 가지고 먼 나라에 가서 돈을 물 쓰듯 쓰면서 허랑방탕하고 세월을 보내다가 마지막에는 돈도 다 떨어지고 먹을 것도 없고 흉년이 들고 하니까 돼지 치는데 들어가서 돼지 먹는 찌꺼기를 저도 같이 겨우 먹으며 주린 배를 채워 가면서 사는 그런 사람이 된다 말입니다. 그러나 하나님의 자녀는 그렇게 살아서는 아니 되는 것입니다. 하나님이 우리를 하나님의 품안에서 사랑하시는 집안에서 늘 살게 하시려고 우리를 하나님의 자녀로서 낳으신 것입니다. "그리스도께서 우리를 위하여 돌아가셔서 우리로 하여금 자든지 깨든지 저와 함께 살게 하셨느니라." 자든지 깨든지 그리스도와 함께 살게 하신 것입니다.

그리스도의 교회

이것이 하나님과 같이 사는 도리입니다. 즉 아드님 되시는 하나님, 성자이신 하나님, 예수 그리스도와 자든지 깨든지 살게 하신 것입니다. "누구든지 너희가 두세 사람이 내 이름으로 모였으면 나도 그 중에 있으마" 해서 예수 그리스도를 생각하고 그의 뜻대로 하고자 하는 심정을 가지고 그를 섬기고 살겠다고 그러는 것이고, 그러기 위해서 거기 두세 사람이 같이 앉아 얘기를 하든지 의논을 하든지 하더라도 그건 그리스도와 교통하는 세계 안에서 사는 것입니다. 내가 그 중에 있으마. 즉 하나님과 늘 교통하고 하나님과 통정하고 사는 그 테두리 안에서 사는 것입니다. 이렇게 항상 하나님의 자녀들은 하나님의 품안에서 사는 것입니다. 하나님께서 그 고귀한 생명을 주셔서 하나님의 자녀라고 할 때는 이제 그것이 하나의 인격자라야 합니다. 사람이라야 한다 말입니다. 다른 말로 말하면 뜻도 있고 감정도 있고 지식도 있고 지혜도 있고 또 건강하게 잘 자라나가는 그런 어떤 모양이 있어야 할 것입니다. 그냥 부허한 힘만, 거기에 영만 떠돌아다니는 것이 아니올시다.

이렇게 그 새로운 생명 그리스도의 생명이 우리에게 오면 즉 영생을 우리가 이미 받았으면 우리는 받은 영생 때문에 거기에 새로운 사람 하나, 말하자면 분명히 별다른 사람 하나가 나타나는 것입니다. 별다른 한 인물이 나타나는 것입니다. 여기서 주의할 것은 영생이라는 말은 그리스도의 생명이 우리에게 늘 이렇게 와 있어서 늘 우리 안에 있는 것을 가리키는 것이지 우리가 죽은 다음에 천당 가서 오래오래 죽지 않고 산다는 그런 말뜻이 아니라 하는 걸 주의하세요. 한국 교회에서 너무나 많이 그렇게 가르쳐서 아주 오해를 하고 있는데 성경의 말씀

뜻은 영원한 생명이라고 나와 있지 영원히 살아간다 하는 의미로 쓴 것은 아닙니다. 지옥에 가더라도 영원히 죽지 않고 사는 것입니다.

그러므로 영생이라는 것은 예수 그리스도의 생명이 우리 안에 있다는 사실을 가르칩니다. 그런데 그 영원한 생명이 있으면 그 생명에 상당하게 그는 말도 하고 행동도 하고 뜻도 품고 하고자도 하고 그런 심정, 감정도 가지고 살아야 할 것입니다. 새로 영원한 생명이 거기에 나타나는 그런 한 인물, 이걸 성경에서 '새사람'이라 하는 말로 표했습니다. 에베소서 4:24에 "새사람을 입으라. 의와 진리로 거룩하게 하심을 입은 새사람을 입으라." 또 골로새서 3:10에도 "새사람"이란 말이 있습니다. "새사람을 입었으니 이는 그를 창조하신 자의 모양을 좇아 지식에까지도 새롭게 하심을 입은 자니라" 그렇게 새사람이 있습니다.

이제는 이렇게 새사람으로 살아야 한다는 것을 우리가 주의하십시다. 영원한 생명을 받은 사람, 이걸 중생한 사람이라고 하는 것이고, 이렇게 영원한 생명을 받은 사실을 중생이라는 말, 거듭난다는 말로도 표했습니다. 그것이 새로 난다는 말입니다. 거듭난다는 말은 어머니 뱃속에서 난 일이 있지만 그런 것이 아니고 하나님께로부터 다시 생산됐다는 말입니다. 이게 거듭났다고 하는 말뜻인데, 그런 사람은 또한 거기 무슨 중요한 사실이 있느냐 하면 새로운 인물로서 나타나서 말하고 생각하고 활동하고 뜻을 품고 사랑하고 이러고 살아가는 것이 있습니다. 그 인물은 그냥 맘대로 그러고 있는 게 아니라 큰 집안에서 다스리시는 분이 있다는 것입니다.

먼저 이 집은 무엇이냐 하면 디모데전서 3:15에서 보는 대로 "이 집은 살아계신 하나님의 교회요 진리의 기둥과 터니라" 해서 하나님의 교회, 살아계신 하나님의 교회입니다. 하나님은 어디 멀리 가 계시고 그냥 집만 따로 덩그렇게 있는 것이 아닙니다. 거기 살아 계셔서 늘 관계하고 계시는 거룩한 하나님, 아드님 되시는 하나님 성자 예수 그리스도, 그의 교회라는 것입니다. 그래서 그리스도의 교회입니다. 이 교회가 구체적으로 세상에 나타나 뵈기 위해서는 이렇게 우리 교회같이 모여서 같이 예배도 드리고 같이 서로 교통도 하고 사는 것입니다.

그러나 교회라는 것은 그것이 보편적인 것입니다. 다른 말로 말하면 하늘에도 있고 땅에도 있고 계속 있어서 옛날 바울이나 어거스틴이나 그런 이들도 지금 한 교회 안에 있는 게고 또 동양이나 서양이나 주를 믿어서 참으로 구원받은 사람이 다 같이 지금 한 교회 안에 있다는 것입니다. 그러나 그것이 땅 위에서 나타나려면 어디 가까이 있는 사람끼리 마음 맞는 사람들이 서로 모여서 같은 하나님을 섬기고 의지하고 서로 또 교통하고 사랑하면서 살아가야 합니다. 이렇게 "이 집은 살아계신 하나님의 교회요 진리의 기둥과 터"라는 것입니다. 큰 기둥이란, 워싱턴에 가면 워싱턴 모뉴먼트(monument)라는 아주 큰 기념비가 있는데, 그런 큰 기둥의 기념비가 턱 서려면 그 아래 터가 있어야 합니다. 그 터 위에, 좌대 위에다가 그걸 세우는 것입니다. 그것이 진리를 그렇게 멀리까지 나타내 뵌다고 여기 얘기했습니다.

이와 같이 새로운 인물로 살아가면 그 인물 하나만 아니고 그리스도를 믿고 그리스도로 말미암아 중생한 사람들, 거듭난 사람들, 영원한 생명을 가진 사람들을 다 같이 잘 정돈하고 다스리시는 분이 계십니다. 물론 그는 예수 그리스도이십니다. 그리스도께서 다스리시는 그곳을 그리스도의 나라라 혹은 사랑하시는 독생자의 나라라 하는 말로 성경에서는 가르친 것입니다. 골로새서 1:13-14에 "그가 우리를 흑암의 권세에서 건져내사 그의 사랑의 아들의 나라로 옮기셨으니 그 아들 안에서 우리가 구속 곧 죄 사함을 얻었도다." 우리를 흑암의 권세에서 건져내셨다고 하였습니다.

기도

거룩하신 아버지시여, 저희를 극진히 사랑하사 영원한 생명을 주셨고 흑암의 권세에서 건져내사 사랑하시는 그 아드님의 나라로 옮기신 것을 만만 감사하오며 이 깊은 도리를 바로 잘 깨닫고 주님을 바로 섬기면서 주신 이 특권을 감사하면서 살아가게 합소서.

주 예수 이름으로 기도하옵나이다. 아멘.

1977년 10월 30일

옛사람
새사람

에베소서 4:17-32

17 그러므로 내가 이것을 말하며 주 안에서 증거하노니 이제부터는 이방인이 그 마음의 허망한 것으로 행함 같이 너희는 행하지 말라 18 저희 총명이 어두워지고 저희 가운데 있는 무지함과 저희 마음이 굳어짐으로 말미암아 하나님의 생명에서 떠나 있도다 19 저희가 감각 없는 자 되어 자신을 방탕에 방임하여 모든 더러운 것을 욕심으로 행하되 20 오직 너희는 그리스도를 이같이 배우지 아니하였느니라 21 진리가 예수 안에 있는 것 같이 너희가 과연 그에게서 듣고 또한 그 안에서 가르침을 받았을진대 22 너희는 유혹의 욕심을 따라 썩어져 가는 구습을 좇는 옛사람을 벗어 버리고 23 오직 심령으로 새롭게 되어 24 하나님을 따라 의와 진리의 거룩함으로 지으심을 받은 새사람을 입으라 25 그런즉 거짓을 버리고 각각 그 이웃으로 더불어 참된 것을 말하라 이는 우리가 서로 지체가 됨이니라 26 분을 내어도 죄를 짓지 말며 해가 지도록 분을 품지 말고 27 마귀로 틈을 타지 못하게 하라 28 도적질하는 자는 다시 도적질을 하지 말고 돌이켜 빈궁한 자에게 구제할 것이 있기 위하여 제 손으로 수고하여 선한 일을 하라 29 무릇 더러운 말은 너희 입 밖에도 내지 말고 오직 덕을 세우는데 소용되는 대로 선한 말을 하여 듣는 자들에게 은혜를 끼치게 하라 30 하나님의 성령을 근심하게 하지 말라 그 안에서 너희가 구속의 날까지 인치심을 받았느니라 31 너희는 모든 악독과 노함과 분냄과 떠드는 것과 훼방하는 것을 모든 악의와 함께 버리고 31 서로 인자하게 하며 불쌍히 여기며 서로 용서하기를 하나님이 그리스도 안에서 너희를 용서하심과 같이 하라

옛사람 새사람

옛사람과 새사람의 말뜻

오늘은 에베소서 4:17-32까지 우리가 읽었는데 거기서 특별히 22-24절 "너희는 유혹의 욕심을 따라 썩어져 가는 구습을 좇는 옛사람을 벗어 버리고 오직 심령으로 새롭게 되어 하나님을 따라 의와 진리의 거룩함으로 지으심을 받은 새사람을 입으라"는 말씀이 있습니다. 그 앞 절 21절은 "진리가 예수 안에 있는 것같이 너희가 과연 그에게서 듣고 또한 그 안에서 가르침을 받았을진대 옛사람을 버리고 새사람을 입으라" 하는 말씀이 있습니다.

여기에 옛사람이라는 말이 있고 새사람이라는 말이 있습니다. 이런 말이 성경의 다른 곳에는 골로새서 3:9-10에 있습니다. 옛사람이라는 말은 로마서 6:6에 나오는데 그 옛사람이 뭐냐 할 것 같으면 그것은 옛날에 있던 누구라는 의미가 아니고 예수 믿는 사람에게 있는 것입니다. 예수를 진정으로 믿어서 구원함을 받고 영원한 생명을 받아서 그로 말미암은 새 인물 새 사람이 그에게 형성된 사람, 즉 예수 그리스도께서 주신 그 영원한 생명으로 말미암아서 그 생명이 발휘되어 나타나는 우리의 감정이나 생각이나 소원이나 또 뭘 깨닫고 아는 것이나 이런 것들은 결국 하나의 사람, 인물로서 거기 나타나는 것입니다. 그런 인물은 과거에 내가 가지고 나타내고 있던 인물과는 다르다는 것입니다.

그럼 과거에 가지고 있던 인물은 뭐냐면 그것은 내 자신이 가지고 있는 즉, 예수 그리스도의 영원한 생명이 내게 있기 이전의 사람만이 가지고 있는, 모든 안 믿는 사람이 다 같이 가지고 있는 그런 자기의 생명의 능력으로 말도 하고 생각도 하고 뜻도 품고 미워도 하고 사랑도 하고 좋아도 하고 싫어도 하고, 또 무엇을 알기도 하고 무엇을 생각도 해보고 뭘 하고자도 하고 노력도 하고 하던 그런 사람이 있습니다. 그런 사람이라고 모두 악하기만 한 것이 아니라 선을 좇고 의를 좇고 아름다운 것을 좇고 좋은 일을 해보려고 해서 심지어 성자까지라도 될 수가 있습니다. 그러나 그걸 새로운 생명, 영원한 생명으로 말미암아서 나타나고 발휘되고 있는 이 새사람과 비교할 때는 그건 옛사람이다 그것입니다.

누구든지 어려서부터 그리스도 안에서 나고 자란 사람 같으면 '나는 그러면 그런 시간이 없는데 ……'라고 생각하겠지만 그러나 그런 시간이 없는데 하고 생각할지라도 주의할 것이 있어요. 우리는 새사람만이 우리의 생활 가운데 전부 늘 나타나고 사는 것은 아니라는 것입니다. 예수를 믿고 살아가고 그래서 예수 그리스도의 새로운 생명이 나에게서 충만히 역사해서 또 그 충만한 역사를 붙들어서 도우시고 힘주셔서 잘 나타나게 하시려고 하나님의 성령께서 우리 안에 이미 거하시는 것입니다. 누구든지 예수를 믿는 사람은 반드시 그 속에 하나님의 성령이 함께 거하시는 것인데 고린도전서 6:19을 보면 "너희 몸은 너희가 하나님께로부터 받은바 성령의 전인 줄을 알지 못하느냐" 해서 우리의 몸뚱이에 하나님의 성령이 와 계셔서 이것을 성령의 성전으로 쓰신다는 것입니다. 이와 같이 하나님의 성령이 우리 안에 거하셔서 우리에게 하나님이 은혜로 주신 여러 가지 것들을 알게 하시려고 하는 것입니다. 고린도전서 2:12에도 "너희가 받은 신은 이 세상 신이 아니고 오직 하나님께로부터 온 신인데 이는 하나님이 은혜로 너희에게 주신 여러 가지 것들을 알게 하시려고 오신 신이다" 하고 가르쳤어요.

그런데 그 성령께서 나를 붙드시고 도우셔서 내가 영원한 생명의 작용으로 하나님의 자식다운 덕과 정서와 지혜와 지식을 드러내고 살면 이것이 곧 새사람이지만 늘 그렇게만 하고 사는 것이 아닙니다. 어느새 부지불식간에 속에 있는 그 죄의 그루터기가 나를 슬그머니 꾀서 하나님을 위해서 무슨 선을 행하려고 할 때, 아 요렇게 하면 하나님이 더 기뻐하실 것이다 하고 이상하게 별다른 길을 보이면, 성경을 잘 알지 못하고 생활 경험이 풍부하지 못할 때는 '아 그렇게 하면 아마 잘 되는가' 하고 그냥 어리석게 거기를 따라가기가 쉬운 것입니다.

새사람으로 산다고 해서 모든 지혜가 충만한 것이 아니고 또 충분히 장성해서 모든 것을 다 분별할 수 있는 것은 아니에요. 그는 어린아이와 같아서 차례차례차례 장성해 가면서 좀 더 배우고 깨달아야 할 텐데, 배우지 못하고 깨닫지 못한 아직 어리고 유치한 때에도 하나님만 전적으로 의지하고 살면 어리면 어린 만큼 하나님이 안고 가시지만 그러지를 않고 어느 때는 '아 나도 약간 힘이 있으니깐 할 수 있어' 생각하고 제가 좋은 일을 해보려고 제가 그리스도를 떠받치고 살아보려고 한다 말입니다. 제가 스스로 종교를 가지고 그리스도의 일을 한 번 세상에 빛내보려고 이런 생각을 문득 해서 그리로 좇아서 나갈 때 부지불식간에 즉, 내가 스스로 노력해서 종교나 도덕이나 모든 의미 있는 예술적인 무슨 성취를 해 보겠다 하는 그러한 것으로 돌아간다 말입니다. 이것이 안 믿는 사람들이 다 하는 짓이요 이와 같이 한다면 그대로 다시 옛사람이라는 말입니다.

사람의 제일가는 목적

나면서부터 하나님의 구원함을 받아서 언약 가운데서 큰 사람이라고 할지라도 이 옛사람은 그 속에 때 따라 나타나는 것이고 그를 지배하는 것입니다. 이래서 그를 끌고 실컷 멋대로 끌고 나가다가 나중에 그가 깨닫고 '아하 이게 큰 구렁에 빠졌구나 크게 잘못에 빠졌구나 잘 하는 줄 알았더니 잘못돼 잘못에 이르렀구나' 하고 탄식하고 반성하고 회개하는 지경에도 이르는 것입니다. 물론 그렇게 해서 회개하고 주님 앞에 모든 것을 맡기고 의지하면 다시 건져내시고 새사람으로 살도록 또한 붙들어 주시는 것입니다. 이와 같이 옛사람과 새사람이라는 것은 어느 신자 속에서라도 구원을 받은 사람이라면 늘 있는 것입니다. 참으로 영생을 받은 사람은 반드시 그런 대조가 그 속에 있는 것입니다.

지난번에 우리가 배운 대로는 하나님을 믿어서 예수 그리스도의 속죄함을 충분히 받고 말씀에 의해서 새로 탄생된 사람, 새로 생산이 된 사람은 이제 예수 그리스도의 영원한 생명이 그 속에 있으므로 그리스도적인 새 인간성, 새 인격을 드러내게 되는데 그냥 그렇게만 아니라 하나님의 집, 거룩한 그리스도의 지체 속에 있는 것입니다. 이것은 또 그리스도의 교회라는 이름으로도 표시하고 살아계신 하나님의 교회라는 말로도 표현하는데, 이 살아계신 하나님의 교회 곧 그것이 하나님의 집입니다. 이 집안에 있는 것이고 거기서 떠나서 제 맘대로 다 살지 아니하는 것입니다. 그렇게 하면서 또한 예수 그리스도 즉 사랑하시는 하나님의 아드님의 나라로 우리를 흑암의 권세에서 뽑아내서 옮겨놨다 하는 것을 우리가 얘기했습니다.

이 흑암의 권세라는 것이 있는데 그 머리는 마귀요. 마귀의 휘하에는 많은 귀신들이 있고 그 종노릇 하는 사람들도 있습니다. 그들이 다 같이 이 세상 것 화려한 것을 가지고 사람을 꾀서 믿는 사람이라도 그 유혹 가운데 빠져 들어가는 일이 참 많은 것입니다. 그래서 부지불식간에 그리스도를 위한다는 구실 하에서 사실은 자기의 명예를 좇고 자기의 번영을 좇고 자기의 출세나 또 자기의 행복을 스스로 좇아 나가는 일이 많다 말입니다. 자기의 행복을 좇아 나간다는 무서운 유혹인 것입니다. 사람은 각각 자기가 자기의 행복을 좇을 권리가 있다고, 미국의 독립선언서에 관계했던 토머스 제퍼슨의 그 유명한 선언에도 그것이 있지요? 워싱턴에 있는 제퍼슨 메모리얼, 포토맥 강가에 서 있는 제퍼슨 기념각에 가면 거기에 'life, liberty and pursuit of happiness', '생명과 자유와 행복의 추구는 모든 사람의 기본적인 권리다' 하는 것을 써 놨어요.

정치가의 안목으로 믿는 사람 안 믿는 사람 이렇게 가리지 않고 모든 사람을 다 같이 하나의 사람으로 보고 또 국민의 한 사람 한 사람으로 볼 때는 그들의 기본 권리라고 생각할 터이니 생명과 자유와 행복 추구라는 것은 기본적으로 다 모든 사람에게 주어진 권리인 것이고 그러므로 그것을 함부로 저해해서는 안 된다고 하는 것이 아마 민주주의적인 정치 형태를 이루는 데 중요한 주장일 것입니다. 그러나 여기 행복의 추구라 하는 이 말이 일반적인 의미가 될 수는 없습니다. 그것은 만일 믿는 사람이 자기의 행복을 추구하고 자기의 행복을 얻으려고 하나님을 자기의 편에 수호신으로 세워서 액을 면하고 불행을 면하고 행복을 추구하려 할 때 원조자가 되어 힘을 주어 가지고 잘 추구하게 해 주십시오 한달 것 같으면 그 사람의 목적은 결국 이기적인 데 있는 것이기 때문입니다. 자기 자신이 배부르고 잘살고 훌륭하고 명예롭고 빛나고 하는 것이라 말입니다.

이런 자기 자신의 행복추구라는 것을 이 세상 사람은 당연히 최고의 선이라고 생각하는 것입니다. 이래서 헬라의 소위 '유다이모니아' 즉 행복을 추구하는 철학이 있고, 그것이 오늘날 유디모니즘(eudemonism)이라는 행복추구적인 철학으로 발전한 것이고 또 그것이 유틸리테리아니즘(utilitarianism)이라 해서 소위 공리주의라는 것이 있습니다. 영국의 존 스튜어트 밀이라든지 벤담(Jeremy Bentham)이라든지 이런 사람들에게서 발전된 공리주의 사상이라는 것이 거기 있습니다. 그래서 '최대 다수 사람의 최대의 행복을 얻게 하는 그것이 곧 윤리적인 선'이라 생각하고 말을 하는 것이지만 그러나 그리스도를 믿고 하나님의 자녀된 것을 아는 사람으로서는 그렇게 생각 안 하는 것입니다.

왜냐면 나보다 더 크고, 나의 있고 없는 것보다 더 중요한 것은 하나님이시고 예수 그리스도이시기 때문입니다. 그의 영광이 나타나기 위한 그의 목적 때문에 하나님이 나를 만들어 주셨고, 또한 모든 복을 주셔서 과연 행복스럽게 살 수 있도록 하시려고 하신 것이 하나님의 뜻이라 말입니다. 그런고로 그 하나님의 뜻을 따라서 그렇게 살게 하신 하나님께 우리는 또한 감사하면서 그에게 영광을 돌려야 하겠다, 그가 영광을 받으시도록 그가 기뻐하심을 입도록 무엇을 해나가야 하겠다는 심정에서 살아야 하는 것입니다. 그래서 참으로 믿는 사람은 오직 하나님의 영광을 위해서 'Soli Gloria Deo' 혹은 'Soli Deo Gloria' 이렇게 오직 하나님의 영광을 위해서 살아가야 한다 그 말입니다.

우리 교회가 가지고 있는 요리문답 첫째 문제도 "사람의 제일가는 그리고 제일 중요한 목적은 무엇이냐?" 하면 그 대답은 "사람의 제일가고 제일 중요한 목적은 하나님을 영광스럽게 하고 또 영원토록 그를 기뻐하는 것이다"는 것입니다. Enjoy Him forever, 영원토록 그를 늘 엔조이(enjoy) 하는 것입니다. 그로 말미암아 내가 기쁨을 얻고 즐거움을 얻는 것입니다. 그러니까 우리들 자신의 행복은 하나님으로 말미암아 얻는 것이지 우리가 스스로 이 세상 사람들처럼 행복을 추구해서 기쁨을 얻는 것이 아닙니다. 그것이 정도(正道)가 아니다 하는 것입니다.

그런데 이 세상의 사람들이 추구하는 것과 같은 출세와 행복과 명예와 부와 이런 것들을 뒤쫓아 나아가면 어느덧 모르는 사이에 이 세상을 사랑하게 되는 것입니다. 만일 이 세상을 사랑하면 세상의 벗이 되는 것이고 세상의 벗된 자는 하나님과 원수가 되는 것이라고 했습니다. 야고보 4:4 말씀이지요. 이 세상과 벗이 되고자 하는 자는 하나님과 원수가 돼 있는 것을 알지 못하느냐? 벌써 세상으로 맘이 쏠려 있으니까요. 하나님과 원수가 돼가지고 살겠다는 것은 믿는 사람으로서는 도저히 생각할 수 없는 거지만 그런 생각이 없었을지라도 이 세상을 좇아서 나아가면 세상과 벗이 돼서 친구가 돼서 살고자 하면 하나님과는 원수 돼 있는 것이다 말입니다.

이러기 까닭에 항상 우리는 마음에 어떻게 하면 하나님을 기쁘시게 하고 영광스럽게 할 것인가? 어떻게 하나님의 의롭고 선하고 아름다운 것을 이 세상에 드러내서 그로 말미암아 하나님은 이러하시다는 것을 증거하고 살 것인가! 이렇게 살아가는 것이 정당한 생활인 것입니다. 이렇게 살고 이 목적을 위해서 바르게 나아갈 때 거기에 새사람이 새로운 인물이 완연히 활동하고 있는 것입니다. 그런데 비록 목적은 하나님의 영광이라는 데 둔다 하면서도 그 속 내용을 보면 그렇지 않은 것들이 있습니다. 나는 예수를 믿는 사람이니 하나님이 영광을 받으시려면, 하나님은 안 뵈고 예수를 믿는 나는 뵈는 사람이니까 다른 사람들이 내가 잘하고 훌륭하게 되면 '아, 예수 믿는 사람이 저렇게 훌륭하게 됐구나' 하고 그로 말미암아 '아 참 하나님은 영광스러운 분이다' 그렇게 생각할 것이다 하고 엉뚱하고 어쭙잖게 자기가 출세하는 것은 하나님의 영광을 위한 것이라고 해석을 붙여가면서 세상을 좇아 출세하려고 애를 쓰는 것을 우리가 보는 것입니다.

이와 같이 생각하는 것은 결국은 이 세상을 좇아가는 것을 자기의 종교로 정당화하는 것밖에 안 되고 그런 종교는 참된 기독교가 아닙니다. 참된 기독교는 옛사람을 벗어 버리라는 것입니다. 세상을 좇던 것이 완전히 없어져야겠다는 것입니다. "너희 옛사람이 그리스도와 함께 십자가에 못 박혔으매 이제는 죄의 몸이 멸하여서"(롬 6:6) 즉 죄를 짓고 죄를 뒤좇아 가는 이것이 완전히 없어져서 다시는 죄의 종노릇 하지 않게 하려 함이라 했습니다. 죄가 지배해서 아직도 세상을 연연하고 좋아하고 좇아가려고 하는 이런 심정이 있으면 옛사람이 안 벗어진 것입니다. 그리스도의 통치를 받고 사랑하시는 아드님의 나라로 옮김을 받은 우리가 그의 다스림을 받고 산다는 것은 그가 원하는 것을 하고 또한 그 나라를 영광스럽게 하려고 하는 그 심정을 가지고 살아야 하는 것이지 자기를 행복스럽게 하고 자기를 빛나게 하려는 그런 심정으로 사는 것은 그게 부정당한 것이다 그 말입니다.

온전히 맡기고 성령의 인도를 따르라

여기서 성경 한군데 읽겠습니다. "그리스도께서 이미 육체의 고난을 받으셨으니 너희도 같은 마음으로 갑옷을 삼으라. 이는 육체의 고난을 받은 자가 죄를 그쳤음이니 그 후로는 다시 사람의 정욕을 좇지 않고 오직 하나님의 뜻을 좇아 육체의 남은 때를 살게 하려 함이라"(벧전 4:1-2). 요컨대 예수 그리스도께서 고난을 받으셨으므로 그로 인하여 죄의 형벌을 우리는 다 면제함을 받았고 하나님의 그 무한하신 진노 가운데 살 수밖에 없었을 상태에서 건짐을 받았다 말입니다. 이렇게 해서 비로소 우리는 참 평안이 있고 또 하나님과 늘 교통이 있는 것입니다. 그런데 이런 걸 기화로 그 은혜 주시는 것을 오히려 딱 따먹고서 한쪽으로는 자기는 자기대로 정욕을 좇아서 이 세상에서 세상 사람처럼 살겠다 하면 그게 진정으로 구원을 받은 사람인지 그것도 우리가 알 수는 없거니와 받은 사람이라고 하더라도 크게 잘못 생각하는 것입니다. 만일 우리가 예수 그리스도의 고난을 확실히 기억하고 안다면 그것을 갑옷을 삼으라. 너도 그 고난의 덕으로 고난의 공로로 이미 구원함을 받았으니까 이제부터는 자기의 육신을 좇아 살 것이 아니고 이젠 하나님의 뜻대로 제 육신의 남은 시간을 이 세상에서 나머지 자기의 여생을 살아가야 할 것이니라 그랬습니다.

또 한군데 말씀을 볼 것 같으면 "하나님이 우리를 세우심은 노하심에 이르게 하심이 아니요 우리 주 예수 그리스도로 말미암아 구원을 얻게 하신 것이라. 예수께서 우리를 위하여 죽으사 우리로 하여금 깨든지 자든지 자기와 함께 살게 하려 하셨느니라"(살전 5:9-10). 우리로 하여금 깨든지 자든지 그리스도와 함께 살게 하려 하신 것이다 그것입니다. 자기 맘대로 가면서 "그리스도여 좀 따라와 주십시오, 그리스도여 나를 붙들어 주십시오" 하면 안 되는 것입니다. 왜냐하면 하나님이 우리를 지으셨고 하나님의 계획대로 우리를 지으시되 완전하신 하나님이 큰 목적 가운데 하나하나를 만들어 내셨기 때문입니다.

그냥 세상에다 내놓고 덮어놓고 뒤를 따라다니면서 '오냐 오냐. 어서 가거라 가거라' 하고 뒤만 봐 주는 그런 분이 아니다 하는 것을 우리가 주의해야 합니다.

하나님께서 우리를 세상에 보내실 때도 목적이 있습니다. 목적이 없이 보냈을 수가 없는 것입니다. 왜냐면 하나님은 완전하시고 하나님은 절대이신 까닭에 그런 것입니다. 그런 하나님이 우리를 목적이 있어서 세상으로 보냈으면, 즉 그리스도께서 당신의 크신 계획과 목적 하에서 우리를 세상에 두시고 통치하시면서 이끌고 나가신다면 마치 양이 목자를 따라가듯이 우리는 그를 따라가야 할 것입니다. 그래서 깨든지 자든지 그와 함께 살게 하려고 우리를 위하여 돌아가신 것입니다. 즉, 돌아가신 공효가 우리에게도 온 것이다 그 말입니다. 그런데도 불구하고 자기의 심정대로 세상의 욕심을 따라 나간다고 할 것 같으면 아무리 예수를 잘 믿는다고 그러고 기독교로 와서 열심을 내고 교회 와서 열심히 자기의 행복을 추구하고 부를 추구해 가지고 돈이 들어오면 많이 들어온 만큼 이번에는 연보를 많이 하는 일들이 있습니다. 요새 그러한 것을 소위 정통이라고 하고 떠드는 그런 교회의 사상이 참으로 많이 돌아다닙니다.

특별히 한국에 그것이 많이 있다는 것을 우리가 알고, 거기뿐 아니라 이 나라 미국에도 많이 있습니다. 그렇지만 제 욕심을 채워 하나님을 이용하고 하나님 앞에서 어떻게 하는 것이 자기의 행복도 찾고 또 하나님의 도리 안에서 멀리 벗어나지 않는 길인가 하고 요렇게 두 길을 다 같이 보려고 하는 요런 태도는 절대로 안 되는 것입니다. 오직 마음을 하나님 앞에 다 기울이고 또 모든 것을 다 하나님 앞에 맡겨서 하나님께서 나를 가르쳐 주셔서 인도하시는 대로 한 걸음씩 따라가는 것이 하나님을 믿고 사는 사람, 하나님께 모든 것을 맡기고 의지하고 사는 사람의 정당한 생활 방법인 것입니다.

그런데도 불구하고 그렇게 가지 아니하고 자기의 마음대로 자기가 설계한 생활의 길을 걸어가고, 그러면 마치 가장 합리적으로 모든 일이 잘 될 듯이 생각하고 나가면서 하나님께서 도와주시기를 바라고 붙들어 주시기를 바라고 원조해 주시기를 바라고 그 일에 대해서도 적극적으로 지지해 달라는 이런 태도를 취한다면 누가 주(主)인가 말이오. 자기가 주인가 그리스도께서 주가 되셨는가? 그리스도께서 주가 되셨다 할 것 같으면 결코 그렇게 못하는 것입니다. 주가 명령하고 인도하는 대로 종이 따라가는 것이지 종이 의사를 내어 가지고 요렇게 할 테니 위에서 원조해 주십시오, 않는 것입니다.

또 한 가지는 가령 주인이 넉넉하고 마음에 여유가 있는 주인 같으면 종한테 책임을 맡기고 마음대로 하라고 해놓고 책임을 잘 완수하는가, 뒤에서 보기나 하고 책임만 묻는 것뿐이지 일일이 세세하게 하나씩 하나씩 간섭을 않는다 하는 식으로 하나님을 생각할 수 있습니다. 그래서 내가 받은 지혜대로 약간의 내 지식으로 이 세상에서 어떻게 하면 가장 잘 선을 이루고 꾀를 이루어서 하나님 앞에 영광이 되게 할 것인가 하고 계획하는 일이라면 하나님께서도 '옳지 네가 그만큼 스스로 잘 생각해 가지고 소견이 있게 하니까 어디 하는 대로 두고 보겠다'고 스스로 예료한 나머지 결국에 가서 하나님께 영광만 돌리면 좋지 않느냐고 생각도 할 수 있겠는데 그것도 심히 부정당하고 옳지 않은 생각인 것입니다.

하나님께서 우리의 머리터럭도 다 세신다는 말을 쓰신 이유가 무엇이겠습니까? 그것은 세세한 일에 우리를 붙들어 주시고 참으로 우리를 주장치 아니하시면 우리가 부지불식간에 잠깐 사이에 벌써 그를 벗어날 수 있기 때문입니다. 그래서 자기는 행복 추구하고 자기는 일의 성공이라고 나아가지만 어리석음과 어둠 가운데 빠져 들어가 그 무서운 악마나 그런 세력의 지배 가운데 스르르 빠져들어 가는 것입니다. 이런 것을 모르고서는 이 세상은 자연스럽고 평화롭게 일을 할 만한 곳이니까 나는 내 꾀대로 한번 살아가면서 잘 해 가지고 좋은 열매를 하나님께 갖다 드리면 되겠다고 생각할 수 있습니다. 그러나 하나님은 무슨 일을 우리에게 전부 위임하고 당신은 책임만 묻고 앉아 계시는 그러한 제도 안에서 그 나라를 경영하시는 법이 없다는 것을 주의해야 할 것입니다.

왜냐면 하나님 나라의 여러 가지 내용들을 우리가 깊이 살펴보고 연구를 해 보면 항상 하나님께서 주가 되시고 친히 앞서시고 친히 주장하시는데 우리에게 무엇을 맡기시면서 하라고 그럴 때 그냥 완전히 다 맡겨버리는 일이 없습니다. 성령님으로 우리 안에서 역사하시사 어떻게 하는 것이 옳다는 것을 지시하시고 인도하셔서 그로 말미암아 우리가 깨닫고 장성하게 하시는 것이지 우리가 가지고 있는 소견을 신뢰해 주시는 게 아닙니다. 왜냐하면 우리 자신만의 소견이나 생각이나 지혜나 꾀나 이런 것은 대단히 어리석은 것으로 이미 다 아시고 계시기 때문입니다. 그렇게 하면 하나님을 꼭 배반하고 나가기 십상입니다.

그러기 까닭에 하나님께서 우리에게 무엇을 맡겼다 하더라도 소위 사람들이 말하는 식의 위탁하는 일은 없는 것입니다. 나에게 일을 주시면서 하나님은 절대의 아주 긴밀한 감독 하에 두시는 것입니다. 그리고 성령님으로 우리 안에 거하시고 우리 위에서 통제하시면서 때때로 우리의 잘못되는 것을 붙들어 주시고 책망하시면서 회개케 하시면서 이끌고 나가는 것입니다. 그러지 않고서 하나님께서 그저 우리에게 맡기고 우리 자신의 인격과 능력을 신뢰하신다는 것입니까? 우리가 하나님의 신뢰를 받을 만한 사람입니까? 이것을 좀 생각해 보라는 것입니다. 참 주의해야 할 생각입니다.

기도하고 의지하고 살아가는 생활

시편 127:1-2에 "여호와께서 집을 세우지 아니하시면 세우는 자의 수고가 헛되며 여호와께서 성을 지키시지 아니하시면 파수꾼의 경성함이 허사로다. 너희가 일찍이 일어나고 늦게 누우며 수고의 떡을 먹음이 헛되도다"고 하였습니다. 이 말이 무슨 뜻인 줄 잘 알아야 할 것입니다. 우리가 자기 집안 하나를 세우겠다, 문호를 빛나게 세우겠다고 할 때 내가 스스로 세우는 일을 한다든지 내가 세우면서 하나님보고 도와달라고 한다든지 그렇지 않으면 하나님이 힘을 주시므로 이것을 하겠다든지 절대로 그렇게 생각해서는 아니 됩니다. 하나님께서 당신의 계획과 원하는 대로 나도 나게 하시고 또한 나의 인아족척(姻婭族戚), 나의 친척이나 나의 자녀들과 혈족들도 다 있게 하신 것입니다. 모든 것이 하나님의 통재와 하나님의 계획을 떠나서 섭리를 떠나서 내가 스스로 존재하지 않는다는 것입니다.

그럴 때 하나님께서 이러이러한 집안을 세워서 그로 말미암아 하나님의 그 거룩한 능력과 영광을 땅위에 더 드러내는 도구로 쓰겠다, 그로 말미암아 그것을 드러내시겠다고 하셨다 할 것 같으면 여호와께서 설계하신 대로 집을 세워 주실 것입니다. 그럴 때에 나를 불러서 '내가 집을 세우는데 그건 내 큰일의 하나다. 내가 원하는 일의 하나다. 그리고 그 집은 세상에서는 네 이름으로 불리는 집일 것이다. 그러나 일은 내 일이요 내가 세울 테니까 너는 요것을 해라. 그리고 그것도 내가 감독하고 가르치는 대로 해라' 해서 일을 시키시는 것입니다.

그러니까 세우는 자의 수고가 헛되다는 말은 제가 제 스스로 자기의 집인 줄 알고 그렇게 세워 나가는 사람에게 있어서는 여호와께서 안 세워 주신다면 헛된 일이 되고 마는 것입니다. 왜? 의미 없는 것이기 때문입니다. 존재의 의미 그 실존의 의미가 없어지고 마는 것입니다. 그러나 여호와께서 세우시려고 할 것 같으면 세상에서는 결국 네 이름으로 불리는 집일지라도 결국 여호와의 일로서 하시는 것입니다. 그래서 그가 집을 세우지 아니하면 세우는 사람이 암만 제가 스스로 노력을 해 봐도 그 수고가 헛된 것입니다. 안전을 보장하고 평안을 주시는 것도 여호와다 그것입니다. 여호와께서 만일 어떤 도시, 도성을 지켜주시지 아니하신다면 백만 대군을 갖다가 국경에다가 풀어놓든지 혹은 주위를 둘러싸고서 안전을 보장한다고 하더라도 거기에 안전보장은 없는 것입니다. 일반 이법(理法)에 의해서 많은 사람은 생각하니까 사람은 그렇게만 안전보장이 있는 것으로 알지만 하나님의 백성에 대해서는 그렇지 않다 그것입니다.

하나님의 백성을 통치하는 방법은 이 세상 사람이 지금까지 하나님을 모르는 가운데 의존하고 살아갔던 일반 법칙, 자연의 법칙, 사회의 법칙이라는 그것만 가지고 하시지 않는 것입니다. 하나님의 나라를 통치하는 방법이 있다는 것입니다. 그래서 안전도 내가 보장한다. 보장을 하지 아니한다면 백만 대군을 네가 풀어놓고 파수꾼이 밤에 잠을 안 자고 깨서 아주 불침번을 서고 또 다 같이 깨어 가지고 총을 노리고 앉았을지라도 그 파수꾼의 경성함이, 그렇게 깨 가지고 있는 것이 다 헛되다. 그리고 너희들이 이 세상 사람과 같이 아침에는 일찍 일어나서 밤 늦게까지 일을 하고 밤늦게 누우며 수고함으로써 떡을 먹고 살지만 그것 헛될 것이다. 그게 다 헛되다 그 말입니다. 시편 127장 있는 말씀을 여러분이 돌아가서라도 다시 읽고 아이들에게도 그것을 외우게 하는 것이 좋습니다.

오직 하나님의 절대의 대권, 전적인 대권이 나를 주장하시고 지지하시고 지배하시고 나가야만 나의 안전도 있고 평화도 있고 내가 사는 이 사회 안에서의 안정한 생활도 있을 수 있는 것이고 또한 하나님께서 내 이름으로 집을 세우시는 일로 말미암아 집도 서는 것입니다. 하나님께서 우리를 불행하게 고통만 당하라고 요구하시는 것이 아닙니다. 그리스도를 위해서 자진해서 십자가를 지고 고통을 지는 사람이 있지만, 그러나 보통 이 세상에서 제가 잘못해 가지고 무슨 고통을 졌다고 해서 그게 십자가는 아닌 것입니다. 그런 것을 또한 우리가 주의해야 합니다. 어쨌든지 하나님께서는 우리에게 기쁨을 주시려 하시는 것입니다. 그리고 또 하나님이 그 아드님을 우리를 위하여 아끼시지 않고 주셨거든 하물며 그 아드님과 함께 만물을 우리에게 주시기를 아끼겠느뇨(롬 8:32)라고 하셨습니다. 이렇게 하나님께서 우리에게 만물도 주시려고 하시는 것입니다. 극진하신 사랑을 가지고 그 자녀에게 모든 필요한 것을 주시는 것입니다.

자녀로 세웠으면 자녀로서의 명분 또한 주신 것을 다음에 우리가 배우겠지만 그 명분 안에 포함되어 있는 것은 모든 풍부한 상속권인 것입니다. 그리고 그 상속권은 현세에서도 벌써 효과를 내기 시작하는 겁니다. 그러나 그런 모든 것은 목적이 가장 자식답게 가장 그 아버지의 집이 영화롭게 능력 있게 발전하기를 바라고 그 아버지의 맘에 가장 기쁨을 드리고자 하는 데 있어야 하는 것입니다. 그렇게 기쁨을 드리려고 하면 내가 의롭고 거룩한 그리스도적인 품성의 열매를 맺게 되는 것이고 그리고 또 그렇게 사명을 수행해 나가는 데에서 열매를 맺게 되는 것입니다. 이러한 것들을 무시하고 자기가 스스로 이 세상을 추구하고 사모하고 나갈 것 같으면 그건 그리스도를 욕되게 하고 하나님과 원수가 되는 위치에 서 있는 것이고 마음에 참으로 하나님을 사랑하는 사랑도 그에게는 움직이지 않는 것입니다. 그런 것을 생각해서 우리는 항상 하나님 앞에 오직 하나님의 영광만을 위해서 거룩하게 바로 살아갈 것을 늘 생각해야 할 것입니다.

그리고 혹여라도 이 세상을 사랑하는 맘이 있으면 하나님 앞에 간절히 엎드려서 '주여 이 마음 가운데 이 세상을 자꾸 사모하고 추구하고 사랑하는 맘이 있고 이 마음 가운데 이 세상 사람과 같이 정욕이 움직여서 헛된 것을 바라는 심정이 있고 그렇게 해서 스스로 이길 수 없사오니 불쌍히 보시고 나를 다시 건져 내시고 성령님으로 주장하셔서 거룩하게 제 육신의 남은 때를 살아가게 하여 줍소서' 하고 하나님 앞에 간곡하게 기도하고 늘 의지하고 살아가십시오.

이렇게 기도하고 의지하고 살아가는 생활 없이 그렇게 살아가는 생활 태도 없이 스스로 자기가 어떤 교회에 아무리 정통이고 훌륭한 교회에 속했다고 하더라도 그것만으로는 자기가 보장 안 되는 것입니다. 개인 개인이 하나님을 의지하고 살아가야 할 것입니다. 이렇게 해서 하나님께서 주시는 은혜를 받고 하나님이 우리를 불쌍히 여기시고 구원하시기를 늘 바라고 살아가는 것이 좋습니다. 우리의 구원은 이미 임했지만 매일매일 우리는 거룩되이 여김을 받고 성화되어서 장성해 나가야 할 것입니다. 그러기 위해서는 매일 하나님 앞에 의지하고 이 생활을 반듯하게 걸어가야 합니다. 세상을 사랑하는 심정이 없어지도록 새사람이 새로운 인물만이 나에게서 늘 전적으로 나 자신을 대표할 수 있게 되기를, 그리고 결코 이 세상 앞에서 세상 사람처럼 생각을 잘못하고 그걸 또 정당화하거나 종교적으로 도호하거나 변호하거나 하는 일을 하지 아니해야 할 것입니다.

기도

거룩하신 아버지시여, 저희를 이 세상에 두시사 주의 영광의 목적을 위하여 쓰시려고 하시는데 그런 것도 알지 못하고 주님의 그런 의도가 계심도 생각지 아니하고 교묘한 이론을 붙이고 미명하에서 이 세상을 추구하고 자기의 행복을 뒤쫓는 이 세상 사람과 조금치도 다를 것이 없는 일을 하는 때가 있사오면 불쌍히 보시고 책망하시고 깨우쳐 주시고 곧 돌아와서 주님 앞에 자복하고 주님의 은혜를 받아서 거룩되이 살도록 인도하여 줍소서. 저희를 건져내신 것은 세상으로 들어가 살라는 것이 아니라 깨든지 자든지 그리스도와 함께 살게 하려 하심이고 그리스도의 통치와 인도와 지배를 받고 살게 하려 하심이오니 주여 그 그리스도의 거룩하신 은혜와 사랑과 통치 가운데 늘 있게 하시고 아버님과의 그 거룩한 연락 가운데 사랑의 통정 가운데 늘 살게 하시고 주를 벗어나서 방탕한 자식같이 길 잃은 양과 같이 멀리 방황하지 않게 합소서. 주께서 주신 이 평안과 건강과 생명과 호흡과 생활할 수 있는 모든 능력과 지혜를 헛되이 세상을 위해서 자기를 위해서 쓰는 잘못에 빠지지 않게 하시고 좋은 걸 주셨을 때 그걸로 감사하면서 가장 의롭고 선하고 아름다운 주님의 영광의 내용을 바로 드러내는 데 더욱 힘써 나가게 하시옵소서.

우리 주 예수님 이름으로 기도하옵나이다. 아멘.

1977년 11월 07일

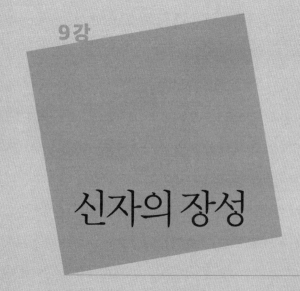

9강

신자의 장성

빌립보서 4:6-23

6 아무 것도 염려하지 말고 오직 모든 일에 기도와 간구로, 너희 구할 것을 감사함으

로 하나님께 아뢰라 7 그리하면 모든 지각에 뛰어난 하나님의 평강이 그리스도 예수

안에서 너희 마음과 생각을 지키시리라 ⁸ 종말로 형제들아 무엇에든지 참되며 무엇에든지 경건하며 무엇에든지 옳으며 무엇에든지 정결하며 무엇에든지 사랑할 만하며 무엇에든지 칭찬할 만하며 무슨 덕이 있든지 무슨 기림이 있든지 이것들을 생각하라 ⁹ 너희는 내게 배우고 받고 듣고 본 바를 행하라 그리하면 평강의 하나님이 너희와 함께 계시리라 ¹⁰ 내가 주 안에서 크게 기뻐함은 너희가 나를 생각하던 것이 이제 다시 싹이 남이니 너희가 또한 이를 위하여 생각은 하였으나 기회가 없었느니라 ¹¹ 내가 궁핍함으로 말하는 것이 아니라 어떠한 형편에든지 내가 자족하기를 배웠노니 ¹² 내가 비천에 처할 줄도 알고 풍부에 처할 줄도 알아 모든 일에 배부르며 배고픔과 풍부와 궁핍에도 일체의 비결을 배웠노라 ¹³ 내게 능력 주시는 자 안에서 내가 모든 것을 할 수 있느니라 ¹⁴ 그러나 너희가 내 괴로움에 함께 참예하였으니 잘하였도다 ¹⁵ 빌립보 사람들아 너희도 알거니와 복음의 시초에 내가 마게도냐를 떠날 때에 주고 받은 내 일에 참예한 교회가 너희 외에 아무도 없었느니라 ¹⁶ 데살로니가에 있을 때에도 너희가 한번 두번 나의 쓸 것을 보내었도다 ¹⁷ 내가 선물을 구함이 아니요 오직 너희에게 유익하도록 과실이 번성하기를 구함이라 ¹⁸ 내게는 모든 것이 있고 또 풍부한지라 에바브로디도 편에 너희의 준 것을 받으므로 내가 풍족하니 이는 받으실 만한 향기로운 제물이요 하나님을 기쁘시게 한 것이라 ¹⁹ 나의 하나님이 그리스도 예수 안에서 영광 가운데 그 풍성한 대로 너희 모든 쓸 것을 채우시리라 ²⁰ 하나님 곧 우리 아버지께 세세 무궁토록 영광을 돌릴지어다 아멘 ²¹ 그리스도 예수 안에 있는 성도에게 각각 문안하라 나와 함께 있는 형제들이 너희에게 문안하고 ²² 모든 성도들이 너희에게 문안하되 특별히 가이사 집에 사람 중 몇이니라 ²³ 주 예수 그리스도의 은혜가 너희 심령에 있을지어다

9강
신자의 장성

새로운 생명과 장성

그동안 우리는 죄와 하나님의 심판, 형벌과 속죄하심, 구원하시어 중생의 새 은혜 즉 영원한 생명을 주신 사실, 하나님의 손 안에서 보장받는 안정한 것, 또 저희를 거룩하게 세우사 하나님을 향하여 전진케 하시는 사실들을 배웠습니다. 이렇게 하면서도 우리에게 중요한 것은 항상 모든 것을 하나님께 맡기고 의지하고 산다는 사실을 배웠습니다. 오늘은 특별히 신자는 어떻게 살아가야 하나를 생각하겠습니다.

이제 그리스도의 신자로서 생활할 때 교회에도 나가고 신자라고 하며 세월을 보내고 생활해 왔지만 우리들을 스스로 다 반성하여 우리들 자신의 생활이 하나님의 말씀의 법도에 맞게 장성하는 단계를 걷고 있었던가? 그렇지 않으면 이 세상에서 크리스천이 된 다음에는 당연히 교회에 나가야 한다 해서 교회에 나가고 그 교회에 다니면서 어떤 구체적인 단계라는 것을 특별히 잘 배워서 한 단씩 올라간 그것보다는 교회에서 그 신자들이 사는 생활을, 이것이 크리스천들의 생활이니라 하고 그냥 그대로 살아 나갔는가 하는 것을 우리가 반성하는 것이 좋습니다. 항상 교회가 바르려면 그 교회 안에 있는 교인들의 신앙생활과 하나님의 말씀의 법칙에 따라서 그 생활의 순서와 장성의 과정이 정당해야 합니다. 그런데 그런 것이 혼탁이 돼서 그냥 다른 사람을 보고 모방하는, 그러니까 자기 자신에게 확실한 장성의 단계의 의식이 없이 사는 것은 교회를 연약하게 하는 중요한 요소 혹은 이유의 하나가 되는 것입니다.

교회가 바로 서고 든든히 서려 할 것 같으면 그 속에 있는 신자들이 바로 서고 든든히 서야 합니다. 신자들이 바르고 든든하게 확호히 서서 나아가려면 자기의 생활의 면면이 하나님의 말씀의 법칙에 비춰서 정상하게 정당하게 장성해 가는지 여부를 늘 살펴야 합니다. 하나님께서는 우리들 생활에 거룩한 장성이 있기를 바라십니다. 그리스도 안에서 새로운 생명으로 하나님께로부터 났으면 그 난 사람은 어린아이와 같아서 그 다음부터는 차례차례 어린아이가 젖을 먹고 밥을 먹고 장성하듯이 궤휼이 없는 순전한 도의 젖을 사모해서 먹고 장성해야 하는 것입니다. 그러지를 아니하고 그냥 다른 사람이 가진 종교생활을 보고 모방을 한다든지, 그렇지 않으면 자기 생각에 이렇게 하면 좋으리라는 지레짐작으로 자기가 이렇게도 해 보고 저렇게도 해 보고, 혹은 그럼 무엇이 바른가 하고 한때 의심이 나서 혹은 알기를 원해서 이리저리 추구하기도 하지만 결국 바른 것을 알지 못하든지 바르게 정리를 못하고 항상 막연한 상태가 완전히 가시지도 아니한 채 어떻게 하면 좋을는지 명확하게 알지 못하는 상태로 산다면 그것은 그리스도인으로서 그렇게 좋은 일이 아닙니다. 이것이 연약한 교회가 되는 장본입니다.

　그러면 아 나는 그렇게 했는가? 나는 그렇게 안 했다. 내가 그렇게 순서 없이 무식하게 한 게 아니고, 나는 나대로 이렇게 믿는 것이 잘 믿는 것이라고 생각하고 나갔다고 혹시 자인(自認)할는지 알 수 없으나, 그러나 우리가 우리의 신앙생활을 하는 여러 가지 면을 볼 때 다수의 사람이 모방만 하고 있는 것을 봅니다. 많은 사람이 기도를 하는 걸 보더라도 하나님의 말씀이 우리에게 가르친 거룩한 법칙에 의해서 기도를 어떻게 해야 하는 것인가를 잘 배워서 거기에 따라서 그릇된 것을 버리고 바른 걸 취해서 하는 것보다는 자기 주위에 있는 사람들의 기도하는 것과 자기가 늘 제일 자주 듣게 되는 여러 가지의 기도들을 듣고 자기도 그대로 대체로 모방해서 해 나가는 것이 일반적인 예입니다. 찬송을 부르더라도 찬송의 확실한 의미와 그것에 대한 정당한 태도를 잘 파악치 못하고 적당히 자기 감흥에 빠져서 불러 나가는 경우도 많이 있는 것이지요. 또한 예배를 드리는 것도 예배라는 것은 찬송과는 어떻게 다르고 기도와는 어떻게 다르며, 혹은 그런 것들을 다 합쳐 가지고 집행하는 것과는 어떻게 다른지 잘 알지 못하고 그냥 그런 것을 다 진실히 이행하면 예배는 저절로 되는 것 같은 생각을 한다면 이것도 참말로 의식이 똑똑치 아니한 것입니다.

기도나 찬송 이런 것만 우리가 잘 모르는 게 아니라 어떻게 생활하는 것이 그리스도께서 기뻐 받으시는 품성의 생활이요 또한 그리스도께서 기뻐 받으시는 일을 해 가면서 사는 생활인가 하는 것을 잘 모를 것 같으면 그것도 그냥 적당하게 자기가 좋을 대로 해 나가는 생활을 할 수밖에 없을 것입니다. 그뿐더러 우리는 교회가 무엇인지도 잘 모르고 주위에 있는 여러 교회라는 이름을 가진 종교 단체의 활동을 보고 그것이 교회려니 하고 그런 스타일로 자기네가 해 나가면서도 자기 생각에 옳지 않은 것, 경우에 빠진 것에 대해 시시비비를 해 가면서 가는 것을 옳은 걸로 아는데, 교회의 시비의 문제는 단순한 상식에서 건전하게만 살면 되는 것이 아닙니다. 지금은 그 상식을 벗어난 사태가 너무나 많으니까 오히려 큰 문제지만 가령 상식에 따라 무엇을 판단해서 처리한다고 교회의 성격이 바로 잘 드러나는 것도 아닌 줄 알아야 합니다. 교회는 보통 사람들이 가지고 있는 이지적인 상식적인 건전한 생활을 주축으로 해 가지고 형성되는 것이 아니고 신령한 생활과 명확히 하나님의 법도에 의해서 순결하고 거룩되이 서야 하는 것입니다.

신자 생활의 기본

이런 것도 우리가 배우지 않고 저절로 알 수가 없는데 배우지 않고 그냥 하는 까닭에 상식에조차 벗어나는 일들을 감연히 하고서도 그대로 도호하고 변명하는 일이 많이 있습니다.

이렇게 여러 가지 것들, 하나님 나라의 도리라든지 세상에서 하나님의 나라의 그 영광을 나타내면서 사는 것은 어떠한 것인가 등에 대해서 알지 못합니다. 또한 무슨 외래의 여러 가지 문제가 일어났을 때 그 문제가 나와 직접 관계되었을 때에도 나는 종교인이니까 그건 몰라도 좋다 하는 이런 소홀한 태도를 취한다는 것입니다. 가령 그것이 사회의 공통의 문제라 할 것 같으면 공통한 이 문제에 대해서 하나님께서는 어떻게 가르치셨다 하는 것을 모르고 다른 평론가들이나 다른 사회 언론 기관의 주장에 따라서 이리도 가고 저리도 갑니다. 그러면서 역시 자기는 교인이다 하면, 기독교가 가지고 있는 중요한 사상적인 요소와 세상에서 역사의 성격을 어떻게 만들어 내가야 할 것인가 등에 대한 교훈을 다 무시하고 가장 소부분에 어떤 특색 있는 종교적인 교의(敎儀), 즉 의식 제의 몇 가지만을 붙들고서 이것을 기독교라고 생각하는 그런 큰 약점 가운데 빠지는 것입니다.

이런 식으로 교회는 빈곤하지 아니해야 하는데 사실상 오늘날의 교회의 형태가 이렇게 빈곤하고 이렇게 무엇을 알지 못하는 그런 암암한 상태 가운데서 지낸다는 것은 참으로 우려할 일입니다. 우리가 개혁교회로서 확호하니 선 이상에는 이런 것에 대해서 그렇게 똑똑치 못한 그렇게 암암하고 흐리멍덩한 그런 생활 태도를 할 수가 없는 것입니다.

그래서 그런 것들에 대해서 우리는 앞으로 차례차례 하나님의 말씀에 의해서 배워 나갈 것인데 먼저 신자가 돼 가지고 하나님 앞에서 해야 할 것이 무엇인가? 거기에 대해서 이야기를 하겠습니다. 먼저 신자가 되어 하나님 앞에서 늘 잘 지키고 해 나가야 할 것이 있습니다. 신자는 하나님의 은혜를 받은 사람인 까닭에 그것들은 은혜의 결과로 당연히 하나님 앞에서 나타나는 일인 동시에 그것 자체가 하나님의 은혜를 받는 방법으로도 사용되고 있는 것입니다. 그럼 그것들이 무엇이냐 하면 첫째, 신자는 불신자와 달리 항상 하나님 앞에 기도하고 사는 것이 중요한 일입니다. 이건 잘 아는 것입니다. 그러면 기도만 하고 사는 것이 전부냐 하면 그것이 아니고 다음에는 때를 따라서 하나님을 찬양하고 높이고 하는 이 찬송의 생활을 또 해야 하는 것입니다. 그 다음에 또 무엇이 있느냐 하면 항상 하나님을 예배하고 공경하고 살아가는 것이 중요한 일입니다. 기도하고 찬송하면 예배가 저절로 되는 것이 아닙니다. 예배는 예배하려는 확실한 의식을 가지고 나와서 또 그것대로 아주 기도와 찬송이 서로 구별되듯이 확실히 구별된 그 영혼의 작용 활동인 것입니다.

그 다음에 우리가 중요히 또 해야 할 것은 하나님의 말씀 곧 성경을 진실하게 자기가 읽고 공부를 해서 그 뜻을 깨달아야 합니다. 주일날 와서 목사의 설교를 듣는 것만으로 넉넉하다고 생각지 않고 자기 자신이 하나님의 말씀을 읽고 묵상하고 연구하고 생각하고 하는 것인데 그건 가만히 앉아서 무슨 철학을 하듯이 사색을 하고 추리를 하고 하는 것으로 다 되는 것은 아닙니다. 자기 생활 가운데에서 증험하고 실험해서 터득해 나가는 것이 중요한 일입니다. 그런고로 그리스도인의 생활과 이것을 서로 병행해 가면서 성경의 도리를 터득해 나가는 것이 또한 중요한 일입니다.

그뿐더러 신자는 하나님 앞에 자기 자신을 전부 드리고 하나님의 뜻을 따라서 생활을 하는 것입니다. 이렇게 전부 드리고 사는 생활에 중요한 징표로서 중요한 한 부분은 오직 하나님의 뜻을 따라서 자기가 이 세상에서 돈도 벌고 자녀도 기르고 가정도 유지하고 사업도 하고 이렇게 살아가는 것이지만 그것만으로 하나님의 일을 했다 하는 것이 아닙니다. 독특하게 하나님께 구별하여 드려서 봉사해야 할 일이 있는 것입니다. 즉, 모두가 돈 벌고 자녀 기르고 사업하고 사회생활하고 하는 것이 주가 아니라는 것입니다. 하나님의 말씀으로 깊은 도리를 생각하는 거라든지, 하나님 앞에 예배를 어떻게 바로 해 나갈 것인가를 인도하고 나가는 일이라든지, 하나님의 거룩한 법을 따라서 조직된 교회가 어떻게 하면 건실하게 자라나갈 것인가 할 때 거기 필요한 여러 가지 사무상 일이나 또 필요한 여러 가지 연락, 교통 이런 일들이 모두 있다는 것입니다. 그런 일에 대해서 아무 시간도 드리지 않고 아무 관심도 안 가지고서 나는 하나님이 돈 벌고 밥 먹고 식구들 지지하고 기르고 살라고 했으니까 하는 정도로 끝난다 할 것 같으면 그것은 옳지 않은 일입니다.

그런고로 누구든지 참 신자에게는 하나님께서 직접 그 신자들에게 명령하셔서 이건 너 개인의 일이 아니고 하나님 당신이 구별해서 놓은 일이다 하는 것이 있는 것입니다. 예를 들면 그 교회의 거룩한 일이라든지 또 하나님 말씀을 상고하고 생각하는 일이라든지 또 교우들이 서로 교통하는 이런 것들을 특별히 구별해서 해야 합니다. 이런 것들은 자기가 늘 할 때마다 시간을 내서 충분히 잘 감당할 수 있는 것이 아닙니다. 또 믿지 않는 사람들에게 복음을 전하는 일이라든지 먼 나라에까지라도 가서 전도하는 일이라든지 하는 이런 일은 자기가 아무리 하고 싶어도 자기의 일도 하고 그것도 겸해서 하지 못하는 것입니다. 자기도 가서 한 부분을 담당했으면 좋지만 그렇게 하지 못하는 까닭에 그 대신 자기가 열심히 노력해서 자기의 생활의 소득의 그 어떤 부분을 내놓고 그것은 '내가 직접 나가서 전도는 못하고 직접 나가서 찬송은 못하고 직접 나가서 교회의 거룩한 일들은 돌아보지 못하고 직접 하나님의 말씀의 깊은 것을 세상에 광포하는 일은 못하지만 그런 일 하는 데에 도움이 돼야 하겠다' 해서, 전체를 내가 하나님 앞에 드렸지만 이 일은 독특하게 하나님께서 그 영광의 목적을 위해, 적극적인 일을 위해서 쓰시기를 바란다는 뜻으로 헌금도 하는 것입니다. 그 사람이 하고 싶었어도 못한 독특한 부분, 또 자기가 하려고 하더라도 자기가 유능하지 않고 그 방면에 특수한 능력을 안 가지면 못하는 일들이 많이 있는 까닭에 그런 일들을 하기 위해서 하나님께서 그것을 쓰시도록 하나님 앞에 적극적으로 드리는 이 헌상이라는 것이 신자들에게는 중요한 의무입니다. 헌상이 있어서 보이는 교회도 형태로서 딱 유지해 나가고 하는 것입니다.

그렇다면 지금 여기서 말한 기도나 찬송, 예배드리는 것, 하나님의 말씀을 공부하는 것, 그 다음에 헌상을 하는 것, 이런 것들이 신자들 생활에 기본적으로 아주 중요한 일로서 늘 있어야 합니다.

그 외에 우리가 생각을 하자면 좀 더 있습니다. 그것은 무엇이냐 하면 자기가 시간이 없어 그 대신 전적으로 시간을 내서 하나님이 불러서 일을 시키는 하나님의 종을 위하여 헌금을 해서 그가 활동할 수 있는데 보탬이 되도록 했다고 할지라도, 자기 자신의 생활의 확증을 다른 사람에게 아무리 못해도 때때로 얘기할 기회가 있을 때는 할 수 있어야 합니다. 이렇게 자기가 개인적으로 남에게 전도할 수 있고 자기의 신앙을 다른 사람에게 간증할 수 있는 것입니다. 이렇게 하려면 하나님의 말씀도 많이는 몰라도 그런 부분에 대해서 좀 알고 있어야 하고 자기 신앙을 간증하려면 그 신앙이라는 것이 현실 생활에서 주님을 믿고 의지하고 나갔더니 주께서 이렇게 하셨다는 생활의 증험이 있어야 합니다. 이렇게 해서 늘 의지하고 의지한 결과 얻는 실과가 있어요. 이런 것을 가지고 말씀으로도 증거하고 생활로서 남에게 증시할 수 있는 이것이 신자들에게는 꼭 필요한 것입니다. 기도하고 찬송하고 예배드리고 또 말씀 공부하고 헌상하고 하는 것이 다가 아니고 그런 것들 또한 합쳐 가지고 나에게 어떠한 일정한 생활의 열매를 내게 하는 것입니다. 이런 것이 신자들에게는 중요한 것입니다.

교회의 사명

그러면 이와 같은 일들이 중요한데 하나를 더 생각하겠습니다. 그게 무엇이냐 할 것 같으면 자기 사업을 하고 자기가 때때로 간증하고 때때로 혹은 친구를 만나서 어쩌다가 하나님의 거룩한 나라의 도리를, 복음의 도리를 전하기도 하고 이렇게 개인 전도도 하고 또 그 다음에 기도하고 찬송하고 예배드리는 것은 당연히 늘 하고 살고, 말씀 공부도 그렇게 한다고 하더라도 중요한 것은 자기 자신이 늘 자기 사업하고 또 이 세상 사람이 사는 것과 똑같은 방식으로 여러 가지 일을 돌아보고 분주하게 보통 엿새 동안 보내고 사는데 그런 모든 생활의 목표라는 무엇이 있어야 합니다. 그 목표라는 게 단순히 당장에 돈 벌어 가지고서는 안정하고 집칸이라도 지니고 자식들 기르고 살아야 하겠다 하는 것이 목표가 된다면 그건 안 믿는 사람도 다 가진 목표입니다. 그리스도를 믿는 사람은 "그리스도께서 우리를 위하여 죽으사 깨든지 자든지 저와 함께 살게 하였느니라" 하는 말씀대로 우리가 깨어 있든지 우리가 혹은 잠을 자든지 그리스도와 함께 산다는 생활의 실증이 있어야 합니다.

그러면 이것은 무엇이냐 하면 그냥 말로만 내가 장사를 해도 그리스도와 함께 있고 내가 길을 가도 함께 있고 내가 어디 가서 물건을 교역하더라도 함께 있고 내가 비즈니스를 아침부터 저녁까지 하더라도 함께 있고 하는 그런 정도로서 끝나는 게 아니라 그리스도와 함께 있을 때는 그리스도가 수호신으로 나와 함께 옆에 있어 계셔 주면서 늘 보호하시고 지키시고 한다는 이런 정도가 아닙니다. 그렇게 생각해서는 안 됩니다. 그리스도는 주(主)고 나는 종인 것입니다. 그 주님을 모시고 종으로서 난 그를 따라 간다는 것입니다. 깨든지 자든지 내가 그리스도와 함께 있으려면 그리스도보고 내가 가는 길을 가자고 하는 게 아니라 내가 그리스도께서 가는 길을 따라가야 하는 것입니다. 이렇게 되면 그리스도께서 어떤 일을 하시는가, 그리스도께서는 내 사정을 아시는 까닭에 내가 장사해야 할 사람으로 장사를 하는 일이 그리스도를 섬기는 일로 진실한 일이라면 그것을 하지 말고 나가서 목사만 돼라, 전도사만 돼라, 이렇게 안 하시는 것이다 말입니다. 장사하거라, 장사를 하도록 그냥 두어두실 뿐 아니라 그 일에 대해서 주께서 보호하시고 함께 하시면서 그러나 이 세상에서 가장 훌륭한 그리스도께서 원하는 가장 본래의 중요한 문제가 단순히 장사하는 일이냐 하면 그런 건 아니다 말입니다. 단순히 농사짓는 일, 단순히 비즈니스 하는 일, 단순히 학교에서 교육시키는 일, 그런 일이냐 하면 그런 것이 아닙니다. 이 세상의 형적은 지나가는 것이다, 경과하는 것이다 말입니다. 다른 말로 말하면 이건 방편이고, 경과 과정이지 결코 그것이 목적이 아닌 것입니다. 하나님께서 세상에 우리를 장사한다는 목적을 위해서 내신 것이 아닙니다.

그러면 그리스도께서 우리를 구속하셔서 새로운 생명을 주시고 새사람으로 세우셨으면 그 새사람이 앞으로 나갈 중요한 일은 결국 무엇이냐 하면, 한 마디로 말하면, 예수 그리스도의 생명과 연결되어서 교회 안에서 그리스도의 능력을 나타내 보이는 것입니다. 사람의 눈에는 띄지 아니할지라도 형성되는 것은 원칙적인 본질적인 교회인데, 눈앞에 현상적으로 조직한 사회단체를 의미하는 것보다는 그리스도의 생명이 붙어 있는 모든 자녀들, 그것이 지체와 같이 서로 연결되어 있는 사실로서 그것이 과거와 현재와 미래에 걸쳐 있고 하늘과 땅에 걸쳐 있는 까닭에 보통 이것을 보편의 교회(church catholic)라 말하는데, 이 보편의 교회 가운데 우선 있어서 그리스도의 거룩한 능력과 영광, 그 인격의 가장 아름답고 거룩하고 선하시고 훌륭한 것들을 우리의 부분에서 이 땅 위에다가 드러내는 것입니다.

그리스도의 아름다운 것을 드러내기 위해서 위대한 예술적인 작품이나 활동이 필요하고, 그리스도의 선하심이 드러나기 위해서는 위대한 도덕적인 생활이 거기 나타나는 것이고, 그리스도의 진리의 빛이 드러나려면 우리는 위대한 철리의 궁구와 깨달음과 지혜와 지식이라는 것이 필요한 것이고, 그리스도의 위대한 통치의 능력이라 할 때는 그 사람이 가장 조직적으로 사회적인 활동을 하는 데서 나타나는 것입니다. 이런 것들로서 결국은 그가 사회 활동을 하고 비즈니스를 하지만 궁극적으로는 그리스도의 어떤 능력을 증명하는 것이 중요한 일인 것입니다. 그리고 그 가장 최상의 것은 그리스도의 거룩한 교회가 보이는 형태로 땅 위에서 드러나는 것입니다. 보이는 형태로 드러나는 교회, 그 거룩한 성격과 그리스도와 일체가 되어 있는 성격과 또 그 보편적인 성격이라는 것, 이런 중요한 것들이 이 교회 안에서 잘 드러나야 하는 것입니다.

그뿐더러 교회가 어떤 시대에 어떤 역사 시기에 처해 있으면 그 역사 시기에 교회가 마땅히 해야 할 것이 무엇인가를 깨닫고 아는 지혜가 있고 지식이 있어야 하는 것입니다. 그렇게 생각하면 그 다음에는 거기에 필연적으로 역사적인 존재인 우리에게는 역사적인 목표와 사명이라는 것이 거기에 파생하는 것입니다. 그 역사적인 사명이라는 것이 파생하면 그리로 집중해서 활동을 하게 되는 것입니다. 그러면 그 활동을 위해서는 자기가 비즈니스를 한 데서 얻은 수입 가운데 단순히 겨우 자기 교회 하나 유지하려고 그러지 않고 이 활동을 위해서는 적극적으로 우리도 힘을 들이고 시간을 내고 자기의 재물을 내고 해서 일을 해 나감으로써 그리스도의 진리가 땅 위에 바르게 퍼져가고 그리스도가 건설하시려는 아름다운 것이 땅위에 바로 퍼져 나간다 하는 것을 자기가 깨닫고 알고 그걸 실증해서 수확을 하려고 해야 한다 말입니다.

예를 하나 들어서 그리스도의 거룩하심과 능력 있는 것이 거룩한 교회를 통해서 땅위에 비추려고 할 때에는 첫째 사이비적인 것과 그릇된 것과 흑암의 세력에 대해서 대항하는 것이 한 가지가 있고, 둘째는 그보다는 좀 더 적극적으로 전에 없던 아름다운 것과 위대한 것과 선한 것들을 창조적으로 자꾸 드러내는 데 있는 것입니다. 그러면 첫째 이 흑암과 더불어 싸우는 문제에서는 진리를 왜곡시키고 또 혼탁하게 해서, 예를 들면 교회라는 건 이런 것이다 해서 거짓된 것과 잘못된 것을 가지고 교회라는 이름으로 자행(恣行)을 하고 사람들을 모아 가지고 그냥 청탁(淸濁)을 한꺼번에 혼음시켜서 즉 맑은 것과 흐린 것을 한꺼번에 들어 마시는 이러한 아주 흐리멍덩한 그릇된 상태 가운데 있을 때, 그래서는 안 된다, 바르게 나아가려면 이렇게 해야 한다 하고 나아가야 합니다. 바르게 나아가려고 하는 것은 우리가 실천도 하고 다른 사람에게 증거도 하고 책자를 만들어서 퍼뜨리려고 할 때는 적극적으로 거기에 보통 자기네가 헌금해 가지고 교회 하나, 겨우 목사 생활 하나 지지하고 교회 하나 유지한다는 이런 정도로 일이 끝나는 것이 아닙니다. 무엇이든지 심오한 진리를 세상에 더욱 퍼뜨려 나가는 것이 중요한 일이라고 생각한다면 하나님 말씀의 깊고 오묘한 도리를 해석한 것과 심오한 것들을 자꾸 퍼뜨려 나간다는 이것이 중요한 교회의 사명인 것입니다. 그러면 그 일을 위해서는 그만큼 자기네 봉사하는 것이 많이 나와야 하겠고 그런 봉사가 나오기 위해서는 그저 단순히 자기가 교회 하나 유지하고 산다는 정도로 지내지 못하게 되는 것입니다. 이렇게 중요한 일들이 각성에 따라서 생기는 것이지 각성도 안 했는데, "일 할 테니 돈 내라" 절대로 이렇게 않는 것이오. 그러면 그건 교회가 아닌 것입니다. 강제 단체가 되고 마는 것입니다. 교회란 모두 각성과 신앙과 기쁨으로 주님을 섬기는 데서 나와야 할 것입니다.

하나님 나라의 일

그 다음에 적극적으로 아름다운 것을 건설해 나가겠다 할 때, 우리 교회가 지금까지 해 나올 때 가령 새로운 찬송을 제작해서 하나님 앞에 찬송을 올리도록 해야겠다 하는, 이것은 완전히 창작 행동인데, 이런 창작이라는 것도 그건 흑암에 대해서 도전하고 싸운다는 의미보다는 어느 시대가 됐든지 가령 순탄한 세계가 되고 다 같이 정통적이고 진실한 세계가 됐을지라도 좀 더 새로운 것, 하나님 나라의 오묘한 것을 될 수 있는 대로 잘 드러낼 수 있는 어떤 것이 자꾸 나오는 것은 참 좋은 일이라 말입니다. 이렇게 하나님 말씀의 새로운 것들을 찾고 캐서 깨닫게 하는 일, 하나님의 나라의 아름다운 것들을 찬양하고 기리고 높이는 일, 그리고 그릇된 것이 있을 때는 그릇된 것을 향하여 싸우면서 바른 것을 말씀의 원칙에 의해 자꾸만

드러내는 일들, 이런 것들은 교회가 가지고 있는 중요한 일로서 이런 사명 안에 사람들은 비즈니스도 하고 또한 다른 무슨 사업이든지 해서 그 사업이 의미 있게 이 땅 위에서 어떤 역사적 성격을 이뤄 나가는데 보탬이 되도록 해야 할 것입니다. 단순히 비즈니스 해 가지고서 실업계에 무엇 하나를 보태준다는 정도로 끝내는 것은 아니다 그 말입니다.

그러니까 이와 같은 것들은 이 세상에서 하나님께서 우리를 세우신 그 거룩한 본의를 바로 깨닫고 나타내는 일인 까닭에 이런 것은 신자 생활 가운데에는 점점 각성이 깊을수록 필연적으로 따라다니는 것입니다. 그래서 신자 생활에는 위에 말한 바와 같이 기도하는 것, 찬송하는 것, 예배를 드리는 것, 성경 공부를 하는 것, 헌금을 하는 것, 그 다음에는 자기의 생활로서 자기의 말, 자기의 믿은바 간증과 하나님의 말씀에 의해서 남에게 복음도 전하고 개인 전도도 할 뿐 아니라 자기의 신앙도 간증해서 다른 사람으로 하여금 그 연약한 사람은 강하게 서도록 하고, 믿지 않는 사람에게는 자기의 신앙을 간증하는 것보다 중요한 것은 복음을 전해 주어야 하는 것입니다.

이렇게 할 뿐더러 지금 마지막에 말한 것과 같이 자기의 생의 목표에 대해서 그리스도께서 각성을 일으키시는 대로 깨달음에 의해서 마땅히 나의 모든 활동이 단순히 역려과객과 같이 지나가는 일 가운데, 지나가는 형적(形迹), 그림자 같은 일에다가 전력을 기울여서 하는 것이 전부가 아닙니다. 결국 그것이 가장 유용하게 가장 착실하고 가장 내용이 있는 중요한 하나님 나라의 일에 집중할 수 있고 그것들이 잘 유용돼서 효과 있게 쓸 수 있도록 하는 것이 중요한 것이지, 재산 많이 쌓아 가지고 후에 후대의 자손들에게 자꾸 물려주는 이것으로 큰일을 삼을 것이 아니라는 것입니다.

하나님께 각 사람은 각각 자기가 받은 능력을 가지고 하나님의 영광을 위해서 재물을 하늘에 쌓아둘 것이지 땅에다 쌓아두어 자꾸 넘기며 또 맡겨서[傳掌] 그 다음으로 전승시키는 것이 아니라는 것입니다. 하나님께서 우리에게 주신 능력을 어떻게 하나님을 위해서 썼는가, 그렇지 않으면 어떻게 자기 후손들만 위해서 썼는가 하는 것으로 나누는 것입니다. 후손들을 위해서 아무 준비가 없는 것이 좋다는 말이 아니라 사람이 하나님께로부터 은혜를 받았으면 다소라도 그런 준비를 해주는 것이 무슨 잘못된 일이 될 것은 없지만 그러나 그것이 자기 생의 목표가 된다 할 것 같으면 하나님을 섬기는 도리는 그럼 뭐냐 하고 물어야 하는 것입니다. 하나님을 섬기는 도리가 그런 것인가? 적극적으로 하나님의 영광, 즉 아름다운 것과 선하신 것과 심오한 도리와 또 능력 있는 것들을 증명해 나가야 한다는 말입니다. 땅 위에다가 그것을 펼쳐 나가도록 우리를 택하시고 세워 놓으시고 또 하나님 영광의 찬송을 위하여 우리를 지으셨다고 하셨으니까 그 영광을 더욱 찬양하고 살아야 할 것입니다. 이런 것들이 신자들에게 있어서는 기본적으로 중요한 것들입니다.

　이제부터는 우리의 생활 가운데서 그런 것들을 잘 깨닫고 나가야 하는데 하나님께서 그 말씀 가운데에서 우리에게 가르쳐 주신 것들을 뽑아서 잘 배워야지 가르쳐 주신 것을 무시하고 그냥 남을 모방하든지 다른 사람의 종교 생활이라는 것을 보고 본떠서 자기의 상식을 가지고 거기에 시비 판단을 해 가지고 좋은 것을 자기가 하나 그려 가지고 이미지를 만들어서 그대로만 따라가는 것은 옳은 것이 아닙니다. 물론 건전한 상식을 가지고 잘못한 것을 우선 판단해 놓는 것이 제일단계로 필요하지만 그것이 내 생활에서 인도의 척도는 못되는 것입니다. 왜냐면 결국은 내 생각이거든요. 그러면 하나님의 말씀의 깊은 도리 위에서 비로소 판단도 하고 거기에 의해서 바른 것은 뭔가를 찾아야만 할 거라 말입니다. 이렇게 해서 그릇된 기도를 않고 그 대신 바른 기도를 할 수 있는 지식을 얻어야 합니다. 그릇된 찬송을 않고 대신 바른 찬송을 할 수 있는 지식을 또 가지고 있어야 합니다. 다른 모든 것도 그래요. 그릇된 예배를 드리지 않고 바른 예배를 할 그런 거룩한 지식과 또 그런 판단력이 우리에게 있어야 합니다. 이렇게 해서 하나님께서 우리에게 주신 은혜의 여러 가지 것들은 과연 끝까지 은혜로서 그것을 헛되이 받지 아니한 사람답게 우리 안에 가지고 있어야 할 것입니다.

기도

　거룩하신 아버지시여, 저희에게 은혜를 베풀어 주셔서 주께 기도할 수 있고 찬송을 올릴 수 있고 주님 앞에 경배를 드릴 수 있게 하셨고, 또한 주님을 간곡한 마음으로 사랑하고 섬기는 생활을 할 수 있게 하셨으며 주님의 거룩한 나라의 법칙과 주께서 저희에게 알기를 원하시는 것들을 그 말씀을 궁구하고 살펴서 깨달아 알 수 있게 하여 주셨고, 그뿐더러 저희의 생에 확실한 목표가 무엇인가를 저희의 장성의 분량에 따라서 그때그때 더욱 심오하게 깨달아 알 수 있게 하여 주시므로 저희들이 이 세상에서 세상 사람처럼 이 세상일에만 취해서 왔다 갔다 하는 그런 일을 하지 않고 비록 세상 사람처럼 사업하고 활동하고 있지만 그러나 이 세상 사람과 본질적으로 다른 확실한 의식과 명료한 판단 가운데에서 자기의 목표와 생의 큰 목적을 향해서 전진케 하심을 저희가 믿사오니, 이 거룩한 도리 안에서 확호히 서서 하나님의 자녀답게 이 세상을 살아가게 하옵소서.

　우리 주 예수님 이름으로 기도하옵나이다. 아멘.

1977년 11월 14일

죄에
대하여 ①

로마서 7:14-24

14 우리가 율법은 신령한 줄 알거니와 나는 육신에 속하여 죄 아래 팔렸도다 15 나의 행하는 것을 내가 알지 못하노니 곧 원하는 이것은 행하지 아니하고 도리어 미워하는 그것을 함이라 16 만일 내가 원치 아니하는 그것을 하면 내가 이로 율법의 선한 것을 시인하노니 17 이제는 이것을 행하는 자가 내가 아니요 내 속에 거하는 죄니라 18 내 속 곧 내 육신에 선한 것이 거하지 아니하는 줄을 아노니 원함은 내게 있으나 선을 행하는 것은 없노라 19 내가 원하는 바 선은 하지 아니하고 도리어 원치 아니하는 바 악은 행하는도다 20 만일 내가 원치 아니하는 그것을 하면 이를 행하는 자가 내가 아니요 내 속에 거하는 죄니라 21 그러므로 내가 한 법을 깨달았노니 곧 선을 행하기 원하는 나에게 악이 함께 있는 것이로다 22 내 속사람으로는 하나님의 법을 즐거워하되 23 내 지체 속에서 한 다른 법이 내 마음의 법과 싸워 내 지체 속에 있는 죄의 법 아래로 나를 사로잡아 오는 것을 보는도다 24 오호라 나는 곤고한 사람이로다 이 사망의 몸에서 누가 나를 건져내랴

10강

죄에 대하여 ①

스스로 인정하는 마음이 위험함

우리는 그동안 신앙의 기초 도리에 대해서 배워 왔는데 오늘은 특별히 무엇을 생각하고자 하는고 하니 일상적인 죄의 문제입니다. 우리가 이 세상에서 주 예수 그리스도를 믿고 살아가노라면 세상에는 시험과 꾀와 여러 가지 악한 것들이 가장 그럴듯하게 우리 맘을 꾀어서 하나님의 도리의 바른 데로 들어가지 못하게 하고 넓은 길로 가게, 많은 사람이 가고 많은 사람이 '이것이 사는 길이다' 하고 가는 그런 넓은 길로 가도록 할 때 자칫 현혹되기가 쉽습니다. 그뿐 아니라 우리가 자칫 하나님 앞에서 마음으로 알면서도 행치 못함으로써 죄를 범했다 하는 심정에 들어가기도 쉬우며, 또한 당위를 알면서도 다른 욕심과 다른 열심이 지배해서 죄에 빠지기도 쉬운데, 이것이 예수를 믿는 사람 누구나에게 다 있는 일로서 어떤 사람만 있고 어떤 사람은 없고 하는 것이 아니라고 하는 점입니다. 그러므로 모든 믿는 사람에게 다 같이 있는 이 보편적인 사실, 죄를 짓기도 쉽고 죄를 때때로 지으며 또한 하나님을 사랑치 못하고 정신을 들여서 하나님의 뜻대로 바로 나아가지 못하는 이런 생활에 대해서 주께서는 어떻게 하시며 우리는 어떻게 해야 할 것인가 하는 문제를 생각하겠습니다.

무릇 우리가 주의해서 생각할 것은 하나님 앞에서 그릇되게 나간다는 것, 죄를 짓고 나간다는 것이 무슨 특별히 파렴치한 죄를 지었다든지 남이 현저히 알 만한 불의를 행했다든지 그런 데만 있는 것이 아닌 것을 아마 잘 아실 것입니다. 오히려 그와 같은 것을 우리는 언제든지 경계하고 주의함으로 별로 법을 어기거나 불의를 행하거나 또한 남의 빈축을 살 만한 일을 한다거나 하는 일은 그게 드문 일입니다. 그러나 사실상 우리에게 있어서 하나님 앞에 잘못이라는 것은 하나님이 보이신 거룩한 표준에서 우리가 마땅히 행해야 할 정당한 위치에 도달하지 못하거나 거기서 벗어나거나 하면 이것이 죄인데, 이와 같은 우리의 생활 행동은 하나님이 우리에게 마땅히 하기를 원하시는 정당한 생활이 무엇인가를 하나님의 말씀에 의해서 알면 아는데 따라서 우리의 잘못이 여러 가지 방면에서 나타난다는 걸 또한 우리가 얼른 느낄 수가 있습니다.

예를 들면 우리가 예수를 잘 믿는다, 열심히 자기는 진실히 한 길로 늘 걸어 나가겠다, 나는 도를 깨달았다, 나는 어떻게든지 잘 믿으려고 애를 쓴다, 이런 생각을 하고 자기네가 특별히 잘 믿는 것으로 자처하기도 하고 잘 믿어 보려고 애를 쓰는 생활을 하면서 다른 사람에게 대해서 항상 "에이, 저건 죄인이

다", "에이, 저건 잘못됐다", "에이, 그래서는 안 된다" 하고 비난하든지 비판하든지 할 때 우리의 죄라는 것이 또한 많습니다. 우리 주께서 말씀하시기를 우리가 남을 폄론하는 폄론으로, 즉 남을 비평하고 남을 속으로라도 낮게 평가하는 그것으로 너도 폄론을 받을 것이다, 폄하하고 비판해서 결국 네 가치를 깎아 내리는 그 일을 당하는 것이고, 남을 이렇다 저렇다고 헤아리는 그 헤아림으로 너도 헤아림을 받을 것이니라, 어찌하여 형제의 눈에 있는 티는 보고서 제 눈에 있는 들보는 보지 못하느냐? 이런 말씀을 하셨어요.

사실상 제 눈에 있는 들보를 보지 못한다는 말뜻은 자기를 의롭다 하고 자기 자신은 하나님 앞에 바로 가는데 남이 비뚤어지게 간다고 생각하는 사람들에게 흔히 있는 것입니다. 왜냐하면 그게 하나님 보시기에는 들보같이 크고 잘못된, 엄청난 죄악적인 상태인데도 그런 것은 크게 아프게 여기지 않고 남이 가지고 있는 표면에 나타난 것이라든지, 이 세상 사람의 눈에 보기에 그릇되게 보이는 것들, 그런 티와 같은 자자한 것들을 뜯고 일어나서 이거 잘못이다 저거 잘못이다 하고 이렇게 폄론을 하고 비판을 하는 동안에 자기 자신이 어느덧 자기는 잘 믿는다, 이렇게 하는 것이 그래도 제일 잘하는 일이다 하고 자기 스스로 다른 사람보다는 그래도 진리 쪽에 늘 서 있는 것으로 인정하고 있는 이것이 또한 무서운 죄악을 일으키는 일이 많다 하는 것입니다.

그렇게 말을 할 것 같으면, 그러면 이 세상에서 진리가 있고 비진리가 있고 또 바른 것이 있고 그릇된 것이 있어서 바른 듯하지만 그릇된 사이비적인 것들을 배제하고 바르다고 믿는 것에 내가 확호히 서서 거기서 떠나지 않고 산다면, 그렇지 못하고 그릇된 길로 가면서 또 사이비적인 것에 속아서 가면서도 자기네 역시 잘한다 하고 생각하는 그것도 그러면 옳다고 봐야 겠는가? 그런 경우 진리와 비진리, 진(眞)과 비(非)의 사이를 판단하는 것이 근본적으로 그릇된 것이 아니냐 하는 잘못된 생각이 들어가기가 쉽습니다.

우리가 믿는 것이 정통이라고 한다면 그러면 우리가 믿는 것도 잘못됐고 들보 같은 것이고, 남이 자유주의를 했다든지 파괴적인 사상을 가졌다든지 세속주의를 했다든지 하면 그런 것들은 오히려 티에 불과하다고 봐야 하겠는가? 이런 것들을 다시 묻게 됩니다. 여러분, 여기서 우리가 깊이 반성해야 합니다. 자기가 정통이라고, 자기가 바른길에 서 있노라고 스스로 섰다고 믿는 것은 참으로 위험한 일입니다. 우리는 진리를 따라가기를 간절히 원하고 따라서 비진리를 선포하고 그것을 진리인 체 속여서 많은 사람을 끌고 가는 이들을 몹시 타매하고 싫어하는 것이 분명합니다. 하나님의 말씀에 비춰서 진리와 비진리를 판단하는 것이 당연한 일이고 그걸 해야 하지만 그걸 자기 자신에게 적용해서 자기는 신령하고 자기는 진리가 있고 자기는 바른 데만 서 있고, 남은 덮어놓고 다 비진리이고 옳지 못하고 신령하지 못하다고 할 때 주의해야 합니다. 이렇게 진리와 비진리라는 사실을 어떠한 사람들 위에 그냥 둘러 씌워서 적용할 때는 참으로 주의해야 하는 것입니다.

무엇보다도 여기서 제일 조심해야 할 문제는 자기 자신은 진리에 늘 서 있다고 하는 자만심, 그렇게 스스로를 인정하는 마음을 주의해야 합니다. 우리가 다른 사람들이 비진리에 서 있다고 하는 말을 하려고 해도 현저하게 그 증거를 객관적으로 드러냈을 때에 내 스스로가 그런 데에 빠지지 않기 위해서 경계를 해야 하고, 또한 나와 같이 나아가는 다른 교우들이 그런 데 빠지지 않기 위해서 그런 것들을 지적해서 주의를 시켜야 하는 것은 하나님의 종들이 당연히 해야 할 일들입니다.

진리와 비진리를 옳다고 함께 섞어놓고 이야기하는 것은 절대로 여호와께서 기뻐하시지 아니하시는 걸 우리가 압니다. 무릇 옳은 자를 그르다 하며 그른 자를 옳다 하는 이것을 여호와의 미워하시는 바라고 잠언에 말씀했어요(잠 6:19 참조). 그러나 우리가 그런 걸 얘기할 때에도 현저하게 객관적인 실증이 있은 다음에 우리가 그런 데 빠져 들어가지 않기 위해서 그러는 것이지요. 비진리 가운데 서 있는 사람은 처음부터 멸망의 자식으로, 죄악의 자식으로 영원한 멸망을 늘 지고 간다고만 그렇게 함부로 속단해서는 아니 됩니다. 사도 바울의 생애를 볼지라도 사울이라고 이름 했을 때, 그는 열렬히 하나님을 공경하고 하나님을 위하여 굉장한 열심을 낸 까닭에 교회를 핍박

했던 것입니다. 그렇지만 그렇게만 가게 두어 두시지 않고 하나님께서 그를 붙들어 주시니까 그는 참된 것으로 들어와서 그 다음에는 열렬하게 같은 열정을 가지고 주의 말씀을 선포하고 교회를 세웠던 것입니다. 어떤 사람이든지 그가 진실하게 자기의 길을 가는 일에 대해서 그의 말하는 설(說)이 하나님의 말씀에 비춰서 절대로 옳지 못하고 비정상일 때는 그걸 맹렬하게 경계해야 하고, 그 허위 자체에 대해서 우리가 절대로 배격해야 하지만 항상 사람을 소망이 없는 것으로 여기고 그것으로 아주 완전히 영원한 멸망을 받은 것같이 여기는 태도, 그런 독단, 그렇게 재판하는 것은 옳지 않은 것입니다.

독단의 위험성과 하나님의 인정

또한 그뿐더러 우리들 자신은 항상 옳은 데 있는 것같이 여기는 이것이 더 빠지기 쉬운 위험한 상태인즉 그런 상태에 빠져 들어가는 건 옳지 않습니다. 내가 서 있는 자리에서 나는 항상 바라볼 것이 있습니다. 그건 뭐냐 하면 나는 죄인이라는 것입니다. 나는 때로 아주 하루에도 몇 번도 더 항상 하나님의 거룩한 정당한 길에서 떠나서 내 마음이 그릇된 데에 방황하기도 쉽고, 그리고 사는 사람이라는 이 점을 주의해야 할 것입니다. 만일 어떤 사람이 참으로 하나님의 성령의 충만한 역사를 받아서 신령한 생활을 한다고 하면 신령한 생활을 하는 사람은 자기가 신령한 생활을 한다고 생각하느냐 하면, 하나님께서 이걸 인정하실 뿐이지 자기는 절대로 그걸 그렇다고 인정을 아니하는 것입니다. 자기는 성경대로 산다고 그렇게 생각한다면 그런 사람이야말로 독단자요 무서운 사람입니다.

그런고로 우리는 항상 우리들 자신을 바라볼 때 자기가 하나님 앞에서 엉뚱하게 큰 죄, 들보와 같은 죄를 짓고 있으면서 동생의 눈에 티가 들어있다고 티를 뜯는 사람이 되지 않도록 주의를 해야 합니다. 우리는 티라는 것에 대해서, 사소한 여러 가지 것들에 대해서 우리가 일일이 타매하기가 쉽지 않습니다. 왜냐하면 이 세상 생활을 해 나가는 중에 노력해 살아도 그 시대의 전체의 사조의 물결 속에서 자기 혼자 뛰쳐나와 가지고 고고(孤高)연하게 살아가기가 쉬운 것이 아니기 때문입니다.

우리가 아브라함의 생활을 보면 그는 참으로 신령한 생활을 했습니다. 하지만 모든 생활을 통해서 아브라함이 한 일은 다 정당하고 의롭고 시대적인 조류를 온전히 벗고서 원칙적인 하나님 나라의 거룩한 법칙 위에서만 늘 서 있다고 볼 수 있느냐 하면 절대로 그렇게 볼 수가 없는 점이 많이 있습니다. 예를 들면 그가 갈대아 우르에서 나와서 하란으로, 하란에서 가나안 땅으로 와서 세겜을 지나 가지고 남쪽에 가서 살다가 흉년이 들어서 애굽에 간 일이 창세기 12장 말씀인데, 그는 애굽에 갔을 때 자기 아내 사라를 누이라 했습니다. "나 보기에 그대가 아리따운 여인이다. 사람들이 그대와 내가 내외간인 것을 보면 나를 죽이고 그대를 취하면 내가 죽을 수밖에 없으니 그러지 않기 위해서 그대를 내 누이라고 하자." 그렇게 약속을 하고 애굽에 들어가서는 자기 아내 사라를 자기 누이라고 그러니까, 그리고 그가 아름다운 여인이라고 해서 사람들이 칭찬을 하니까 애굽의 바로가 자기 궁으로 불러들였다 말씀이오. 애굽 왕이 사라를 자기의 비빈(妃嬪)으로 맞이한다면 그 주혼자가 되는 사람은 이제 오라비 아브라함일 테니까 그에게는 그만큼 많은 예물을 갖다 주는 것입니다. 그래서 아브라함은 그로 인하여 많은 예물을 받아서 낙타나 혹은 가축이나 노비까지 풍부해졌어요. 그렇게라도 해서 아브라함이 자기의 생명을 도모하려고 했다는 것을 오늘날의 안목으로 볼 때는 대단히 비겁한 남자가 하는 일과 같이 보이지만 그때 시대 사조로는 하나도 비겁한 것이 아니었습니다. 이런 일을 그때만 한 것이 아니지요. 아브라함이 75세에 하란을 떠났던 그 때에도 그랬는데 근 100세가 다 돼서, 99세에 그랄이라는 곳으로 가서 아비멜렉이라는 왕이 있는 곳에서 흉년을 피하고 있을 때에도 또 한 번 자기 아내 사라를 자기 누이라고 한 일이 있었습니다.

그런 거 보면 비겁해서 그런 거보다도 그 때 시대 사조에 아내에 대한 관념이라는 것이 그런 정도였고 아브라함도 특별히 아내를 그 이상으로 여기거나 대우하거나 생각할 어떤 철저한 깊은 사상 가운데 있지 못했습니다. 그에게 가정관, 부부관이라는 것이 하나님 나라적인 원칙적인 사상 가운데 들어가지 아니했다 하는 것을 우리에게 알게 하는 것입니다. 그 후에 아브라함은 물론 사상상 큰 장성이 있었고 또한 그것이 점점 높은 데 올라가서 승화되는 것을 우리가 보게 됩니다만, 아무튼 이삭이 태어날 것이 예고된 이후까지라도 99세 때라도 아직 아비멜렉에게 사라를 자기 누이라고 한 것입니다. 75세 때 그러고 그것이 24년이나 계속해서 변함없이 그런 사상의 세계에서, 통속 관념의 세계에서 그가 벗어나지 않고 있었다 말입니다.

이걸 볼 때 우리들도 오늘날 시대에 혹은 전 세계가 가지고 있는 일반적인 도덕 관념에서 크게 벗어나지 못하는 것입니다. 일반적인 도덕관념이라는 것이 결국 여러 가지 풍속도 만들어 내고 사람들이 그걸 당연한 것같이 생각하게 하는 여러 가지를 내는데, 하나님의 거룩하신 안목으로 볼 때 그것이 당연하지 않은 것이 더 많다는 것입니다. 시대마다 사회의 보편적인 통념이라는 것, 그릇된 생각 가운데에서 혹은 장성하지 못한 유치한 생각과 미숙한 생각 가운데 그냥 젖어있는 일도 많은 것인데, 신령한 사람이라고 해 가지고 그것을 다 깨달아서 해탈하고 나오는 게 아닙니다. 사람은 신령하다고 해도 가장 위대한 사상가가 금방 다 되는 것이 아닙니다. 그런 점에서 자신을 의롭다 여기고 자기의 당위를 행하고 살고자 하더라도 그렇게 의롭다고 생각하게 하는 우리의 생각은 성경의 모든 깊은 사상을 통투(通透)히 다 알지 못하는 까닭에 항상 자기들의 시대와 소속하고 사는 역사 시기, 그 사회의 영향을 늘 받고 있다는 것을 우리가 주의해야 합니다.

이런 데서 우리는 항상 남을 자기보다 못한 것같이 생각하는 그릇된 생각을 주의해야 하는데, 그것은 무엇보다도 자기가 남보다 낫다는 데서 출발을 하는 것입니다. 자기는 훨씬 신령하다든지, 바르게 산다든지 할 때는 죄를 하나님 앞에서, 하나님의 표준 하에서 판단하는 게 아니라 다른 사람하고 비교해서 판단하려고 하는 데서부터 비꾸러지는 것입니다. 그런 것은 그릇된 생각입니다. 그런 생각을 하는 것은 옳지 않습니다. 우리는 하나님의 거룩한 척도 앞에서 판단을 받고 있는 걸 알아야 합니다. 그런즉 그럴 때는 너나 나나 다 같이 여러 가지 점에서 죄악적이고 잘못됨이 많다는 것을 인정하지 아니할 수 없는 것입니다. 그러한 자기로서는 다른 사람의 죄에 대해서 자기가 스스로 재판관처럼 나무라지 못하는 것입니다. 우리는 다 같이 하나님 앞에 자기를 반성하고 어디에 죄가 있는가, 잘못이 있는가를 스스로 검토하고 스스로 자신을 판단하는 것이 옳은 것입니다.

신령한 자의 특성

또 한 가지 우리가 잘못을 범하기 쉬운 점을 경계해야 합니다. 우리가 하나님 말씀을 배워서 그대로 살고자 한다는 정신과 그런 목적 하에서 말씀을 추구하고 나가노라면 그게 말씀을 배우려는 간절한 열정이니까 그것을 그대로 항상 정의화하고 정당화하는 습관들이 많이 돌아다니는 걸 보게 되는데 여기에서 우리가 특히 주의해야 할 것이 있습니다. 주의 말씀을 우리가 사모하고 알고자 한다고 하지만, 우리는 하나님의 말씀만 즉 성경만 사모하고 알고자 하는 것이 아닙니다. 이 세상에는 여러 가지 신기한 새로운 학설도 있고 과학의 여러 도리들도 있습니다. 우리는 일반적인 진리라는 과학의 진리에 대해서도 알기를 원하고 또 사회의 현실에 대해서도 알기를 원합니다. 무릇 우리는 필요하다고 여기는 어떤 지식이라는 것들을 흡수하려는 마음의 욕망이 있는 것입니다. 이런 지적인 욕망을 채우기 위해서 우리는 성경 이외의 다른 것들도 우리에게 필요하다고 여겨질 때는 간절히 알기를 원하는 것입니다. 그리고 꼭같이 알기를 원하는 마음의 요구가 성경을 향했을 때 그것도 실은 도리를 자꾸 알고자 원하는 것입니다.

이렇게 자기의 지식욕을 만족시키기 위해서 성경 도리를 자꾸 배우는데, 요컨대 그 도리와 진리 가운데에서 자기의 속사람 새사람의 장성에 필요한 양식으로 취하는 거보다는 인간 자기의 지적인 욕구에 충당하려고, 지적인 지식의 대상으로서 성경을 자꾸 그쪽으로 알길 원하는 것입니다. 그렇게 되면 신학을 자꾸 알려고 하는 것이고. 종교학을 알려고 하는 것이고, 성경에 대한 어떤 사람들의 훌륭한 해석을 자꾸 알고자 하는 것입니다. 하지만 그것이 자기 속에 들어가서 양식이 되지 아니한다는 것을 경험하게 되는 것입니다. 우리가 한없이 신학의 지식이든지, 종교의 지식이든지, 기독교의 어떤 지식을, 고도적인 것을 얘기하면 그게 재미있다고 아는 그것으로 우리의 생활이 능력 있는 생활이 되는 것이 아니라는 말입니다.

여러분, 우리가 성경의 중요한 여러 가지 해석들을 듣거나 혹은 책을 봐서 알았다고 하십시다. 그것이 금방 자기가 죄를 이기는 데에 무슨 큰 힘이 되느냐 하면 그 지식만으로는 죄를 이기는 데 힘이 되지를 않습니다. 왜냐 할 것 같으면 성경도 하나의 문헌으로서 우리에게 지식의 원천으로 지식을 공급할 수 있기 때문입니다. 사상의 원천으로 우리에게 사상도 비춰주는 것입니다. 도덕적인 원칙들도 보여주고 또한 심지어 어떤 학(學), 신학이라는 학문의 체계도 거기서 우리가 비로소 얻어내는 것입니다. 성경이 여러 가지 다른 이유로, 즉 예술적인 훌륭한 작품이라는 것도 우리에게 보여주지만, 그건 안 믿는 사람들도 그만한 것들을 다 취할 수 있는 것이지요. 안 믿는 사람이라고 해서 신학적인 이론을 못 깨닫는 건 아닙니다. 왜냐면 그건 사람이 보편 타당성이 있는 이성의 작용에 의해 흡수할 때 다 깨달을 수 있는 정도로 논리를 해 놓은 것이기에 그렇습니다. 그게 비결구(秘訣句)와 같이 이상한 소리를 붙인 건 아닙니다. 차라리 사람의 일반 논식에 호소해서 깨달아 알고 추리하라는 그런 의미로 학적 추리를 세운 것이라 말입니다. 그러면 그렇게 해서 그걸 아는 그것이 속사람 새사람이 근본적으로 요구하는 생명의 양식의 요구에 그대로 다 공급이 돼서 양식이 되느냐 하면 그런 것이 아닙니다.

왜 그러느냐 할 때 하나님의 말씀이 무엇보다도 우리에게 하나님의 은혜의 방도(media gratiae)로 사용되어야 하고, 그렇게 함으로만 비로소 하나님의 말씀으로서 참된 의미와 그 권위를 나타내는 것이기에 그렇습니다. 하나님의 말씀으로서의 의미와 그 권위를 낼 때는 필연적으로 성령님께서 그 말씀과 함께 그 말씀을 흡수하는 사람의 속에서 그걸 은혜의 방도로, 은혜의 수단으로서 역사를 해 주시는 것입니다. 그러지 않고 다만 일반 은혜의 내용으로만 작동되고 있다 할 것 같으면, 지식에 대해서 혹은 사상의 원천으로서 사상의 공급, 혹은 학적인 체계의 공급, 이런 것들로만 사역되고 있고 공급되고 있다 할 것 같으면 은혜의 방도로서의 의미는 그에게 없는 것입니다. 그런 까닭에 하나님의 성령이 그 사람 속에서, 지금 배우고 있는 것이 그에게 생명의 양식으로 공급이 되도록 역사해 주셔야 할 텐데 그러려면 모든 걸 통달히 아시는 성령께서 우리의 장성의 분량이 무엇인가를 알고 계시니 그 장성의 분량에 해당치 아니하는 것을 덮어놓고 은혜의 방도라고 주시는 게 아니다 말입니다.

우리는 음식을 먹을 때 자기의 장성의 정도로 섭취합니다. 그 장성의 정도라는 것이 여러 가지 단계로 나뉘어 있는 건 아닙니다. 그러나 그 사람의 건강의 상태라든지 소화의 능력이라든지 다 관계가 되는 것입니다. 어렸을 때 먹는 음식과 성인이 돼서 먹는 음식과 늙어가지고 먹는 음식, 그 음식들의 내용이 꼭 같은 건 아닙니다. 음식의 조리법도 반드시 같은 것은 아니지요. 더군다나 위가 약한 사람과 위가 강한 사람, 또 잘 먹는 사람과 음식을 주의해야 할 사람들이 다릅니다. 이런 사람들에 대해서 그만큼 주의를 해서 거기에 적응하게 조리를 하는 식으로 하나님의 성령께서 우리 장성의 분량에 맞게 먹이십니다. 가장 미세한 장성의 차이에도 다 적응하게 생명의 양식으로 먹여 주시는 것인즉 그것이 어떠한 형식으로 나타나느냐 하면 결국 자양이 돼서 그 사람 자신이 거기에 상당한 열매를 맺는 형태로 나타납니다.

어떤 사람이 하나님의 말씀을 듣고 또 듣고 해서 여러 가지 진리를 많이 아는 것 같지만 일단 그의 생활이라든지 마음자리가 결코 그런 것을 많이 안 때와 알기 이전과 비교해서 큰 변화가 없는 사람의 경우라 해도 그 사람이 그저 나쁜 사람은 아닌 것입니다. 좋은 사람으로서 마음도 부드럽지만 그런 정도에서 끝나는 게 아니어야 한다 말입니다. 그 사람 자신이 그리스도를 얼마나 열렬히 사랑하며 하나님 나라의 거룩한 도리에 대해서 얼마나 깨닫고 알아서 거기에 대해서 헌신적으로 봉사하는지, 또 하나님께서 그에게 요구하신 거룩한 열매 즉 품성의 생활에서 어떻게 그리스도적으로 나타나는지, 그런 것들이 드러나야 합니다. 사명에 대해서 얼마만큼 각성을 하고 거기에 대해서 더 간절히 봉사하고 나가는가! 이런 것들에 대해서 결과가 없다 할 것 같으면 그가 많이 알기를 원해서 많이 안다는 그것은 큰 의미를 안 가지는 것입니다. 이런 것이 참으로 많이 있는 예입니다.

그런고로 우리는 이런 일을 늘 경계해야 합니다. 모르는 것이 무슨 자랑이 될 수는 없어요. 내가 잘 깨닫지 못하는 것이 자랑이 될 수는 없고, 또 많이 잘 안다 하는 것이 또한 자랑이 되지 않는 것입니다. 하나님 나라의 도리는 그 사람의 장성의 분량에 해당하는 대로 생명의 양식으로서 그 안에 작용할 수 있어야 하고 작용한 다음에는 반드시 그러한 열매로, 그때는 그 사람의 품성에서 그리스도적으로 나타나는 거고 그리스도인답게 거룩하고 신령하고 사랑스럽고 더군다나 주를 더욱 사랑하는 심정으로 나타나는가? 또한 동시에 그 사명을 각성해서 거기에 대해서 헌신적으로 더욱 나타나는가? 무엇보다도 그의 생활에서 나타난다는 것은 그 사람 자신이 하나님께 모든 걸 바치고 사는가? 항상 한 자락은 자기 것이라는 걸 늘 가지고 살려고 하는가? 이것이 신령하고 신령하지 못한 것을 갈라 놓는 것입니다.

신령하지 못할 때는 그리스도 안에서 어린아이라고 해서 사실상 단단한 음식을 못 먹는 사람이라는 도리를 가르쳤습니다 (고전 3:1). 육신에 속한 사람이란 그런 것이다 했어요. 그런데 많이 배워도 결국 육신에 속한 생활을 한다면 아무 의미가 없습니다. 신령하다 할 것 같으면 품성에서 그리스도적인 것을 나타내야 하는 거고, 사명에서도 그리스도적인 걸 깨닫고 얼마나 헌신적으로 봉사하는지가 핵심입니다. 왜 헌신적이어야 하냐 하면 신령하려면 자기 전체를 다 그리스도에게 확실히 드렸다는 위치에서 성령을 전적으로 의지하고 그가 원하는 대로만 하겠다는 확실한 결심과 각오와 정신과 소원 가운데 매일 살아가야 하는 것이기에 그렇습니다.

내 속의 두 사람

그런데 그러지 못하고 그 사람 생활 전체가 그런 데로 나가지 않고 오직 지식에만 집중하는 상태, 마치 이 세상의 다른 지식을 연구하고 탐구하고 나가는 사람의 지적 갈망과 다를 것이 없는 것이라면 그렇게 해서 얻는 것은 생명의 양식은 아니라는 것입니다. 기독교의 이치를 일반적인 종교의 내용으로 파악하는 것은 되겠지만 그러나 기독교를 다른 여러 가지 종교의 한가지로 파악해서 그 내용이 이렇다 하고 자세히 알고 잘 얘기한다면 그런 정도는 하나도 힘이 되는 건 아닙니다. 그러므로 능력이 되는 참된 생명의 양식이 그의 속에 공급되어야 하겠고, 그것이 공급돼서 그 사람이 점점 튼튼한 힘을 갖고 살아야 하겠습니다. 그런 신령한 하나님의 자녀로서의 생활이 우리에게 필요한 것이지 세상에 종교 지식인 하나 혹은 종교 철학자를 만들어내는 것은 의미가 없습니다. 이런 것들을 생각해서 우리가 자신의 잘못과 죄를 돌아볼 때 어떤 점에 우리의 잘못이 있는가, 연약이 있는가를 늘 반성하고 살아가는 것이 대단히 좋은 일입니다.

오늘 낭독한 하나님의 말씀 로마서 7:14-24은 이 7장이 25절로 끝나지만 24절까지 계속 이어진 맥락에서 우리가 아주 중요한 사실을 볼 수 있습니다. 그건 뭐냐? 로마서 3:23의 말씀대로 "모든 사람이 죄를 범하였으매 하나님의 영광을 능히 얻지 못하였더니" 즉 모든 사람은 다 죄인이다 그것입니다. 내 남할 것 없이 죄인 아니라고 할 수가 없는 것입니다. 가령 요한일서 1:8을 보더라도 "만일 우리가 죄 없다 하면 스스로 속이고 또 진리가 우리 속에 있지 아니 할 것이요." 그리고 9절 지나서 10절을 보면 "만일 우리가 범죄하지 아니하였다 하면 하나님을 거짓말 하는 자로 만드는 것이니 또한 그의 말씀이 우리 속에 있지 아니하니라." 이와 같이 누구나 다 자기가 죄인인 것을 인정해야지 자기는 죄가 없다 한다 할 것 같으면 이것은 하나님을 거짓말 하는 자로 만드는 것이고, 진리가 우리 속에 있지 아니하고 스스로 속이는 일이라 했어요. 스스로 속이는 것입니다. 자기를 반성해 보면 죄 없다고 할 수가 없는 것입니다. 너무 멍청해서 암매해서 죄가 있는지조차도 알지 못한다면 그런 암매, 그 큰 어두움은 그것이 벌써 하나님 앞에 죄인 것입니다. 죄가 죄 된 걸 알지 못하고 의라고 뽐내고 다니면 그것이 죄가 안될 수가 없는 것이지요.

그런 까닭에 우리가 다 같이 죄인인데, 그 죄라는 것이 우리 속에서 얼마나 강한가 하는 이것을 로마서 7:14 말씀 이하에서 특별히 볼 수 있습니다. 죄가 우리에게 얼마나 강하게 작용하는가? 우리 마음 가운데서 무엇이 좋은 일이며 무엇이 하나님을 기쁘시게 하는 일이며 무엇이 하나님의 의인지 얼마만큼 아는 것입니다. 즉 하나님의 의가 구체적으로 나타나는 것이 율법이라고 그랬고, 그걸 알고서 하나님의 의를 소원하고 행하고자 하지만 그러는 사이에 내 속에 어느덧 다른 어떤 한 법칙이 있는 것을 발견했다! 그건 뭐냐? 내가 원하는 하나님의 의라는 것, 선이라는 것을 행치 못하게 나를 지지누르는 세력이 하나 있다. 나를 사로잡아가지고 내가 원치 않는, 진정으로 하나님의 거룩한 법칙에 의해서 생각할 때 원할 수 없는 것들을 나로 하여금 행하게 한다. 나는 하나님의 의만 생각하고 원하고 하고자 하고 애쓰고 늘 그러는데, 내 손이 다른 데 가서 범죄만 한다는 그런 의미가 아니지요. 내 속에서 두 개의 사람이 움직여서 새사람으로는 하나님의 법을 즐거워하지만 내 속에 또 하나의 사람이 있구나. 저렇게 하면 좋겠다 하고 내 속에서 꾀하고 원해 가지고 죄를 짓게 하는데, 그걸 물리치고 새사람의 소원대로 의를 행하는 그 힘은 대단히 약할 뿐 아니라 모든 율법을 지키다가 하나에서 거치면 다 거치는 자가 된다는 말씀처럼 결국 나는 하나님이 원하시는 거룩한 표준에 도달하는 생활을 못하고 있다. 하나님이 나에게 당연히 요구하시는 당위의 일조차 못하고 자기 속에 있는 다른 것이 자기를 끌고 가서 그 일을 행하게 한다는 것입니다. 그 다른 것이 곧 죄라는 말인데 이걸 달리 말하면 탐욕이라 탐심이라, 내 속에 있는 우상이라는 것입니다. 그렇지 않으면 욕심이라 세욕이라 그런 것들입니다. 내 속에는 그런 것들이 있어서 선을 행하고자 하고 그렇게 해야겠다고 하던 선한 빛의 소원조차 무찔러 버리고 나를 끌고 가서 그만 내가 원치 않는 그것에 항복시키고 마는 것입니다.

이렇게 죄의 세력은 심히 크다는 것입니다. 내 속에 그런 것들이 그냥 남아서 선을 행하려고 할 때 내 속에 악이 또한 함께 있는 걸 여기서 보았다! 그와 같이 부패한 것이 내 속에 있다는 걸 나는 발견하였다. 그런데도 이 부패를 내가 스스로 이길 수도 없고 능력 없는 사람이다. 이 사실을 로마서 7:14-24에서 가르치고 있는데 마지막에는 자기가 사망의 몸이라고 탄식하는 것입니다. '아! 이렇게 나가면 결국 죽을 수밖에 없지 않냐? 오호라 나는 괴로운 사람이다. 누가 이 사망의 몸에서 나를 건져내랴' 하고 탄식하는 소리를 하게 됐다 말입니다. 자기 속에는 새사람이 있어서 내 속사람으로는 하나님의 법을 즐거워하되 또 내 지체 속에서 한 다른 법칙이 내 마음의 법칙과 싸워서 내 지체 속에 있는 죄의 법칙 아래로 나를 사로잡아오는 것을 본다! 내 속에 다른 하나가 또 있다 말입니다.

로마서 6장에서는 그것을 옛사람이라고 했고, 에베소서 4:22에도 "썩어져 가는 구습을 좇는 옛사람을 벗어 버리고", 골로새서 3장에도 "옛사람을 벗어버리고 새사람을 입으라"고 했습니다. 이렇게 옛사람이라는 것이 우리 속에 있는 것입니다. 그래서 그것이 이 세상을 좋아하고 자기의 영화를 좋아하고 자기의 복리, 행복만을 추구하고자 나가는 것이고, 하나님의 나라라는 것, 하나님이 원하시는 것이라는 걸 뒤로 하는 그런 마음의 요구가 있는 것입니다. 이런 것들을 사람은 가지고 있으면서 그런 것들이 발동해서 자기를 지배할 때는 자기가 스스로 극복 못하는 것입니다.

그것은 세상에 있는 물질을 탐하는 것만이 아닙니다. 세상의 영광을 탐하고 세상의 지식만 탐하고 세상의 어떤 이상한 신비주의 운동, 종교 삼매라는 걸 탐하고, 결국은 이 세상적인 도덕이나 종교나 예술이나 혹은 그렇지 아니하면 산업이나 이 세상의 권력이나 영화(榮華)나 사회세력이나 무엇이든지 세상에서 훌륭하다 또 보암직하다, 지혜를 얻을 만한 일이다 하는 것들을 탐합니다. 그것들이 세상에 있는 것인데, 그것을 탐하는 것입니다. "이 세상과 세상에 있는 걸 사랑하지 말라. 이 세상에 있는 것은 육신의 정욕이요 안목의 정욕이요 이생의 자랑이라." 이생의 자랑을 타매하는 것이지요.

'아, 이런 것이 있어야겠다' 하고 처음에는 생의 염려라는 가장 교묘한 말로 시작합니다. 씨 뿌리는 비유 가운데에서 가시떨기에 떨어졌다는 것은 이생의 염려와 또한 재리와 일락의 기운에 막힌다고 배웠습니다. 이생의 염려라는 것, '앞으로 내가 이래야 먹고 산다. 이 백사지 땅에서 이렇게 안 하면 어떻게 먹고 사느냐? 이렇게 안 하면 안 된다'고 하는 것입니다. 하지만 나중에 돈을 벌면 더 벌겠다, 지식을 얻으면 더 얻어야겠다, 권력을 얻으면 더 얻어야겠다고, 사람들을 다 그렇게 만드는 것입니다. 이것은 내 남 할 것 없이 어떤 사람 한두 사람의 문제가 아닙니다. 다 이런 찜 가운데에서 그것을 자기가 이기려고 할 때 못 이기는 것을 다 경험하는 것입니다. 그리고 그 사람의 기호대로, 그 사람의 성격대로, 또 소원대로 움직여 나가는 거라 말입니다. 어떤 사람은 물질을 탐하고 어떤 사람은 권력을 탐하고 어떤 사람은 지식을 탐하고 어떤 사람은 세상에서 영화를 탐하고 또 사회에서의 어떤 세력을 탐하고 이렇게 탐해 나가는 것입니다. 여러 가지 것을 탐하더라도 그 중에 두드러지게 원하는 것이 있는 것이지요. 이렇게 해서 사람들이 탐욕을 품고 떠들지만 다들 탐욕 품고 떠드는 대로 얻는 것은 아닙니다.

여호와를 찾을 때

그런데 이런 것에 대해서 우리는 반성해야 합니다. 그런 걸 그렇다 하고 인정해 놓고 그렇다고 하더라도 질질질 끌려만 가면서 거기에 대해서 아무런 대책도 세우지 아니하면 결국은 죄의 노예가 되는 것입니다. 죄의 노예가 되면 결국 끌고 가는 곳은 사망인 것입니다. 하나님의 거룩한 법칙이 자재해서 하나님이 그냥 용허하고 그냥 오냐오냐 해주시는 법이 없습니다. 빛을 받지 아니했을 때는 아무것도 알지 못하니까 이왕 캄캄한 상태에 있을 때는 그것을 왜 그러느냐 할 수가 없겠지요. '네가 이렇게 하는 것이 의로운 것인데 왜 이걸 모르느냐?'고 물어야 소용이 없는 것입니다. 하지만 이왕 빛을 받아서 무엇이 주님의 의인 것을 아는 사람들에게는 많이 준 자에게 많이 요구하신다는 가르침이 분명히 서 있습니다. 알고도 악을 행하면 더 많이 맞을 것입니다. 하나님의 그 사랑의 힘의 손에서 빠져나가는 것이 무서운 것을 알아야 아무것도 세상에 무서울 것이 없는 것으로 생각하고 그냥 나가면 옳지 않은 것이라 말입니다.

잠언 29:1을 보면 "자주 책망을 받으면서도 목이 곧은 사람은 갑자기 패망을 당하고 피하지 못하리라." 하나님께서 죄인들에게 경고하시는 말씀에 대해서 우리가 늘 주의해야 할 것입니다. 에스겔 33장을 볼 것 같으면 11절에 "주 여호와의 말씀에 나의 삶을 두고 맹세하노니 나는 악인의 죽는 것을 기뻐하지 아니하고 악인이 그 길에서 돌이켜 떠나서 사는 것을 기뻐하노라. 이스라엘 족속아 돌이키고 돌이키라. 너희 악한 길에서 떠나라. 어찌 죽고자 하느냐?" 사람이 죄를 짓고도 특별히 예수를 믿는다는 사람이 죄를 범하든지 마음 가운데 잘못했다 생각하면서도 하나님 앞에 나와서 그것을 자복하고 용서해 주시기를 바라고 바른 길로 이끌어 주시기를 바라는 이 회개와 고백의 생활 태도가 없으면, 그러면 어떻게 되느냐? 이사야 59:1

에 "여호와께서 손이 짧아서 구원하지 못하시는 게 아니고 귀가 둔하여 듣지 못하시는 게 아니라 너희의 죄가 너와 너희 하나님 사이를 나눠놓은 것이다." 그렇게 말씀하셨어요. 죄는 하나님과 모든 교통을 격리시켜 버리고 그가 부르짖어도 주께서 듣지 아니하시게 합니다. 하나님과 교통이 없고 아무 연락이 없을 수 있는 거라 말입니다.

믿지 않는 사람이 하나님의 뜻을 모르고 죄를 범하는 생활을 하지만 이 세상 식으로 자기가 살아갈 때에는 그래도 자기 마음 가운데 어떤 정의에 대한 원칙(principle)이라는 것이 있어서 불의를 행한즉 그만큼 앙화를 당하고 의의 길로 가면 그만큼 살 수 있다 하는 마음을 가지고 살아갑니다. 희미하나마 일반적인 법칙 하에서라도 자기를 통제[律]하면서 살아가는 것이지 무턱대고 욕심만 따라서 안 가는 것입니다. 그러나 하나님의 품을 떠나서는 축복을 받을 길이 없고 은혜로 건지심 받을 길이 없다는 걸 뻔히 아는 사람이 이미 그 품을 스스로 떠나고도 주께 돌아오지 않고 자백하지 아니하고 그냥 나갈 것 같으면 건져낼 길이 없어집니다. 아주 의식적으로 어떤 죄악의 위치, 확실한 배반의 위치에서 살아가는 일이 되는 것입니다. 이게 무서운 것임을 알아야 합니다.

그러나 그럴지라도 하나님께서는 이런 사람들에게 또한 길을 주셔서 뭐라고 하셨느냐? 요한일서 1:9을 보면 "만일 우리가 우리의 죄를 자백하면 하나님 그분은 미쁘고 의로우사 우리의 모든 죄를 사하시며 모든 불의 가운데에서 우리를 건져주실 것이다." 이렇게 주님이 건져 주시는 은혜 가운데 살아가야만 할 것입니다. 그뿐 아니라 성경에는 여러 군데에 우리를 건져 주신다는 크신 사랑의 약속의 말씀들이 있습니다. 우선 한 군데 이사야 1:18을 볼 것 같으면 "여호와께서 말씀하시되 오라 우리가 서로 변론하자. 너희의 죄가 주홍 같을지라도 눈과 같이 희어질 것이요 진홍같이 붉을지라도 양털같이 되리라." 또 이사야 55:6-9에 "너희는 여호와를 만날 만한 때에 찾으라. 가까이 계실 때에 그를 부르라. 악인은 그 길을 불의한 자는 그 생각을 버리고 여호와께로 돌아오라 그리하면 그가 긍휼히 여기시리라. 우리의 하나님께로 돌아오라. 그가 널리 용서하시리라. 여호와 말씀에 내 생각은 너희의 생각과 다르며 내 길은 너희의 길과 달라서 하늘이 땅보다도 높음같이 내 길은 너희의 길보다도 높으며 내 생각은 너희의 생각보다도 높으니라." 이와 같이 우리가 우리의 죄를 자백하면 저는 미쁘고 의로우사 우리의 모든 죄를 사하시며 모든 불의 가운데에서 우리를 건져주실 것입니다.

이렇게 우리가 스스로 자기 자신이 죄인인 것을 늘 느끼고 하나님 앞에 나오는 것이 옳지, '어떤 사람만 죄인이고 우리는 아니다?' 세상에 그런 부류는 없습니다. 그렇게 죄인 아니라는 부류가 없는 것이라 말입니다. 우리는 때때로 자기 자신을 반성하고 자기가 어떤 위치에 있어서 들보 같은 죄를 가지고 있는

가, 어떤 위치에서 남의 눈에 있는 티를 보고 자꾸 티를 뜯으면서 내 들보는 모르는가를 생각하면서 자기의 죄를 인정하고 하나님 앞에 그걸 자백하고 용서하심을 받는 것이 참으로 귀한 일입니다. 아까 읽은 이사야 55:6 말씀은 여호와를 만날 만할 때에 찾으며 가까이에 있을 때 그를 부르라고 했어요. 언제든지 내가 용서를 빌면 늘 대답해 주시는 게 아닙니다. 어떤 시간이 있는 것입니다. 그가 마음 가운데 죄를 경책하시고 깨닫게 하시고 '아 이래선 안 되겠구나' 하고 주님 앞에 나갈 심정을 주시고 또 죄에 대해서 다시 경고를 내리시는 그런 때에 '아, 내가 이걸 완고한 대로 두면 안 되지. 이제 내 마음에 이런 감화를 주시고 부르실 때 나아가서 주님 앞에 죄를 자백해야겠다'고 생각해야 합니다. 그렇게 만날 만할 때 여호와께서 죄를 짓고 있는 사람에게 가까이 오시고 그 죄를 깨닫게 하시고 경고하시고 경책하시는 것이라 말입니다.

하나님의 말씀을 헛된 것으로 여기지 말아야 하고, 그것으로 인하여서 자기 맘 가운데 함부로 생각을 말아야 합니다. 하나님이 경고하셨으면 경고를 주의해서 받아야 은혜 받는 것이지 경고에 대해서 반항한다고 할 것 같으면 결국은 하나님 앞에 무서운 징계를 받을 수밖에 없습니다. 그러니까 여호와를 만날 만할 때에 찾으며 가까이에 계실 때에 부르면 그의 용서하시는 크신 손이 사해 주실 것을 여러 가지의 말로 표현하고 있습니다. 어느 때는 그의 등 뒤에 내 죄를 다 던지신다(사

38:17) 그랬고, 또 기억지도 아니하신다(사 43:25) 그랬고, 또 빽빽한 구름이 사라짐같이 혹은 안개가 사라짐같이 내게서 죄의 세력과 죄의 그릇된 정신들을 다 없애 버리시는(사 44:22) 것입니다. 또 우리의 죄를 깊은 바다에 던지신다고도 말씀하셨어요(미 7:19). 이런 말씀들이 성경에 많이 나타나 있습니다. 그런고로 우리는 이런 하나님의 자비와 큰 사랑의 관용에 대해서 만홀히 여기거나 소홀이 생각하거나 언제든지 괜찮겠지 하는 오만한 생각을 말고 가까이 계실 때에 그리고 만날 만할 때 그에게 나아가야 할 것입니다. 이렇게 해서 주님 앞에 나아가 불쌍히 여기심을 받고 죄를 자백하고 또 스스로 이길 수 없는 그 세력을 주께서 나에게서 이기게 해 주시도록 그의 법칙을 따라서 성령님을 의지하면 우리가 또한 죄를 능히 이기고 옛사람이 내게서 완전히 진압이 되고 새사람으로만 거룩히 살아갈 수가 있는 것입니다. 그걸 때때로 하지 아니하면 우리는 부지불식간에 그만 사이비적인 것을 허용하게 됩니다. 이것도 길이다, 이것도 진리다, 이것도 하나의 방법이다, 이것도 예수 믿는 도리다 하고 자기를 변호해 가면서 죄에 끌려가는 것이라 말입니다. 이런 걸 우리는 주의해야 할 것입니다.

기도

　거룩하신 주님이여, 저희의 모든 연약한 것과 잘못된 것과 죄에 대해서 주께서 경고하시고 깨닫게 하실 때에 각각 저희를 반성하고 깨닫게 하시고 각각 주님 앞에 나와서 자기의 죄를 고백할 수 있게 하시고 또한 자기 스스로를 반성하여서 어떠한 정신을 가지고 있고 어떠한 죄를 가지고 있으며 어떠한 점에서 주를 배반하고 있고 슬픔을 드리고 있는가를 깨달아 알게 은혜로 인도하여 주시옵소서. 주님이 가까이 계시고 만날 만할 때, 부르시고 깨닫게 하시고 경책하실 때 겸손한 마음으로 스스로 인정하고 주께 나와서 은혜를 받게 하여 주시고 주님이 한번 굽게 하시면 사람이 곧게 못하는 것을 알고 살아 계시는 하나님의 손에 빠져 들어가는 것이 무서울진저 하신 이 경고의 말씀을 주의해서 오늘이라고 하는 동안에 주께서 저희에게 죄의 문제에 대해서 경책하시고 경고하시고 깨닫게 하실 때 나와서 자기를 반성하고 스스로 의롭다 하고 스스로 잘하는 것같이 스스로 진리를 사모하는 것같이 스스로 하나님의 것답게 사는 것같이 생각하는 이 오만과 겸손치 못함과 자인(自認)이라는 것, 이 아상이라는 것을 주님 앞에 다 고하고 불쌍히 여기심을 바라고 겸손한 위치에서 형제에 대해서 비판하거나 폄론하는 정신이 없이 거룩한 심정으로 살아가게 하여 주옵소서.

주님, 주께서 저희에게 은혜로 주신 여러 가지 것들이 있사옵는데 그것을 가지고 오히려 주님을 슬프시게 하는 결과를 만들어 놓지 않는가를 늘 반성케 하시고, 그것이 나의 능력이든지 재주든지 그것이 오히려 열성이든지 종교적인 요구든지 그것이 금전이든지 혹은 근로든지 건강이든지 무엇이든지 주님이 여러 가지로 은혜를 주셔서 그로 인하여 건실하게 살며 주를 섬기고 살 수 있게 하셨사옵는데, 주를 섬기는 것보다 자기의 꾀를 좇아서 나가는 것이 악하고 잘못된 데에 빠져 들어가게 하는 것임을 반성하게 하여 주시고, 또한 주께서 저희에게 주신 이 거룩한 은혜를 주의 영광을 위해서 바르게 쓰지 못하고 자기의 허영과 욕망을 위해서 썼는가를 반성해서 아버님 앞에서 저희의 잘못을 스스로 잘 판단하고 죄를 자백하며 깨닫게 해 주시기를 바라고, 가까이에 계시사 우리에게 이 은혜를 주실 때 은혜를 받고 나가게 하시옵소서. 이리하여 주께서 저희를 세우신 거룩한 보람을 생각하게 합소서. 무엇을 위하여 저희가 살아야 할 건가, 저희 일생을 주님 앞에 전부 과연 드리고 살았는가에 대해서 깊이 반성하게 하시고 신령한 생활의 경지에서 늘 살기를 간절히 원하오며 늘 겸손한 위치에서 자기에 대해서 지나친 생각을 하지 않고 바로 생각하고 살게 합소서.

우리 주 예수님 이름으로 기도하옵나이다. 아멘.

1978년 4월 23일

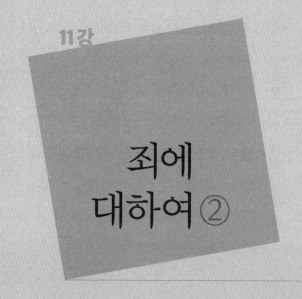

11강

죄에
대하여 ②

로마서 6:6-23

6 우리가 알거니와 우리 옛사람이 예수와 함께 십자가에 못 박힌 것은 죄의 몸이 멸

하여 다시는 우리가 죄에게 종 노릇 하지 아니하려 함이니 7 이는 죽은 자가 죄에서

벗어나 의롭다 하심을 얻었음이니라 8 만일 우리가 그리스도와 함께 죽었으면 또한

그와 함께 살 줄을 믿노니 ⁹ 이는 그리스도께서 죽은 자 가운데서 사셨으매 다시 죽지 아니하시고 사망이 다시 그를 주장하지 못할 줄을 앎이로라 ¹⁰ 그의 죽으심은 죄에 대하여 단번에 죽으심이요 그의 살으심은 하나님께 대하여 살으심이니 ¹¹ 이와 같이 너희도 너희 자신을 죄에 대하여는 죽은 자요 그리스도 예수 안에서 하나님을 대하여는 산 자로 여길지어다 ¹² 그러므로 너희는 죄로 너희 죽을 몸에 왕 노릇하지 못하게 하여 몸의 사욕을 순종치 말고 ¹³ 또한 너희 지체를 불의의 병기로 죄에게 드리지 말고 오직 너희 자신을 죽은 자 가운데서 다시 산 자 같이 하나님께 드리며 너희 지체를 의의 병기로 하나님께 드리라 ¹⁴ 죄가 너희를 주관치 못하리니 이는 너희가 법 아래 있지 아니하고 은혜 아래 있음이라 ¹⁵ 그런즉 어찌하리요 우리가 법 아래 있지 아니하고 은혜 아래 있으니 죄를 지으리요 그럴 수 없느니라 ¹⁶ 너희 자신을 종으로 드려 누구에게 순종하든지 그 순종함을 받는 자의 종이 되는 줄을 너희가 알지 못하느냐 혹은 죄의 종으로 사망에 이르고 혹은 순종의 종으로 의에 이르느니라 ¹⁷ 하나님께 감사하리로다 너희가 본래 죄의 종이더니 너희에게 전하여 준 바 교훈의 본을 마음으로 순종하여 ¹⁸ 죄에게서 해방되어 의에게 종이 되었느니라 ¹⁹ 너희 육신이 연약하므로 내가 사람의 예대로 말하노니 전에 너희가 너희 지체를 부정과 불법에 드려 불법에 이른 것같이 이제는 너희 지체를 의에게 종으로 드려 거룩함에 이르라 ²⁰ 너희가 죄의 종이 되었을 때에는 의에 대하여 자유하였느니라 ²¹ 너희가 그 때에 무슨 열매를 얻었느뇨 이제는 너희가 그 일을 부끄러워하나니 이는 그 마지막이 사망임이니라 ²² 그러나 이제는 너희가 죄에게서 해방되고 하나님께 종이 되어 거룩함에 이르는 열매를 얻었으니 이 마지막은 영생이라 ²³ 죄의 삯은 사망이요 하나님의 은사는 그리스도 예수 우리 주 안에 있는 영생이니라

11강
죄에 대하여 ②

항상 경계해야 할 점

지난번에 우리는 우리들의 죄에 대해서 특별히 우리가 죄가 없는 것같이 느껴지는 때에 가지고 있는 여러 가지 죄에 대해서 스스로 반성해야 할 것을 생각했습니다. 물론 우리는 우리가 스스로 의롭다고 생각하는 일은 별로 없어도 특별히 무슨 잘못된 것이 있다고 생각지 않는 때가 많이 있는데 그런 때에 우리 자신을 여러 가지로 비판하고 분석하는 일이 중요합니다.

그러나 그것을 어떤 방면에서부터 어떻게 생각해야 할 것인가는 개인 개인의 그때의 형편과 그때의 상태에 따라서 할 것이나 다만 남들이 보기에 가장 좋다고 여기는 것, 가령 하나님의 말씀을 사모해서 나아가는 듯한 생활 가운데에도 주의해야 할 것이 있습니다. 우리가 가지기 쉬운 인간적인 요소로 하나님의 나라의 것을 얻으려는 것, 혈육이 하나님 나라를 유업으로 받아보려는 태도를 항상 명심하고 주의해야 합니다. 요컨대 우리의 옛사람이라는 것이 나타나서 새사람적인 요구나 활동을 대체해 가지고 마치 그것이 그리스도 안에서 새로 난 새

사람인 것같이 하는 것들이 얼마나 잘못인가에 대해서 알아야 합니다. 자기 속에 있는 큰 들보, 그것은 알지도 못하고 보지도 못하고 느끼지도 못하면서 다른 사람의 눈에 있는 티를 보고 그걸 빼라고 하는 식의 잘못이 없지 않습니다. 다른 사람의 잘못에 대해서는 가장 미세한 것에 대해서도 이렇다 저렇다 하고 폄론하고 논란을 하는 그런 어두운 정신이나 그렇게 생긴 것 자체가 벌써 대단히 인간적이고 옛사람적인 것을 표시하는 것인데 그런 것들에 대해서 우리가 반성해야 할 것을 생각했습니다.

그것만이 전부가 아닙니다. 실로 우리에게는 많은 잘못이 여러 가지 방면에 있습니다. 우리 스스로가 무얼 아노라 하지만 하나님의 거룩하신 성령의 조명과 인도하심을 받아서 깨달음에 이르는 바른 지식과 그로 인한 깨달음, 그래서 생명의 양식으로 자기의 전 생활이 건실하고 사상적으로 더 풍부해지는 그런 점이 빈곤하고 오히려 학(學)의 체계라든지 지적인 요구를 만족시키려는 내용만 추구하는 것들이 우리에게 있기 쉬운 문제인데, 이것은 우리 교회가 항상 주의하는 점입니다. 즉 하나님의 말씀을 연구하려고 하고 더 알고자 모이는 만큼 그런 데 빠지기 쉬운 위험을 항상 경계해야 하겠다는 것이지요.

당위의 생활에 대하여 무능함

오늘은 그런 것을 다시 계속해서 얘기하는 것보다 우리 매일 생활의 현실상 참으로 필요한 것들 가운데 또 하나 무엇이 있느냐 할 때, 우리가 알든지 모르든지 간에 우리 속에 죄가 내 속에서 세력을 가지고 나를 지배해서 마치 그것이 의(義)인 체하고 바른 것인 양하고 나를 끌고 나갈 때 내가 거기에 혹해서 따라가기가 쉽다는 점입니다. 어느 때는 그것이 분명히 잘못인 줄 알고 그렇게 하는 것보다 훨씬 더 고결한 생활이 있는 줄도 알지만 여러 가지 환경이나 주위의 여러 감화나 내 자신의 그때 판단 등으로 인하여, 아무래도 이렇게 살 수밖에 없다고 하면서 어떤 세속적인 인간적인 생활 상태에서 스스로 벗지 못하고 사는 일도 많이 있습니다. 요컨대 우리가 스스로 돌아볼 때 죄의 세력이라는 게 얼마나 강한가를 늘 느끼고 있습니다. 우리 안에서 강하게 나를 잡아끌고서 갈 때 내가 그것이 잘못인 줄 알면서도 끌려가고, 또 알지 못하고 그냥 끌려도 가는 일이 많다는 것을 아무래도 우리가 과거의 많은 생활을 반성해볼 때 느끼지 아니할 수 없습니다.

이와 같은 것들을 우리가 느낄 때 그러면 그런 것들을 내가 바르게 다 제어하고 진압하고서 어떻게 하나님께서 원하시는 당위의 생활, 마땅히 생활해야 할 그 길로 갈 것인가 하는 문제가 있습니다. 하나님이 우리에게 요구하시는 당위의 생활이라는 건 우리에게 지금 완전한 생활을 하라고 요구하시는 것이 아닌 줄 잘 아실 것입니다. 하나님께서 지금 우리에게 요구하시는 건 각 사람이 걸어야 할 의의 길, 즉 마땅히 해야 할 의무의 생활인 것입니다. 갑자기 성자가 되라든지 우리 분수에 맞지 않는 선행을 꼭 해야만 하겠다는 것이 아니라 우리들이 각각 깨달은 정도와 장성한 정도가 있을 터인데 그 정도에 상당하게 우리가 어떻게 하는 것이 옳겠는가?

우리는 때때로 갈림길에 서게 되지요. 이리로 가면 옳고 저리로 가면 그르다 할 때 그른 길로도 잘 가고 그러는데, 그때 그른 길로 안 가고 옳은 길로 간다는 이것이 우리의 당위입니다. 그것은 남 보기에 굉장히 희한한 선행도 아니고 훌륭한 일도 아닐 수 있습니다. 다른 사람 보기에 현저하지 않고 나 자신의 생각에도 마땅히 그렇게 했어야 한다, 특별히 칭찬할 만한 일이 아니라 하더라도 그 마땅히 행해야 할 일을 행치 못하기도 하는 것입니다. 그렇게 행치 아니해야 할 일이나 언짢은 일이나 다른 사람 보기에 아무렇지도 않지만 내 스스로 만족치 못하고 불만스러운 길이나 유감스러운 길을 걷기가 쉬운 것입니다.

그런 것들이 없이 내게 주신 길을 나는 진실히 살았다, 또 내게 주신 능력의 범위 안에서 내가 힘써 해봤다는 충성의 생활을 해나가는 이것이 하나님의 자녀의 마땅한 일인데, 이런 당위를 하고 살아가기가 우리 자신은 벅차다는 것을 느끼고 그렇게 해보려고 하지만 못하고 사는 것을 느끼는 것입니다. 열 가지를 해본다고 하다가 그만 도중에 이루지 못하고 넘어지는 때가 비일비재(非一非再)요, 혹시 다 이뤘다고 하더라도 전체

생활에 비교할 때는 또 미미한 한 부분에 불과한 것이 많습니다. 이렇게 우리는 우리가 마땅히 해야 할 당위의 생활이라는 것도 제대로 다 못하고 살며, 더군다나 하나님을 영화로우시게 하는 생활, 하나님의 거룩한 영광을 땅 위에다 드러내는 생활까지는 참 너무나 요원한 곳에 서 있다는 것을 느끼는 때가 많습니다. 우리가 죄를 이기고 옛사람적인 우리 속의 욕심과 잘못된 것과 부패한 것과 세속적인 것들을 버리고 하나님의 자녀다운 신성한 정신과 거룩한 것을 추구하는 일, 그게 비록 현저하지 못하고 화려하지 못할지라도, 그러나 나로서는 진실하게 그런 길을 걷고 나아가는 생활을 어떻게 하면 하겠는가 하는 것이 늘 우리에게 중요한 문제입니다. 그것을 하고자 하는 마음이 우리에게 얼마나 있느냐가 중요한 것이지요.

그런데 우리는 기독교를 포기할 수도 없고 기독교를 떠날 수도 없다. 예수를 믿고 사는 것도 오랜 동안의 습관이요 또 종교의 하나로서 그 가운데서 의지하고 살아야 하겠으니까 그것도 적당히 믿겠다. 이런 기묘한 자기 변호를 하는 심정에서 기독교를 붙들고 있다는 것입니다. 너무 과도하게 기독교를 생각하고 나아감으로 자기의 생활에 손해를 받을 수는 없다는 거지요. 이렇게 세속적인 정신이나 참된 신앙이 아닌 정신들을 가지기가 쉬운 것입니다. 그런 것들이 우리를 지배해 가지고 참으로 어떻게 믿는 것이 예수를 바로 믿고 잘 믿는 것인가를 모르도록 혼탁하게 하는 일이 많습니다. 그러한 신자들이 참 많은 까닭에 많은 사람들이 걷고 있는 큰 길과 같은 길, 그리로 나도 따라가면 그만이지 내가 왜 하필 뾰족하고 모나게 좁은 길을 걸어야 하겠느냐 하는 생각도 나게 하는 것입니다.

하지만 그런 모든 데서 우리가 무엇이 바른 것인가를 찾고 나아가야 할 텐데 그러려면 그냥 덮어놓고 성경만 읽고 성경 강해만 들으면 다 알아지는 것도 아닙니다. 가령 비록 그때 강해를 들을 때는 그것이 옳겠다고 생각하는 듯하지만, 돌아가서 어느 시간에 다시 그걸 반성하고 반복하고 심각하게 생각해서 자기가 지금까지 그런 노선에 서지 아니했으면 지금까지 걸어오던 그릇된 노선을 단연코 포기하고 나아겠다는 이런 아무런 특별한 마음의 결정 같은 것이 생기지 않는다는 것입니다. 습관적으로 교회 가서 설교를 들으니 그건 좋다, 좋은 말이긴 하지만 어떻게 하겠느냐, 하고 거기에 대해서 그렇게 간절한 열망을 가지고 길을 찾지 않습니다. 성경 말씀에 지혜를 구하기를 은을 구하듯 하라고 했지요. 돈을 버는 것처럼 열심히 지혜를 구해라 하는 말씀이 있는데, 그러한 마음의 요구라는 게 그렇게 간단히 생기는 게 아닙니다. 우리는 이 세상의 돈을 버는 데는 열심이지만 기독교의 진리를 탐구하는 데 그만큼 열심이 아닌 것을 여러 가지 점으로 느끼게 됩니다.

그러면 그렇다고 해서 우리가 기독교인이 아니냐, 신자가 아니냐? 아닌 것이 아니지요. 요컨대 문제는 우리 스스로가 억지로 열정을 낼 수도 없는 게고, 그게 중하니까 그것만 해야겠다고 억지로 나갈 수도 없는 것입니다. 다른 여러 가지 문제가 나를 지지누르면 다른 그 문제들도 다 중요하니까 그대로 따라갈 수밖에 없다 하는 상태가 됩니다. 냉정하게 고요히 생각하면 그렇게 되어선 안 되겠고, 항상 가장 중요한 것을 중요히 여기고 따라갈 수 있어야겠다 하는 반성이나 각성도 때때로 들기는 합니다만 문제는 그럴 능력이 없습니다.

죄와 사망의 법에서 해방하심

그러면 어떻게 해야 하겠는가 하는 문제요. 우리가 스스로 죄를 이길 수 있는 능력이 없다는 것은 지난주에도 한번 생각해 보았습니다. 로마서 7장에 있는 말씀을 생각하면서 역시 내 스스로 아무리 선을 행하고 나가려고 원할지라도 원하는 마음은 있지만 내 속에 다른 법칙이 있다고 했습니다. 그냥 그런 수도 있고 안 그런 수도 있는 게 아니라 늘 딱 그렇게 규정이 돼 있다 그것입니다. 내 속에서 다른 힘이 나를 잡아끌어다가 죄와 사망의 법에다가 복종을 시키고 만다, 그리고 마침내는 죄, 사망인데 그 길로 나를 그냥 끌고 간다고 했습니다. 죄를 이긴 장사가 없습니다. 그런데도 제가 제 힘으로 죄를 이겨보겠다고 하지만 자기 생활의 어떤 부분에서 뭘 좀 승리한 것같이 될지라도 다른 부분에서 많이 실패하기 때문에 우리 생활 전체에 죄에 대하여 완전히 승리한 생활을 했다고 할 아무것도 없는 것입니다. 오직 그리스도 안에서 성령이 주시는 능력 안에서만 그것이 가능한 것입니다.

오늘 읽은 성경 말씀 로마서 6장에서, 그런고로 우리들 자신이 과거에 죄에 내주어서 죄의 병기가 되고 불의의 병기가 된 것처럼 이제는 하나님께 온전히 드려서 의의 병기가 되면 죄가 네 위에서 주권자 노릇, 왕 노릇을 못 하리라는 말씀을 우리가 봤습니다. 12절 말씀부터 볼 것 같으면 "그러므로 너희는 죄로 너희 죽을 몸에 왕 노릇하지 못하게 하여 몸의 사욕(私慾)을 순종치 말고 또한 너희의 지체를 불의의 병기로 죄에게 드리지 말고 오직 너희 자신을 죽은 자 가운데서 다시 산 자같이 하나님께 드리며 너희의 지체를 의의 병기로 하나님께 드리라. 죄가 너희를 주관하지 못하리니 이는 너희가 법 아래 있지 아니하고 은혜 아래 있음이니라"(12-14절). 예수 그리스도의 은혜, 다른 말로 하면 죄와 사망이 지지누르는 노예 시장에서 당신의 그 피 값, 속죄의 값으로 나를 사 내오시는 은혜를 주셨는데 그 은혜가 내게 은혜가 되게 하려면 나의 본분은 무엇인가? 사욕에 순종하고 불의를 따라가서 우리의 몸을 불의에다 드리는 그런 일을 말고, 하나님께 의의 병기로 드려서 죄가 우리에게 왕 노릇 하지 못하게 해야 한다 그랬어요.

다시 주의해서 봅시다. "너희는 죄로 너희 죽을 몸에 왕 노릇하지 못하게 하며 몸의 사욕으로 순종치 말고 또한 너희 지체를 불의의 병기로 죄에게 드리지 말고 오직 너희 자신을 죽은 자 가운데서 다시 산 자같이 하나님께 드리며 너희의 지체를 의의 병기로 하나님께 드리라. 그러면 죄가 너희를 주관하지 못하리니" 그랬어요. 죄가 너희를 주관하지 못할 법칙을 하나 만들어 놓으시고, 주관하지 못할 세계를 만드시고 그 세계 안으로 들어오너라, 그런 차원으로 올라서라. 그건 네 지체를 사욕에다가 맡겨서 네 사욕이 일어난 그대로 그냥 따라가려고 하지를 말라. 죄로 하여금 너희 죽을 몸에 왕 노릇하지 못하게 하려고 하는 말입니다. 몸의 사욕을 순종치 말고, 또한 너희 지체를 불의의 병기로 죄에게 드리지 말고 오직 너희 자신을 죽은 자 가운데서 다시 산 자같이 하나님께 드리며 너희의 지체를 너희의 의의 병기로 하나님께 드리라. 이와 같이 분명히 사욕에 순종치 말고 또 죄에게 네 몸을 드리지 말라 그랬어요.

불의의 병기라는 것은 충분히 능력 있게 크게 불의를 행할 수 있는 무기가 될 수도 있다는 것입니다. 그런 무기로 지체를, 우리 몸뚱이를 죄에게 드리지 말라는 것입니다. 우리들 자신이 생각하는 것, 우리의 몸이 전체로 움직이는 그것을 갖다 그런 데다가 드리지 말라 하는 얘기입니다. 우리는 우리들 자신이 맘 가운데에서 무엇을 좋아하면 우리의 몸이 그것을 추구하고 따라가게 돼 있습니다. 그런고로 우리 맘 가운데에서 죄를 좋아하고 그리로 갔으면 하고 원하는 그런 생각을 가지고 내 몸을 끌고 그런 데로 가지 말라 그것입니다. 그렇게 하지 않으려면 중요한 문제는 '네 몸을 하나님께 드리되 의의 병기로 하나님께 드리라. 전부를 하나님께 드리는데 마음만 하나님께 드린다고 하지 말고, 관념만 드리지 말고 네 몸뚱이 전체가 움직이는 것을 드리라'는 것입니다.

우리가 사회적인 접촉을 하고 우리의 활동을 하는 것은 이 몸입니다. 이 사회적인 접촉이나 활동을 하는 몸을 하나님께 드려야겠다! 그런고로 내 몸이나 내 발을 갖다가 불의한 세계로 향해서 가는 것 말고, 그걸 쳐다보거나 그리로 향하지 말고 나는 오직 하나님께 드려야 하겠다 그것입니다. 이렇게 해서 마음은 딴 데 가 있는데 몸뚱이만 한쪽으로 끌고 가라는 말이 아니라 너의 지체, 너의 몸뚱이 전체를 그렇게 해야겠다, 내 속에 있는 정신이나 마음을 하나님께 드려야 한다 그랬어요. 드린다는 건 내 정신생활입니다. 내 몸을 하나님께 드려야겠다! 내 속에 있는 정신이 내 몸뚱이를 하나님 앞에 드리려고 하는 그런 정신을 가져야 한다 그것입니다. 그런 다음 내 지체를 거기다 드려야 한다. 말로만 마음으로만 그러지 말라는 것입니다. 하나님 앞에 전부를 다 드린다는 것은 먼저 내 마음이 그렇게 결정을 하고 그 다음엔 그 결정대로 내 몸뚱이가 행하는 것입니다. 이러한 큰 도리가 항상 우리 앞에 중요히 있습니다.

우리가 하나님 앞에 전부를 드리지 않고 내 스스로의 정신을 가지고 스스로 무엇을 하려고 해서는 의를 아무리 행하려고 해도, 하나님을 아무리 기쁘시게 하려고 해도 그렇게 못하는 것입니다. 6장에서 이 말을 쓰신 사도 바울 선생은 7장에 가서, 그러나 죄가 얼마나 무서우냐? 큰 힘을 가지고 네가 아무리 원할지라도 원하는 대로는 못하게 하는 것이라고 했습니다. 내가 내 맘 가운데 내 몸을 의의 병기로 하나님 앞에 드리고자 하고 내가 내 몸의 사욕을 순종치 아니하려고 하고, 또 내가 내 몸을 불의의 병기로 죄에게 주지 않으려고 아무리 애쓸지라도 내 속에 있는 죄의 법칙, 죄와 사망의 법칙이 나를 끌어다가 거기 집어넣으면 나는 어떻게 하겠는가? 오호라, 나는 괴로운 사람이다 그랬어요.

그러나 거기에 대해서 결국 로마서 8장에 가서 이 문제에 대한 대답을 명백하게 한 것입니다. 7장에서 그렇게 얘기하던 거룩한 말씀은 8장에 가서 그러니까 너희는 그런 괴로운 상태, 죄와 사망의 법이 너를 지배해서 끌고 가서 전적으로 무능력한 상태에 있는 사람인 까닭에 "이제 그리스도 예수 안에 있는 자에게는 결코 정죄함이 없느니라." 2절에 "이는 그리스도 예수 안에 있는 생명의 성령의 법이 죄와 사망의 법에서 너를 해방하였음이라. 율법이 육신으로 말미암아 연약하여서 할 수 없는 그것을 하나님은 하시나니." 예수님이 십자가에 달리신 공효는 나의 죄의 형벌을 다 면제해서 사망으로 이르게 하시는 일이 없다는 사실뿐 아니라, 또한 현재 사는 생활에서도 죄와 흑암의 권세가 나를 지지누르고 나를 온전히 주장하는 그런 상태, 즉 마치 죄의 노예가 돼 가지고 쇠사슬에 매여 노예시장에 있는 거와 같은 상태에서 그리스도께서 나를 사내 오시사 자유롭게 해방을 주셨다는 사실을 말합니다.

신령한 생활의 첫 걸음

　이런 일이 우리에게는 명백하게 이미 이루어진 사실이지만 내가 예수 그리스도를 믿노라 하면서 죄와 흑암의 세력에 그 냥 질질 끌려다니는 이유는 뭔가? 주 예수께서 나를 노예 시장 에서 해방해 주시지 아니한 까닭에 도로 노예가 된 것인가? 그 런 것이 아니라 오직 내가 죄의 노예가 됐던 옛사람의 말과 정 신과 소원과 하고자 하는 그대로 따라가는 데에서 그것이 생 긴 것입니다. 다른 말로 말하면 내 속의 죄와 사망의 법에서 온 전히 해방하여서 하나님의 자녀답게 자유롭고 능력 있게 살 수 있는 새사람을 지어주시고 그 새사람으로 살아가도록 하셨 지만 내 속에 있는 그 새사람에 의해서 사는 대신 옛사람이 나 를 지배해서 내 정신이나 생활이 옛사람적인 것으로 살기 때문 입니다. 옛사람이라는 말은 뭔가요? 예수를 믿지 않는, 즉 예수 님께로부터 속죄함을 받지 못하고 해방을 받지 못한 많은 사 람들이 가지고 있는 그 성품과 본성에 의지해서 살아가는 것을 말합니다. 우리가 사는 생활이 그리스도 예수를 믿음으로 말미 암아 그리스도께서 나의 죄를 속하셨다 하는 말의 모든 의미, 즉 영원한 형벌뿐 아니라 죄와 흑암의 권세에서 나를 해방해 주셨다는 사실을 확실히 믿고 의지하는 데서 살아가는 것이 아 니라 온전히 자기는 옛날에 자기 행복을 추구하던 그 사람으 로 도로 돌아가서 예수교조차도 자기 행복 추구의 도구로 쓰 려고 하는 생활을 한다는 것입니다. 나를 죄와 사망의 법에서 해방을 해주셨다는 이 큰 사실을 실축시키고, 차라리 그것을 모욕하고 무시하고 내 자신이 죄와 사망의 그 법칙 안에 스스로 기어들어가 끌려다니면서 사는 것이다 말입니다. 그러기 까닭에 우리가 예수 그리스도의 속죄의 모든 사실을 확실히 다 믿을진대 죄와 흑암의 권세에서 나를 건져내신 사실도 확신하고, 따라서 로마서 6장에서 본 거와 같이 그리스도 예수를 향하여서는 산 자로, 죄에 대하여는 죽은 자로 너는 여겨야겠다는 것입니다. 죄에 대해서 죽었다면 나는 죄에 대해서 무기능하다, 무능력하다는 얘기지요. 그렇게 인정하고 그와 같은 은혜가 이미 왔다는 사실을 확실히 믿고 즉 인정하고 거기에 의지해야겠다 그것입니다.

그런데 그와 같은 생활을 하도록 하기 위해 성령님께서 우리 안에 거하시사 우리가 영에 있고 육신에 있지 않는 사람으로 이미 만들어 놓으신 것인데, 마치 육신에 있는 자 곧 하나님을 기쁘시게 못하고 또 하나님 앞에 굴복치도 아니하고 굴복할 수도 없는 그런 자의 정신과 심정이 전체의 나를 지배하고 산다 할 것 같으면 불가부득이 죄의 세력이 내 속으로 스며들어와서 나를 잡아끌고 갈 것이라 말입니다. 이런 것이 우리의 생활의 모순입니다. 그런고로 우리에게 중요한 것은 우리가 무능력한 것을 알고 그러나 예수 그리스도께서 나를 죄와 흑암의 권세에서 이미 건져내셔서 그 세력 하에 날 두시지 아니하셨으니 내가 그리스도 안에서 자유를 얻은 사람으로 살기를 간절히 바라고 그 사실을 확신하고 의지해야 하는 것입니다. 확신한다는 말은 그걸 신용하고 신뢰할 뿐 아니라 내가 거기에 전부를 맡기는 것입니다.

그리고 우리가 이제는 전과 같이 자기의 사욕을 순종하고 살 것이 아니라 나를 위해서 십자가에 대신 달리신 그리스도를 위해서 살고 또 온전히 그리스도께서 나와 같이 살기를 원하신 그대로 우리가 살아야 할 것입니다. 데살로니가전서 5:10을 보면 "예수께서 우리를 위하여 죽으사 우리로 하여금 깨든지 자든지 자기와 함께 살게 하려 하셨느니라." 또 갈라디아서 6:14 "그러나 내게는 우리 주 예수 그리스도의 십자가 외에 결코 자랑할 것이 없으니 그리스도로 말미암아 세상이 나를 대하여 십자가에 못 박히고 내가 또한 세상을 대하여 그러하니라." 이렇게 이 세상에 대해서 나는 못 박혀서 완전히 서로 상관이 없는 사람과 같이 되는 것입니다. 이 세상과 상관이 없다는 말은 내가 세상에 대해 못 박혔기 때문에 이제 세상이 나에게 생의 목표가 되지 않는다 말입니다. 세상을 내가 사랑하고 살지 않는다는 것입니다. 깨든지 자든지 그리스도와 함께 살게 하려고 나를 위해서 십자가에 못 박혀 죽으셨다 하는 얘기지요.

그런데 그렇게 살려면, 내 마음 가운데 하루에 열 번도 더 세상으로 향해 가려고 다시 몸이 돌이켜질 때 그것을 붙들어 주시기를 온전히 바라려면, 오직 성령을 의지해야 하는 것입니다. 성령을 의지하면 사람의 육신이 가지고 있는 여러 가지 욕망을 이루지 않는 것입니다. 그 육신이 가지고 있는 선의 욕망이든지 악의 욕망이든지 간에 성령을 좇아서 가면 안 이루는 것이지 그냥 그것을 내가 안 이뤄 보려고 스스로 붙들고 싸워 가지고는 아니 된다는 것입니다. 그래서 갈라디아서 5:16 보면 "너희는 성령을 좇아 행하라. 그리하면 육체의 욕심을 이루지 아니하리라" 그랬어요. 그리고 "육체의 소욕은 성령을 거스르고 성령의 소욕은 육체를 거스르나니 이 둘이 서로 대적하므로 너희의 원하는 것을 하지 못하게 하려 함이니라."

전에도 여러 번 얘기했지만 우리가 우리 마음 가운데 죄가 일어나서 나를 지지누르고 내가 달콤한 그 소리에 그냥 꾐으로 빠져서 그렇게 하고자 할 때 대체로 큰 생각을 해보면 '아 그렇게 하면 안 되겠다' 하는 것이 일방 나에게 오는 한 경고입니다. 내 마음 가운데 마음 구석 어디선가 나에게 '그렇게 해도 되느냐 그렇게 하면 아니 된다'고 일러줍니다. 그러나 아니 된다는 거보다는 그렇게 하는 것이 내게는 행복스럽다고 주장하는 것이 나를 설득하기 시작하는 것입니다. 그래서 꺼림칙하지만 내가 그리로 딸려 나갈 때, 이렇게 죄와 사망의 법칙이 나를 잡아끌고 가려고 얽을 때 자신이 무능한 것을 느끼고 곧 '주여 나를 불쌍히 여기소서' 하고 성령님을 의지하려고 해야 합니다. 내가 어떻게 의지하는지조차 잘 알지 못하면 내 마음 가운데서 오직 그리스도를 향해서 간절히 부르짖어야 하는 것입니다. 간절히 원해야 하는 것입니다. '주여 이 시험에 빠지지 않게 하시고 또 이 육체의 소욕이 나를 지배해 가지 않게 하여 주소서. 오직 성령을 좇아 나가게 은혜를 베풀어 줍소서.' 그렇게 하고 그 일에 대해서 아니다 하고 생각을 안 하려고 해야 합니다. 그렇게 해선 안 되겠다 하고 반대를 하고 그 일을 내 마음 가운데 더 들이는 일, 소위 설득이라는 것, 자꾸 그렇다고 이론해 나가는 것을 중단시켜야 하는 것입니다. 그것을 그대로 자꾸 생각하면서 '아, 그렇게 되면 훌륭하겠다. 그러면 아주 크게 이익을 보겠다. 그렇게 하면 잘 되겠다' 하는 감언이설(甘言利說)에 그냥 솔깃해가지고 따라가지 말아야 합니다. 네 육체를 불의의 병기로 드리지 말고 사욕에 그냥 순종하지 말고 오직 하나님께 드려라. 하나님의 거룩하신 뜻이 무엇인가를 다시 생각하고 그리로 드리라 하는 얘기입니다. 이것이 신령한 생활을 하는데 맨 처음부터 중요한 것입니다.

분기점 - 네 지체를 전부 의의 병기로 드리라

그러면 그 중에 기본적인 문제가 무엇이냐? 나의 전체를 주님 앞에 드려서 주님의 뜻대로 살아야겠다는 심정으로 내가 나가는가? 그러지 않고 어떠한 부분에서는 하나님 뜻을 따라 가보겠지만 나는 내가 원하고 있는 인생의 어떤 도달할 목표가 있고 그것을 한번 해보고 싶다고 자기의 이상을 세우고 가는가? 이것이 큰 분기점인 것입니다. 자기가 인생의 목표를 스스로 세우고 나가면 아무리 부분적으로 하나님 뜻을 이루려고 하더라도 새 옷감에서 한 조각을 베어 내다가서 헌 옷을 깁는 거 같아서 결코 아무것도 온전치 못한 것이 되는 것입니다. 하나님 뜻이 나타나지지 않는 것입니다. 그럼 어떻게 하면 좋겠습니까 하고 지혜를 구해도 그러한 부분적 순종, 부분적인 하나님의 뜻을 알려는 그런 태도로는 안 된다 말입니다. 네 전 생애를 주께 다 맡기고 다 바치고 네 지체를 전부 의의 병기로 하나님 앞에 드려라. 네 손만 드리고 네 생각만 드리라는 게 아니라 전체를 갖다 드려라 하는 것입니다. 그러고 네 몸으로 산 제사를 드려라. 산 제사이면 한번 드려서 전부 태워 버렸으면 그걸로 끝나는 것입니다. 이게 옛날의 제사법입니다. 그러면 드렸다가 도로 가져오는 식으로 못하는 것이라 말입니다.

그런고로 하나님 앞에 전체를 내가 온전히 드려 버려야 한다는 것이 아주 중요한 분기점입니다. 안 드리고서도 죄와 사망의 법이 나를 지지눌러서 끌고가려고 할 때 그걸 이기겠다고 앙탈해봐야 이기지도 못하고 결국 그리스도의 이름만 욕되게 하고 마는 것입니다. 물론 우리는 항상 하루에 열 번도 더 잘못하는 게 있는 것이 분명하지요. 그런 것이야 하나님 앞에 자복하고 하나님 뜻대로 나가겠다고 하면 하나님이 불쌍히 보시고 받아 주시는 것이지만, 근본적으로 마음이 완고해서 자기의 길을 자기가 택정(擇定)하고 자기의 이상을 자기가 추구하겠다고 하는 동안에는 절대로 하나님의 거룩하신 인도를 받아갈 길이 없습니다. 하나님이 사람의 욕심을 이루라고 인도해 주시는 일이 없다 말입니다. 그런즉 우리가 하나님 앞에 자기 전체를 드리고 살려고 그러는 것인가? 그렇지 아니하고 부분적으로 자기가 자신의 뜻을 따라서 살려고 하는 것인가에 대해서 확실히 스스로 반성해 보아야 할 것입니다.

우리는 하나님께서 절대의 대권을 갖고서 원하시는 대로 하신다는 걸 잘 알고 있습니다. "한번 하나님이 빼앗으시면 누가 왜 이러십니까 하고 항의라도 할 수 있느냐?" 이미 다 배운 말씀입니다. "여호와의 하시는 일을 보라. 그가 한번 굽게 하신 걸 누가 곧게 하겠느냐"(전 7:13). 이렇게 무서운 하나님인 것도 아는 것입니다. 모르는 게 아니지요. "너희가 하나님이 한 분이신 줄을 믿느냐 잘 하는도다. 귀신들도 믿고 또한 두려워 떠느니라"(약 2:19). 그렇게 인정만 하고 있는 것은 귀신들이나 귀신들이 믿는 믿음과 같은 소위 역사신앙, 단순히 지(知)에 불과한 것입니다. 알고서 그렇다 인정하는 것에 불과한 것이에요. 그러니까 거기 대해서 나는 어떻게 해야겠다는 확실한 태도를 취하지 않는 이상, 그런 걸 무시하고 그냥 넘어가는 이상에는 무서우신 하나님의 손 안에서 못 벗어나는 것입니다. 하나님을 만홀히 여겨서는 아니 된다는 걸 그동안 누누이 강조하여 이야기했습니다.

하나님을 만날 만한 때 찾고 가까이 계실 때 부르라 하셨는데, 그런데도 그냥 아직은 내 때가 아니다, 조금 더 내 마음대로 하고 그러고 이다음에 하겠다, 하는 이런 생각을 하는 동안에는 "자주 책망을 받고도 목이 곧은 사람은 갑자기 패망하고 피하지 못한다"(잠 29:1)고 했습니다. 하나님께 대해서 항상 심각하게 생각하고 신중히 생각해야지 예수를 안 믿는 사람이나 어떻게 희미하게 예수 믿는 집에서 나서 귀동냥으로 조금 예수 믿는 도리를 들은 정도로 알고 있는 사람처럼, 하나님께 대한 무슨 말을 하면 반대는 않고 그런가보다 하면서도 그것이 자기 하고는 상관없는 거와 같은 이런 태도를 취하는 것은 소용이 없습니다. 이것이 믿음으로 봐서는 구원 안 받은 사람들이 가지고 있는 소위 역사의 사실을 믿는 것과 같은 믿음이라는 것입니다. 소위 역사신앙(historical faith)이라고 하는데, 역사상에 '나폴레옹이 워털루에서 패했다더라' 그런 식으로 믿는 겁니다. 그러나 그것이 나하고 무슨 상관이냐? 오늘 이러고저러고 나와 관계할 것이 없다. 이미 결정돼 있는 사실에 대해서 내가 새삼스럽게 그것이 어떻게 됐다고 할 것이 없는 것이다 그것입니다. 이러한 태도는 구원을 받지 못한 사람이지만 기독교를 취했을 때 가지는 신앙 태도의 한 가지인 것입니다. 만일 우리의 신앙 태도가 그런 것이라면 이제 깊이 다시 한 번 생각해 보아야 합니다. 과연 나는 구원을 받았나? 내가 과연 전체를 하나님 앞에 다 드리고 하나님이 아니시면 살 길이 없다고 생과 사의 관두(關頭: 가장 중요한 지경)에 서서 문제를 생각해 봤던가? 그렇지 아니하면 예수님이 나를 구원하셨다니 해롭지 않은 일이니까 받아들이자, 그것도 유리한 일이니까 받아들이자는 공리적인 요구 때문에, 말하자면 종교적인 복리를 받겠다고 지금 나온 것인가? 우리는 우리 믿음의 출발점이 옳은가를 생각해 봐야 할 것입니다.

그러면 우리들 자신이 나는 어떻게 해야 죄와 사망의 법에서 해방하여 주신 예수 그리스도의 은혜를 늘 생생하게 현실로 받고 살아갈 것인가? 누누이 얘기한 거와 같이 온전히 전부를 하나님 앞에 드리는 것과 그렇게 해서 내 인생의 목표라는 것이 오직 하나님의 계획과 경영하시는 데만 있다는 걸 확실히 알아야 합니다. 또한 하나님의 두려우신 것과 하나님의 거룩하신 공의가 자재해서 하나님을 배반하고 뜻을 따르지 아니하고 자행자지하는 자에게는 결국 심판과 멸망을 내리신다는 사실을 확신해야 합니다. 죄에 대한 하나님의 형벌은 때때로 발생하는 것으로서 사람들이 알지 못하고 평안하다 튼튼하다 할 때 이 땅 위에서 때를 따라서 어떤 개인에게나 사회에게나 어떤 지역에 내리시는 것입니다. 영원한 형벌뿐 아니라 이런 형벌의 형식이라는 게 또한 엄연히 자재하다는 것을 믿고 하나님 앞에서 겸손히 참으로 구원받은 사람으로서 살기를 간절히 바라야 할 것입니다. 그와 같이 간절히 하나님 앞에 기도해야 할 것입니다. 그거 없이 예수를 잘 믿을 길이 없는 것입니다.

참으로 구원을 받은 사람으로 살고 하나님 앞에 전부를 다 바치고 의지하고 살겠다는 간절한 이 정신이 먼저 있어야 합니다. 자기의 일생이나 자기의 생명이나 존재나 무엇이나 하나님의 영광의 목적을 위해서 원하시는 대로, 나에게 가르치고 인도하시는 대로 하겠다고 하는 확호한 정신을 가지고 나아가야 할 것입니다. 그런 다음 목전에 당하는 시험과 목전에 일어나는 죄의 세력이 나를 얽어가지고 끌고 가려고 할 때 그때마다 주님 앞에 나가서 호소를 하고, 나를 건져주시기를 바라고, 죄와 사망의 법에 내가 다시 휩쓸려 들어가지 않게 해주시기를 바라고, 그 큰 세력 가운데 내가 고통을 받지 않기를 바라야 합니다. 그리스도께서 속죄하심으로 노예 상태에서 나를 건지셨다는 생생한 사실이 역사 현실이요 현재의 나에게 그것이 나타나 주시기를 바라고 성령님을 의지하라 말씀입니다. 성령님을 의지하고 살아가라는 것입니다.

그러지 않고서는 다른 어떤 힘으로도, 어떤 재주로도 자기가 스스로 예수를 잘 믿을 길도 없고 죄와 사망을 이길 수도 없는 것이고 무서운 유혹을 자기가 스스로 물리치고 갈 수도 없는 것입니다. 우리는 때때로 시험을 받는 것이고, 시험은 모든 사람에게 다 오는 것입니다. 그때마다 그것이 시험인 것을 알고 하나님께서 거기서 건져주시기를 바라는 간절한 소원과 심정으로 기도하고, 또한 내가 어떻게 성령을 의지해서 이런 시험의 길에서 자칫 크게 타락해 버릴 무서운 크라이시스(crisis) 앞에서 타락하지 않고, 그리스도를 욕되게 하지 않고, 거룩한 믿음의 길로 그대로 갈 수 있겠는가? 스스로 궁리하려고 애써도 소용없고, 성경만 본다고 금방 생기는 것도 아닙니다. 오직 하나님께 기도하되 맡기고 의지하고서 말씀이 나에게 뭐라고 가르쳤는가를 다시 묵상하고 거기서 찾고 깨달으려고 해야 합니다. 이렇게 해서 마음을 말씀에 기울여야 하는 것입니다.

성령을 좇아 나아가려면

이렇게 하나님의 거룩하신 뜻과 하나님의 가르치심이 나에게 있기를 바라고 동시에 아무리 내가 하나님의 가르치심을 받아도 내가 깨달은 정도와 내 소견만 가지고는 도저히 시험을 물리치고 살아갈 길이 없는 걸 알고 시험당할 즈음에 또한 피할 길을 내사 너희로 능히 당하게 하시리라고 약속하신 그 말씀을 믿고 의지하고 살아가야 할 것입니다. 믿고 의지한다는 것이 중요하지만 그렇게 믿고 의지하는 도리를 모르겠으면 하나님의 성령으로 나에게 비추어 주시고 가르쳐 주시고 깨닫게 해주시기를 또한 바라야 할 것입니다. 내가 어떻게 믿을지 어떻게 의지하고 나가는 건지를 내 마음으로 하여금 오직 성령께 모든 걸 맡기고 의지하게 하옵소서 하고 구해야 합니다. 성령님으로 가르쳐 주시는 깨달음이 없이 이런 진귀하고 숭고한 도리를 그대로 가만히 앉아서 알아듣는 재주는 없는 것입니다. 아무리 목사가 설명해도 아무리 책자를 봐도 성경을 아무리 읽어봐도 그대로 아는 거 아니라 말입니다. 성령의 비취심과 가르쳐 주심으로 '이게 아니냐? 이렇게 해라' '아 이렇게 하는 거구나.' 이것이 참 중요한 것입니다.

　그와 동시에 또 중요한 것은 그렇게 지시하는 대로 내가 순종해 봤더니 과연 큰 승리가 용이하게 나에게 온다는 걸 배우는 점입니다. 내가 죄를 앞에 놓고 스스로 겨뤄서 싸우려고 할 때 피나게 싸워 봤지만 그만 굴복당하고 참패를 맛보았는데, 이제 성령님을 의지했더니 온전히 나를 이기게 하신다! 물론 나는 나대로 전투를 하는 거 같지만 성령의 힘이 나에게 오고, 성령의 검이 나에게 있고, 성령의 그 거룩한 은혜로 나에게 주시는 믿음의 방패로 악한 자의 화전을 소멸하고, 검으로써 능히 나가서 대적할 수 있게 하시는 것입니다.

　이렇게 해서 성령께서 친히 나를 전체의 능력으로 주장하시고 나의 속에서 역사하셔서 나로 하여금 바르게 생각하고 소견을 바르게 가지고 판단하고 행동하게 해나가시는 데서 그런 때에 내가 시험에서 이기게 되는 것입니다. 또 우리는 매일매일 생활에서도 성령님의 지키심을 받아서 우리가 발걸음을 잘못하고 안 갈 데를 감으로써 부지불식간에 올무 가운데 걸려 들어가서 넘어지는 것을 피하는 것입니다. 그런 까닭에 나를 보호해 주시기를 바라면서도 그렇게 보호하시니까 이제는 성전 꼭대기에서 뛰어내려도 괜찮다는 괴상한 생각을 하지 않는 것입니다. 하나님을 시험하지 말고 무엇이 그릇됐는가를 주의해서 보고 그릇된 데에는 귀를 기울이지 아니해야 합니다. 그릇된 친구와 사귀지 아니해야 하고, 그릇된 사람의 말을 솔깃하게 들어보는 일이 없이 항상 정대(正大)하게 하나님의 말씀과 그 거룩한 가르침만 마음 가운데 사모해서 성령님이 그리로 인도해서 나의 마음 가운데 빛을 더 비추어 주시고 깨달음을 주시기를 바라고 살아가야 할 것입니다.

이렇게 평소의 생활을 단정하게 경건하게 하며, 성령께서 나를 막아주시고 보호하시는 그 은혜를 소홀히 생각지 말고, 함부로 하나님을 시험하는 태도로 마음대로 해도 괜찮은 것같이 생각지 말고, 근신하고 조심해서 감사한 가운데 주신 은혜를 바로 누리고 살아가야 합니다. 이렇게 해서 우리는 우리 생활에서 하나님께서 우리에게 주시는 은혜를 온전히 받고 누리되 그걸 헛되이 받는 일이 없어야 합니다. 그렇게 생활할 때 비로소 신앙도 바로 유지되고 향상도 하는 것입니다. 그래서 패역하거나 불의하거나 괴악하거나 추악한 일이 없이 하나님이 복을 주심으로 비로소 자기나 자기 가정도 건실하게 장성해 가게 됩니다. 그렇게 하나님이 주시는 은혜 가운데서 살도록 간절히 사모해야 합니다.

지금은 비록 어려서 잘 알지 못하고 유치할지라도 하나님께서 나에게 깨달음을 주셔서 더욱 장성해 가야 합니다. 그렇게 해서 깨닫고 하나님 나라의 크고 오묘한 세계의 거룩한 목적을 위한 나의 생활을 충실히 함으로써 내가 세상에 와서 노력하고 애를 쓴 것에 하나님께서 거둬 가실 열매가 있어야 할 것입니다. 하나님이 기쁘게 받으실 것이 있어야 합니다. 그러면 나도 비로소 일한 보람이 있는 것이지요. 내 보람을 위한 게 아니라 하나님이 기뻐 받으시면 내가 어떻게 되든지 상관이 없는 것입니다. 하나님께서는 그냥 내가 죽은 듯 아무것도 않고 게으른 데서 기쁘게 여기심을 받고 무슨 열매를 거두시는 게 아닙니다. 내게 지혜를 주시고 깨달음을 주셔서 부지런히 그 일을 행하고 주께서 경영하시는 대로 내가 이뤄 나가는 데서 하나님의 성령의 역사로 실제 열매도 거두고 그로 말미암아 하나님께서도 기쁨을 거두십니다. 이렇게 기쁨을 거두신다는 사실이 우리에게 와서는 그만큼 우리가 성숙한 사람이 되고 그만큼 능력 있는 사람으로 서서 건실하게 살 수 있게 만드시는 것입니다. 그러므로 이런 거룩한 도리를 생각하고 우리 마음 가운데 스스로 자기가 죄를 이기려고 하지 말고, 자기의 무력한 것을 한탄만 하지 말고, 오직 생명의 성령께 맡기고 의지하라 말입니다. "너희는 성령을 좇아서 행하라, 그렇게 행보를 해라! 성령이 너에게 지시하시고 감화하시고 인도하시는 방법이 있다. 그걸 네 마음에 비추시고 하나님의 말씀에 의해서 네게 가르쳐 주시거든 성령을 좇아 행하라. 그러면 육신의 욕심을 이루지 아니할 것이다."

성령을 좇아가려 할 것 같으면 어떻게 해야 합니까? 아까도 말한 거와 같이 마음 가운데 항상 그와 같이 살기를 간절히 원하고 하나님 앞에 기도하는 것이 먼저입니다. 깨닫게 해주시기를 바라고 길을 보여 주시기를 바라고 비춰 주시기를 바라지만 그것을 보여 주시는 거룩한 방도, 나에게 은혜를 주시는 가장 훌륭한 큰 수단(means)은 하나님의 말씀, 성경입니다. 이 성경에 의해서 나에게 무엇이 하나님이 사람을 만드신 본래의 목적인가, 무엇이 사람이 살아가야 할 목표인가, 무엇이 하나님이 그 나라를 경영하시는 거룩한 내용인가, 하나님이 무엇을 기뻐하시고 어떻게 하시려고 하시는 건가, 날마다 내 생활에서는 어떻게 하라고 하시는가 등에 대해서 성경이 가르쳐 주는 것을 배워야 할 것입니다.

성경이 그걸 가르치시기 위해서 사람으로 하여금 그것을 진실하게 묵상하고 배우도록 해 놓았습니다. 그러므로 여가(餘暇)에 조금씩 듣고 지나가려고 하는 태도를 취하면 아니 됩니다. 우리는 인생의 가장 중대한 문제가 하나님께서 나를 이 세상에 보내신 거룩하신 뜻은 무엇이며 무엇을 위해서 내가 살도록 한 것인가를 알아내는 데서부터 시작을 할 텐데, 그걸 알려고 하지 않고 그런 것은 저절로 알아지는 것같이 생각하는 것은 원래 중요한 걸 중요히 생각지 않는 태도인 것입니다. 무엇이든지 덤으로 공으로 거저 이런 것이 오는 것이 아닙니다. 하나님 앞에 전부를 드리고 정성을 드려야 합니다. 복 있는 자가 그렇게 하듯 주의 율법을 묵상하며 기뻐하는 그런 정신 가운데 있어야 할 것입니다. 그렇게 해서 하나님의 말씀이 나에게 한 가지씩 두 가지씩 그 뜻을 깨닫게 하는 것인데, 그건 내가 장성해 나가는 정도에 따르는 것입니다. 신학 체계를 알면 다 알아지는 것이 아닙니다. 내 자신의 현재 생활의 의미와 지금부터 나아가는 발걸음의 방향을 알아야 하는데, 그 능력이 어디에서 오느냐? 먼저는 성령께서 나에게 깨닫게 하시는 것입니다. 하나님께서 은혜로 주신 여러 가지 것들을 깨닫게 하시는 이가 성령인데, 그걸 먼저 알게 하여 주시는 것입니다.

성령을 의지하므로 성령께서 그 말씀을 쓰시되 일찍이 들은 말씀의 도리든지 새로 자기가 공부해 나가는 도리 가운데서 차츰차츰 섭취를 해서 깨달아 알도록 하십니다. 그래 가지고 어디로 가라고 인도하시는 대로 하나님께서 인도하시는 적극적인 방법에 의해서 살게 되는 것입니다. 하나님의 인도를 그런 식으로 받는 것입니다. 그렇지 성경만을 놓고 가만히 바라다보면 거기서 무슨 말이 갑자기 나온다든지 하는 건 아닙니다. 이지적으로 합리적으로 내 자신의 모든 논리적인 형식이나 노력을 다 써서 바르게 배워 나가면서 깨닫는 데 이르러야 합니다.

이렇게 하나님 앞에 맡기고 부르짖고 의지하고 구하는 것이 먼저입니다. 내 마음이 주를 의지하기를 간절히 바라고 나로 하여금 의지케 해주시기를 바라면서, 이제 그럼 어디로 가라고 하시는가를 찾아야 합니다. 그런 때 이리로 가거라 하는 건 하나님 말씀입니다. "주의 말씀은 내 발의 등이요 내 길에 빛이니이다"(시 119:105). 또 고린도전서 2:12에도 하나님의 성령은 "우리로 하여금 하나님께서 우리에게 은혜로 주신 것들을 알게 하려 하신 것이다" 하셨습니다. 그러므로 가르쳐 주시는 그 성령을 의지해서 그렇게 나가도록 하십시다.

기도

거룩하신 아버지시여, 성령님의 주장하심과 인도하심을 받아서 저희가 주님이 가라고 하시는 길로 늘 인생의 길을 걸으며, 안 가야 할 곳을 감으로써 올무에 걸리거나 시험에 빠지는 일이 없도록 저희를 붙들어 주시고, 이 육체 곧 저희의 지체를 사욕에 순종하는 일이 없도록 하여 주시고, 주께 모두를 의의 병기로 드려서 주께서 이것을 당신의 병기로 모든 흑암의 세력과 마귀의 세력을 무찌르는 데 쓰는 병기로도 쓰시고, 하나님의 영광을 나타내기 위해서 친히 늘 붙들어 주셔서 아버지의 것답게 신령히 살게 하시고 간절한 마음으로 주를 의지하고 주를 사모하고 늘 살게 하시고 세상의 죄와 꾀임 속에 그냥 지지눌려서 실패하고 참패하는 생활을 하지 않도록 은혜로 주장하여 주시옵소서.

사랑하시는 아버지여, 저희 마음 마음들을 다 살펴주셔서 지금 무엇을 좋아하며 무엇을 꾀하며 무엇에 항상 솔깃하여 각각 움직이고 있는가에 대해서 주께서 하나씩 하나씩 다 감찰하시고 성령님으로 비추사 깨우칠 걸 깨우쳐 주시며 경책하실 바를 경책하시고 또한 주님이 위로하시고 비추어 줄 걸 비추어 주시며 모든 죄와 허물과 잘못된 것을 마음 가운데 깊이 회오하고 뉘우치고 버리며, 주님 앞에 나와 고백하고 호소할 때 주께서 죄를 다 용서하시고 거룩되이 세우사 주의 자식으로 다시 거두시고, 저희의 가는 길을 주의 영광을 위해서 거룩히 붙들어 주시고, 방황하지 말고 자행자지하지 않게 하시고, 저의 일생이 주의 영광을 위해서 주께서 계획하시고 경영하시는 길에 확호히 서서 가도록 전체를 주께, 아버님 앞에 드리는 확실한 심정을 늘 가지게 하시옵소서.

사랑하시는 주여, 주께 전부를 드리겠습니다 하는 심정이 생기도록 성령님으로 저의 마음을 다 주장하시고, 또한 어떻게 주님을 의지하고 살아가는 것인지를 알지 못하고 자기가 자기의 길을 스스로 정하고 가기가 쉽사오니 저희가 이렇게 무능하고 전체로 부패한 죄성이 저희를 지배하기 쉬운 이런 상태에서 그런 일을 당할 때마다 온전히 주를 의지하는 심정을 허락하시고 어떻게 의지하고 사는 것인가도 저희에게 깨우쳐 주셔서 알게 하여 주시옵소서. 이리하여 주를 의지하고 주님께 다 바치고 주의 지시와 인도를 받아서 살게 합소서.

우리 주 예수 이름으로 기도하옵나이다. 아멘.

1978년 4월 30일

영원한 생명은 형제애로 나타남

요한일서 4:7-21

7 사랑하는 자들아 우리가 서로 사랑하자 사랑은 하나님께 속한 것이니 사랑하는

자마다 하나님께로 나서 하나님을 알고 ⁸ 사랑하지 아니하는 자는 하나님을 알지 못하나니 이는 하나님은 사랑이심이라 ⁹ 하나님의 사랑이 우리에게 이렇게 나타난 바 되었으니 하나님이 자기의 독생자를 세상에 보내심은 저로 말미암아 우리를 살리려 하심이니라 ¹⁰ 사랑은 여기 있으니 우리가 하나님을 사랑한 것이 아니요 오직 하나님이 우리를 사랑하사 우리 죄를 위하여 화목제로 그 아들을 보냈음이니라 ¹¹ 사랑하는 자들아 하나님이 이같이 우리를 사랑하셨은즉 우리도 서로 사랑하는 것이 마땅하도다 ¹² 어느 때나 하나님을 본 사람이 없으되 만일 우리가 서로 사랑하면 하나님이 우리 안에 거하시고 그의 사랑이 우리 안에 온전히 이루느니라 ¹³ 그의 성령을 우리에게 주시므로 우리가 그 안에 거하고 그가 우리 안에 거하는 줄을 아느니라 ¹⁴ 아버지가 아들을 세상의 구주로 보내신 것을 우리가 보았고 또 증거하노니 ¹⁵ 누구든지 예수를 하나님의 아들이라 시인하면 하나님이 저 안에 거하시고 저도 하나님 안에 거하느니라 ¹⁶ 하나님이 우리를 사랑하시는 사랑을 우리가 알고 믿었노니 하나님은 사랑이시라 사랑 안에 거하는 자는 하나님 안에 거하고 하나님도 그 안에 거하시느니라 ¹⁷ 이로써 사랑이 우리에게 온전히 이룬 것은 우리로 심판날에 담대함을 가지게 하려 함이니 주의 어떠하심과 같이 우리도 세상에서 그러하니라 ¹⁸ 사랑 안에 두려움이 없고 온전한 사랑이 두려움을 내어 쫓나니 두려움에는 형벌이 있음이라 두려워하는 자는 사랑 안에서 온전히 이루지 못하였느니라 ¹⁹ 우리가 사랑함은 그가 먼저 우리를 사랑하셨음이라 ²⁰ 누구든지 하나님을 사랑하노라 하고 그 형제를 미워하면 이는 거짓말 하는 자니 보는 바 그 형제를 사랑치 아니하는 자가 보지 못하는 바 하나님을 사랑할 수가 없느니라 ²¹ 우리가 이 계명을 주께 받았나니 하나님을 사랑하는 자는 또한 그 형제를 사랑할지니라

12강
영원한 생명은
형제애로 나타남

영원한 생명의 증거

　예수 그리스도의 부활의 생명에 우리가 연결이 되서 그 거룩하신 생명을 우리에게 늘 비춰주시고 공급하시므로 우리가 비로소 새로운 피조물로, 하나님의 자녀로, 그리스도의 것으로, 하나님께 속한 자로 살게 되고 이것이 곧 예수를 믿는 도리요, 이것을 다른 말로 말할 때 거듭난 사람, 그 속에 영원한 생명이 있는 사람이라고 하는 것입니다. 그런데 그와 같이 영원한 생명을 가지고 있는 사람은 분명히 증거가 있는 것이지요. 예수를 믿는다 하면 영원한 생명이 있어야 하는 것이고 영생이 그 속에 있다면 거기에는 증거가 있어야 한다는 것인데 오늘은 그런 일에 대해서 좀 더 생각해 보겠습니다.

　요한일서 5:9부터 읽습니다. "만일 우리가 사람들의 증거를 받을진대 하나님의 증거는 더욱 크도다. 하나님의 증거는 이것이니 그 아들에 관하여 증거하신 것이니라. 하나님의 아들을 믿는 자는 자기 안에 증거가 있고", 다음은 11절 말씀인데 "또 그 증거는 이것이니 하나님이 우리에게 영생을 주신 것과 이 생명이 그의 아들 안에 있는 그것이니라. 아들이 있는 자에게 는 생명이 있고 하나님의 아들이 없는 자에게는 생명이 없느 니라"(11-12절). 이 말씀대로 보자면 우리가 하나님의 그 아드님 예수 그리스도를 믿는다면 참으로 믿는 사람에게는 하나님께 서 그 안에 증거를 주셨는데 주신 그 증거란 뭐냐? 그것은 하 나님이 우리 안에 주신 영생입니다. 그리고 영생이란 뭐냐? 그 아드님이신 예수 그리스도 안에 있는 생명인 것입니다.

그러면 이제 영생이라는 것이 우리에게 있다고 할 때 "당신, 예수 믿습니까?" "예, 믿습니다." "그러면 당신 속에는 영원한 생명이 있습니까?" "있는 줄로 압니다." "그걸 어떻게 무엇으로 알 수 있습니까?" 이럴 경우 자기가 알 수 있고 다른 사람도 그 걸 그렇다고 인정할 만한 표준을 성경이 우리에게 가르쳐 주셨 습니다. 그것이 뭐냐? 형제를 사랑하는 사랑이 한 표준이다, 증 거가 된다 말입니다. 요한일서 3:10을 보면 "무릇 그 형제를 사 랑치 아니하는 자는 하나님께 속하지 아니하니라" 그랬어요. 요한일서 3:14 "우리가 형제를 사랑함으로 사망에서 나와서 생 명으로 들어간 줄을 알거니와 사랑치 아니하는 자는 사망에 거하느니라." 어떻게 해서 우리가 생명으로 들어와 있다는 것 을 아느냐? 어떻게 우리가 사망에 갇혀 있지 않고 거기에서 나 와서 구원을 받아서 생명으로 들어가는 것을 아느냐 하면 우 리가 형제를 사랑하는 심정을 가지고 있는 것으로 아는 것입니 다. 그리고 요한일서 3:15에 "그 형제를 미워하는 자마다 살인

자요 살인하는 자마다 영생이 그 속에 거하지 아니하는 줄을 너희가 아느니라" 그랬어요. 그러니까 형제를 미워하면 살인자로서 그는 영생이 없는 것이다. 형제를 사랑함으로, 적극적으로 사랑함으로 비로소 그 사람이 사망에서 나와 생명에 있다는 것을 알 수 있다는 것입니다.

그런데 이 사랑이라는 것은 어떻게 생겼느냐 할 때 무엇보다도 성경에서 우리에게 이 사랑에 대해서 얘기할 때, 사랑은 먼저 우리가 하나님을 알아 가지고 하나님을 사랑하고 그렇게 해서 관계가 맺어진 게 아니라 하나님이 먼저 우리를 사랑하셨다는 것입니다. 오늘 읽은 요한일서 4장 말씀에서 우리가 다 봤습니다. "하나님의 사랑이 우리에게 이렇게 나타난바 되었으니 하나님이 자기의 독생자를 세상에 보내심은 저로 말미암아 우리를 살리려고 하심이라. 사랑은 여기 있으니 우리가 하나님을 사랑한 것이 아니라 오직 하나님이 우리를 사랑하사 우리의 죄를 위하여 화목제물로 그 아들을 보내셨음이니라. 사랑하는 자들아 하나님이 이같이 우리를 사랑하셨은즉 우리도 서로 사랑하는 것이 마땅하도다. 어느 때든지 하나님을 본 사람이 없으되 만일 우리가 서로 사랑하면 하나님이 우리 안에 거하시고 그의 사랑이 우리 안에 온전히 이루느니라. 그의 성령을 우리에게 주시므로 우리가 그 안에 거하고 그가 우리 안에 거하시는 줄을 아느니라"(9-13절). 몇 구절 지나서 16절에 "하나님이 우리를 사랑하시는 사랑을 우리가 알고 믿었노니 하나님은 사랑이시라. 사랑 안에 거하는 자는 하나님 안에 거하고 하나님도 그 안에 거하시느니라."

이러한 사랑이 우리에게 있다 할 것 같으면 그건 하나님께 대한 사랑입니다. 또 하나님이 우리를 사랑하시는 사랑을 받고 사랑하는 능력을 받아서 형제를 사랑합니다. 우리가 하나님을 사랑하려고 해도 성령님이 우리 안에서 역사하셔서 사랑케 하시는 것입니다. 이렇게 먼저 하나님을 사랑하고 그 다음에 형제를 사랑한다고 하지만 하나님을 사랑하는 그 사랑은 다른 것으로는 증명할 길이 없습니다. 요한일서 4:20-21 말씀을 보면 "누구든지 하나님을 사랑하노라 하고 그 형제를 미워하면 이는 거짓말하는 자니 보는 바 그 형제를 사랑하지 아니하는 자가 보지 못하는 하나님을 사랑할 수가 없느니라. 우리가 이 계명을 주께 받았노니 하나님을 사랑하는 자는 또한 그 형제를 사랑할지니라." 여기 이 모든 것은 자명합니다. 사랑이 있어서 그 사랑이 발휘돼야만 그 사람의 속에 영생이 있다는 것이고 그 사랑이라는 것은 누가복음 10:27에 큰 계명이라고 말씀한 데서 잘 드러납니다. 첫째, 마음과 뜻과 힘과 정성을 다해서 하나님을 사랑하고, 둘째는 네 이웃을 네 몸과 같이 사랑하라. 이것이 가장 큰 두 가지 계명인데 그 계명을 지키고 행하려면 그 속에 하나님의 사랑이 있어야 합니다. 그런데 사람이 자기 맘대로 그걸 만들어 낼 수 없다는 것을 우리가 주의해야 합니다.

　이런 사랑은 성령의 열매의 일면입니다. 성령의 열매가 하나인데 그 하나의 열매에는 여러 가지 면 혹은 여러 가지 성격이 있습니다. 그 중에 한 성격이 사랑입니다. 갈라디아서 5:22에 있는 "성령의 열매는 사랑과 희락과 화평과 인내와 자비와 양선과 충성과 온유와 절제라 이 같은 것을 금지할 법이 없다." 성령의 열매인 것입니다. 그러나 성령이 혼자 맺는 게 아니라 우리라는 한 인간 속에서 역사하셔서 나라는 한 인간이 인격적으로 활동하는데서 나타나는 열매인 것입니다. 가령 인내라는 것도 내가 참고 있는 것입니다. 그러나 성령께서 나에게 힘 주시고 역사하시므로 하는 것이에요. 나는 의식이 어디로 가고 등신만 남아 있고 성령이 따로 혼자 이러고저러고 하시는 것이 아니라 유기적으로 내 안에서 역사하셔서 이 일을 이뤄나가시는 것입니다.

　이와 같은 것은 사람이 자기의 힘으로 이뤄보려고 하고 자기가 종교를 행해서 한번 그래 보려고 노력하는 것으로 되는 것이 아닙니다. 갈라디아서 5:16에 보면 "그러므로 너희는 성령을 좇아 행하라. 대저 육신의 소욕은-육신이 원하는 바는- 성령을 거스르고 성령이 원하는 바는 육신을 거스른다." 이 둘이 공존하지 못하고, 병존하지 못하는 까닭에 둘이 서로 대적이 되고 원수가 되어서 너희 원하는 것을 행하지 못하게 하는 것이다. 그러니까 성령을 좇아 행하라 그러면 육신의 소욕을 이루지 아니 할 것이다 그랬어요. 방법으로는 그렇지만 결국 내용은 성령께서만 온전히 나를 지배하시도록 그에게 모든 걸 맡기고 의탁하고, 그의 감화와 가르치는 대로 내가 내 손발을 움직이고 머리를 움직이고 내 영혼의 기능을 움직여서 그리스도적인 품성 즉 인격을 드러낼 때 도덕적인 행동을 나타내야 합니다. 그걸 가장 강하게 종합적으로 표시하는 말이 사랑입니다. 이와 같은 사랑은 하나님의 사랑이 우리 속에서 역사해야 한다. 성령을 주심으로 그 성령에 의해서 비로소 그걸 우리가 알고 또 우리에게 은혜를 주신 여러 가지 것을 알게 하시려고 우리 안에 거하십니다. 또한 우리가 이 세상에 자기와 인간을 의지해서 살지 않고 하나님만 온전히 의지하고 성령을 좇아서 행하게 하시려고 우리 안에 계시고 우리 안에서 근심도 하시고 또한 우리에게 감화도 하시나 우리가 그 성령의 감화를 소멸도 하고 그럽니다.

어쨌든지 문제는 하나님의 사랑이 우리 안에 거하려면 성령을 의지해야 하고 그런 사람은 현저한 어떤 생활 태도를 뵙니다. 그건 뭐냐? 이 세상이나 세상에 있는 것을 사랑치 않는다 하는 명백한 태도가 있다는 것입니다. 명백한 마음, 심정이 움직이는 것입니다. 요한일서 2:15에 "이 세상이나 혹은 세상에 있는 것들을 사랑하지 말라. 세상을 사랑하는 사람에게는 아버지의 사랑이 그 속에 있지 아니하는 것이다." 이 세상과 벗되는 자는 하나님과 원수 되는 것을 알지 못하느냐고 야고보 4:4

에서 말했지요. 그러기 까닭에 참으로 하나님의 사랑이 그 속에 이뤄 있어야 형제를 사랑하는 것이고, 형제를 사랑해야 영생이 있다는 것을 자기도 확증할 수 있고 다른 사람도 그걸 증언할 수 있는 것입니다. 덮어놓고 예수 믿는다고 그러고 영원한 생명도 없고, 영원한 생명이 있다고 말하면서 이번에는 사랑도 없이 형제에 대해서 냉정하고 무관심하고 그러면 그것이 무슨 예수 믿는 것입니까?

그런데 우리가 사랑이라는 말을 생각할 때 사랑이라는 것은 그 대상으로 하나님을 사랑한다든지 형제를 사랑한다든지 혹은 이웃을 사랑한다든지 더 나가서 이 세상을 사랑한다든지 그렇지 아니하면 혹은 원수를 사랑한다든지 하는 여러 가지 사랑의 대상을 성경에서 그려놨습니다. 가령 누가복음 10:27에 "마음과 뜻과 정성과 힘을 다해서 주 너희 하나님을 사랑하고 그 다음에 네 이웃을 네 몸 같이 사랑하라." 하나님과 사람을 사랑한다는 말이 거기 있습니다. 이웃을 사랑한다는 말은 마태복음 5:43에도 있지요. 우리가 하나님을 사랑한다는 말을 베드로전서 1:8에서는 특별히 성삼위 가운데 성자 되시고 우리의 구주되신 예수 그리스도에 대한 사랑을 말했습니다. "우리가 예수를 보지 못했지만 사랑하는도다."

요한계시록 2:4-5을 보면 에베소 교회는 훌륭한 호교(護敎)적인 교회였습니다. 변증도 잘하고 진리와 비진리를 잘 분간하고 또 사이비 자를 잘 척결해서 제척(除斥)한 좋은 교회지만 책망을 받았는데, 처음 사랑을 버렸습니다. 첫사랑, 맨 처음에 사랑에 눈 떠가지고 열렬하게 사랑하는 것과 같은 그런 사랑을 버렸다는 것입니다. 이와 같이 첫사랑을 버린 에베소 교회가 책망을 받았는데 우리가 그리스도에 대한 사랑을 가지려고 할 때에도 간절한 마음으로 진정으로 사랑을 해야 하는 것입니다. 그리고 성경에서 보면 사람에 대한 사랑도 여러 가지가 있는 것을 아는데, 부모를 사랑하는 것도 사랑이고, 자기 식구들을 사랑하는 것도 사랑이고, 친구를 사랑하는 사랑도 있고, 또 형제를 사랑하는 것도 있습니다. 그러면 그런 모든 사랑이 어디든지 일매지게 다 같으냐면 같진 않아요. 같을 수가 없습니다. 안 같다고 해서 그것이 잘못된 것은 하나도 없습니다. 우리가 성삼위 하나님을 사랑하는 사랑과 사람을 사랑하는 것을 같이 놓을 수 없는 것입니다. 그런 까닭에 예수님께서도 당신의 제자되는 조건으로 "누구든지 내게 오는 자는 제 부모나 처자나 형제자매보다 나를 더 사랑치 아니하면 내게 합당하지 않다. 혹은 내 제자가 못 된다"고 말씀하셨어요. 이렇게 더 사랑한다고 했으니 사랑에 구분이 있다는 것을 가르친 것입니다.

그러나 보지 못하는 하나님을 사랑하려면 보이는 형제를 사랑해야 하고 보이는 형제를 사랑치 않고서 하나님을 사랑한다는 것은 빈 소리다 하는 것을 좀 전에 우리가 봤지요? 그러기 까닭에 우리는 사랑에서도 하나님께 대한 것, 형제에 대한 것 혹은 이웃, 혹은 세상 사람에게 대한 것, 그리고 마침내 마태복음 5:44은 "네 원수를 사랑하라"고 해서 원수 사랑까지 여러 가지 종류의 사랑을 생각할 수 있습니다. 사랑의 나타남이 각각 거기에 해당한 대로 꼭 같지 않고 다른 것인데, 무엇보다도 속에 영생이 있는 것을 확실히 증명하는 이 사랑이라는 것은 형제를 사랑하므로 사망에서 나와 생명에 들어간 줄을 알지니라고 해서 이미 요한일서 3:14에서 봤습니다. 형제애라는 것, 보이는 형제를 사랑치 아니하고서도 하나님을 사랑한다는 것은 거짓말하는 자라고 했습니다.

사랑의 속성

그럴 것 같으면 형제에 대한 사랑이라는 것은 우리가 참 중요히 생각해야 할 일인데 그것은 어떻게 하는 것인가? 사랑의 여러 다른 대상에 대한 얘기보다 먼저 명백히 가장 현저하고 또 중요한 증거로서 내가 하나님을 사랑할 수 있다는 내 자신의 위치도 볼 수 있고, 내가 영원한 생명을 하나님께로부터 받았다는 증거로도 삼을 수 있는 형제에 대한 사랑, 그것은 어떻게 하는 것인가 하는 문제입니다. 물론 사랑에 여러 가지 속성이 있지만 먼저 비근(卑近)하게 평범하게 사랑이 그 사람에게서 형제를 향하여 나타나느냐 하는 문제가 중요한 것입니다. 그러면 사랑의 속성에 대해서는 다른 무엇보다도 잘 아시는 고린도전서 13장이 사랑의 속성을 가르치는 장이라고 하는데 거기에 나오는 사랑의 속성들을 봅시다. 사랑의 위대성에 대해서는 "내가 사람의 방언과 천사의 말을 할지라도 사랑이 없으면 소리 나는 구리와 울리는 꽹과리에 불과하다" 그랬고, 둘째로 "내가 또 예언하는 모든 능력이 있고 또 비밀을 잘 알아내는 능력과 모든 지식이 내게 있고 혹은 내가 산을 옮길만한 믿음이 있다" 하더라도 예언하는 능력이나 비밀을 아는 기묘한 특별한 카리스마나 무릇 모든 것을 잘 알고 있는 지식이나 산을 옮길만한 그런 위대한 신앙, 독특한 신앙이 있다고 할지라도 사랑이 없으면 내게 아무것도 아니다. 셋째는 내가 내 모든 것으로 구제하고 심지어 내 몸을 희생의 제물로 내놔서 제단에 놓고 불을 살라버리든지 내 몸을 불살라서 인덕을 이룬다고 하여 내주더라도 사랑이 없으면 그것 자체가 의미가 없는 것이다, 무익한 것이다! 이렇게 사랑이 얼마나 고귀한 것인가를 얘기했습니다.

사랑이 무엇보다 나으냐 하는 얘기를 한 다음 사랑의 속성을 여러 가지로 얘기했어요. 우리는 현실 생활에서 이런 것으로 비춰서 자기가 과연 형제에 대해서 사랑을 늘 가지고 있는 사람인가, 쫓아다니면서 '내가 당신을 사랑합니다' 하고 야단 안 내더라도 늘 온정을 가지고, 따뜻한 사랑으로 대하는 심정을 가진 사람인가 아닌가를 봐야 할 것입니다. 사랑은 오래 참는다고 그랬어요. 또 사랑은 온유하다고 그랬고, 투기하는 자가 되지 않는다고 그랬고, 자랑하지 않는다고 그랬고, 또 교만하지 않다 그랬는데, 이런 것들은 무엇보다도 자기 자신이 가지고 있는 덕입니다. 이것은 사랑의 속성으로 자신이 당연히 가지고 있는 덕이 되는 것입니다. 사랑을 품고 있는 사람은 이렇게 참을성이 있고 온유하고, 즉 마음이 부드럽고 남을 투기하지도 않고 또 자꾸 뽐내려고 하지 않고 교만하지 않습니다. 그뿐 아니라 대인관계에서도 무례히 행치 아니하고 또한 무슨 일에 있어서 다른 사람이야 어찌 되든 자기 유익만 보면 그만이다 하는 태도를 취하지 않는 것입니다. 사랑이 있는 마음에는 갑자기 확 하니 성을 내는 그런 짓을 않는다 말입니다. 분노를 않는다는 말은 아니고 노를 품고 분을 품어도 해가 지도록 품지 말라고 했습니다. 성을 내고 맹렬하게 이를 가는 것은 무서운 사실인데 형제에게 끝까지 그렇게 할 수 없는 것입니다.

그 다음에는 맘 가운데 사랑 있는 사람은 악한 것을 생각지 아니하고, 불의한 것을 좋아하지 않는다. 오히려 하나님의 거룩한 진리와 참된 것이 비취면 그것을 참 기뻐하며 받는다고 했어요. 그리고 범사에 참고 범사에 믿고 범사에 바라고 범사에 견딘다. 이와 같은 도덕적인 성격이 그 사람 속에 있다면 그것은 종합해서 사랑이 있어서 다 발생하는 것입니다. 이런 사랑을 가지고 형제를 대한다든지 이런 도덕적인 속성 혹은 품성들을 가지고 항상 산다는 것은 하나님의 사랑이 그 속에서 늘 따뜻하게 존재하고 활동하고 있다는 것을 가르치는 것입니다.

이와 같은 도덕적인 품성은 필연적으로 어떤 현실상 문제에 임했을 때 작동합니다. 형제가 헐벗고 주리는 것을 보면 그냥 지나칠 수 없지요. 사마리아 사람이 지나갈 때에 어떤 불한당 맞은 사람이 고통하는 것을 보고 보살펴준 것같이 따뜻한 심정을 마음에 품은 사람은 상대가 형제가 아니고 전연 생면부지의 사람일지라도 모른 체하지 않는다 말입니다. 인간으로서 차마 그냥 보고 지나갈 수 없는 현실이라는 것을 느끼고 할 수 있는 대응을 합니다. 그러나 같은 인간이면서도 보고 그냥 지나가는 사람들이 있어요. 제사장이나 레위 사람, 기성의 기업적인 종교가들이 다 있었습니다. 그러나 오히려 평범한 이 사마리아 사람, 유대 사람들이 대단히 비난하고 욕질하고 무시하는 사마리아 사람이 지나가면서 유대 사람이 불한당 만나서 어떻게 할 수 없는 참혹한 처지에 있는 것을 볼 때 자기가 힘닿는 대로 사람을 구휼하는 태도를 보였습니다. 이것이 '누가 내 이웃이 되리이까' 하고 물은 사람에 대한 우리 주님의 가르침입니다. 이웃에 대한 설명을 해주시느라고 가르친 것입니다. '이 불한당 맞은 사람의 이웃은 누구냐? 그를 도와준 사마리아 사람입니다. 너도 이 일을 본받고 가서 행해라. 누가 네 이웃이 돼주는 것이 아니라 내가 누구의 이웃이 돼주겠는가를 먼저 생각해라.' 이렇게 사랑이라는 것은 이웃에 대해서든지 형제에 대해서든지 내가 적극적으로 그에게 무엇을 주느냐 하는 데 있는 것입니다. 그리고 거기에 대해서 다시 두말하지 않는 심정이어야 합니다. 내가 그에게 주었다 하는 이상, 교만한 마음, 자기가 무엇을 했다는 스스로 자랑하는 심정이 없어야 합니다. 자기가 자기에게 자랑하는 것이 없어야 한다 말입니다. 사랑 같으면 그런 것이 없는 것이다. 진정 사랑으로 했으면 '나'라는 그 심정이 안 생기는 것이다. 내가 무엇을 한다, 내가 어떻게 해야겠다, 그것이 없는 것입니다.

영생의 증거와 순결하고 거룩한 교회의 자태

이와 같이 자기가 그리스도와 함께 십자가에 못 박혔다는 사실이 현실적으로 드러나는 건 그 속에 성령님이 역사하셔서 그리스도적인 품성을 그에게 부어주신 까닭입니다. 그런 성격을 가지게 하시는 것이고 그것이 곧 사랑입니다. 참 사랑을 가진 사람은 형제와의 관계에서도 자기 자신이 무슨 선한 일을 한다든지 덕스러운 일을 한다든지 남의 비익을 위해서 일한다든지 하고서 그것을 자기가 했노라고 하지 않아야 합니다. 그런 일의 대가로 그에게 무얼 받든지 그렇지 않으면 별달리 좋은 운수를 바라든지 누군가가 있어서 자기에게 더 축복하기를 바라는 식의 타산적인 상고적(商賈的)인 심정을 안 가지는 것입니다. 우리는 하나님 앞에서 다 죄인으로 멸망할 수밖에 없으나 하나님이 먼저 우리를 사랑하사 그 독생자를 보내서 우리를 건지셨으니, 하나님이 그냥 사랑 때문에 이렇게 하셨으니 너도 그렇게 사랑을 해야 할 것 아니냐 그것입니다.

우리가 무엇을 주는 일에 대해서 비즈니스로 장사를 할 때에는 여수(與受)관계를 분명히 하지만 일단 거룩한 교회 안에서 그리스도적인 사랑을 가지고 일을 할 때는 달리하는 것입니다. 장사할 때의 타산적인 여수관계의 법칙을 가지고 밀고 나가서는 거룩한 교회는 돼 나가지 않는 것입니다. 거룩한 교회라면 사람마다 각각 다 자기가 의무를 짊어져야지 어떤 사람은 짊어지고 어떤 사람은 안 짊어지는 것이 없어야 합니다. 저 사람만 나를 사랑해야 하고 나는 저 사람 사랑하지 않는다는 그런 법 없는 것입니다. 어찌 됐든지 사랑을 내가 하려 할 것 같으면 상대가 어떤 조건 안에서 나에게 어찌 하겠으니까 하는 식의 타산을 않고 하는 것입니다. 이것이 하나님의 성령님으로 우리 안에서 지어내 가시는 일입니다. 사람으로서는 한두 번 자기를 억제해 가면서 그걸 해보려고 하지만 얼마 안 가서 넘어지는 것입니다. 그러나 실질상 하나님께서는 우리에게 그러한 사랑을 품고 살기를 원하십니다. 그것은 안 해도 괜찮은 게 아니라 '네가 참으로 그리스도의 생명을 받았다는 증거는 곧 그것이다!' 이와 같이 절대로 중요한 것입니다. 우리 교회에서는 이것을 심히 중요한 것으로 알고 부디 참사랑이 마음 가운데 늘 있어서 영원한 생명이 있는 사람의 증거를 자연스럽게 나타내는 위치에서 개인 개인이 서로 연결하고 교제함으로 거룩한 교회의 참된 자태를 이뤄야 할 것입니다.

그러므로 이것을 항상 주의하고 이런 일에 대해서 등한히 생각지 아니해야 합니다. '그건 어느 때인가 할 테지' 하고 멀리 바라고 '지금은 못 합니다' 하고 앉아 있는 것은 옳지 않은 일입니다. 왜죠? 영생이라는 것은 장차 받는 것이 아니라 받은 사람들이 거룩한 교회를 형성하는 것입니다. 여기 이미 있으니까 있는 사람답게 이제는 자기가 행동하고 태도를 취하고 살아야 할 것입니다. 그런데 영생이 있는 사람답게 살지 아니하고 '언젠가 한번은 그렇게 살겠다'고 한다면 지금은 무엇인가? 영생이 없다는 말인가? 무엇으로 있다고 하겠는가! 아무것도 증명할 도리가 없는 것입니다.

교회가 교회로서 순결하고 거룩하고 참된 자태를 나타내려 할 것 같으면 내가 많은 것을 하고 굉장히 괄목할만한 것 놀랄만한 것을 하라는 것이 아니라 먼저 내 마음이 사랑이 가지고 있는 도덕적인 속성을 품은 사람으로서 드러나야 합니다. 아상이 없이 교만하지 않고, 제 스스로 속으로 자랑을 않고, 자기가 뭘 했다고 자기를 인정하지 않아야 합니다. 또 자기는 하는데 다른 사람은 못한다고 항상 자기와 다른 사람과 비교해서 자기를 은근히 평가하는 교만이 없어야 하겠다는 것입니다. 이렇게 해서 우리는 하나님이 주시는 거룩한 교회의 참된 의식을 나타낼 뿐 아니라 하나님이 내게 주신 영원한 생명이 확호하게 나에게서 생명으로서 작용하고 있다는 것을 실증하고 살아야 할 것입니다.

요한일서 5:1부터 잠깐 읽을 터인데 설명을 않더라도 명백한 얘기가 여기 나옵니다. "예수께서 그리스도이심을 믿는 자마다 하나님께로서 난 자니," 예수를 그리스도라고 믿는 사람은 하나님께서 내신 자이다. 그러면 그것으로 끝나느냐? 그게 아니고 "또한 내신 하나님을 사랑하는 자마다 그에게서 난 자를 사랑하느니라." 예수께서 그리스도이신 것을 믿는 자마다 하나님께로부터 나온 자인데 그러한 사람을 내신 하나님을 사랑한다면 하나님이 내신 자들, 하나님의 자녀들을 또한 사랑한다. "우리가 하나님을 사랑하고 그의 계명들을 지킬 때에 이로써 우리가 하나님의 자녀 사랑하는 줄을 아느니라." 하나님이 그 자녀를 사랑한다는 것을 마음 가운데 깊이 느끼고 알되 '예 압니다' 하는 그런 식이 아니고, 진짜로 우리가 마음 가운데 과연 그렇다는 것을 확실히 느끼고 알 수 있는, 절감할 수 있는 그런 심정이라면 하나님을 사랑하고 그의 계명들을 지킨다는 데에서 그런 심정이 생기는 것이라고 했습니다. 그러면 "하나님을 사랑하는 것은 이것이니 우리가 그의 계명들을 지키는 것이라"(3절). 하나님을 사랑한다면 무엇이 그 증거냐, 무엇이 현실이냐? 실질상으로는 보이지 않는 하나님께 대해서 네가 어떻게 달리 못 하고 그가 명령하신 것을 지키는 것이다. 그 계명들은 무거운 것이 아니라고 하였습니다.

다시 요한일서 3:17부터 몇 절을 봐 내려가겠습니다. "누가 이 세상의 재물을 가지고 형제의 궁핍함을 보고도 도와줄 마음을 막으면 하나님의 사랑이 어찌 그 속에 거할까보냐? 자녀들아 우리가 말과 혀로만 사랑하지 말고 오직 행함과 진실함으로 하자. 이로써 우리가 진리에 속한 줄을 알고 또 우리의 마음을 주 앞에서 굳세게 하리로다." 여기서 이런 말씀을 볼지라도 사랑의 현실상 실용면을 잠깐 얘기했습니다. 사랑을 말과 혀로 만 하지 말고 행함과 진실함으로 하자는 중요한 말씀이에요. 참으로 마음 가운데 사랑이 있을 것 같으면 그 사랑을 자기의 행동과 생활로 뵈는 것이다. 어떤 긴급히 필요한 문제, 사랑하는 사람 같으면 꼭 해야 할 중요한 문제 앞에 맞닥뜨렸을 때 회피하거나 모른 체하거나 넘겨버리는 것은 사랑이 아닙니다. 사랑은 그런고로 현실적으로 무슨 결과를 내주는데, 실효뿐 아니라 증거가 있는 것입니다. 마음으로 '그렇습니다' 하고 말만이야 사람이 얼마든지 할 수 있지만 그런 말만 가지고는 사랑이 완전히 성립하지 않는 것입니다.

이와 같은 사랑의 문제에 대해서 우리가 항상 주의할 것이 있습니다. 이것이 간단한 예에 불과하지만 다른 모든 것들처럼 먼저는 사랑의 마음을 품어야 하는데 그건 자발적으로 할 심정이 생겨야지 억지로 그것을 했다고 해서 곧 사랑이라고 하는 것은 아닙니다. 이 말씀에 의해서 내가 스스로 사랑을 만들어 낼 수 없는 줄을 깨닫고 오직 성령께서 내 안에 내주하시는 거룩한 은혜와 사랑으로 나의 모든 것을 주장해 주시기를 바라고 그에게 맡기고 그 지시대로 따라야 합니다. 거룩한 말씀이 우리에게 요구하신 대로 조그마한 행보라도 하는 것이지요. 한 발걸음이라도 내디뎌 나가는 것입니다. 이렇게 해서 현실적으로 어떤 결과를 맺는데에서 사랑은 실효도 있고 온전해지는 것입니다. 그렇게 해서 우리가 차츰차츰 자꾸 장성해 나가는 것이 좋습니다.

기도

　거룩하신 아버지시여, 저희에게 은혜를 베풀어 주셔서 참으로 영원한 생명을 주셨다는 사실이 우리의 생활에서 늘 실증되게 살도록 저희 마음을 감화하시고 저희 속에 성령님이 더욱 충만히 풍성히 늘 역사하시고 인도하시고 가르쳐 주심으로 주의 말씀에서 배우는 바를 성령님의 깨우치심으로 깊이 깨닫고 확신하여 성령을 의지해서 그리스도적인 품성이 우리 안에 늘 있고 이것이 사랑으로 형제에게 거룩한 교회 안에서 먼저 나타나게 하시옵소서. 이리하여 우리에게 영생이 있다는 사실과 부활의 생명과 연결되어 있다는 사실을 확증할 뿐더러 또한 하나님을 사랑하는 실효를 거기서 거두어서 하나님을 사랑하는 간절한 심정과 함께 계명을 지키는 사람으로의 생활을 해 나가게 하시옵소서. 주님 저희 모든 것을 아시오니 원하시는 대로 같이 하시고 주장하시고 인도해 주옵소서.

　주 예수 이름으로 기도하옵나이다. 아멘.

1978년 3월 26일

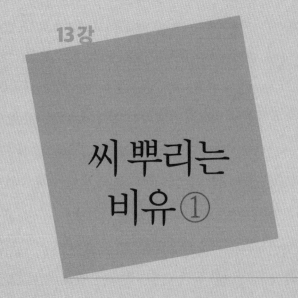

13강

씨 뿌리는 비유①

마태복음 13:1-23

1 그 날에 예수께서 집에서 나가사 바닷가에 앉으시매 2 큰 무리가 그에게로 모여들

거늘 예수께서 배에 올라가 앉으시고 온 무리는 해변에 섰더니 3 예수께서 비유로 여

러 가지를 저희에게 말씀하여 가라사대 씨를 뿌리는 자가 뿌리러 나가서 4 뿌릴 새

더러는 길가에 떨어지매 새들이 와서 먹어 버렸고 5 더러는 흙이 얇은 돌밭에 떨어지

매 흙이 깊지 아니하므로 곧 싹이 나오나 6 해가 돋은 후에 타져서 뿌리가 없으므로 말랐고 7 더러는 가시떨기 위에 떨어지매 가시가 자라서 기운을 막았고 8 더러는 좋은 땅에 떨어지매 혹 백배 혹 육십배 혹 삼십배의 결실을 하였느니라 9 귀 있는 자는 들으라 하시니라 10 제자들이 예수께 나와 가로되 어찌하여 저희에게 비유로 말씀하시나이까 11 대답하여 가라사대 천국의 비밀을 아는 것이 너희에게는 허락되었으나 저희에게는 아니되었나니 12 무릇 있는 자는 받아 넉넉하게 되되 무릇 없는 자는 그 있는 것도 빼앗기리라 13 그러므로 내가 저희에게 비유로 말하기는 저희가 보아도 보지 못하며 들어도 듣지 못하며 깨닫지 못함이니라 14 이사야의 예언이 저희에게 이루었으니 일렀으되 너희가 듣기는 들어도 깨닫지 못할 것이요 보기는 보아도 알지 못하리라 15 이 백성들의 마음이 완악하여져서 그 귀는 듣기에 둔하고 눈은 감았으니 이는 눈으로 보고 귀로 듣고 마음으로 깨달아 돌이켜 내게 고침을 받을까 두려워함이라 하였느니라 16 그러나 너희 눈은 봄으로, 너희 귀는 들음으로 복이 있도다 17 내가 진실로 너희에게 이르노니 많은 선지자와 의인이 너희 보는 것을 보고자 하여도 보지 못하였고 너희 듣는 것들을 듣고자 하여도 듣지 못하였느니라 18 그런즉 씨 뿌리는 비유를 들으라 19 아무나 천국 말씀을 듣고 깨닫지 못할 때는 악한 자가 와서 그 마음에 뿌리운 것을 빼앗나니 이는 곧 길가에 뿌리운 자요 20 돌밭에 뿌리웠다는 것은 말씀을 듣고 즉시 기쁨으로 받되 21 그 속에 뿌리가 없어 잠시 견디다가 말씀을 인하여 환난이나 핍박이 일어나는 때에는 곧 넘어지는 자요 22 가시떨기에 뿌리웠다는 것은 말씀을 들으나 세상의 염려와 재리의 유혹에 말씀이 막혀 결실치 못하는 자요 23 좋은 땅에 뿌리웠다는 것은 말씀을 듣고 깨닫는 자니 결실하여 혹 백배 혹 육십배 혹 삼십배가 되느니라 하시더라

13강
씨 뿌리는 비유 ①

기초적이고 포괄적인 중요한 비유임

오늘 읽은 마태복음 13:1-23까지의 내용은 예수님께서 전도하시는 공생애 제2년 중간 어느 날 가버나움 바닷가에서 하신 가르침입니다. 예수님이 배를 타시고 뭍에서 그 배를 조금 떼게 하심으로써 둘러 있는 많은 사람들에게 방해를 받지 않도록 하셨습니다. 그러자 뭍에는 수많은 사람이 둘러서기도 하고 앉아 있는데 거기서 여러 가지 비유를 말씀하셨지요. 오늘 이야기는 그중 아주 기본적이면서 두드러진 큰 비유의 하나입니다. 보통은 이것을 씨 뿌리는 비유 혹은 씨 뿌리는 자의 비유라고 말하는데, 이것이 마태복음뿐 아니라 마가복음과 누가복음도 각각 있습니다. 이 같은 내용이 마가복음에는 4:3-20까지, 처음에 배 타고 올라앉으신 얘기부터 보면 마가복음 4:1-20까지, 그다음에 누가복음에는 8:4-15까지에 있습니다.

이 비유를 연구해 보건대 우리 주님의 수십 개의 비유 가운데서도 이것은 기초적이고 또 상당히 포괄적인 내용을 가지고 있습니다. 마가복음 4:13에 말씀하시기를 "너희가 이 비유를 알지 못할진대 어찌 모든 비유를 알겠느냐?" 하고 말씀하셨습니다. 이 말씀의 뜻이 무엇이겠는가? 이 비유는 대단히 초보적이고 또 쉬운 것이어서 이런 정도를 너희가 풀지 못하면 좀 더 고도적이고 좀 더 심오하고 어려운 비유들은 어떻게 알겠느냐, 하는 그런 의미겠는가? 그렇지 아니할 것 같으면, '이 비유를 너희가 알지 못한다면 이 비유를 알았다는 터 위에서 풀어가야 할 다른 여러 비유들은 풀 길이 없다. 그러므로 이 비유는 다른 많은 비유들을 알기 전에 먼저 알아야 할 관건(關鍵: 열쇠)이 되고 기초가 되는 비유이다'라는 말이겠는가? 그러나 이 비유가 대단히 초보적이고 쉬워서 누구든지 얼른 풀만한 것이라는 의미는 아닙니다. 왜냐하면 우리가 이 비유를 보고 공부해 보면 할수록 어렵다는 것을 알게 되기 때문입니다. 예수님의 비유 자체가 그렇게 쉬운 것이 아닙니다.

우리가 이 비유를 하나님의 은혜로 조금씩 조금씩이라도 풀어서 그 진리를 터득하고 보면 거기는 참으로 기본적이고 아주 포괄적인 여러 가지 것들을 생각하게 하는 것이 있고 또 자세를 바로잡아 주는 큰 내용이 들어 있다는 것을 발견하게 됩니다. 그런 의미에서 '너희가 만일 이 비유를 알지 못한다면 그로 인하여서 알 수 있는 다른 비유를 너희가 미루어서 알 재주가 없다. 발판이 없어서 그런다' 하는 뜻이라는 말입니다. 이것이 초보의 지식이라 그런 것이 아니라 먼저 얻어야 할 중요한 지식이요 기본적인 지식이다 하는 의미입니다. 그런 까닭에 오늘 우리가 이것을 다시 한 번 들어서 생각하려고 합니다. 우리가 이번에 그 심오한 내용의 미세한 부분까지 힘닿는 대로 다 일일이 규명해서 공부하려는 것은 아니고 우선 준비의 단계에서 전체적인 것을, 그리고 가장 기초적인 것들을 아는 것이 좋을 것이라고 생각합니다.

비유의 특성과 신비한 면

먼저 이 비유의 내용을 보면, 씨를 뿌리러 나가는 사람이 나가서 뿌릴 새 더러는 길가에 떨어지니 새가 와서 주워 먹었다. 더러는 흙이 얇은 돌밭 혹은 누가복음에는 바위라고 그랬는데, 암반이 속에 깔리고 그 위에 얇게 흙이 덮여 있는 밭에 떨어지니까 처음에는 얼른 싹이 나지만 그만 나중에 속에 바위나 돌이 있어서 뿌리가 더 깊이 박히지 못하므로 해가 돋을 것 같으면 뜨거운 열기와 뜨거운 햇빛에 견디지 못하고 그만 시들어져 말라 버리는 것이다. 셋째로 어떤 씨는 가시떨기에 떨어져서 그 땅 자체가 그것을 받아들였다고 할지라도 싹이 자라나는 동안에 가시도 함께 자라 가지고 기운을 막아서 혹은 목을 졸라서 충분히 결실을 못하게 하는 것이다. 그리고 어떤 씨는 좋은 땅, 옥토에 떨어져서 그 결실이 30배 혹은 60배 혹은 100배가 되는 것이다. 이렇게 말씀하시고 다 같이 귀가 있는 자는 들으라 하셨습니다.

수사학적으로 볼 때 우리 주님은 아주 자연스럽게 또 기묘하게 풍부한 표현법을 쓰셨는데, 비유는 그런 중요한 표현법의 하나입니다. 이 비유(παραβολή: 파라볼레) 이외에 또 비유적인 논설(παροιμία: 파로이미아)이라는 것이 요한복음에 나오는데, 그냥 간단히 비유라면 이것도 비유 저것도 비유인 것 같지만 명확하게 수사학적으로 구분할 때에는 비유는 비유이고, 그 다음에 비유적 강론(parabolic discourse)라는 것은 또 그것대로 별다른 스타일을 가진 것입니다. 보통 사람이 무슨 얘기를 할 때 직접 직설법으로 이야기하는 것 이외에 무엇에 견주어서 말할 때, 가령 우화라는 것도 있고 풍유(諷諭)라는 것도 있고 은유라는 것도 있고, 그렇지 않으면 명유(明喩) 혹은 직유라는 것도 있고, 또 부분적으로 어떤 것을 쓸 때는 제유(提喩) 혹은 대유(代喩)라는 것도 있고, 환유(換喩) 혹은 전유(轉喩)라는 것도 있습니다. 이런 것들이 다 자유롭게 활용됨으로써 훌륭한 문장도 만들고 듣는 사람 마음에 상을 그리게도 하는 것인데, 우리 주님은 필요에 따라서 비유라든지 은유라든지, 또 어느 때는 제유 즉 대유 같은 것을 자유롭게 구사해서 당신 말씀의 심오한 뜻을 듣는 사람으로 하여금 깨달을 수 있는 기초와 또한 여유를 늘 만들어 주십니다.

예를 들것 같으면 직설법으로 이것을 서술을 해놓았으면 알아듣는 사람이 많지 못하고 그것에 대해서 깨닫지 못하니까 재미가 없어서 무엇이 무엇인지 공연히 시간을 낭비하는 사람이 많이 있었겠지만, 우리 주님께서는 다른 사람들이 다 알고 있는 일상 항다반(恒茶飯)적인 이야기를 가지고 비유 삼아서 말씀을 해놓으심으로써 그 얘기 자체 속에 들어가 있는 동안에 심오한 진리가 그 사람의 신앙의 장성과 성령님의 조명에 따라서 차츰차츰 깨달아지게 하신 것입니다. 이렇게 심오한 하나님 나라의 깊은 진리를 평범한 항다반의 현상 혹은 한 토막의 있음직한 얘기, 자연스러운 어떤 현실, 이런 것들을 끄집어 가지고 얘기해 주시는 데서 그 사람이 깨달을 수 있도록 만드셨습니다. 가장 고귀하고 정밀하고 치밀한 방법을 쓰신 것입니다. 이건 아주 고도의 문학적이고 예술적인 방식입니다. 사람이 억지로 그렇게 못 만드는 것입니다.

특별히 비유라 할 때는 거기 무엇이 있느냐 하면 풍유나 은유나 제유 혹은 기타의 것과 달리 또 우화와도 달리 얘기 자체가 자연스럽다는 특성이 있습니다. 다른 말로 말하면 그 비유 가운데 있는 얘기가 누구든지 "에이 그런 일이 어디가 있느냐? 그런 일은 없다" 하고 부인할 부자연한 내용을 억지로 꾸며낸 얘기가 아니고, 누가 보든지 자연스럽고 어디서든지 손쉽게 볼 수 있는 장면 같은 것 중에 한 토막을 끄집어다가 그 장면 전체를 펼쳐 그 마음 가운데 둬서 마음의 눈으로 그것을 볼 수 있게 만들어 주신 것입니다. 그렇다면 그것은 어디서든지 사람들이 과거에 보고 듣고 경험한 사실일 거예요. 농부의 얘기 혹은 장사하는 사람의 얘기 혹은 어부의 얘기 혹은 왕과 신하의 얘기, 주인과 종의 얘기 혹은 양과 목자 등 참 여러 가지 것들을 가지고서 보여 주신 것입니다.

그렇게 여러 가지 비유를 쓰신 데서 우리 주님께서는 우리와 주님과의 관계, 우리와 하나님과의 관계가 어떠한 것인가? 어떠해야 할 것인가 하는 점을 잘 추리하여 생각하게 만드신 것이 많습니다. 예를 들면 양과 목자의 비사(比辭) 혹은 비유적인 강론을 쓰셨을 때는 "아, 그는 목자시고 우리는 양이다." 무슨 관계인가? 목자와 양의 관계로 예를 들면 그가 기르시고 먹이시고 우리는 보호를 받고 자라난다 하는 것이 중요한 현실입니다. 그렇지 아니하면 어떤 큰 집안에서 주인과 종의 관계, 주종의 관계니까 하나는 명령하고 하나는 순종해서 무슨 일을 맡아서 한다는 것이지요. 그것은 주인의 명령과 계획대로 해야 한다는 관계입니다. 그렇지 아니할 것 같으면 아버지와 아들의 관계, 탕자와 그의 아버지의 관계를 이야기했어요. 또 군인과 사령관의 관계도 있지요. 우리는 예수 그리스도의 정병이다, 군사로 뽑힌 자들이다. 특별히 사도 바울 선생이 디모데에게 말을 할 때 그리스도의 정병이라는 말을 썼습니다(딤후 2:3). 이렇게 성경에는 하나님과 우리와의 관계를 여러 가지 것에 견주어서 말씀한 것이 많이 있는데, 우리 주님도 비유를 쓰실 때는 필연적으로 우리와 주님과의 관계는 어떤가 하는 것을 항상 추리하게 하는 여러 가지 것이 많이 있습니다.

그것은 어쨌든지 우리가 여기서 중요히 봐야 할 것은 이러한 비유가 우리에게 왔을 때 우리가 이것을 잘못 해석하지 아니해야 한다는 것입니다. 그릇되게 해석한다는 것은 뭐냐? 이는 비유를 비유로 다루지 않고 풍유로 다룬다든지 그렇지 아니하면 우화같이 은유같이 다루면 별로 좋지 않습니다. 그럼으로써 많은 과오를 저지르게 되는 것입니다. 비유라 할 때 아까도 말씀드렸지만 그 특성은 자연스러운 얘기의 한 토막입니다. 어디든지 있는 우리 인간의 생활이라든지 자연현상이라든지 혹은 사회생활 한 토막을 갖다가 딱 내놓고 얘기를 하시는 것뿐입니다. 그것 가지고 끝까지 그와 같다든지 비슷하다든지 그런 말씀을 안 하십니다. 성경에서 예수님이 비유를 말씀하시고 해석에 도움이 될 만한 설명을 붙여 주시는 예가 있는데, 오늘 우리가 생각하는 씨 뿌리는 비유도 예수님이 결국 그것의 설명을 뒤에 붙이신 것을 우리가 볼 수 있습니다.

　마태복음 13장에 나오는 둘째 비유를 24절부터 보면 거기 좋은 씨와 가라지의 비유가 있습니다. 이것도 나중에 제자들에게 설명을 좀 붙여 주셔서 제자들로 하여금 해석하는 데 도움이 되게 하셨습니다. 예수님의 해석은 해석일지라도 전면을 다 일일이 펼쳐서 얘기한 것이 아니고, 역시 신비한 부분이 있어서 각 개인이 자기 신앙의 장성에 따라서 그것을 바로 파악하고 더 터득할 수 있게 늘 여지를 남겨 두신 것입니다. 그런데 여기 이 씨 뿌리는 비유를 마태복음에서 보더라도 먼저 비유의 부분이 있고, 그 다음 그 비유를 왜 베푸셨는가 하는 이유를 쭉 말한 부분이 있고, 그 다음에는 해석 즉 설명을 해주신 부분이 있습니다. 비유의 부분만을 보면 마태복음 13:3-9까지, 그 다음 10-17절은 비유를 가지고 말씀하시는 이유와 또 거기 따라서 어떠한 인물들에게 이 비유를 지금 베푸시는가에 대한 은연(隱然)한 설명 같은 것이 붙어 있습니다. 마지막에 이 씨 뿌리는 비유 자체를 해석하는 데 도움이 되도록 설명해 주신 것이 18-23절까지 있습니다.

아까도 말씀했지만 마가복음은 4:1-20, 누가복음은 8:4-15이 동일한 내용의 기록이라고 그랬는데, 거기도 각각 비유의 부분과 그 비유를 해명해 주시는 부분이 있습니다. 마가복음에는 4:3-9이고, 또 해명해 주시는 부분이 14-20절, 그리고 누가복음은 비유가 8:4-8이고 해명해 주시는 부분이 11-15절입니다. 여러분이 돌아가셔서 각각 성경을 읽고 공부하는 데 도움이 될까 해서 드리는 말입니다. 여기 이 자리에서만 듣고 돌아가서 잊어버리겠다면 그것 다 소용이 없는 것입니다. 항상 하나님의 말씀을 듣고 정신을 차려서 깨닫도록 해야 하는 것이고 그런 마음이 있어야 하는 거지 그럴 마음이 있지 않으면 그게 소용이 없습니다.

씨와 열매 – 성령님이 말씀을 쓰시는 역사

그러면 다시 돌아가서 이 비유를 보십시다. 이 비유에서 첫째 기본적인 것을 몇 가지 찾아보지요. 여기 비유를 보면 하나님의 말씀은 곧 씨로 나타내 보였습니다. 오늘 본문 말씀 가운데 18절 보면 "그런즉 씨 뿌리는 비유를 들으라." 19절에 "아무나 천국 말씀을 듣고" 여기 천국 말씀이라 했습니다. 마가복음 기록을 보면 4:14에 "뿌리는 자는 말씀을 뿌리는 것이라" 했고, 누가복음 기록에는 8:11에 "이 비유는 이러하니라. 씨는 하나님의 말씀이요." 하나님의 말씀이라고 했습니다.

먼저 중요한 문제는 이 비유는 씨를 뿌리는 것인데 씨를 뿌리는 사람이 씨를 뿌릴 때 어떤 밭은 이렇고 어떤 밭은 저렇고 해서 적어도 네 가지 종류의 밭이 나옵니다. 이 네 가지 종류의 밭 가운데 오직 하나 옥토 즉 좋은 땅에서만 결실했고 나머지는 그렇지를 못한 것을 중요하게 기록하고 있습니다. 그런고로 이 결실이란 땅의 가치, 땅이 가지고 있는 의미를 정하는 기준 (criterion), 판단의 척도가 돼 있습니다. 결실이라는 것은 열매를 맺는다는 말인데, 그러면 열매라는 게 무엇이냐? 그 열매를 맺는 땅은 옥토이고 그것을 못 맺는 땅은 박토(薄土)인데, 그러니까 중요한 것은 열매가 무엇인가를 알아야 할 것입니다.

그러나 그 열매가 무엇이다 하고 말씀은 안하셨어요. 그냥 옥토에 뿌린 씨는 아주 잘 결실하게 되어 30배, 60배, 100배의 열매를 맺었다고만 했습니다. 대체 그럼 열매라는 것은 무엇이라고 해야 하겠나? 열매를 추정할 때 중요한 것은 그 열매가 다른 데서 뚝 떨어져 온 것이 아니고 뿌린 그 씨에서 나온 것이란 사실입니다. 뿌린 씨가 땅속에서 뿌리를 뻗고 그 다음에 위로 줄기가 나고 점점 커서 가지가 나고 잎이 피고 꽃이 피고 그래서 열매를 맺는 것이지요. 그러니까 씨와 상관없이 별다른 무슨 현실이나 현상이 발생하는 게 아니고 분명히 씨가 가지고 있는 그 생명력이 자연스럽게 발휘되어 나타납니다. 그러려면 생명력을 저해하지 않게 하고 오히려 그걸 잘 촉진하는 작용이 땅속에서 일어나야 합니다. 그것을 충분히 지지하고 장성하도록 필요한 것들을 공급하는 일이 땅속에서 작동하여 비로소 풍성하게 열매를 맺게 하는 것인데, 토지의 자격이나 성질에 따라서 결정이 될 것입니다. 옥토로 평가를 받으려면 열매를 맺어야 할 것입니다. 그런데 그 열매라는 것은 뿌린 씨가 정상적이고 자연스러운 생명의 발휘 가운데에서 시간의 흐름과 함께 필연적으로 맺어가는 것입니다. 그러나 아무리 생명이 그 씨 자체의 작용에 있다고 할지라도 그것이 열매를 맺도록 땅 속에서 여러 가지 수분이라든지 양분이라든지, 또 땅의 온도라든지 공중의 햇빛 같은 것들이 충분히 지지하고 공급을 해주지 아니하면 아니 됩니다.

이 비유 자체 안에서는 이것이 열매다 저것이 열매다 하고 얼른 말씀을 하지 않았습니다. 사람들은 얼른 지레짐작하고 예수를 믿고 난 다음 착한 행실을 자꾸 하고 그러면 그것이 열매이다, 하고 생각하기도 합니다. 또는 무슨 교회 운동을 자꾸 해서 괄목할 만하게 되고 남이 그걸 쳐다보고 멋있다고 여기고 거기에 훌륭한 무슨 세력이 있다면 그런 것을 열매로 평가합니다. 그러나 얼른 그렇게 결정하는 것이 아니고 그것은 반드시

뿌려진 씨와 관계되어 있습니다. 그 씨는 무엇이냐? 아까도 말씀드렸지만 씨는 곧 하나님의 말씀이라고 그랬습니다. 그런고로 하나님의 말씀이 사람 속에 들어가서 그 속에서 작용하고 또 거기서 자연스럽게 장성해 나오는 데서 비로소 열매가 형성됩니다.

그런데 우리가 냉정하게 하나님의 말씀이라고 하지만 그렇다면 그 하나님의 말씀이 대체 쉽게 말해서 뭐냐? 얼른 생각하면 "어, 성경 말씀이지." 그렇지만 성경 말씀이 사람 속에 들어가면 어떤 사람에게는 문학적인 결실을 맺기도 하고, 어떤 사람에게는 도덕적인 결실을 맺게도 하고, 어떤 사람은 그것으로 말미암아서 자기의 사상체계를 건설하기도 하고, 혹은 이론을 추진하는 데 필요한 전거(典據)로 쓰기도 하고, 또 어떤 사람은 거기에 나타나 있는 훌륭한 역사의 내용을 알고서 지식의 많은 열매를 맺기도 하는 것입니다.

그러면 그것이 곧 이 씨 뿌리는 비유에서 말하는 열매이겠느냐? 그것은 아니지요. 왜냐면 하나님의 말씀, 천국의 말씀이 그 속에 들어가야 하는 것이기에 그렇습니다. 단순히 문헌에서 보인 바 성경의 말도 어떤 것은 역사이고 어떤 것은 도덕적 교훈이고 어떤 것은 시가(詩歌)이고 여러 가지 양태와 내용을 가진 책들의 종합일 것입니다. 과연 그러한 것들을 가지고 하나님의 말씀으로서 권위 있게 세우는 중요한 요소라 할 수 있겠는가! 그것은 하나님의 성령이 그 말씀을 쓰셔서 그걸 배운 사람, 듣는 사람의 마음 가운데에서 말씀과 함께 역사하시는 사실로서 거기에 필요한 하나님의 나라 즉 하나님 당신의 계획에 맞는 어떤 구체적인 결과를 내게 하는 것입니다. 말씀이 은혜의 방도(*media gratiae*)로 사용될 때 비로소 거기에 하나님의 말씀으로서 작용이 있는 것입니다. '메디아 그라티아에'라는 의미를 떠나서 즉 구속의 방도라는 의미를 떠나서 그것이 예술적인 결실, 도덕적인 결실, 사상적인 결실, 혹은 지식의 내용으로서의 결실, 그 여타의 어떠한 것으로서 사람에게 있다고 할지라도 그건 정당한 열매가 아닙니다. 그런 것은 이 세상의 믿지 아니하는 어떤 사람이라도 열심히 성경이라는 고전, 종교의 위대한 경전을 연구함으로 얻어낼 수 있습니다. 그러니까 한 개의 문헌으로서, 연구의 대상으로서 성경은 그것대로 연구하는 사람에게 그만큼 보수를 해줄 것입니다.

그러나 그런 연구가 아니고 가장 중요한 문제는 그 사람 속에 말씀이 성령님과 함께 있어 성령님이 그 말씀을 쓰시고 역사하셔야만 하는 것입니다. 그런고로 성령님이 그 말씀을 쓰셔서 그 사람 속에 역사할 마음자리의 기본은 물론 중생한 사람의 심정이지요. 중생 없는 사람에게 하나님의 성령이 말씀을 가지고 역사하시려면 그건 한 가지뿐입니다. 그것은 예수 그리스도의 속죄를 깨닫게 하고 그리스도를 믿게 믿음을 일으켜 주시면서 중생을 가져오는 그 역사뿐입니다. 이런 중생의 역사가 맨 처음에 전제적으로 필요한 것이고 이 역사 다음에 비로소 차례차례 그 여타의 많은 사역을 성령님께서 말씀을 가지고 하는 데에서 성경 말씀은 단순한 경전이나 위대한 고전에 불과한 게 아니라 신적 권위를 가진 구속의 은혜의 방도(means of grace)로 쓰인 것입니다. 위대한 하나님의 말씀, 다른 말로 말하면 권위 있는 구속의 은혜(redemptive grace)의 수단(means)이 되는 것입니다. 이렇게 이것이 그 속에 들어가서 그러한 역사를 하는 데에서 맺는 열매가 천국의 열매라 말씀입니다. 이 열매를 풍성히 맺는 것이 옥토이고 그것을 맺지 못할 때는 그건 박토인 것입니다. 그런데 이와 같은 풍성한 열매를 맺는 땅은 여럿이 아니고 이 네 가지 종류로 나누시면서 오직 하나의 종류, 옥토에서만 나고 그 여타는 비록 말씀과 접촉했을지라도 열매를 맺지 못했다는 것을 보여 주십니다.

잘못을 깨닫게 하심이 은혜의 첫 단계

그러면 이 비유가 기초적인 중요한 의미와 성격을 가지고 있다는 점을 어디서 봐야 할 것인가? 이 비유에 나타나는 박토(薄土)인 길가라든지 돌밭이라든지 가시떨기 밭이 모두 하나님의 말씀과 관계가 없던 땅이 아닙니다. 요컨대 이 세상 사람은 하나님의 말씀과의 관계에서 접촉이 있든지 전혀 관계가 없든지 둘 중의 하나인 것입니다. 하나님의 말씀을 전연 듣지도 못했다는 사람들도 혹은 있을는지 모릅니다. 그러나 들을 기회가 전혀 없었다고 하는 건 아니지만 들을 마음이 없어서 전연 듣지 않는 사람도 많이 있을 겁니다. 어쨌든지 말씀이 그의 생각에 가서 접촉하지 아니했다면 처음부터 문제가 되지 않는 것입니다. 왜냐하면 씨를 거기다가 뿌려본 일이 없는 까닭입니다. 그러나 여기는 다 씨가 뿌려진 땅인 까닭에 말씀이 가서 한 번 이상 다 접촉을 했던 것입니다. 그러기에 이 세상에서 그 마음이 하나님의 말씀에 접해서 들어보고, 그 말씀이 마음속에 들어가 있는 사람 가운데 몇 가지 중요한 단계나 혹은 종류로 나뉜다는 것을 우리 주께서 말씀하신 것입니다. 그러니까 이것이 기초적으로 중요한 얘기지요.

여타의 비유로 여러 가지 천국의 오묘한 내용을 가르칠지라도 무엇보다 가장 기본적인 것은 그 사람이 하나님의 말씀에 의해서 중생하고, 그 다음 말씀이 그 속에 들어가서 성령님의 역사로 정상적으로 작용해서 차례차례 거룩한 하나님의 영광을 구체적으로 드러내는 어떤 결실을 나타내야 하는 것입니다. 하나님 나라의 성격을 분명히 드러내는 결실을 뵈어 나가야 한다 말입니다. 그러기 위해서 필요한 것은 은혜의 방도로서 가장 권위 있고 중요한 하나님의 말씀이 그에게 공급되고, 공급된 그것에 대한 그의 태도가 어떤가에 따라서 반응과 결실이 나타나는 것입니다.

여기에 보면 하나님의 말씀을 받은 사람들 가운데 첫째는 길가, 둘째는 돌밭, 셋째는 가시떨기 밭이고, 넷째는 옥토라고 되어 있습니다. 그걸 차례차례 보면 거기에서 토질, 땅의 상태가 드러납니다. 길가라는 건 처음부터 표피도 단단한 땅입니다. 이 길가를 우리가 생각할 때 그것은 무슨 큰 하이웨이가 아닙니다. 또 처음에는 부드러웠던 것인데 사람들이 자꾸 밟아서 단단해진 땅을 꼭 의미하는 것도 아닙니다. 밭을 이뤄 놓을 때부터 사람이 밟고 다니면서 밭을 만들고 씨를 뿌리고 김도 매기 위해서 사람이 밟고 다니는 밭고랑 길(footpath)이 하나 있어야 하는데 이것을 의미하는 것입니다. 그런데 꼭 다른 사람들이 많이 거기로 오고 가고 해서 반들반들 굳게 다져졌다는 것을 의미하는 것도 아닌데 이 비유를 해석할 때 자꾸 거기서부터 꼬리를 물고 더 나아가는 얘기를 하기도 합니다. 그렇게 사람이 상습적인 죄악을 범하고 또 범하고 또 범하면 하나님의 말씀에 대해서 길가가 된다고 설명하기도 하는데, 이런 것은 억지 해석이 되는 겁니다. 사람이 자꾸 그걸 밟았다든지 안 밟았다든지 하는 문제가 중요한 건 아닙니다. 그런고로 마태복음과 마가복음은 사람이 밟았다는 것이 별로 중요치 아니해서 쓰지 아니했습니다. 누가복음에는 이제 자연현상을 묘사해 갈 때 길가에 떨어지니깐 밟히며 공중에 나는 새가 와서 쪼아 먹었다 하는 얘기가 있습니다. 그러니까 이건 단단한 땅입니다. 밭을 이룰 때 거기만은 처음부터 사람들이 밟고 다니니까 일구지도 않고 파지도 않았던 땅일 수도 있는 것입니다. 어떻든 이것이 길가인데 씨가 거기에 떨어진 것입니다.

그 다음에는 돌밭인데 이 돌밭이란 돌이 위에 쭉 퍼져 있다는 말보다도 성경 내용을 자세히 보면 흙이 얇게 덮여서 처음에 땅 위로 씨가 들어가는데 지장이 없었지만 그 속으로 더 들어갈 길이 없었다는 걸 표시하고 있습니다. 팔레스타인에 흔히 있는 산들에는 바위가 많은데 바람에 갈리고 비에 씻겨서, 풍마우세(風磨雨洗)로 산이 차츰차츰 헐벗어 사태가 날 것 같으면 바위만 남고 바위에 덮였던 흙들이 나무가 없으면 아래로 씻겨 내려와서 산모퉁이의 땅은 거기에 넓은 돌들이 있을지라도 그 위를 흙으로 덮어버립니다. 그러면 나중에 농부가 와서 거기를 파가지고 씨를 심는데 속이 얼마나 깊은지를 모르고 괭이가 들어가는 정도만큼 파고 씨를 심겠지요. 그러면 씨의 뿌리가 깊이 들어가지 않는 자잘한 것들은 문제가 안 됩니다. 여기서는 어떤 깊은 뿌리를 요구하는 것을 상상하고 말씀하신 까닭에 깊은 뿌리가 들어가려고 하면 가다가 바위에 딱 막히는 겁니다. 껍데기 부분은 참 부드럽고 좋은데 속에 들어가서는 단단한 것이 꽉 막혀서 도저히 더 들어갈 길이 없으니까 씨는 대신 자꾸 위로만 솟아 다른 놈보다는 좀 빨리 뻗어 나오는 것입니다. 이런 것이 돌밭인데, 누가복음은 그걸 그냥 바위라는 말로 썼습니다. 바위 위에 떨어졌다는 것은 돌밭에 떨어진 씨를 의미하는 것입니다.

가시떨기 밭은 우리 한국에서도 흔히 볼 수가 있습니다. 어떤 밭을 이루고 밭가를 탱자나무 같은 걸로 둘러서 울타리를 치기도 합니다. 가시나무를 가지고 산울을 하면 가시나무가 무성하게 자라지요. 더군다나 유대 나라에는 여러 가지 종류의 가시나무가 있는데 선인장 같은 것들도 많고 또 여러 가지 종류의 가시나무가 굉장히 많이 우거진 것을 보았습니다. 그런 것들로 산울을 했든지 그런 곳에 우듬지를 없애고 개척해서 거기다가 씨를 뿌렸다고 상상할 수 있습니다. 그러면 그 속에 가시의 씨나 잔뿌리가 남고 여러 가지 것들이 완전히 다 깨끗하게 숙청(肅淸)이 되지 아니한 까닭에 또 위로 가시가 드문드문 나기도 하지요. 거기다 씨를 뿌린즉 좋은 씨보다도 가시는 확실히 생명력이 강해서 빨리 힘 있게 장성을 하므로 좋은 씨가 자라나는 것을 덮쳐서 목을 졸라 숨을 못 쉬게 하면 그만 숨이 막혀서 열매를 못 맺게 하는 것을 얘기하는 것입니다.

옥토에 뿌린 씨만 잘 자라나서 열매를 맺는 것이라 하였는데 토질 자체는 마찬가지입니다. 단지 길가는 위부터 단단해서 당초에 씨를 속으로 들이지 않는 것이고, 돌밭은 얼마만큼 위에는 부드러워서 반갑게 받아들이는 것같이 맞아들이지만 얼마가 지나면 그 속에서 절대로 용인을 않는 것이지요. 셋째 가시밭은 토질 자체는 옥토일 수 있고 충분한 양분도 있고 수분도 있습니다. 그렇지만 그 속에 다른 이질적인 것, 가시뿌리를 포함한 까닭에 그 가시와 가시뿌리가 좋은 씨보다 훨씬 양분이나 수분이나 다른 필요한 것들을 다 빨고 거기 있는 것들을 제가 먼저 많이 차지해 버립니다. 그래 가지고 좋은 씨를 빈곤하게 만들어서 제대로 양분 공급을 받지 못하게 하고 또 가시가 그 위에 자라서 덮어 눌러 가지고 질식해서 죽게 만드는 것입니다. 옥토라야만 비로소 모든 것이 풍성히 있어서 잘 자라나는 것입니다.

이렇게 사람이 하나님의 말씀을 받는다고 예배당에 와서 얘기를 듣지만 다 같이 말씀을 듣고 같이 은혜를 받는 것이 아니라는 말입니다. 어떤 사람은 길가와 같고, 어떤 사람은 돌밭과 같고, 어떤 사람은 가시떨기 밭과 같은 것이고, 또 어떤 사람은 옥토와 같은 것이다. 이렇게 말씀을 받아들일 수 있는 태세와 마음자리가 서로 다른 것이다. 그런데 그렇게 다른 것들을 크게 종합해서 나눈즉 우리 주께서 네 가지로 나누어서 사람들로 하여금 생각하게 한 것입니다.

우리는 이 비유를 볼 때 그러면 길가와 같은 마음은 어떻게 해야 하느냐? 돌밭은 어떻게 해야 하느냐? 그런 것을 구체적으로 여기서는 표시하지 아니했지만 먼저 이것이 우리에게 주는 큰 효과는 우리들 자신을 반성해 보도록 하는 것입니다. 하나님께서는 우리에게 은혜 주시기 전에 첫째 준비적 단계로서 주시는 은혜가 있다는 것입니다. 그것이 무엇인가? 먼저 우리의 잘못된 것이 무엇인가를 깨닫게 하시고, 나의 연약하고 결핍 있는 상태가 어떤 것인가를 알게 하시는 것입니다. 그래서 거기 대해서 반성하고 불쌍히 여기심을 구하고 하나님 앞에 나아가서 은혜를 요구하는 사람에게 은혜를 주시는 것입니다. 그런 것이지 자기 자신의 빈곤과 죄악과 부족을 반성하지도 않고 절실하게 느끼지도 않는, 아무렇지도 않은 사람한테 자꾸 은혜를 주시려고 오시지 않는 것이 하나님의 법칙입니다. 그런 까닭에 먼저 말씀 가운데에서 자기 자신이 어떠한 상태인지를 비판할 수 있는 한 척도를 우리가 얻는 것이 중요합니다. 그 다음에는 눈을 돌려서 하나님의 거룩한 세계에서 우리는 어떠한 사람이 돼야 할 것인가? 또 명색 예수를 믿고 산다는 사람들의 세계가 어떻게 잡다한 사람들이 잡다한 태도로 말씀과 접촉을 해가면서 살아가는가를 보면서 그것을 전감(前鑑)삼고 그것을 타산지석(他山之石) 삼아 가지고 항상 자기 자신을 잘 반성해야 합니다. 그러면 우리는 어떻게 해야 할 것인가? 성경 다른 여러 군데에서도 가르친 큰 도리를 더욱 바로 터득하는 것이 의미가 있을 것입니다.

　우리가 하나님의 말씀을 연구해 가면 연구해 가는데 따라서 그 사람의 장성 정도대로 그로 말미암아 받는 여러 가지 은혜의 내용을 일일이 하나하나 따질[枚擧] 수 없는 것입니다. 그러니까 우리의 척도나 논리대로 이것은 이렇게 해야 하고 그 다음은 이렇게 돼야 한다, 그렇게만 해서 은혜가 되는 게 아닙니다. 다른 말로 말하면 전체적으로 여기는 무슨 방법론이 있어야 하고 저기는 또 무슨 여러 가지 것이 포함되어야 한다는 식의 소리가 우리에게 필요 없습니다. 주님께서 어떤 비유로 우리에게 가르쳐 주셨으면 그 비유가 우리에게 주려고 하는 큰 은혜의 내용이 있는 것입니다. 그걸 우리가 놓치지 말고 잘 터득하도록 하는 것이 지금 우리에게는 중요한 일입니다.

기도

　거룩하신 아버지, 저희에게 은혜를 베풀어 주셔서 저희의 심정들을 주께서 살펴 주시는 거룩한 은혜, 그 말씀에 의해서 사람들의 심정이 어떠한 것인가를 가르쳐 주시고 저희는 이로 인하여 그러면 저희들은 어떠한 심정에 속해 있는가를 반성하게 하시는 이 은혜가 저희에게 있기를 원합니다. 저희가 완고한 상태 가운데에서 자기가 자기의 종교를 취하고 나가려고 하는가, 그렇지 아니하면 하나님의 말씀에 대한 우리의 태도가 본질적으로 그릇됐는가 등에 대해서도 알지 못하고 막연한 가운데 있지 않기 위하여 주시는 이 거룩한 말씀의 도리, 비유의 내용을 깊이 깨달아 알게 은혜로 인도하여 주옵소서. 주님, 저희들은 연약하여 자기가 주님의 은혜 가운데에서 산다고 생각하고 있는 그 시간도 잘못된 길에 서 있기도 쉽고 부지불식간에 그릇된 정신의 지배를 받아서 아상이 나오고 자기가 나오기도 쉽사옵나이다. 이런 모든 상태에서 저희를 건져내어 주시고 주께서 주시는 이 거룩한 도리 안에서 주님이 원하시는 바가 무엇인가를 더욱 바로 터득하게 하여주시옵소서. 이리하여 아버님 앞에 참으로 열매를 풍성히 맺게 저희를 붙드시고 깨우치시며 인도하시옵소서.

　우리 주 예수님 이름으로 기도하옵나이다. 아멘.

1978년 6월 4일

씨 뿌리는
비유②

길가에 떨어진 씨

요한복음 3:1-15

1 바리새인 중에 니고데모라 하는 사람이 있으니 유대인의 관원이라 2 그가 밤에 예수께 와서 가로되 랍비여 우리가 당신은 하나님께로서 오신 선생인 줄 아나이다 하나님이 함께하시지 아니하시면 당신의 행하시는 이 표적을 아무라도 할 수 없음이니이다 3 예수께서 대답하여 가라사대 진실로 진실로 네게 이르노니 사람이 거듭나지 아니하면 하나님 나라를 볼 수 없느니라 4 니고데모가 가로되 사람이 늙으면 어떻게 날 수 있삽나이까 두 번째 모태로 들어갔다가 날 수 있삽나이까 5 예수께서 대답하시되 진실로 진실로 네게 이르노니 사람이 물과 성령으로 나지 아니하면 하나님 나라에 들어갈 수 없느니라 6 육으로 난 것은 육이요 성령으로 난 것은 영이니 7 네가 거듭나야 하겠다 하는 말을 기이히 여기지 말라 8 바람이 임의로 불매 네가 그 소리를 들어도 어디서 오며 어디로 가는지 알지 못하나니 성령으로 난 사람은 다 이러하니라 9 니고데모가 대답하여 가로되 어찌 이러한 일이 있을 수 있나이까 10 예수께서 가라사대 너는 이스라엘의 선생으로서 이러한 일을 알지 못하느냐 11 진실로 진실로 네게 이르노니 우리 아는 것을 말하고 본 것을 증거하노라 그러나 너희가 우리 증거를 받지 아니하는도다 12 내가 땅의 일을 말하여도 너희가 믿지 아니하거든 하물며 하늘 일을 말하면 믿겠느냐 13 하늘에서 내려온 자 곧 인자 외에는 하늘에 올라간 자가 없느니라 14 모세가 광야에서 뱀을 든 것같이 인자도 들여야 하리니 15 이는 저를 믿는 자마다 영생을 얻게 하려 하심이니라

14강
씨 뿌리는 비유②
길가에 떨어진 씨

씨 뿌리는 비유를 제2회째로 말씀드리겠습니다. 지난번 우리는 마태복음 13:1-23에서 씨 뿌리는 비유와 또 비유로 말씀하시는 이유, 또 그 밖에 이 비유를 해석하기에 필요한 것들을 설명하신 주님의 말씀을 읽었습니다. 이것이 다 같이 공관복음에 기록되어 있습니다. 마가복음에는 4:1-20, 누가복음에는 8:4-15에 같은 씨 뿌리는 비유와 그에 대한 우리 주님의 설명이 있습니다.

말씀을 받아들일 마음의 준비가 없음

우리가 계속해서 씨 뿌리는 비유에 대해서 생각하겠는데, 첫 번째 길가에 떨어진 씨에 대한 것을 생각해 보겠습니다. 농부가 나가서 씨를 뿌릴 때 어떤 씨는 길가에 떨어지니까 밟히기도 하지만 공중에 있는 새들이 그 길가에 떨어져 있는 씨가 그냥 허옇게 누워 있는 걸 보고 날아와서 콕콕콕콕 다 찍어 먹어버렸다 하는 얘기입니다. 길가에 떨어진 씨에 대해서 주님께서 나중에 설명해주시기를, 마태복음 13:18부터 보면 "그런즉 씨 뿌리는 비유를 들어라. 아무나 천국 말씀을 듣고 깨닫지 못할 때에는 악한 자가 와서 그 마음에 뿌린 것을 빼앗나니 이는 곧 길가에 뿌리운 자요." 악한 자가 와서 그 마음에 뿌린 것을 뺏는다고 했습니다. 마가복음 4:15에는 "말씀이 길가에 뿌리웠다는 것은 이들이니 곧 말씀을 들었을 때에 사탄이 즉시 와서 저희에게 뿌리운 말씀을 빼앗는 것이요." 그렇게 말씀했습니다. 누가복음 8:12에는 "길가에 있다는 것은 말씀을 들은 자니 이에 마귀가 와서 그들로 믿어 구원을 얻지 못하게 하려고 말씀을 그 마음에서 빼앗는 것이요." 이것이 길가에 있다는 사람의 상태입니다.

길가라는 땅은 원래 씨를 심기에 부적당하게 되어 있습니다. 그 단단한 땅을 괭이나 삽으로 파서 그걸 부드럽게 하고 몽글게 해놓고 씨가 잘 자라게 할 만한 퇴비를 거기에 넣고 씨를 거기에다 뿌려야 합니다. 그런데 그 땅은 씨를 받아들일 수 있게 단단한 것을 부수어서 깨뜨려 놓지 않은 전연 준비가 안 된 상태입니다. 그러면 하필 이런 땅만 그런 것이 아니라 시멘트 바닥이라도 마찬가지인데, 이런 곳이 곧 길가입니다. 씨를 그 안에다 받아들이려고 준비하지 아니한 마음자리라면 비록 말씀이 와서 접촉은 해도 즉 씨가 떨어졌지만 그 씨를 표면에다 그냥 방치하는 것입니다. 떨어진 씨를 놔두니 해와 바람에 그냥 말라서[曝曬] 공중에 날아다니는 새들이 볼 때 와서 주워 먹기 아주 편하게 만들어 놓은 것입니다. 비록 그게 밭은 밭이고 씨를 뿌리기 위해서 만들어 놓은 땅인데도 말입니다.

마치 사람이 교회 안에 들어와 앉았고 교회는 하나님의 말씀을 공급해서 말씀이 정당하게 들어가서 열매 맺기에 주력하는 것을 가장 중요한 명제로 쥐고 있는 것과 같습니다. 그런데 거기 와서 앉아 있기는 할지라도 말씀이 그 속에 들어가려 할 때 그걸 받아들일 만한 마음의 준비나 태세를 가지고 있지 아니한 사람을 얘기하는 것입니다. 말씀에 아무 접촉이 없는 사람은 아닙니다. 말씀이 와서 접촉하되 그 말씀을 그냥 자기의 땅 위에 받아 놔두기는 하지만 자기의 마음(καρδία: 카르디아), 영혼의 저 깊은 곳에다 집어넣지 않는 것입니다. 여기에 마음이라는 말을 썼는데, 카르디아라는 말은 무엇보다도 영혼의 가장 깊은 곳을 가르치는 성경의 심리학에서 쓰는 용어입니다.

잠언 4:23을 볼 것 같으면 "무릇 지킬 만한 것보다 더욱 네 마음을-즉 레브(לֵב) 이것이 헬라말로 카르디아가 되겠는데- 네 마음을 지키라. 생명의 근원이 이에서 남이니라." 생명의 근원이 이 마음, 카르디아 혹은 레브에서 나온다는 것입니다. 그런고로 그 마음에 하나님의 말씀이 들어가서 뿌리를 박아야 하는 것입니다. 껍데기로 들어가는 것이 아니에요. 그냥 껍데기만 조금 받아들이는 것은 나중에 돌밭에서도 볼 수 있지만 결국 마음 깊이 박히지 않을 때는 소용이 없는 것임을 가르칩니다. 이 길가는 표면에서 일반적인 것은 받아들입니다. 그러니깐 교회에 가서 앉아 있기도 하지요. 씨를 뿌리기 위한 밭 속에 있는 길이니까 무슨 신작로가 아니고 모두 다 씨를 받을 그런 위치에 있다고 할 수 있습니다. 그렇지만 씨를 도저히 받을 마음의 상태를 가지고 있지 아니한 것입니다.

이와 같은 상태를 우리가 나눌 때 무릇 어떠한 사람들을 생각하게 되느냐? 하나님의 말씀을 처음부터 싫다고 배격한 사람은 여기에서 대상도 되지 않기에 문제가 되지 않습니다. 하나님의 말씀을 받겠다고 나온 사람들 가운데 예수를 믿고 기독교적인 생활을 하면서 교회 다니는 사람 노릇을 하고 살아야겠다는 이들이 있습니다. 그것이 과거에 자기가 자라나온 전통이었든지, 그것이 문화적으로 필요한 일이라고 느껴졌든지, 아니면 시세에 맞는 일로 여겼든지, 혹은 그것이 자기에게 유리하니까 그렇지 않으면 그런 사회에서 사니까, 이런 여러 가지 이유들로 기독교를 받아들인다고 할 때 기독교 안에서 가장 중요히 여기는 하나님의 말씀이라고 하는 성경 말씀도 포함해서 받아들입니다. 하지만 성경 말씀을 받되 하나님의 말씀으로 받는 것보다는 그저 종교의 경전으로 받는 이런 태도가 길가의 상태라 할 만합니다. 그런데 이런 상태라면 언제든지 그의 속으로 하나님의 말씀이 들어갈 여지가 없는 것입니다.

그리고 가령 거기서 일보 더 나가서 성경에 심히 동정적인 태도를 취하고 간다 할지라도 성경의 말씀이 성령님의 주장하심으로 그 속에서 역사하는 상태가 아니라면 열매와는 무관한 것입니다. 성령님이 '말씀과 함께'(cum verbo) 더불어 역사해서 하나님의 권위와 신비한 능력을 나타낼 수 있도록 하시는 것이 하나님 말씀의 역사입니다. 즉 성령께서 그 말씀을 도구 삼아서 그 사람 속에서 하나님의 구속의 은혜를 붓고 더 부어주시는 것입니다. 그런데 성경 말씀에 의해서 이것이 그의 안에 발생하지 아니하는 마음자리라 할 것 같으면, 비록 그 사람이 성경에 대해서 어떤 썩 좋은 태도를 취했다고 할지라도 결국 열매를 맺지 못하는 것입니다. 이처럼 성경 말씀이 당연히 발생시켜야 할 열매와는 상관이 없는 것에 대하여 우리는 여기서 주의해야 합니다.

무릇 사람이 어떤 가치 있는 일을 대할 때 그 가치 있는 일에 가장 본질적이고 중요한 것을 잘 대접하는 사람도 있고, 그걸 도무지 모르고 껍데기만 보고 외면으로만 대접하는 일도 있고, 또 거기에 대해서 냉대하는 일도 있고 그렇습니다. 이와 같이 성경에 대해서도 사람은 그게 수천 년 내려오면서 많은 사람에게 유익을 끼치고 세계에 광명을 가져오고 또한 문화에 크게 이바지를 했다고 해서 일단 가치 있는 일로 여기고 그것을 받아들인다고 할지라도 그것을 냉정하게 보고 별로 관심이 없는 사람에 비해 자기는 나은 것같이 평가하기도 하지만, 그것이 성경이 기대하고 있는 참된 열매를 맺지 못하는 점에서 동일할 수 있다는 말씀입니다.

그런데 왕왕이 많은 사람이 기독교에 대해서 흥미를 가지고 크리스천이 돼 활동하는 것 같으나 그들은 실지로 성경을 깊이 있게 연구하거나 성경이 그에게 무엇을 말하고 있는가를 좀 깊이 알려고 하는 태도가 전연 없다면 어떻습니까? 오히려 여타 기독교적인 문화 운동이나 기독교 안에 있는 현대의 문화적인 여러 양상에만 흥미를 갖기도 합니다. 따라서 회합이라든지 서로 연락하는 거라든지 문화적인 행사를 하는 거라든지 그 여타 기독교가 주는 현대 서구라파적 문화 내용을 충분히 흡수하려고 하지요. 그러나 일단 성경을 들고 진실한 마음으로 그 자체의 의미를 연구해야겠다 할 때, 그걸 연구하는 회의를 주선하고 또 그걸 만들어내려 하는 데는 열심인 사람도 일단 말씀의 깊은 도리를 생각하고 연구하려는 데 대해서는 벌써 꼬박꼬박 앉아서 졸기도 하고 흥미가 떨어진다는 것입니다. 결국 그의 흥미는 회합을 하는 데 있고, 행사를 주선하고 프로그램을 세우고 일을 추진하는 데 있습니다. 말씀 자체를 연구해서 그 말씀의 깊은 뜻이 무엇인가를 터득하는 데는 관심이 없다 말입니다. 이런 것이 다 요컨대 길가에 떨어진 씨와 같은 사람입니다.

길가에 떨어진 씨의 현저한 사례

이런 것은 길가에 떨어진 씨의 아주 현저한 사례지만 가령 이번에는 좀 더 복잡하게 좀 더 사이비적으로 현묘(玄妙)하게 생긴 예가 있습니다. 그건 뭐냐? 성경 자체에 흥미를 가지는 사람입니다. 성경 자체의 문화적인 내용이라든지 문헌으로서 여러 가지 깊은 의미라든지 혹은 거기 있는 역사적인 사실이라든지 도덕적인 교훈이나 사상을 형성할 만한 근원이나 심지어 신학을 직업으로 가지고 열심히 연구하며 파고 나가서 신학적인 서술을 쭉 할지라도 열매와는 상관이 없을 수가 있습니다. 자기가 열심히 주석과 신학 서류를 비교해 가면서 성경 본문과 같이 보고 공부를 해서 무엇을 내놓는다 할지라도, 아까 말한 대로, 그것이 자기 속 저 심장 깊이에 들어가서 그 사람 속에 성령님이 역사해 가지고서 큰 변화를 일으킨 후에, 즉 말하자면 전체를 하나님 앞에 다 바치고 오직 하나님으로 기쁨을 삼으면서 이 세상을 좋아하지 아니하고 마음이 깨끗하고 거룩한 위치에 서는 기본적인 하나님 나라의 상태와 현실을 드러내는 심상을 빚어 놓지 아니한다 말입니다.

예를 들면 성경을 많이 알고 어떤 성경을 배경으로 한 문헌의 사실들을 많이 알아서-거기에는 고고학적인 배경도 있고 인류학적인 또 사학적인 또 사회학적인 다양한 배경에 대한 여러 가지 많은 지식을 흡수하고 또 언어의 여러 가지를 흡수해서- 그렇게 축적한 것을 오히려 스스로 대견하게 생각하고 자랑스럽게 생각합니다. 그렇게 조직 신학적인 내용을 많이 알고 있는 것을 자신의 지식의 증가로 알아서 거기에서 어떠한 기쁨을 취하기는 하는데, 진리가 내 속에 들어와서 내 맘 가운데 있는 자기라는 것을 완전히 죽여 버리는 상태, 또 오직 하나님만을 기쁘시게 하려고 하는 간절한 마음의 소원, 남 앞에서 항상 겸손하고 사심이 없이 사는 생활, 그리고 순결하게 하나님을 사랑하고 살려고 하는 간절하고 거룩한 생활과는 무관한 상태가 됩니다. 마음 가운데 따뜻한 인류애와 형제애에 늘 젖어 있는 심상을 향해서 자꾸자꾸 장성해 가는 현실이 그에게는 별로 보이지 아니한다 말입니다. 그런다 할 것 같으면 그가 말씀에 깊은 흥미를 가지고 연구하는 것 같은데 실질로 그에게 성경은 닫힌 책이요 아무것도 그에게 안 들어가는 책인 것입니다.

근대에 유럽과 또 아메리카까지 퍼져 있는 큰 운동, 성경의 신(神) 권위성을 파괴하고 그것을 마음대로 찢어 갈기면서 비평해 나간 소위 문학적인 비평, 철학적인 비평 즉 고등비평(higher criticism)을 우리가 예로 들 수 있습니다. 그런 맹장(猛將)의 하나로 18세기 후반부터 활동한 아이히호른(Johann Gottfried Eichhorn)이라는 사람인데, 그는 1752년에 나서 1827년에 죽었습니다. 18세기 후반에 나와서 19세기 초반까지 활동한 사람입니다. 그는 성경의 모세 오경을 가지고 이리저리 연구를 했는데, 언어라든지 사실 내용을 여러 가지로 교묘하게 추찰해서 여러 논문을 썼습니다. 그는 독일의 예나 대학에 있다가 나중에 괴팅겐 대학의 교수가 되었는데, 거기 있으면서 그의 제자가 된 이가 에발트(Georg Heinrich August Ewald, 1803-1875)입니다. 에발트는 아이히호른이 떠난 후에 계승해서 괴팅겐 대학의 교수, 학감(學監)으로 일을 한 사람입니다. 그의 제자 가운데에는 비델만(1819-1885)이나 유명한 율리

우스 벨하우젠(Julius Wellhausen, 1844-1918) 같은 사람이 모두 다 나오는데, 이렇게 계통을 이어 놓고 보면 아이히호른이란 사람이 성경을 비평해나가는 고등비평의 한 맹장으로 활동했습니다. 그렇지만 그 일을 계승해서 괴팅겐 대학에서 가르치던 에발트라는 사람이 평하는 말을 빌 것 같으면 "그는 언어도 많이 알고 철학적인, 문학적인 내용을 가지고 여러 가지로 교묘하게 추리하고 추찰해서 논평을 하고 논설을 썼으나, 에발트가 아이히호른을 평하기를, 종교적인 관점으로 볼 때 성경은 아이히호른에게는 굳게 잠겨 있는 책이라는 것을 승인하지 아니할 수가 없다"고 했습니다. 무슨 말이냐? 성경을 가지고 밥을 먹고 그걸 가지고 자기 생업으로 삼고 그 연구를 세계적으로 펼쳐 결국 역사에까지 이름을 남겨서 우리 시대 사람들도 알고 그 사람에 대해서 가부간에 평론을 하게 되지만, 그러나 종교적인 관점으로 성경이 가지고 있는 초자연성과 신 권위성에 대하여는 아이히호른에게 굳게 닫힌 책이라 그것입니다. 그런 것들이 거기 있는 것을 도저히 볼 수 없었다는 말입니다.

이런 것이 뭐냐? 성경을 날마다 들고 공부를 해도 말씀이 그에게 암만 떨어져도 일생 그는 길가라는 사실에서 일보도 더 벗어나지 않는 사람이라는 것입니다. 이러한 일이 많이 있을 수 있는 것입니다. 하필 왈 성경의 언어학이라든지 역사라든지 혹은 그 속에 있는 문학적인 철학적인 사상적인 내용만의 얘기가 아니라, 거기서 신학을 끄집어내서 신학의 원천으로 썼다고 하더라도, 또 그것을 많이 알고서 무슨 일에서 이렇다 저렇다고 이론을 한다 할지라도 문제는 그것이 자기 심장 속에서 사역하는지가 열쇠입니다. 거기서 역사를 해서 분명히 하나님 나라의 열매라고 성경이 묘사한 여러 가지 특성들이 그에게 나타나지 아니하면 소용이 없습니다. 열매라는 것은 그의 품성에도 나타나고 하나님 나라의 내용에 대한 그의 각성의 정도에서도 나타나는 것이며, 그로 인하여서 또 그가 어떻게 하나님을 봉사하고 그리스도를 땅 위에서 나타내고 사는가에도 나타나는 것입니다.

그런 것들이라야 성경이 규정한 열매로 간주할 수 있는 것이지 덮어놓고 누구든지 무슨 일을 열심히 해서 어느 정도 만큼의 성과를 내면 그걸 덮어놓고 열매라고 말하지 않는다고 지난번에도 말씀했습니다. 이렇게 하나님의 말씀을 열심히 연구하면서라도 그것이 그에게는 굳게 잠겨 있는 책이 될 수 있습니다. 다른 말로 말하면 진리라는 점에서, 그러니까 종교적인 관점이라기보다 오히려 좀 더 나아가서 하나님 나라의 거룩한 계시의 내용이라는 점으로 봐서 굳게 잠겨 있는 책에 불과하다면 이런 것은 참으로 아무것도 아닌 거라 말입니다.

구원과 상관이 없는 믿음

사람이 예수를 믿는다고 하는 그 믿음의 상태도 그게 단순히 한 가지가 아닙니다. 성경에서도 믿음이라는 말을 단순히 한 가지로 '믿고 구원받은 사람에게만' 쓴 것이 아닙니다. 마귀도 혹은 귀신들도 즉 사귀들도 믿는다는 사실을 성경은 지적했어요. 야고보서 2:19을 보면 "너희들이 하나님이 한 분이신 줄을 믿느냐? 참 잘한다. 그러나 귀신들도 그것을 믿고 전율하느니라." 공포에 떤다고 하였습니다. 하나님의 엄위를 알되 청맹과니 같이 깜깜하고 암매한 우리 인간보다, 영계(靈界)에서 하나님이 계심만 아니라 그 엄위에 대해서 알고 장차 자기 일을 심판할 주라는 것을 아는 까닭에 믿고 떤다고 했습니다. 예수님께서 이 세상에 육신의 몸으로 계시면서 다니실 때에도 때때로 괴악한 귀신들린 자가 예수님을 만나면 멀리서라도 좇아와서 "지극히 높으신 하나님의 아들이여 나와 무슨 상관있습니까. 우리를 멸하려고 이제 오셨습니까?"(막 5:7) 하고 떠들었던 것을 아실 것입니다.

사람은 그를 아직 메시아로도 제대로 바로 알지 못하고 또 그가 메시아라고 하더라도 어떤 정도인가도 잘 알지 못하고 있던 그때에 오직 귀신 들렸다는 이 미친 사람만은 그런 걸 알았습니다. 이와 같이 오히려 귀신들, 마귀의 종들도 자기네가 알고 있는 신비한 현실에 대해서는 믿고, 따라서 떨었습니다. 사람이 하나님을 믿는다고 하더라도 덮어놓고 그것이 다 구원을 받는 신앙은 아닌 것입니다.

참된 믿음이란 지적 요소를 요하는 것인데, 그 지적 요소의 내용은 하나님이 계시하신 데 의거해서 형성되는 것입니다. 그러면 하나님이 계시하신 내용 가운데 꼭 알아야만 하고 알아야만 비로소 신의할 수 있고 따라서 의지하고 구원을 받게 되어 있는, 이런 구원의 신앙에 절대로 필요한 지적인 요소라는 것을 우리가 하나님 말씀에서 확실히 터득해야 하는 것입니다. 성경을 밤낮 보지만 아이히호른과 같이, 혹은 에발트나 벨하우젠, 그라프(K. H. Graf, 1815-1869), 쿠에넨(A. Kuenen, 1828-1891), 이 학파 사람들같이 자기 생업을 삼고 이름을 날리고 역사에까지라도 좋고 나쁜 이름을 남기고 나아간 이런 사람들이지만 하나님의 말씀으로서 구원의 요소, 지적인 요소로서의 내용은 하나도 그들에게는 안으로 들어가질 않았어요. 심장 깊이로 들어가서 거기서 뿌리를 박아 찬연히 개화를 하지 아니한 까닭에 성경은 저들에게 닫혀 있는 책이고 뭘 알기는 많이 아는 것 같은데 구원조차도 받지 못한 것입니다.

이런 것으로 볼 때에 그 사람들이 예배당에 다니고 기독교인이고 오히려 대학에서는 그런 히브리 고전이나 성경 혹은 동양학의 권위자인 오리엔탈리스트로서 말하자면 히브리나 아랍이나 혹은 바빌로니아나 아시리아 일대의 것을 가르치는 교수, 그리고 세계에 이름을 날리는 대학들에서 교수로서 앉았다고 하지만 구속의 은혜와는 상관이 없었습니다. 그들이 그렇게 성경을 직업으로 다루고 자기의 일로 삼아서 이름을 날리는 재료로 충분히 다 이용하고 있으면서도 성경이 참으로 그에게 주고자 하는 성령의 역사 가운데 그 마음에 사역할 구원의 은혜의 수단으로서는 작용하지 않았다 말입니다. 이렇게 되면 천국 말씀이 아무리 그에게 있었어도 천국은 그에게 들어가질 않는 것입니다.

이러한 사실이 이 세계에 심히 위험한 상태를 가져다 놓은 것을 여러분이 아실 겁니다. 그게 뭐냐? 기독교 문화라는 찬란한 것을 건설하는 데에는 큰 보탬을 준 까닭에 많은 젊은 사람들이 예수를 믿고 산다는 것을 잘못 알게 한 것입니다. 그러한 주변적인 혹은 비본질적인, 그러나 현세적이고 문화적이고 또 사상적이고 또 훨씬 현요한 이러한 사실들을 가지고 현혹한 것입니다. 그래서 그런 것들을 그대로 가지고 나아가면 자기는 충실한 기독교도의 하나로서 생활한 것으로 오해하게 하였고, 그래서 잘못 믿고 나가게 한 것이라 말입니다. 그리고 그들은 가령 성경에 있는 어떤 사실들을 자기가 꼭 비판하든지 틀렸다고 하는 것은 아니지만 모르는 건 모르는 대로 방치해 두고, 또 누군가 달리 말하면 그런가 보다 하고 미온적인 태도를 취하고 나가는 일도 많이 있었습니다. 이렇게 해서 사이비적인 기독교에 현혹하는 사람이 참으로 많이 있게 된 것입니다.

또 하나의 중요한 점을 여기서 봐야 하는데, 아까 구원을 참으로 받기 위해서 그 사람 속에 있는 신앙은 구원받은 신앙이라야 하고 그것 이외의 다른 신앙이어서는 아니 되겠다고 한 것입니다. 귀신들이 믿는 신앙이라든지 그렇지 아니하면 기적이나 기이한 사실 혹은 현세의 사실들에 의해서 가지는 이런 신앙들을 가진다면 의미가 없습니다. 구원을 참으로 그에게 보증한 분명한 신앙의 지적인 요소가 결핍된 상태로 있을 때 즉 필수적인 지적 요소가 없을 때, 성경에 있는 여타 여러 가지의 것을 그가 안다고 할지라도 의미가 없습니다. 성경에 있는 여러 가지 것들을 그대로 신뢰하고 수긍하고 나간다고 할지라도 소용이 없다 말입니다. 요컨대 그 심장 속에 구원의 믿음이라는 것이 터를 두고 나오지 아니한 까닭에 구원하고 상관없는 사람이라는 것입니다. 다른 말로 말하면 영원한 멸망에서 도무지 벗어나지 않는 경우가 많이 있다 그것입니다.

물론 그들이 고의적으로 성경에 있는 구원의 기본적인 요소라는 사실을 부인하려고 하는 건 아닙니다. 다만 그것이 그 사람 속에 들어가서 작용하지 않은 까닭에 그것이 작용하는 사람에게서 꼭 일어나야 할 절대적인 신뢰가 그의 속에서 발생하지 않은 것입니다. 그러한 절대적인 신의(信依), 믿고 의지하는 심정이 그에게는 도무지 발생하지 않습니다. 그래서 누군가 "예수가 당신 구주요?" 하면 "예, 그렇습니다." 하고 승인을 합니다. "예수님을 믿습니까?" "예, 믿습니다." "십자가에 달려 돌아가신 것을 믿습니까?" "믿습니다." "당신을 구원하셨다고 믿습니까?" "예, 믿습니다." 그렇지만 자기가 구원을 받았다는 것이 대체 무엇을 의미하는 것인지 별로 깊이 생각을 않는 것입니다. 왜냐면 그것을 생각할 만한 기본적인 지식과 또 각성과 또 신의하는 내용이 없는 까닭에 그렇습니다.

그래서 결국 그가 말하는 기독교라는 것은 기독교의 문화적인 여러 가지 것과 비핵심적인 여타의 주변적인 것 혹은 둘러싼 주위의 여러 가지 것들을 얘기합니다. 어떻게 교회라는 종교 단체를 형성하고, 어떻게 살림을 해가고, 어떻게 회합과 행사를 하고, 어떻게 종교 운동을 하고 사회 활동을 해서 자기 사회에 이바지를 하고, 어떻게 문화적인 행동을 하고, 어떻게 선한 마음을 갖고 어떻게 도덕적이어야 하겠는가? 어떻게 좀 더 이색(異色)이 있는 기독교 운동을 해가지고 나아가야 하겠는가? 대체로 이런 데에 관심이 집중돼 있는 것이라 말입니다.

역사신앙-길가에 떨어진 씨

이런 사람들이 그리스도를 믿는 기본 도리의 내용에 대해서, 간단한 그 강령에 대해서 수긍하는 감이 들 때 "예, 난 그게 그렇다고 믿습니다"라고 합니다. 그렇지만 그건 그렇다고 하더라도 참으로 자기에게 그것이 일어났다고 고백할 만한 내용은 없다는 것입니다. 그것이 참으로 자기에게 부딪혀 가지고 심히 자기의 죄를 원통히 생각하고 회개하고 눈물을 흘리며 '아, 이렇게 살 수 없다'고 해야 합니다. 하나님 앞에서 이런 죄를 가지고 그냥 살 수 없는 걸 알고 그걸 통한(痛恨)으로 여겨서 하나님께서 용서해 주시기를 간절히 바라는 심정으로 울면서 호소해야 합니다. 그런데 그러한 일도 없고, 구해서 받은 것도 없으니 따라서 죄의 확실한 용서와 속량을 받았다는 확신 가운데 서 있지도 못하는 것입니다.

이러한 사람은 기독교의 이런 강령에 대해서 특별히 반대하는 심정도 없습니다. 그럼 이런 것을 구원의 신앙이라고 하느냐? 하지 않는 것입니다. 신앙 가운데에는 소위 역사의 사실을 믿는 것과 같은 신앙도 있습니다. 사기(史記) 신앙 혹은 역사 신앙(historical faith)이란 것이 있는데 그게 뭐냐? '역사상에 일어난 어떤 사실들을 믿느냐' 할 때 '아, 나는 그거 믿는다'고 합니다. '나폴레옹이 워털루에서 패전한 것을 너는 믿느냐?' '아, 나는 그걸 믿는다.' 그렇지만 워털루에서 나폴레옹이 패전한 것이 지금 자기 자신의 현재 생활에 직접적으로 무슨 큰 영향을 주거나 매일 어떤 작용을 하고 있는 것은 아닙니다. 그건 과거 역사상에 한 번 그렇게 일어난 일이다! 혹은 카이사르(Julius Caesar)가 삼두 정치의 권력을 쥐고 있었다든지 루비콘을 건너갔다든지 하는 사실을 물으면 그거 믿는다고 합니다. 또 예수께서 이천 년 전 십자가에서 돌아가셨다 할 때도, '아 그거 믿는다! 그러고는 부활하셨다! 아, 부활도 하셨겠지.' 그러나 거기에 대해서 그것이 자기 때문이고 자기와 직접 관계있는 일이고 그것은 그때만 아니라 매일매일 자기 생활에서 그 사실이 생생한 현실로 늘 작용하고 있다고 그렇게 믿어지지를 않는 것입니다. 그런 까닭에 그것이 구원을 받았다고 증거할 아무것도 안 되는 것입니다.

이런 신앙을 신학상 역사 신앙이라고 하지만 여기 길가에 떨어진 말씀과 같은 이런 사람의 태도는 요컨대 히스토리컬 페이스(historical faith)의 한 종류로 나타나 뵌다는 것입니다. 즉 말씀 그 자체에 대해서 특별히 반대하거나 파괴주의자들과 같이 그것을 의미 없다고 적극적으로 공격하는 태도는 없습니다. 가령 있다고 하더라도 마찬가지지만 없다고 하더라도 그것이 특별히 그 사람에게 좀 더 나은 무엇을 갖다 주는 아무것도 없다는 것입니다. 이러한 상태 가운데 빠져 있다는 것이 대단히 무서운 것입니다.

그러나 "참으로 여호와 그분을 참 하나님으로 믿고 또 나를 구원하시는 그 사실을 믿고 나가든지 바알이 너희 신이거든 그를 좇든지 해라. 어찌하여 두 사이에 서서 머뭇머뭇 하느냐"(왕상 18:21)고 옛날 엘리야가 이스라엘 백성에게 갈멜 산상에서 꾸짖듯이 하나님께서 책망하시는 그런 소리를 좀 귀담아 듣고서 스스로 반성하는 무슨 일이 발생해야 할 것입니다. 그렇지만 심각해지는 일이 없어요. 자기 인생의 기본 문제에 대해서 원통히 생각하는 일이 없어요. 자기가 암매 가운데 처해 있다는 것을 환연히 느끼는 일이 없습니다. 혹시 한때 잠깐 그렇게 생각이 나다가도 이 세상이 와서 덮치면 도로 다 휩쓸어 버립니다. 그러나 그렇다고 해서 자기의 현재 자리에서 떠나려고 하느냐? 그렇게 하지 않는 데에 이 사람들의 큰 문제, 일종의 면역성이 강한 태도가 있는 것입니다. 다 말씀과 접촉해서 살려고 그럽니다. 그게 일종의 타성에 의한 것이었든지 혹은 문화적인 호흡 때문에 그런 것이었든지 간에 하나님의 말씀에서 받아야 할 가장 본질적인 은혜를 못 받고 만다 말입니다. 말씀을 대하면서도 특별한 감각이 없이 그저 무던히 생각하고 지내간다면 이것은 말씀의 효과에 대해서, 말씀의 강력한 작용에 대해서 면역성을 가지고 있는 것입니다.

하나님의 말씀이 와서 자기에게 부딪혀도 덤덤하고 아무런 감응도 없습니다. 차라리 믿지 아니하는 사람, 바깥의 세상에 살던 어떤 사람은 자기 멋대로 살고 자기 재주대로 살아나가다 말씀이 한번 가서 그에게 접촉할 때 그만 원통히 생각하고 회개하고 복음의 거룩한 도리를 두 손으로 힘써 쥐듯이 간절한 마음으로 쥐고 나오는 경우가 있습니다. 하지만 이렇게 면역성을 가진 사람이나 하나님의 말씀과 자신에 대해서 무감각하거나 등한한 사람의 경우는 하나님 앞에서 큰 매를 맞든지 굉장히 특별한 은혜로 그의 마음을 돌려주시는 무슨 계기가 생기기 전에는 돌아서기가 어렵다는 일반적인 사례를 쉽게 볼 수 있습니다. 하나님께서 그에게 은혜를 주셔서 그 사람을 돌이키시면 돌이킬 수 있는 것이지만, 지금 서 있는 혼미하고 완매(頑昧: 고집 세고 어리석음)한 자리에서 그가 돌이키려면 아주 중대하고 극단적인 변화를 일으켜야만 할 것이고 그것은 그만큼 큰 힘의 역사가 필요한 것입니다.

그러면 우리는 스스로 돌아봐서 우리들 자신이 혹여 그러한 상태에 빠져 들어가지 않도록 주의해야 할 것입니다. 길가에 씨가 뿌려진 사람에게서 말씀은 어떻게 되느냐? 여기 보면 씨를 공중의 새들이 와서 다 주워 먹었다 하는 말이 있습니다. 공중의 새들이 와서 주워 먹은 것을 비교해서 말씀하실 때 사탄이 와서 그에게서 말씀을 빼앗는다고 했습니다. 마귀가 갑자기 그의 마음속으로 들어와 거기 있는 걸 쓸어간다는 의미보다는 마귀의 작용으로 인해 결국 말씀이 그의 카르디아 속으로 깊이 들어가서 역사하게 하는 일을 막게 된다는 것입니다. 그러면 말씀은 항상 표면에서만 떠돌다가 가버리거나 흩어져 버린다는 의미입니다.

그렇게 볼 때 결국 그는 이 세상이 마귀의 여러 가지 작용으로 하나님을 바르게 알고 나가지 못하게 하는 점, 즉 사람을 암매하게 만드는 여러 가지 사실에 걸려들었다는 것입니다. 그것이 세상에 대한 애착일 수도 있고, 금전에 대한 애착일 수도 있습니다. 즉 세상을 하나님보다 더 사랑하는 우상을 섬기는 탐심 가운데서도 나오는 것입니다. 또 그가 하나님의 말씀을 대할 때 자기의 선입관(prejudice)을 가지고 종교적인 경전이나 어떤 종교 문화적인 사실을 건설하는 데 필요한 대로 성경을 이용하는 점은 있으나, 말씀이 나를 지배해서 가장 본질적인 일을 하도록 주님만 의지하게 하는 것은 없습니다. 그것은 내 마음 가운데 다른 조건을 붙이지 않고 겸손하게 주님 앞에 기대하는 태도가 없기 때문입니다.

요컨대 제일 중요한 문제는 마귀가 건설한 찬란한 여러 가지 이 세상의 기구와 문화적인 내용, 또한 사이비적인 기독교의 내용들에 현혹당하고 끌려 다니면서 그런 것을 자기의 중요한 이해요 지식의 하나인 줄로 알고 잘못 붙들고 있다는 사실입니다. 우리는 먼저 허심탄회하게 말씀이 전체로 나를 지배하면서 가르쳐 주시기를 바라야 할 것입니다. 내 자신의 오만하고 완패하고 그리고 못난 종교적 관념이나 잘못된 것으로 성경을 도마 위에 놓고 이리저리 쪼개는 일이 없어야 하겠습니다. 또한 항상 우리가 말씀에 부족한 사람으로 여기고 간절한 마음으로 주의 말씀을 기대하고 살아가야만 할 것입니다.

기도

거룩하신 아버지시여, 저희들 마음 가운데 혹여라도 암매한 것이 있고 또 이 암매와 혼미한 것이 지배해서 잘못된 생각을 가지고 하나님의 거룩한 말씀을 허심탄회하게 받지 못하는 일이 있으면 심히 두려운 일이오니 각각을 반성시켜 주시고 아버님의 거룩한 말씀이 우리 속을 책망도 하시고 깨우쳐 주셔서 확호하게 구원의 은혜 가운데 늘 살게 하여 주시고, 또한 길가에 떨어진 씨와 같은 상태가 없게 하시옵소서. 사랑하시는 주여, 저희들 안에 완패한 것과 완고한 것과 미망과 오무(誤謬)로 방황하는 일이 없고 그릇된 사상이 지배하여 진리를 받아들일 여유가 없는 이런 잘못이 저희에게 발생하지 않도록 주께서 지켜주시고 깨우치시며 불쌍히 여기시고 항상 광명 가운데 주님의 말씀의 아름다운 것을 사모하면서 살아가게 하시옵소서.

우리 구주 예수님의 이름으로 기도하옵나이다. 아멘.

1978년 6월 11일

씨 뿌리는
비유③

마귀가 와서 말씀을 빼앗음

마태복음 12:22-37

22 그 때에 귀신 들려 눈 멀고 벙어리 된 자를 데리고 왔거늘 예수께서 고쳐 주시매 그 벙어리가 말하며 보게 된지라 23 무리가 다 놀라 가로되 이는 다윗의 자손이 아니냐 하니 24 바리새인들은 듣고 가로되 이가 귀신의 왕 바알세불을 힘입지 않고는 귀신을 쫓아내지 못하느니라 하거늘 25 예수께서 저희 생각을 아시고 가라사대 스스로 분쟁하는 나라마다 황폐하여질 것이요 스스로 분쟁하는 동네나 집마다 서지 못하리라 26 사단이 만일 사단을 쫓아내면 스스로 분쟁하는 것이니 그리하고야 저의 나라가 어떻게 서겠느냐 27 또 내가 바알세불을 힘입어 귀신을 쫓아내면 너희 아들들은 누구를 힘입어 쫓아내느냐 그러므로 저희가 너희 재판관이 되리라 28 그러나 내가 하나님의 성령을 힘입어 귀신을 쫓아내는 것이면 하나님의 나라가 이미 너희에게 임하였느니라 29 사람이 먼저 강한 자를 결박하지 않고야 어떻게 그 강한 자의 집에 들어가 그 세간을 늑탈하겠느냐 결박한 후에야 그 집을 늑탈하리라 30 나와 함께 아니하는 자는 나를 반대하는 자요 나와 함께 모으지 아니하는 자는 헤치는 자니라 31 그러므로 내가 너희에게 이르노니 사람의 모든 죄와 훼방은 사하심을 얻되 성령을 훼방하는 것은 사하심을 얻지 못하겠고 32 또 누구든지 말로 인자를 거역하면 사하심을 얻되 누구든지 말로 성령을 거역하면 이 세상과 오는 세상에도 사하심을 얻지 못하리라 33 나무도 좋고 실과도 좋다 하든지 나무도 좋지 않고 실과도 좋지 않다 하든지 하라 그 실과로 나무를 아느니라 34 독사의 자식들아 너희는 악하니 어떻게 선한 말을 할 수 있느냐 이는 마음에 가득한 것을 입으로 말함이라 35 선한 사람은 그 쌓은 선에서 선한 것을 내고 악한 사람은 그 쌓은 악에서 악한 것을 내느니라 36 내가 너희에게 이르노니 사람이 무슨 무익한 말을 하든지 심판날에 이에 대하여 심문을 받으리니 37 네 말로 의롭다 함을 받고 네 말로 정죄함을 받으리라

15강
씨 뿌리는 비유③
마귀가 와서 말씀을 빼앗음

씨 뿌리는 비유는 이미 아시는 거와 같이 마태복음과 마가복음과 누가복음, 즉 공관복음에 다 같이 기록됐는데, 그 비유의 내용을 늘 잘 기억하고 계시기를 바랍니다. 씨를 뿌리러 사람이 나가서 씨를 뿌릴 때 더러는 길가에 떨어지니까 새가 와서 주워 먹고, 더러는 흙이 얇은 돌밭에 떨어지니까 곧 싹이 나오지만 뿌리가 깊지 못해서 해가 돋은즉 다 말라서 타 죽어버린 것이고, 더러는 가시떨기에 떨어지매 가시가 함께 자라서 기운이 막혀서 결실을 못하고, 더러는 옥토에 떨어지매 결실을 하되 삼십 배, 육십 배, 백 배에 이르렀다 하는 것이 비유의 내용입니다.

새들이 와서 먹어버린 씨-마귀의 작해

지난번 우리는 두 번에 걸쳐서 보았는데, 한 번은 개론적으로 몇 가지를 생각했고 다음에 구체적으로 비유 자체를 생각할 때 먼저 이 비유에서 제일 처음에 말한 길가에 떨어진 씨에 대한 얘기를 했습니다. 이 길가에 떨어진 씨에 대하여 오늘 다시 좀 더 생각할 것이 있어서 그것을 이야기하겠습니다.

길가에 떨어진 씨의 얘기는 마태복음 13:4에 있고, 마가복음 4:4 하반절에 있고, 누가복음 8:5 하반절에 있습니다. 이 마태복음 13장에 일곱 개의 비유가 쭉 있는데 첫째가 이 씨 뿌리는 비유입니다. 마태복음 13장의 씨 뿌리는 비유에서 제일 첫 번 장면(scene), 길가에 떨어진 씨를 보면 마태복음 13:3 "예수께서 비유로 여러 가지를 저희에게 말씀하여 가라사대" 하시고, "씨 뿌리는 자가 뿌리러 나가서 뿌릴새", 4절에 "더러는 길가에 떨어지매 새가 와서 먹어버렸고." 마가복음에는 4:4 하반절에는 "더러는 길가에 떨어지매 새들이 와서 먹어버렸고." 누가복음 8:5 하반절에 "더러는 길가에 떨어지매 밟히며 공중의 새들이 먹어버렸고." 이것이 길가에 떨어진 씨에 대한 비유입니다.

예수님께서 이 비유에 대해서 나중에 조용히 제자들이 그 뜻을 알고자 물을 때 거기에 대해서 해석할 수 있도록 어떤 설명을 더해 주셨습니다. 그렇게 가해 주신 설명을 볼 것 같으면 "그런즉 씨 뿌리는 비유를 들으라" 하고 마태복음 13:18에 얘기를 했어요. "아무나 천국의 말씀을 듣고," 이게 씨를 뿌린다는 것을 의미하는 것입니다. 누군가가 천국의 말씀을 구체적으로 잘 생각해야 할 만한 내용으로 전해 주었을 때 그것을 들었는데, 거기서 씨는 곧 하나님의 말씀 혹은 천국의 말씀입니다. 마가복음 4:14에도 "뿌리는 자는 말씀을 뿌리는 것이다" 그랬고,

또 누가복음 8:11에는 "이 비유는 이러하니라" 해놓고 "씨는 하나님의 말씀이요" 그렇게 말씀하셨어요.

그렇게 하고 길가에 떨어진 씨에 대한 설명을 하신 내용을 공관복음 기자들의 기록대로 보면 마태복음 13:19에 "아무나 천국 말씀을 듣고 깨닫지 못할 때는 악한 자가 와서 그 마음에 뿌리운 것을 빼앗나니 이는 곧 길가에 뿌리운 자요." 다시 마가복음 4:15을 볼 것 같으면 "말씀이 길가에 뿌리웠다는 것은 이들이니 곧 말씀을 들었을 때에 사탄이 즉시 와서 저희에게 뿌리운 말씀을 빼앗는 것이요." 다음 누가복음 8:12 "길가에 있다는 것은 말씀을 들은 자니 이에 마귀가 와서 그들로 믿어 구원을 얻지 못하게 하려고 말씀을 그 마음에서 빼앗는 것이요." 이렇게 예수님께서 설명을 하신 것입니다.

지난번에도 이미 얘기를 했지만 여기 비유 자체에 나타난 새들이 와서 길가에 뿌리운 것을 주워 먹었어요. 실컷 거기 씨가 있었지만 얼마 후에 보면 씨도 거기에 뵈지 않게 된다 하는 현실을 보였습니다. 그건 예수님께서 팔레스타인 어디든지 있는 밭의 모습을 들어 설명하신 것인데, 밭에는 그렇게 네 가지 종류의 현상이 대체로 가까이 모여 있었기 때문입니다. 가운데는 옥토이고 또 그 사이에는 사람이 씨를 뿌리려고 지나가는 조그마한 길이 있습니다. 길이라고 해도 무슨 신작로처럼 많은 사람이 통행하는 통로라는 게 아니고 그 밭에서 씨를 뿌리는 농부가 밟고 다니면서 씨도 뿌리고 김도 매고 거름도 주려고 조그만큼 터놓은 길입니다. 그러니까 그런 데도 씨가 떨어질 수 있는 것이지요. 또 밭 주위로 가면서 무슨 산울타리 같은 가시나무가 많이 나 있을 때 혹은 그것을 쳐서 밭을 이루더라도 아직 가시뿌리가 땅 속에 그냥 있기도 한데 그것이 소위 가시밭입니다. 그런 데에 씨가 떨어질 것 같으면 거기에 그런 현상이 또 나타난다는 것입니다. 그래서 길가도 있고 가시밭도 있지만 또 저쪽 산하고 가까이 인접한 데는 그 산 아래에 흘러내린 큰 암반, 즉 대형 바윗돌이 밑에 깔린 그 위로 토양이 널리 덮인 땅도 있는 것입니다. 아래로는 넓은 바위나 돌들이 깔려 있고 위로 흙이 쓸려 와서 그렇게 덮인 토양에 씨가 뿌려져 깊이 뿌리를 내리려 하지만 그 씨가 뿌리를 내릴 수 없게 되는 것입니다. 위로는 살포시 좋은 옥토와 같이 보이는 토양이 있으니까 사람이 씨를 던질 때에는 그런 데 뿌릴 수 있는 것입니다.

이와 같은 사실이라는 것은 아주 드문 일이 아니고 흔히 볼 수 있는 사실이므로 예수님께서 그런 자연스러운 어떤 현상을 들어서 하나님 나라의 오묘한 도리를 지금 가르쳐 주시는 것입니다. 그런데 거기에 있는 모든 현상 하나하나가 다 하나님 나라의 도리를 설명하는 표상으로 의미를 가지느냐 하면 절대로 그런 건 아닙니다. 이 세상에 있는 어떤 한 단위의 사실 하나가 하나님 나라의 그 깊은 내용을 그대로 다 빈틈없이 나타내는 일은 없습니다. 또 사실상 비유라 할 때에는 그게 풍유 (allegory)가 아닌 까닭에 하나하나의 현상이 다 의미를 가지는 건 아닙니다.

　그런 까닭에 이 비유에서 우리가 크게 보는 것은 길가에 뿌렸다 할 때도 어떤 씨가 밭 속으로, 토양 속으로 깊이 들어가지 아니하고 그냥 땅 위에 누워 있는 이 현실만 여기 하나님 나라의 거룩한 현상을 설명하는 데 이용되는 것입니다. 그리고 그렇게 한동안 누워 있을 것 같으면 새가 와서 돌아다니다 보니 씨가 그냥 뻔히 뵈는 데 누워 있으니까 새들이 쪼아 먹었다는 것입니다. 새가 낟알을 쪼아 먹는 것은 아주 으레 하는 짓이니까 와서 그냥 쪼아 먹고 갔다는 것뿐입니다. 특별히 새도 한 마리가 아니고 여러 마리인데 이 새들이 곧 한 개인 마귀이다, 이렇게 얼른 들어 붙여서 해석하는 것은 아닙니다.

부당한 비유 해석을 주의해야 함

　어떤 점이 비유로서 하나님 나라의 거룩한 도리를 전하기에 필요한 것인지를 따지는 것이 중요합니다. 어떤 씨가 뿌려졌지만 그 씨가 어떻게 토양 속으로 안 들어가고 위에 있다가 나중에 얼마 지난 다음 외부의 어떤 세력이 와서 그걸 없애 버리고 말았다 하는 이 사실을 천국의 어떤 현실을 가르치는 표상으로 쓰신 것입니다. 그런 것이지 새는 곧 마귀요 길가는 사람이 늘 밟고 다녀서 단단하니까 어떤 사람이 늘 죄를 범해서 마음이 굳으면 길가가 되는 것을 설명하자는 게 아닙니다. 무엇이 길가인지를 설명하자는 것이 아닙니다. 길가에 뿌려진 씨 전체의 현실을 놓고 이런 한 현상이 무엇을 방불케 하느냐? 어떤 사람이 하나님 나라의 말씀을 들었지만 깨달음이 없을 때 악한 자, 혹은 마귀나 사탄이 와서 그 뿌린 씨조차 빼앗아 가버린 것이다! 이 현상으로 얘기하신 것입니다. 비유를 해석한다고 비유 안에 있는 자세한 여러 가지 현상을 풍유나 되는 듯이, 그냥 곧이곧대로 하나씩 하나씩 무슨 의미를 가진 것같이 얘기를 하는 것은 좋지 않습니다. 또 어떤 것은 직설적인 진리의 선포요 어떤 것은 간접적인 표상의 표현이라고 뒤섞어서 말한다든지 하면 그것은 은유(metaphor)라는 것이지 비유는 아닌 것입니다. 아까 말한 거와 같이 하나 하나가 다 의미를 가졌다 하면 그건 알레고리 즉 풍유이지 그것도 비유는 아닙니다. 그렇기 까닭에 이런 점을 우리는 성경 공부할 때도 주의해야 합니다. 여기에서 가르친 것은 비유로써 어떤 천국 진리를 나타내려고 표상으로 들어 쓰신 것인데, 아닌 것마저 마치 그것인 양 억강부회(抑强附會: 억지로 유리하게 끌어다 붙임)를 해서 의미를 주려고 하는 건 좋지 않습니다.

그러면 여기서 우리가 오늘 특별히 생각하고자 하는 것은 지난번에 이미 길가에 뿌린 씨에 대한 것을 얘기했는데 거기에 마귀 혹은 사탄이 와서 혹은 악한 자가 와서 그렇게 했다는 표현이 나옵니다. 마태복음에는 악한 자, 마가복음에는 사탄, 누가복음에는 마귀라는 말로 표현해서 그가 와서 그 속에 뿌린 것을 빼앗는다는 얘기가 있습니다. 거기에 대해 우리가 몇 가지를 주의해야 할 것입니다. 아까도 말했지만 길가에 있어 가지고 씨가 바깥에 그냥 훤히 비치도록 폭쇄(曝曬: 노출)돼 있으니까 새들이 날아다니다 보고 우 하니 와서 그놈을 다 주워 먹고 가 버렸다는 사실은 흔히 있는 일이지요. 그렇다고 해서 새는 곧 마귀를 표상하는 것이라고 지레짐작하고 건너뛰어서 말하는 건 좀 옳지 않습니다. 왜냐하면 어떤 것이 길가냐가 중요한데 뭐 길가에서만 그런 현실이 발생하는 것은 아니기 때문입니다.

만일 어떤 사람이 씨를 엎질렀다든지 어떤 씨가 사람들이 많이 뛰고 노는 운동장 같은 데, 당초부터 밭으로 경작하지 아니한 데 떨어졌어도 새가 와서 주워 먹을 테고, 혹은 곡식 창고에 있는 어떤 곡식이 시멘트 바닥으로 흘러 나왔을 때도 새들이 날아가다가 그걸 봤을 때 와 가지고 다 주워 먹을 것입니다. 이렇게 어떤 단단한 데 곡식이 감춰 있지 않고 햇빛 가운데 환히 나타나 있는 것들은 새들이 와서 주워 먹는 것이라 말입니다. 그런데도 그 새라는 것은 언제든지 마귀다, 이렇게 억지로 말을 붙이는 것은 좋은 해석도 아니고 정당한 해석도 아닙니다.

아까도 말을 했는데 어떤 씨라는 것이 하나님의 말씀을 표상하는 것으로서 사람의 마음에 들어갔지만 마음에 깊이 들어가지 않고, 그 사람에게 그냥 하나의 표현이나 아이디어로 남아 있다든지 어떤 사상을 전달하는 학설로 가지고 있을 때 그것은 실제로 자기의 삶과는 별 상관이 없는 것입니다. 그것을 자기의 사상으로 견지하는 것이 아니고 남이 그랬다더라 하던 것인 까닭에 어느덧 자기 이상의 큰 세력이 닥치면 그 작용으로 말미암아서 자기가 가지고 있던 것도 다 쓸려 갑니다. 그렇게 그만 집어가 버릴 것 같으면 혹시 그걸 기억할는지 몰라도 거기 대해서 관심조차 없는 것은 물론이고 하등 자기의 생활에 어떤 영향을 주지 않는 일이 되고 마는 것입니다.

하나님 말씀의 정당한 용도

그러면 어째서 하필 왈 새가 와서 주워 먹은 것을 마귀가 와서 그 속에 뿌려진 씨를 빼앗는 것으로 생각을 하게 되는가 할 때, 씨라는 것이 하나님의 말씀을 표상한 것인 까닭에 그렇습니다. 사람의 속에 하나님의 말씀이 들어가서 그것이 정상적으로 작용하면, 즉 구속의 '은혜의 수단'(*media gratiae*)으로써 사람의 속에 역사하면 생명의 양식으로 작동합니다. 물론 이런 작용은 말씀이 사람의 인식 내용 가운데에서 일반 논식 즉 사고의 방식을 사용해서 그 논리의 이성 작용에 의해 이해하고 터득하는 것이 결코 아닙니다. 그런 것으로 구속의 은혜의 내용을 다 깨닫게 되는 것이 아닙니다. "누구든지 성령으로 아니하고는 예수를 주라고 할 수 없느니라." 고린도전서 12:3 말씀인데, 성령께서 역사하지 않고는 하나님의 말씀 안에 있는 참된 은혜의 방도로서의 성격을 파악하지 못하는 것입니다.

지난번에도 말씀했습니다만, 말씀은 여러 가지의 쓸모[用]

를 가지고 있어요. 그것은 훌륭한 도덕 서류도 되고 신학의 원천도 되고 사상의 근원도 됩니다. 또 훌륭한 예술적인 작품도 되고 역사의 위대한 기록도 되는 것입니다. 그러니 각각 그런 방면으로 다른 어떤 위대한 고전이 끼치는 영향을 성경도 끼치는 것이지 안 끼치는 게 아닙니다. 차라리 그것은 가장 위대한 고전 가운데 하나라는 점에서 신자, 불신자를 불구하고 학문을 하는 사람과 그것을 연구하고 공부하고 싶은 사람들에게 그만큼 효과를 줍니다. 그러나 그러한 것은 성경이 참으로 의도한 바와 무관한 것입니다. 하나님께서 성경이라는 거룩한 계시의 내용을 우리에게 주신 본래의 의도와는 직접으로 관계가 없습니다.

하나님께서 우리에게 성경을 주신 것은 그로 말미암아 무얼 얻는 것이라고 했습니다. 우리 주님께서도 이스라엘 사람들 보고 요한복음 5:39의 내용을 말씀하셨습니다. "너희가 성경을 상고하는 것은 그 속에 영생이 있는 줄 알고 영생에 대하여 공부하는 것인데 ……" 그러니까 성경에 영원한 생명 즉 죽음에서 생명으로 오게 하는 큰 빛의 사실이 거기 있고, 또 "예수 그리스도에 대해서 증거하는 것이라"고 말씀했습니다. 이런 하나님의 말씀으로서의 권위와 참된 내용을 신학상 용어로 말할 때 은혜의 수단(the means of grace)이라, 혹은 은혜의 방도라 혹은 메디아 그라티아에(*media gratiae*)라 합니다. 이렇게 은혜의 방도로서 의미를 가질 때에 비로소 제대로 작용하는 것입니다.

　그런데 사람의 속에 그것이 들어갈 때 불신자라도 그것이 가지고 있는 일반적인 문화적인 영향과 가치와 의미라는 것은 누구든지 각각 자기의 식견에 따라서 파악할 수 있는 것이고 그 내용을 받는 것입니다. 그러나 그런 것으로 어떻게 되는 게 아닙니다. 문제는 하나님께서 그것을 내신 본의에 합당하게 그 사람으로 하여금 죽음에서 생명으로 나오게 하시고 어둠에서 빛으로, 마귀의 세력에서 하나님의 나라로 옮기는 큰 사실이 거기에 발생해야 하는 것입니다. 동시에 그 후로 그것이 그에게 생명의 양식이 되어서 그의 전체 생활 위에 더욱 정상적으로 능력 있게 역사하는 것입니다. 성령께서 끊임없이 그의 속에서 말씀과 함께 작용하셔서 그 사람을 깨우치고, 깨우칠 뿐 아니라 그로 인하여 자기의 생활에 덕을 쌓으며 장성해 나아가서 마침내 사명을 느끼고 그 사명에 충실해서 사명의 결실을 역사 상에 자꾸 맺어가는 일을 하게 만드는 것입니다. 그렇게 함으로써 예수 그리스도를 증거하고 하나님을 증거하고 하나님 나라의 어떠함을 땅 위에 증시해 나아가는 이런 것이 하나님께서 우리에게 성경을 주신 본의입니다. 그런즉 이런 말씀이 사람의 속에 들어가면 그것이 그대로 사람에게 역사를 해야 하는 것입니다.

　이렇게 사람을 천지를 뒤흔들[焮天動地] 정도로 아주 완전히 뒤집어 버리고 전 생애를 가장 강하게 지배하고 있는 것이 하나님 말씀의 본질이요 능력이요 영광입니다. 그러한 하나님의 말씀을 씨란 말로 표현할 때 그것이 그렇게 들어가서 작용 못하게 방해하는 세력이라고 하면 마귀밖에 없는 것입니다. 그런 것이지 새가 마귀의 어떤 속성을 표현하는 까닭에 새가 와서 먹어 버렸다고 한 것은 아닙니다. 새가 마귀를 묘하게 나타내는 것은 아니라는 것이지요. 그러니까 새라는 말에서 우리가 마귀를 읽는 게 아닙니다. 예수님께서 그렇게 마귀를 해석하실 때도 씨를 하나님의 말씀이라고 했을 때 그 씨에 대한 반작용을 하는 세력은 역시 흑암의 세력, 마귀의 세력이다 하는 것을 가르친 것입니다.

그런 의미에서 마귀가 와서 그 씨를 곧 뺏어갔다 하는 것도 어떤 한 개인, 인격자인 사탄이 거기에 와서 그 하나님의 말씀에 대해서 무슨 작해(作害)를 해가지고, 금방 잘 기억하고 알고 있던 것을 신기하게도 완전히 기억에서 상실케 했다는 말이 아닙니다. 그렇게 어떤 기적적인 현실로 말씀을 잊어버리는 희한한 일이 발생한다는 것은 결코 아니라는 것입니다. 그러나 그 씨가 가지고 있는 가장 위대한 큰 세력의 작용이라는 것은 마귀에게는 대단히 위험스러운 일입니다. 자기의 견해로 자기가 지금 하고 있는 공작에는 그것이 가장 위험스러운 일입니다. 말씀이라는 것은 가장 위험하다! 그러니 그것이 은혜의 방도로 의미를 가지지 아니하도록 뭐든 해야 한다, 말씀이 가지고 있는 가장 본질적인 의미와 가치, 혹은 그 말씀의 생명을 제해 버렸다 말입니다. 성경 구절을 많이 외워도 괜찮고 잘 느끼면서 많이 알고 있어도 좋다, 그것이 가지고 있는 문학적인 가치를 잘 강의하고 사상적인 여러 가지 내용에 대해서 훤히[通透] 알고 떠들어 대도 아무 상관이 없다, 문제는 그것이 메디아 그라티아에로 즉 성령님이 말씀과 더불어 함께 역사하는 그 일만큼은 방해를 해야겠다는 것입니다.

그렇게 되면 은혜의 방도로서 말씀의 작용은 마귀의 훼방[作戱]으로 말미암아 못하게 되는 것입니다. 물론 마귀가 하나님의 말씀을 받은 모든 사람의 마음에 일일이 쫓아다니면서 다 그러는 것은 아닙니다. 성경이 가르친 마귀의 본질과 인격과 활동이라는 것을 볼 때 그럴 수는 없는 것입니다. 마귀는 피조물인 까닭에 동시에 두세 자리를 점유할 수 없습니다. 서로 다른 자리를 동시에 점령하는 기이한 일이 발생하지 못하는 것입니다. 마귀는 하나의 인격자인 동시에 하나의 영물(靈物)로서 어떤 일정한 장소에, 우리 눈에 보이지 아니할지라도, 존재할 때는 거기에 있는 것입니다. 그러나 그가 그 장소에 존재하고 있는 동안 동시에 다른 장소에 마귀가 존재 못하는 것입니다.

그런데도 사람들이 무슨 어려운 일을 당했든지 시험을 받았든지 할 때 마치 마귀가 자기에게 와서 그렇게 한 것 같다고 쉽게 말하는데 그것은 옳지 않습니다. 마귀가 그와 같은 일을 해서 그 사람에게 방해를 끼치는 일이 있고 동시에 천 리나 떨어진 바깥에도 있고, 또 몇 천리 떨어진 다른 먼 곳에서도 동시에 그런 일이 발생했다고 한다면 되겠습니까? 마귀가 이 세계 지구상 수십 군데에서 꼭 같은 시각에 나타나서 그런 방해 작용이나 같은 악희(惡戱)를 했다고 해석해야 옳겠습니까? 그러니까 마귀의 작희라 생각하는 그것이 마귀의 직접적인 작희가 아닌 것을 우리는 늘 주의해야 합니다. 이것이 마귀에 대해서도 우리가 참 주의해야 할 문제입니다.

그릇된 마귀론의 해악

오늘날은 마귀는 없다고 하면서 어떤 악한 추상적인 세력이 작용하는 것이라는 정도로 자꾸 양보하고 가는 것이 오늘날 신학의 추세입니다. 성경이 마귀라고 말한 것은 어떤 구체적인 인격자(person)로서 악귀가 있는 것이 아니라 다만 어떤 악한 세력이 작용하는 구체적인 현실이 거기에 있다고 설명합니다. 이것이 요즘 신학상 마귀는 없다 하는 이론의 시초입니다. 오늘날은 악의 원리, 이블 프린시플(evil principle)로 나타나는 작용이라는 것조차도 별로 신뢰를 안 하려고 합니다. 그러면서 그건 사람 자신에게 있는 어떤 악의 경향이라든지 사람의 사회에 있는 여러 가지 흑암의 현실이라는 것이 합쳐져서 여러 가지 것을 방해도 하고 그런 작용도 일어난다고 설명합니다. 자꾸 이렇게 되면 마귀는 완전히 없는 것이 되겠지요. 가령 마귀가 없다고 할지라도 악의 어떤 원동력이라고 할 만한 큰 세력이 뚜렷이 움직인다는 것은 보아야 하는데 그것조차도 지금은 부인하려고 합니다. 그러면 결국 흑암이라는 것은 무엇이 완전한 길로 가다가 완전히 이르지 못했을 때에 나타나는 결핍을 의미하는 정도로 얘기해 나가려고 할 것입니다. 그렇게 함으로써 마귀가 가장 기뻐하는 생각을 하게 하는 것입니다.

왜냐하면 가장 위험한 자가 분명히 있는데 그가 전혀 없는 것으로 사람에게 곧이듣게 하기 때문입니다. 위험을 느끼고 방비를 해야 할 사람이 위험이라는 건 결코 있을 수 없는 것으로 처음부터 부인하고 방비를 않고 살면 그것같이 마귀에게 호적(好適)한(알맞은), 아주 적의(適宜)한 일은 없을 것입니다. 마귀는 기뻐하면서 모든 무방비한 인간들의 속에, 사회 속에 들어가서 얼마든지 자기의 계획을 펼칠 것입니다. 반신국적이고 악의에 가득 차고 악 자체의 목적을 가진 그 일을 역사를 통해서 수천 년 동안 죽지 않고 계속해서 하던 일을 그대로 할 것이라 말입니다.

여러분, 우리는 예수님께서 이렇게 마귀라는 말을 쓰셨는데 그렇게 쓰신 말에 대해 마치 이블 프린시플이든지, 혹은 악의 원동력이라든지, 악한 원리라든지 하는 식으로 괴상하게 해석을 해버리면 그건 주께서 우리에게 경고하시고 깨닫게 하시려고 하는 본의를 많이 무시하는 것이 될 것입니다. 마귀가 인격자다 할 때, 성경이 마귀를 표현할 때 막연한 추상적인 공기와 같은 것이라든지, 자연 세력과 같이 맹목적으로 좌충우돌하는 바람의 작용 같은 것으로 표현하지 아니했습니다. 마귀는 훨씬 인격적으로 작용한다 말입니다. 인격적으로 작용한다는 것은 목적이 있고 계획이 있고 악의가 있다는 의미입니다. 그래서 모든 것을 치밀한 계획 하에 자기 휘하에 있는 모든 세력을 동원해서 몰고 나가는 것이 마치 큰 제왕과 같습니다. 자기의 지배 아래[配下] 있는 모든 부하들을 데리고 어떤 적진을 향해서 공작하고 전투해 나가는 거와 같은 일을 해나가는 것입니다.

　성경은 그렇게 하는 자로서 상세하게 여러 군데에서 묘사를 했습니다. 성경이 그냥 어떤 막연하고 추상적인 힘이나 맹목적인 에너지로 나타내지 않았습니다. 어떤 세력이 그냥 공중에서 작용하는 것과 같은 현실로 그리지를 아니했다 말입니다. 마귀라든지 천사라든지를 그릴 때 항상 명백하게 한 인격체로서 나타냈습니다. 예수님께서 한 인격자로서 이 땅에 와 계시면서 마귀에게 시험을 받으셨습니다. 이때 시험하는 마귀는 그런 좌충우돌하는 세력임에도 불구하고 예수님만 인격자라고 한다면 문제가 되지 않겠습니까? 예수님을 인격자 아니라고 부인할 수 없으니까 그렇게 하겠지만, 대립해서 야단을 내는 마귀를 성경이 어떻게 묘사하였습니까? 꼭 같이 묘사를 했습니다. 마귀는 어떻게 묻고 예수님은 어떻게 대답하고 하는 식으로 꼭 같이 일대일로, 인격 대 인격으로 서로 대결하고 대전해 나가는 현실을 묘사했습니다. 그런데도 하나는 도무지 인격이 아니고 다른 하나만이 인격이다, 그것을 두고 기묘한 문체의 표현이다 하는 식으로 설명하면 그건 자꾸 부인을 위한 부인이 될 것입니다.

　그뿐 아니에요. 천사의 활동에 대해서 얘기할 때 마귀가 거기에 대해서 대척적으로 혹은 대항해서 활동하는 사실도 다 같이 확실한 인격자로 그리고 있습니다. 욥기를 보세요. 하나님께서 하늘의 영광 보좌에 앉아 계시고 주위로 천군 천사가 둘러 있습니다. 하나님의 영광의 거룩한 빛과 호위하는 여러 무리와 그 지배 아래[配下]서 일하는 여러 인격자들의 존재가 거기 표시되었을 때 마귀도 거기에 올라오는 것을 볼 수 있습니다. "네가 어디로부터 오느냐?" 하니까 "땅을 이리저리 두루두루 돌아다니다 옵니다"(욥 1:7; 2:2). 한 인격자로 분명히 거기에 나타냈습니다. 하나님과 대화를 하는데 하나님은 인격자고 마귀는 인격자 아닌 무슨 바람같이 여긴다면, 하나님이 바람보고 얘기하는 것이 되니 그렇게 썼다면 그것도 큰 문제가 됩니다. 성경이 마귀를 인격자로 의심할 수 없이 늘 빈틈없이 가르치는데도 불구하고 그것을 부인하는 일이 오히려 어려운 것임을 우리가 주의해야 합니다.

우리의 싸움은 흑암의 세력인 마귀와의 씨름임

　그런데 지금 우리가 마귀에 대해서 자세한 공부를 하자는 게 아니고, 씨를 뿌리는데 길가에 뿌린 씨를 와서 집어가 버린 마귀의 작희를 보려고 할 때 마귀에 대한 개념을 우선 기본적으로라도 바로 가져야겠기에 지금 얘기하는 것입니다. 마귀는 큰 세력을 가지고 있고 큰 권리를 가지고 있으며 그의 앞에는 수많은 귀신들이 있습니다. 에베소서 6:12을 볼 것 같으면 "정사와 권세와 또 어둠의 세상 주관자들과 공중에 있는 악한 신들을 대적함이라." 즉 우리의 씨름이라는 것은 혈과 육을 대적하는 게 아니라 정사를 대적한다! 이 정사라는 건 이 세상 정치 얘기가 아닙니다. 그것은 마귀 휘하에 있는 여러 제후들 즉 왕들과 같습니다. 마귀의 세력을 받은 것이지요. 마귀에게 분봉(分封)을 받아서 혹은 마귀에게 특별히 명령을 받아서 일하고 있는 휘하의 큰 악신들입니다.

그러니까 정사(principalities, ἀρχή: 아르케)나 권세자들(powers, ἐξουσία: 엑수시아) 또 이 어둠의 세상 '주관자들'(rulers, κοσμοκράτωρ: 코스모크라토르) 즉 이 세상을 주관하는 그 어둔 자들, 그 다음에는 공중에 있는 악한 신들, 이것이 우리가 전쟁할 대상들이다 하고 성경이 자세히 가르친 것입니다. 우리가 그들을 전쟁의 대상으로 삼아서 싸우려 할 때에는 튼튼히 무장해야 한다고 가르쳤습니다. "그런즉 (무장을 할 때) 서서 진실한 것으로 허리띠를 단단히 띠고 의의 흉배(호심경)를 붙이고, 화평의 복음이 예비한 것으로 신을 신고, 또 믿음의 방패와 구원의 투구, 그리고 성령의 검을 가지라"(엡 6:14-17) 했습니다. 이렇게 얘기할 때도 성령의 검 곧 하나님의 말씀이라 그랬습니다.

성경을 가지고서 얘기만 하면 덮어놓고 검이 쏟아져 나가는 것은 아닙니다. 검이라 할 때 그것은 성령의 검이지만 여기서는 나에게 쥐여져서 내가 그걸 가지고 쓰도록 얘기한 것입니다. 내가 성령의 검을 쥐었다 할 것 같으면 쓸 줄 알아야 합니다. 그런고로 이것도 전쟁 마당에 가서 직접 싸우는 사람들에게 해당되는 말씀입니다. 그런 자격이 있고 그런 성숙성이 있는 사람들에게 하나님의 말씀이 검 노릇을 해주는 것이지 아무런 말씀의 내용도 모르는 철부지나, 안다고 하더라도 미미하고 대단히 초보적인 처지라면 소용없는 것입니다. 어린아이와 같아서 전쟁터에 나가서 마귀는 그만두고 조그마한 사귀 하나와도 싸울 수 없는 처지라면 성령의 검 같은 것을 자기가 분변(分辨)할 수도 없고 그것이 그에게 작용할 길이 없는 것입니다.

어쨌든지 문제는 이렇게 우리가 참으로 신령한 큰 전쟁 마당에서 싸우게 된 사실입니다. 디모데후서 2:3에 "네가 예수 그리스도의 좋은 군사로 나와 같이 고생을 견디고 참고 나가자"고 그랬습니다. 바울 선생이 사랑하는 아들과 같은 디모데에게 한 말입니다. 그리스도의 군사 노릇, 정병(精兵) 노릇을 하려고 하면 우리가 그만큼 성숙하고 튼튼해야 하는 것입니다. 왜 그러냐 하면 마귀의 세력이라는 것은 옛날부터 지금까지 자지 않고 그냥 있어서 가장 교묘하고 대규모의 큰 적대 행위를 하기 때문입니다. 하나님 나라의 거룩한 진행이 역사 위에서 찬연한 큰 사실로 인류 위에 비취면서 전진해 나아갈 때 거기를 향해서 늘 방해하고 대적해 나가면서 파괴적인 행동을 하는 자가 곧 마귀의 큰 국권 조직이고 세력인 것을 알아야 합니다.

마귀가 그러한 큰 세력을 가지고 역사 위에 흐른다는 것이 무엇인가를 알아야지 그냥 지나쳐서는 안 됩니다. 여러분이 인류의 역사를 볼 때 단순히 인간들이 어디서 무얼 하며 떠드는 식의 정치사나 문화사 정도로 역사를 보아 넘기지 않아야 합니다. 성경은 우리에게 그러한 사관을 주지 않고 그보다 훨씬 심오하게 보도록 이끕니다. 여기에서 인간들이 활동하고 그 안에서 흑암의 세력이 움직이고 있지만 동시에 인류 역사 위에서 공중의 마귀의 큰 국권 조직이 일사불란하게 계속적으로 늘 작희하고 있습니다. 인류의 역사 위에서 예수 그리스도의 은혜의 왕국, 하나님 나라의 영광스런 자태를 건설하시고 전진시키시는 일에 대해서 흑암의 세력은 계속적으로 대항하고 도전하고 공격도 해오고 있습니다. 거기에 대해서 교회가 전투를 해나간다는 이 사실을 우리가 주의해서 봐야 할 것입니다.

이런 것은 모든 면에 걸쳐 있는 것입니다. 문화의 갖가지의 면에서 항상 전투해야 하는 요소가 얼마든지 있다는 것을 우리가 바라볼 수 있어야 합니다. 예를 들 것 같으면 예술적인 활동에서 헬레니즘적인 강한 세력이 움직여 나갈 때 거기 대해서 우리는 어떻게 판단하고 어떻게 전투하고 나아갈 것인가? 우리가 하나님 나라의 사실을 예술적인 활동에서 무엇으로 대표할 수 있을 것인가? 이것이 또한 큰 전투인 것이요 하나님 나라입니다. 하나의 나라인 까닭에 문화의 모든 내용을 거기에 지니고서 나타내는 것이라 말입니다.

그런데 마귀는 이렇게 인류의 역사 위에서 계속해서 흘러오면서 하나님 나라의 거룩한 영광의 진행을 늘 작해하고 방해합니다. 그런 큰 세력을 가졌을 뿐 아니라 그것이 아주 왕국을 가지고 있어서 일사불란하게 움직입니다. 오늘 본문인 마태복음 12:22-37을 읽을 때 거기에서 보았지요? 예수님이 귀신을 내쫓으신 사실을 보고, 바리새인들이 귀신의 왕 바알세불을 힘입어서 그런 짓을 한다고 악평했습니다. 그럴 때 예수님은 당신에게서 나타난 거룩한 성령의 능력을 그렇게 훼방하는 말을 하는 괴악함에 대해서 아주 준엄하게 지적하시고 무서운 경고를 하신 것입니다.

거기에서 바리새인들이 귀신의 왕 바알세불을 힘입지 않고는 귀신을 쫓아내지 못한다고 예수님을 훼방하는 말을 할 때, 바알세불이 일어나서 귀신을 쫓아내면 그것이 다 같이 어두운 귀신 세계의 일인데 자기들끼리 스스로 분쟁하는 일이 된다. 그러고야 어떻게 그 나라가 서겠느냐고 하셨습니다. 그 얘기를 보면 그 나라가 성립되어 지금까지 나오는 것인데, 저희들끼리 다투면서 어찌 잘 서서 나갈 수 있겠느냐는 의취로 분명히 말씀하셨습니다. 사탄의 세력과 그 나라는 분쟁하지 않고 잘 통제돼 있다, 분쟁할 만한 요소를 거기서는 용인치 않는다는 것을 가르쳤습니다. 그렇다면 사탄의 세력은 잘 통제돼 있는 나라입니다. 이 세상 사람의 세계에는 시끄러운 일도 많고 분쟁이 나고 반란도 납니다. 하지만 마귀의 휘하에 있는 모든 세력자와 권세자들, 그 흑암의 세력, 공중의 권세 잡은 자들의 큰 세계는 엄격하게 통제되어 하나의 목적을 가지고 나아갑니다. 하늘에 있는 악의 영들이 하나의 큰 계획 가운데에서 각각 맡은 일들을 밀고 나아가는 것이라는 말입니다.

기도

　거룩하신 아버지시여, 저희들에게 주의 말씀으로 지혜를 주시고 깨달음을 주셔서 이 시대를 볼 줄 알게 하여 주시고, 주님의 말씀에 대해서 어떻게 큰 작해가 자기 자신의 게으름과 정욕뿐 아니라 외부에도 있게 되는 것인가를 주의하게 하시옵소서. 오늘날 저희에게 주신 이 말씀의 큰 교훈을 알게 하여 주시고, 또한 마귀의 모든 작해에 대해서 당당히 바르게 서서 주님의 것에 합당한 생활을 하게 하시옵소서. 저희의 우준한 마음을 열어 주셔서 주님의 진리의 오묘한 것을 더욱 바로 깨달아 알도록 저희가 매일매일 거룩한 말씀과 성령의 역사와 아버지의 모든 은혜 가운데 장성하게 하시며, 저희에게 주신 모든 은혜를 헛되이 받지 않고, 자기 사욕을 위해서 쓰지 않고, 주의 영광을 위해서 쓰되 주님께서 기쁘게 받으실 만한 열매를 맺도록 인도하시고 깨우쳐 주시고 주장하시옵소서.
　우리 주 예수님 이름으로 기도하옵나이다. 아멘.

1978년 6월 18일

씨 뿌리는 비유④

마귀의 작해와 구속의 은혜

에베소서 6:10-17

10 종말로 너희가 주 안에서와 그 힘의 능력으로 강건하여지고 11 마귀의 궤계를 능히 대적하기 위하여 하나님의 전신갑주를 입으라 12 우리의 씨름은 혈과 육에 대한 것이 아니요 정사와 권사와 이 어두움의 세상 주관자들과 하늘에 있는 악의 영들에게 대함이라 13 그러므로 하나님의 전신갑주를 취하라 이는 악한 날에 너희가 능히 대적하고 모든 일을 행한 후에 서기 위함이라 14 그런즉 서서 진리로 너희 허리 띠를 띠고 의의 흉배를 붙이고 15 평안의 복음의 예비한 것으로 신을 신고 16 모든 것 위에 믿음의 방패를 가지고 이로써 능히 악한 자의 모든 화전을 소멸하고 17 구원의 투구와 성령의 검 곧 하나님의 말씀을 가지라

씨 뿌리는 비유 ④

마귀의 작해와 구속의 은혜

계속해서 씨 뿌리는 비유 가운데 특별히 길가에 뿌린 씨 혹은 떨어진 씨를 마귀, 사탄, 혹은 그 악한 자가 와서 곧 취해 버린다는 사실을 좀 더 생각하겠습니다. 마귀에 대해서 우리는 늘 바르게 생각하고 바르게 판단해야 합니다. 이 세상의 어떤 사람들이 마귀에 대해서 잘못된 주장을 하는 것에 영향을 받든지, 혹은 마귀에게 미혹되어 그릇된 정신의 지배를 받아 가지고 긴 것을 아니라 하고 아닌 것을 기라고 하는 괴상한 상태에 떨어지는 것은 참으로 위험한 일입니다. 배교와 배도의 길로 달려가는 거짓 선생들의 교훈에 조금이라도 혹하든지 그것의 영향을 받아서 명확하게 가져야 할 사상을 못 가지거나 바로 파악해야 할 사실을 모르고 과연 그런가 하고 의심하는 가운데 뒤로 물러나 방황[逡巡彷徨]하는 것이 얼마나 위험한 일인가를 늘 명심해야 하겠습니다.

그 악한 자 마귀와 그의 팔에 뉘어 있는 온 세상

마태복음, 마가복음, 누가복음에 보면 우리 주님께서 이 씨 뿌리는 비유 가운데에서 길가에 떨어진 씨에 대해서 설명을 해 주실 때 그 설명 내용에 '마귀'(눅 8:12) 혹은 '사탄(막 4:15)', 그리고 '악한 자'(마 13:19)라는 말이 나옵니다. 다시 한 번 우리 주님이 해설하신 것을 잠깐 보시지요. 마태복음, "아무나 천국 말씀을 듣고 깨닫지 못할 때에는 악한 자가 와서 그 마음에 뿌린 것을 빼앗나니 이는 곧 길가에 뿌리운 자요." 마가복음, "말씀이 길가에 뿌리웠다는 것은 이들이니 곧 말씀을 들었을 때에 사탄이 즉시 와서 저희에게 뿌리운 말씀을 빼앗는 것이요." 누가복음, "길가에 있다는 것은 말씀을 들은 자니 이에 마귀가 와서 그들로 믿어 구원을 얻지 못하게 하려고 말씀을 그 마음에서 빼앗는 것이요."

이렇게 마귀에 대해서 표현할 때에도 마귀, 사탄, 악한 자라 했습니다. 마태복음에 있는 '그 악한 자'라는 말은 정관사가 붙어서 모든 악한 자나 임의의 악한 자를 의미하는 것이 아니고 어떤 일정한 악한 자를 상상하고 지정하고서 하는 말입니다. 이렇게 마귀의 별명이 악한 자라 하는 말로 성경에 때때로 표현된 것을 주의해 보십시오. 예를 들것 같으면 요한일서 5:19 "온 세상은 그 악한 자에 처하여 있는 것이요" 즉 그 팔에 누워 있는 것이요 하는 말입니다. 또 마태복음 5:37을 보면 산상보훈 가운데에서 "맹세하지 말라"는 말씀을 하시고 "무엇이든지 시(是)는 시라고 비(非)는 비라고 해라. 이에서 지나쳐 나오는 것은 그 악한 자에게서 나온 것이다." 이렇게 말을 했습니다. 잘 아시는 주기도문에도 "다만 악에서 구하옵소서"(마 6:13)라는 말에서 그냥 다만 악이라는 말로 표현했지만 원문대로 보면 정관사가 있어서 다만 '그 악에서' 혹은 '그 악한 자에게서' 그렇게 우리가 말을 쓸 수가 있습니다.

이렇게 그 악한 자라는 말의 인격성이 나타날 때 그것은 곧 마귀를 의미하는 것입니다. 주기도문에 있는 그 말이 정확하게 인격성까지 자세히 구체적으로 표현하지 아니한 까닭에 우리가 단언하기가 어려우나 그 여타는 그 악한 자가 잘 드러납니다. 가령 "온 세상은 그 악한 자에게 처해 있는 것이요"(요일 5:19)라든지, 또 "그 악한 자가 와서 곧 뿌리운 것을 빼앗는다"든지, 또 같은 마태복음 13:24부터 나오는 이 다음 비유를 볼 것 같으면 거기에도 역시 마귀 혹은 원수, 그 악한 자가 나옵니다. 즉 마태복음 13:38-39을 보면 "가라지는 악한 자의 아들들이요"(38절), 이렇게 악한 자라는 말이 거기 나오고, 그 다음 39절을 보면 "가라지를 심은 원수는 마귀요" 해서 마귀라는 말과 그 악한 자라는 말을 다 같이 썼습니다.

마귀 곧 '디아볼로스'(διάβολος), 그 악한 자, '호 포네로스'(ὁ πονηρός), '사탄'(שָׂטָן) 이런 여러 가지 이름들을 가지고 있는데, 디아볼로스는 적 혹은 참소자, 사탄은 원수 혹은 적이란 말입니다. 그가 어떻게 하나님의 거룩한 나라의 진행에 원수로 적으로 대적자로 활동하면서 하나님의 거룩한 백성에 대해서는 하나님의 공리(公理), 의에 호소를 하면서 참소(讒訴: 중상)를 하고 고자질을 하고 있는 것인가? 진실로 우리에게 의로 우신 대언자 예수 그리스도께서 계시지 아니하면 마귀의 참소 사실에 걸려들 일이 많이 있을 것입니다. 요한일서 2:1 말씀과 같이 대언자가 계셔서 항상 우리를 변호하시는 것입니다. 마귀 는 덮어놓고 없는 사실을 거짓말로 꾸며대지만 않고 어떤 사실 에 대해서는 욥의 경우처럼 하나님께 의를 내세우며 이론을 합 니다. 이런 것은 하나님의 의와 거룩하신 엄위 앞에 호소하는 일이 되는 것입니다. 그러나 그는 악한 자라서 오직 악 자체가 목적이고 악한 것이 아주 본질인 까닭에 악을 행하는 것입니 다.

그러한 마귀가 공고한 국권 조직, 완전히 통제된 큰 세력을 가지고 적극적으로 이 세상과 어떤 관계를 가지고 있느냐? 요 한일서 5:19에 "우리는 하나님께 속한 자요 온 세상은 그 악한 자 안에 처해 있다"고 했습니다. 악한 자 안에 처해 있다는 말 은 곧 마귀의 팔에 누워 있다는 뜻입니다. 여기 온 세상이라는 말을 쓰고 있다고 해서 세계에 있는 모든 인류나 하나님이 이 세상에 만들어 놓은 모든 것, 피조물 전체가 오직 마귀의 휘하 에서 마귀 마음대로 하게 되어 있다는 의미는 아닙니다. 우리 는 하나님께 속한 자라 했습니다. 우리도 다 같이 이 세상에 발 붙이고 살지만 마귀의 큰 세력, 제 팔 위에 놓고 마음대로 요리 하는 거기에 우리가 처해 있는 것이 아니다. 우리는 하나님께 속한 자 즉 사랑하시는 아드님의 나라로 옮기심을 받은 자, 혹암의 권세에서 뽑아서 옮겨 주신 은혜를 따라 하나님의 자녀가 된 자들입니다. 그리고 이 온 세상이라는 말로 표현한 것은 하나님의 나라와 대립되어 대척적인 위치에 있는 한 세계를 의미합니다. 요컨대 현 세상은 하나님께 속한 자들의 목적의식, 하나님 영광을 위해 적극적으로 노력하는 사실 이외의 이 세상의 여러 가지 사실들을 말합니다. 그것은 자기 목적을 향해서 각각 흑암과 죄악과 정욕을 향해서 움직여 나가는데, 가장 강한 성격으로 그 세계를 윤색(潤色: 포장)을 하고 또 이끌고 나가는 것입니다. 그래서 세상이라는 말이 성격적으로는 가장 비신국적, 반신국적인 모든 세력의 요소의 총집결을 의미합니다. 그런 문화, 그런 세력, 그런 활동들이 온 세상이라는 말로 표현됐습니다.

그런 의미에서 "이 세상과 세상에 있는 것을 사랑하지 말라. 너희가 세상과 세상에 있는 것을 사랑하면 하나님의 사랑이 너희 속에 있지 아니하다"(요일 2:15) 했습니다. 그러면 그 세상에 있는 것이 뭐냐? "이 세상에 있는 것은 육신의 정욕과 또 안목의 정욕과 이생의 자랑이니 다 아버지께로부터 온 것이 아니요 세상으로부터 온 것이라"(요일 2:16). 이렇게 온 세상이라는 것을 비신국 혹은 반신국적인 모든 세력의 집결로서 그 전체의 한 덩어리를 다 한 세계라 해가지고 얘기하는 것입니다. 그런 까닭에 야고보서 4:4에 "이 세상과 벗 되고자 하는 자는 하나님과 원수 되는 것이다. 그런고로 세상과 벗 되는 것이 하나님과 원수인 것을 알지 못하느냐?" 하나님의 자녀로 하나님의 영광과 그 나라를 위해서 살아야 할 사람이 다만 그런 체하면서 일방 이 세상으로 가서 세상과 더불어 야단내고 세상을 추구하고 나가는 것이 마치 행음(行淫)하는 여인과 같은 일인 까닭에 "간음하는 여자들이여 너희가 이 세상과 벗 된 것이 하나님과 원수 된 것을 알지 못하느뇨" 하고 얘기하신 것입니다.

광명한 천사인 체하는 사탄

마귀는 한 큰 세력을 이뤄 가지고 많은 사람을 그 아래 가두어 놓고 자기 휘하에서 자기가 원하는 대로 끌고 나가는데, 사람들을 유혹하고 사람들을 정신없이 만들어 놓는 일이 있다고 성경은 가르쳤습니다. 그렇다면 사도 바울 선생을 하나님께서 택하신 큰 까닭은 무엇인가요? 바울 선생이 그 일을 아그립바 왕 앞에서 해명[辨白]을 할 때, 사도행전 26:18을 보면 "그 눈을 뜨게 하여 어두움에서 빛으로, 사탄의 권세에서 하나님께로 돌아가게 하고" 하는 말이 있습니다. 또한 골로새서 1:13을 볼 것 같으면 "그가 우리를 흑암의 권세에서 건져내사 그의 사랑의 아들의 나라로 옮기셨으니 그 아들 안에서 우리가 구속 곧 죄 사함을 얻었도다." 이렇게 사랑하시는 아드님의 나라로 우리를 옮겨 놓으셨다 해서 분명히 그런 세계에 살고 있는 사람이 있고, 일방 그렇지 아니한 흑암의 권세 안에서 사탄의 권세 아래 그대로 꽉 갇혀 있는 사람들도 있다고 하였습니다.

그리고 하나님을 반대하고 하나님 나라에 저항하고 나가는 큰 세력의 총수(總帥)로 이끌고 나가는 것이 사탄인데, 그 안에 있는 모든 사람을 결국 이 세상이라는 말로 표현한 것입니다.

그런고로 보통 우리가 살고 있는 이 물질적인 세계, 그것을 의미하는 것보다도 도덕적인 가치에서 반신국적인 큰 세력의 집결을 의미하는 그런 세상을 뜻합니다. 그것은 이 세대, 현 역사의 세기에서 가장 격렬하게 활동하는 것으로서 그런 의미에서 사탄은 이 세상의 임금이라 하는 말로도 표현되고, 이 세대의 신이라 하는 말로도 표현되는 것입니다. 이 세상 임금이라는 말은 특별히 우리 주님께서 이 세상 임금의 심판에 대해서 하신 말씀에 드러납니다. "이 세상 임금이 올 터이나 내게 상관이 없다"고 말씀하셨는데, 요한복음 12:31 혹은 14:30 혹은 요한복음 16:11에 이 세상 임금이라는 말로서 우리 주님은 마귀를 표현했습니다. 또 고린도후서 4:4에 '이 세대의 신'이라 했는데, "이 세대의 신 혹은 이 세상의 신이 믿지 아니하는 자의 마음을 혼미케 하여 복음의 영화로운 광채가 비치지 못하게 한다"고 하는 말을 썼습니다.

마귀의 모든 작해(作害)라는 것은 이 세상이 가지고 있는 큰 세력을 활용하는데, 이 세상에 있는 여러 가지 기구들, 여러 가지 편이한 것들을 사용합니다. 하나님의 일반 은총 가운데에서 사람들이 제조하고 산출하고 또 조직하고 나아가는 여러 현상과 여러 제도와 여러 물질, 여러 가지 문화적인 사실들을 가장 교묘히 이용한다 말입니다. 그런데 그 목적이나 계획 전체 움직임의 내용은 하나님의 거룩한 나라를 방해하고 파괴하는 것입니다. 하나님의 무한하신 사랑과 엄위의 인격적인 구체적인 표현을 그 백성들이 땅 위에서 담당하고 나가면서 나타낸 그 나라의 현실을 항상 작해하고 무너뜨린다 말입니다. 그러기 위해 이 세상 사람을 자기가 노예화해서 끌고 나가는 그의 중요한 활동이 있는 것입니다.

마태복음 13:24 이하에 있는 좋은 씨와 가라지의 비유로써 하나님의 나라는 이런 현실이 또 있다 하는 비밀을 예수님이 가르쳐 주십니다. 마태복음 13:38-39에 있는 대로 "가라지를 심은 원수는 마귀이고 그 가라지는 악한 자의 아들들이라" 해서 악한 자의 아들이 하필 왈 가라지의 형태 즉 알곡과 가장 비슷한 형태로 나타난다는 것입니다. 성경에서는 이렇게 사탄이 스스로 변하여 광명한 천사인 체하는 일이나 사탄의 일꾼들도 또한 의의 일꾼인 체하는 일도 있을 뿐 아니라, 또 가장 알곡과 같이 하나님께서 귀히 받으실 만한 좋은 형태로 나타나기도 한다는 것입니다. 하나님께 속한 자와 같은 형식과 생활을 외형적으로 표현한 사람들인데 사실은 그 악한 자 곧 마귀의 자녀들이라는 것입니다.

이렇게 마귀는 교묘한 일을 많이 합니다. 마귀의 여러 가지의 교묘함이나 호방한 큰 내용을 가진 것을 허투루 넘기지 않아야 합니다. 마귀는 자기의 수많은 부하 귀신들을 데리고서 동시에 여기저기서 얼마든지 흑암의 세력을 신장하기 위한 활동을 하되 심지어 사람의 속에 들어가서 귀신 들린 사람으로 활동하게도 하고 흑암의 세계로 끌고 들어가서 가장 괴악한 일도 발생하게 합니다. 하지만 그런 것만이 아니라 사람의 지적인 활동과 사람의 훌륭한 조직과 생활 가운데에서도 마귀의 세력이 부지불식간에 침투되어 활동하기가 쉬운 것입니다.

예를 들어 디모데전서 4:1을 보면 "그러나 성령이 밝히 말씀하시기를 후일에 어떤 사람들이 믿음에서 떠나서 미혹케 하는 영과 귀신의 가르침을 좇으리라"고 했습니다. 귀신의 가르침, 그러니까 가르치는 귀신도 있다는 것을 알아야 합니다. 귀신이 가르치고 사람이 듣고 그대로 나갈 수도 있는 것입니다. 꼭 정신이 분열돼 가지고 이상한 정신병자 같은 활동을 한다는 것만이 아닙니다. 이 흑암의 세계로 말미암아서 차츰 차츰 받는 여러 가지 영향은 자기 사상의 내용이나 사고의 여러 가지 길을 만들어 주기도 하는 것입니다. 어떠한 생활환경 가운데 사는 사람은 그 주위에서 많은 영향을 받고 어떠한 지식에 늘 접촉하고 있으면 부지불식간에 자기 마음에 영향을 받기도 합니다. 그렇게 되면 그것이 자연 그 사람의 발상법이나 사고해 나가는 과정에 큰 영향을 주어서 마침내 가장 험악하고 괴악한 생각도 할 수 있는 것이고 그렇지 않으면 무서운 생각도 할 수 있는 것입니다.

사람은 자기의 이상(理想)이라고 해서 무엇을 찾고 나가지만 사실은 '한 길'이 있고(히 9:27), 사람의 생각에는 다르다 하나 필경에는 다 죽는 데 이르는 길이라고 하신 말씀과 같이 죽음으로 이끌고 나가는 기이한 잘못된 생각이 많은 것입니다. 혹은 참된 것을 거기다가 붙이지 아니하고 거짓 것을 가지고 훌륭하다 위대하다 하고서 사람들이 거기다 가치를 굉장히 붙이면, 그래서 사람들이 거기에 눈이 현혹되면 그것이 과연 참으로 위대한 것인 양해서 참된 것을 버리는 수도 있는 것입니다. 예를 들면 어떠한 일, 그것이 사람의 기본적인 선에 근거를 두고 나온다고 할지라도 그것으로 하나님의 영광이나 하나님 나라를 찾아가지 못하는 것인데도 불구하고 그것으로 오히려 하나님 나라의 거룩한 것을 대충(代充)하고 대신해서 나타내려고 할 때에는 그것이 참 분수에 넘치고 망령된 일이 되고 마는 것입니다.

사람의 도덕이라는 것은 불신자나 신자나 도덕이 높을수록 좋기는 좋지만 높은 도덕을 가지고 사람에게 어떤 인식을 강조해서 그것이 진리인 것같이, 그것이 참으로 그 이상 다른 것이 없는 것같이 스스로 권위를 취하기 시작하면 그것은 큰 미혹[迷惑]을 일으키는 것입니다. 가령 인도주의일지라도 그것이 하나님 나라의 거룩한 덕과 구원의 도리에 대충될 것 같으면 그것이 큰 오류를 일으키는 것이라 말입니다. 그뿐만 아니라 거짓 사도, 거짓 선지자, 거짓 선생, 심지어는 마침내 거짓 그리스도까지 이 세상 무대에 나타나서 사이비가 진실인 양으로 떠들어서 사람을 현혹하게 합니다. 아까 인용한 말씀 고린도후서 11:13-15까지 보면 "저런 사람들은 거짓 사도요 궤휼의 역군이니 자기를 그리스도의 사도로 가장하는 자들이니라. 이것이 이상한 일이 아니라 사탄도 자기를 광명의 천사로 가장하나니 그러므로 사탄의 일꾼들도 자기를 의의 일꾼으로 가장하는 것이 또한 큰 일이 아니라 저희의 결국은 그 행위대로 되리라." 결국 항상 주의해서 잘 판단치 아니하면 사이비라는 사실에 얽혀들어서 거짓 가운데 방황하기가 쉬운 것입니다.

사이비 진리와 은혜의 수단

오늘날 시대에 큰 현상의 하나, 아주 괄목하고 주의해야 할 만한 중요한 현상의 하나는 사이비라는 것이 진실인 체하고 아주 크게 횡행한다는 사실입니다. 사이비 진리가 진리인 체하는 것, 사이비 종교가 참 종교인 체하는 것, 사이비의 무슨 사실이 진짜 사실인 것같이 하는 것, 사이비적인 인간이 진짜 그 사람인 것같이 하는 사실들이 오늘날 여기저기 많이 돌아다닙니다. 특별히 교회가 배교를 해나가는 시대에는 그런 것들이 특수하게 횡행하면서 사람을 유혹해 나갈 것입니다. 이 시대에 그런 유혹이라든지 거짓이라는 성격, 그것은 그것대로 아주 심히 중요한 문제이며 우리는 이런 것을 잘 알아야 합니다.

하지만 요컨대 사람이 사탄의 이런 속임수에 빠져 들어가는 중요한 이유의 하나를 우리 주님께서 말씀하셨습니다. "너희가 성경도 하나님 능력도 알지 못하는고로 오해하였도다." 마태복음 22:29에 있는 말씀인데, 여기 "오해하였도다" 하는 말은 마치 마태복음 18:12에 있는 백 마리 양 가운데 한 마리 양이 길을 잃었다고 할 때 '길을 잃었다'는 말입니다. 길 잃고 딴 길로 갔다 그것입니다. 자기의 바른길을 잃고 딴 길로 간다, 플라나오(πλανάω)라는 이 말을 여기서는 오해했다는 말로 번역했습니다. 요컨대 너희가 성경도 모르고 하나님의 능력도 모르는 까닭에 길을 잃고 헛되이 가고 있다. 너희는 딴 길로 방황하고 있다는 말씀입니다. 이와 같이 하나님의 거룩한 말씀을 될 수 있는 대로 알지 못하게 하는 데서 사탄의 흑암의 작용은 훨씬 더 세력 있게 사람을 사로잡고 나갈 것입니다.

지금 우리가 길가에 떨어진 씨의 경우를 생각할 때 어떤 사람은 하나님 말씀을 들었지만 하나님 말씀의 그 권위를 그대로 받는 것이 아니고 자기가 유식하다고 해서 제멋대로 분석하고 평가를 합니다. 이것이 위대한 고전이다, 위대한 작품이다, 위대한 도덕적인 지침이다, 그리고 위대한 사상의 원천이다 하며, 그런 점에서는 흡수를 하고 그것으로 자기 이름을 날리지만 그러나 은혜의 수단, 메디아 그라티아에로서 성령님이 그 속에서 역사하는 것을 거부한다 말입니다. 왜죠? 벌써 마귀가 그 마음을 흐려서 다른 데로 그 정신을 다 쏟게 하였기 때문입니다. 이것이 과연 무엇을 의미하는 것인가에 대해서 간절히 바로 알려는 겸손한 마음보다도 자기의 지식에 언뜻 비춰지는 거기서부터 시작해 가지고 자기 마음대로 자기의 이성과 능력을 가지고 쪼개고 판단하고 혹은 평가를 해서 다 아는 사람이 되었다 말입니다. 그렇게 해서 학문에 이름을 내고 세상 앞에서 자기의 명예를 드러내기도 하는 사람들이 과거에 많이 있었다는 것을 지난 번 강설에 얘기했습니다. 이렇게 함으로써 그들은 참으로 진리를 진리로 받을 만한 아무런 개안(開眼)이 없고, 흑암이 완전히 거기서 제거되는 것이 없이 그저 문화적인 사실로만 파악하고 그냥 살아가는 것입니다.

사탄은 이와 같이 사람들에게 이 세상의 좋은 것, 훌륭한 문화, 훌륭한 명예, 훌륭한 지식, 또 크게 빛나는 일, 영광스러운 일을 보여 주고 그것으로 이끌고 가면서 참으로 그들이 거기서 받아야 할 것, 얻어야 할 가장 본질적이고 가장 중요한 것들은 그냥 은폐해 버립니다. 그래서 터치도 못하고 나가는 것이지요. 지난번에도 말했지만 그렇게 성경 자체를 자기 학문의 큰 내용으로 해서 연구를 해가지고 독일의 일류 대학에서 가르치던 그 많은 교수들, 그라프, 쿠에넨, 벨하우젠 학파 등 이런 많은 사람들이 성경을 자기 비평의 대상으로 삼아 이름을 내는 도구로는 삼을망정 어찌하여 그것이 주는 진리와 생명의 도리는 받지 않고 나가는가? 그것이 그들에게는 어찌하여 완전히 닫히고 은폐된 사실로서 깨닫지를 못하는가? 마귀가 그들의 마음을 다른 것으로 이끌고 나가서 그렇습니다. 다른 찬란한 것으로 대충시켜서 참으로 성경이 줘야 할 구속의 은혜의 내용은 그들로 하여금 파악 못하게 한 것입니다.

길가에 뿌린 씨를 새들이 와서 주워 먹듯이 어떤 사람들이 말씀을 받았지만 그 말씀이 가지고 있는 참된 의미와 내용을 깨닫지 못할 때에는 이렇게 마귀가 와서 마침내 그 참된 의미와 내용을 다시 깨달을 길이 없게 은폐를 한다 말입니다. 그것은 여러 가지 방법이 있겠지만 예를 들면 아까 말한 그 학자들은 성경을 학문의 추구의 내용으로만 탐구해 나갔습니다. 학문적인 요구와 기호에 의해서만 내용을 탐구해 나가고, 자기 영혼에 있는 갈등이나 기본적인 기갈에 대해서 생명의 양식을 구해 나가야겠다는 호소를 성경에 하지 않았던 것입니다.

이와 같이 하나님의 거룩한 말씀이 그의 속에서 역사하지 아니하고 어떠한 위대한 고대 문헌의 하나로 크게 작용하고 있을 때에는 그들은 성경을 모르는 사람입니다. 따라서 하나님의 능력도 알 수가 없는 것입니다. 일반 이법에 의한 사실들만 그들이 생각하고 있을 뿐이지 하나님의 능력이라든지 직접 하나님께 영광을 돌려야 할 어떤 특수한 인격의 현저한 표현이 되는 사실들에 대해서는 모릅니다. 이렇게 성경도 하나님 능력도 모를 때 속아서 그릇 가는 것입니다. 이러한 것들이 길가에 뿌린 씨, 그리고 새들이 와서 그것을 주워 먹어버린 한 자연현상에 실어서 우리에게 진리를 깨달아 알도록 하시는 것입니다.

마귀의 그런 작해나 활동은 하나님의 말씀이 들어간 사람 속에 명확하게 어떤 현저한 자취를 남기게 됩니다. 하나님의 말씀이 들어가는 사람 속에서는 성령님의 명확한 사역의 자취가 남아야 할 터인데도, 이상하게도 하나님의 말씀이 들어오는 것 같지만 마귀의 작해가 말씀을 은폐해서 말씀이 가지고 있는 본질적인 생명을 완전히 그에게서 탈취해 갑니다. 마치 새들이 그 씨를 주워 먹듯이 삼켜 버립니다. 비록 그의 속에서 아무리 기억에 그냥 말씀이 남아 있다고 할지라도 가지고 있는 본질적인 중요한 의의는 그에게 없는 것입니다. 어떤 언어의 개념을 몰라서 그러는 것은 아닙니다. 문장의 의미를 몰라서 그러는 건 아닙니다. 문제는 그것이 가지고 있는 참된 의미(significance)와 능력이 그 속에서 아무런 작용을 아니 하는 까닭에 그렇고, 그것은 그가 그럴 마음의 여지를 안 가지고 있다는 한 사실을 또한 보이는 것입니다.

말씀에 대한 간절한 추구와 그에 따른 생활이 절실히 필요함

어떤 사람에게는 마음에 일종의 선입관을 가진 까닭에 그렇게 되는 것입니다. 선입관이란 종교란 이래야 한다, 기독교는 이래야 한다, 교회는 이래야 한다 하고 자기 식으로만 생각하는 것을 말합니다. 자기 식이라는 것도 자기가 창작한 것이 아니지요. 어딘지 열등한 데서 잘못 배워 가지고 '그래야 하느니라' 하고 생각해 두었던 것에 대해서 심각하게 비판하지 않습니다. 자기 식의 그런 생각이 그럼 어디서 나올 것인가 하는 그 표준이란 것을 한 번도 심오하게 생각해 보는 일이 없이 그냥 전통이나 습관이나 주위 환경을 따라 답습해 나갑니다. 사람들이 다 같이 따라가는 그 속에 같이 들어가서 막연히 걷는 것을 프랜시스 베이컨은 우상으로 표현하였습니다. 그것을 하나의 이돌라(idola)시 하고 그대로 따라갔다는 것입니다. 자기가 본 세계의 것, 소위 동굴에서 쳐다봤을 때 동굴에서 뵈는 세계만이 전부인 줄 아는 이것을 동굴 속의 우상(idola specus)이라 했습니다. 혹은 자기가 유하는 사람들 속에서 다 그것이 당연히 그런 것이라고 여겨서 으레 그렇게 돼야지 왜 저렇게 돼야하느냐 하는 것을 가리켜 소위 종족의 우상(idola tribus)이라 했는데, 이런 선입관이라는 것에 딱 갇혀서 공평하고 허심탄회하게 하나님 말씀의 진리가 과연 뭔가 하고 찾지를 않습니다. 성경이 무엇을 가르치는가를 간곡한 마음으로 사모하고 묵상하고 기도하고 구하고 나가는 이런 생활태도가 없는 것입니다. 위대한 진리를 그냥 가만히 앉아서 저절로 자기가 생각하는 대로 받아들이면 좋겠다는 태도가 정당하겠습니까? 거룩한 진리를 그냥 앉아만 있어도 알아지는 것으로 생각하는 것은 큰 오해입니다.

디모데후서 4:3-4을 볼 것 같으면 "때가 이르리니 사람이 바른 교훈을 받지 아니하며 귀가 가려워서 자기의 사욕을 좇을 스승을 많이 두고 또 그 귀를 진리에서 돌이켜 허탄한 이야기를 좇으리라" 하였습니다. 다른 사람들이 근거 없이 혹은 특별히 심오한 연구 없이, 하나님께로부터 계시를 받은 것이 없이 그냥 적당하게 그 사람 나름대로 생각하는 것이나, 여러 곳에서 중구난방(衆口難防)으로 자꾸 떠들어 대는 그런 데까지라도 자기 마음이 솔깃해진다면 귀가 가려워서 자기를 기쁘게 할 스승을 많이 두는 상태인 것입니다. '아, 그는 나를 기쁘게 해 주니까 좋다.' 이런 일이 발생할 것을 디모데에게 특별히 경고하면서 장차 그런 때가 온다는 것을 얘기한 것입니다. 바울 선생은 디모데에게 가르쳐 줄 때 특별히 후일(後日) '아하릿 하야밈'(אַחֲרִית הַיָּמִים), 이후에 오는 시대에 이런 것들이 발생할 것이라 했는데, 그런 것들이 과거에도 있었지만 지금도 많이 있는 것입니다.

이런 것들은 다 뭐냐 하면 그 마음이 암매해서 하나님의 말씀을 바로 받아서 말씀의 거룩한 뜻이 과연 그런가 하고 알기를 원하는 마음의 겸손이 없이 교오(驕傲)한 자기의 선입관이나 어디서 들었든지, 어디서 터득했든지 간에 형성한 자기 식 주관에 의해서 만사를 다 시비(是非) 판단을 해보려고 하는 심히 교오한 태도, 잘못된 태도에 들어가 있는 까닭에 그러는 것인데, 그런 사람들이 세상에 많이 있다는 것을 주의해야 할 것입니다. 하나님의 말씀에 대해서는 언제든지 가장 순결하고 겸손한 위치에 서 있어야 합니다. 만일 하나님의 말씀에 대한 겸손과 존경과 간절한 사모가 없었더라면 종교개혁은 일어나지 아니했을 것입니다. 종교개혁의 대본위로서 첫째로 내세운 것이 하나님의 말씀만이 최고의 표준이 되는 것이다. 사람들이 만든 전통이나 습관이나 지금 현재의 기세등등한 제도가 다 큰 의미가 없다는 것이었습니다. 그토록 기세등등하고 거대한 구교의 세력 앞에서도 굽힘이 없이 하나님의 말씀으로 참된 신실한 교회를 회복하려고 종교개혁을 이룬 것입니다.

이러한 타락이라는 것을 생각할 때 교회 안에서 항상 바른 것으로 먹이지 않고 가만히 놔두면 저절로 타락해 가는 것입니다. 저절로 타락해 가는 교회의 현실에서 사람들은 그것이 좋다, 정당하다 해가면서 그냥 따라가는 것입니다. 이런 속에서 참된 교회는 무엇이며 참으로 가르치는 도리가 무엇인가를 바로 알기 위해서는 어떤 하나가 움직이는 것이 아니고 그것을 간절히 사모하는 사람들 개인 개인이 하나님의 말씀에 대한 사랑과 사모와 존경과 묵상과 또 간절한 추구와 동시에, 한 가지를 터득했을 때 거기에 의해서 생활해 나가는 정신 가운데 있어야 하는 것입니다. 그런 정신과 태도만이 우리에게 바른 것을 얻을 수 있게 해주는 것입니다.

그런데 그러지 못하고 지적으로 신학적인 해석을 많이 자꾸 터득하려고 하면 성경은 신학의 원천 노릇은 하지만 신학의 원천 노릇을 한 그것이 그대로 구속의 은혜의 방도 노릇은 않는 것입니다. 구속의 은혜의 방도라 할 때는 하나님의 말씀을 읽고 거기에서 가르치는 참된 도리를 신학적으로 서술을 하기 전에, 그렇게 하지 않더라도 자기 자신이 '아 하나님이 나에게 이렇게 명령하셨으니 나는 그럼 그리로 가야 하겠다' 하고 자기의 생활에 그것을 옮겨 놓는 큰 세력으로 나를 움직일 때, 그것이 은혜의 방도로서 사역이 되는 것입니다.

누가복음 8:12에 기록되어 있는 우리 주님의 길가에 뿌린 씨의 해설 가운데 "길가에 있다는 것은 말씀을 들은 자니 이에 마귀가 와서 그들로 믿어 구원을 얻지 못하게 하려고 말씀을 그 마음에서 빼앗는 것이요"라고 했습니다. 그 말씀이 있었더라면 구원을 받을 텐데 구원을 받지 못하게 하려고 방해를 한 것이라는 말입니다. "믿어서 구원 받는다"고 한 이 말은 물론 안 믿는 사람에게 우선적으로 적용하는 말이겠지만 구원의 사실이라는 것은 우리가 일생동안 계속적으로 받아 가지고 가는 것입니다. 그러니까 우리는 구원 받았다 해도 말이 되고, 구원을 매일 받고 있다 해도 말이 되고, 장차 구원을 받을 터이다 해도 말은 다 되는 것입니다. 그런 의미에서 보면 꼭 안 믿는 사람뿐 아니라 믿는 사람에게도 말씀이 은혜의 수단으로서 성령님이 그 말씀과 함께 역사하는 사실은 계속적으로 늘 있어야 하는 것입니다. 그렇지 않고 꼭 그 사람이 구속의 제일 처음의 은혜에 접촉하는 때만 그것이 그런다는 것은 아닌 것을 잘 아실 것입니다. 그런고로 그런 의미에서 말씀은 안 믿는 사람에게는 성령님이 역사하셔서 그에게 중생의 새로운 생명이 임하고 속죄의 크신 은혜가 그에게 적용되는 것이 첫째의 중요한 단계지만, 믿는 사람, 이미 그것이 있는 사람에게 말씀은 신학으로서가 아니라 메디아 그라티아에로서 그 속에서 강하게 늘 역사해야만 할 것입니다.

기도

　거룩하신 아버지시여, 저희에게 은혜를 베푸사 말씀이 저희 안에서 참으로 본연의 거룩한 능력을 늘 나타내게 성령님이 이를 쓰셔서 역사하시는 바가 환연케 하여 주시고 잘못된 길로 가지 않게 하여 주시며 주님의 은혜 가운데 있게 합소서. 사랑하시는 주여, 말씀의 이 비류 없는 거룩한 능력을 더 깊이 깨닫게 하시고 이 고귀한 것을 참으로 간직한 자다운 거룩한 생활을 하게 합소서.

　예수님 이름으로 기도하옵나이다. 아멘.

1978년 6월 18일

동방박사들의
계시 접촉

마태복음 2:1-12

1 헤롯 왕 때에 예수께서 유대 베들레헴에서 나시매 동방으로부터 박사들이 예루살렘에 이르러 말하되 2 유대인의 왕으로 나신 이가 어디 계시뇨 우리가 동방에서 그의 별을 보고 그에게 경배하러 왔노라 하니 3 헤롯 왕과 온 예루살렘이 듣고 소동한지라 4 왕이 모든 대제사장과 백성의 서기관들을 모아 그리스도가 어디서 나겠느뇨 물으니 5 가로되 유대 베들레헴이오니 이는 선지자로 이렇게 기록된 바 6 또 유대 땅 베들레헴아 너는 유대 고을 중에 가장 작지 아니하도다 네게서 한 다스리는 자가 나와서 내 백성 이스라엘의 목자가 되리라 하였음이니이다 7 이에 헤롯이 가만히 박사들을 불러 별이 나타난 때를 자세히 묻고 8 베들레헴으로 보내며 이르되 가서 아기에 대하여 자세히 알아보고 찾거든 내게 고하여 나도 가서 그에게 경배하게 하라 9 박사들이 왕의 말을 듣고 갈 새 동방에서 보던 그 별이 문득 앞서 인도하여 가다가 아기 있는 곳 위에 머물러 섰는지라 10 저희가 별을 보고 가장 크게 기뻐하고 기뻐하더라 11 집에 들어가 아기와 그 모친 마리아의 함께 있는 것을 보고 엎드려 아기께 경배하고 보배합을 열어 황금과 유향과 몰약을 예물로 드리니라 12 꿈에 헤롯에게로 돌아가지 말라 지시하심을 받아 다른 길로 돌아가니라

동방박사들의
계시 접촉

예수님의 나심과 등장인물들

크리스마스 날은 우리가 특별히 하나님 앞에 성일(聖日)로 정해놓고 예배하는 날입니다. 우리 주께서 이 세상에 사람의 몸을 입으시고 오신 날입니다. '하나님이 사람이 되셔서'라고 하면 어폐(語弊)가 있는 까닭에 항상 우리가 주의해서, '말씀이 곧 로고스가 육신이 되셔서' 이 땅에 오셨다고 표현합니다. 역사상 예수님께서 오셨던 당시, 지금부터 이천 년 전 예수님이 나신 일을 둘러싸고 여러 특별한 인물들이 중요히 등장했습니다. 예를 들면 예수님 나신 것과 관계돼서 특별한 신앙과 은혜를 받고 나타난 사람으로 무엇보다도 예수님의 어머니 마리아가 있었습니다. 다음으로 마리아와 정혼했던 남편 요셉이 있었고 또 예수님의 나심을 둘러싸고 당시 등장했던 인물들로 들에서 양을 기르던 목자도 있었습니다. 그리고 그 다음에는 오늘 읽은 대로 동방에서 온 박사들이 있었죠. 또 예루살렘에 있던 왕궁의 헤롯 왕, 또 여기에 지적된 대로 백성의 대제사장들과 서기관들이 나옵니다. 모두 예수님이 나시는 문제와 관계돼 등장한 사람들입니다.

예수님의 나심을 둘러싸고 있던 이런 사람들의 신앙과 생활, 또한 계시에 대한 인식이나 그에 대한 반응들을 하나씩 하나씩 조사해서 생각해 보면 여러 가지로 은혜로운 것이 많을 것입니다. 하지만 이번 기회에 우리가 그것을 여러 회에 걸쳐서 할 수가 없고 그중에 한 가지 동방박사들의 문제를 잠깐 들어서 살펴보겠습니다. 그것도 물론 여러 가지 사실들을 조사하면서 공부해야 하지만 이번에는 그 문제와 관계되는 몇 가지만 간단히 생각하고자 합니다.

동방의 박사들인 마기의 직위

동방의 박사들이라, 마기(magi)라는 말을 썼는데 복수입니다. 이것을 단수로 쓸 때는 마구스(magus)인데 마기를 영어식으로 읽으면 메이자이(magi)입니다. 마기를 박사라고 번역했는데 어떤 의미에서는 박사가 맞습니다. 당시에 특별히 동방 지역, 바빌로니아나 페르시아나 여타의 나라에 그런 직위의 사람들이 있었습니다. 오늘날 말하는 중근동 지역의 여러 나라에 특별히 어떤 학파라고 할 만한 매우 중요한 일을 전문적으로 연구해서 그것으로 입신(立身)을 한 사람들입니다. 아무나 되는 게 아니고 그만큼 특별한 은사가 있어야 했는데, 왜냐하면 학문을 많이 해야 했기 때문입니다. 학문을 많이 할 뿐 아니라 또한 깊이 알아야 했는데 그 범위가 넓었습니다. 주로 천문지리

(天文地理), 수리 혹은 수학, 역사, 또 인간 사회, 이런 방면에 대한 깊은 연구를 해야 했습니다.

그렇게 연구를 해서 실질상 당시나 그 이전의 세계에서는 어떻게 쓰였느냐? 국가에서 중요한 문제가 있다든지 국가가 나라의 정치를 어떻게 하면 좋을까 하고 지혜를 필요로 할 때 지혜로운 스승들을 모셔다가 국사(國事)를 물었습니다. 높은 지식 있는 사람들이라고 해서 그 사람들을 데려다 조용하게 국사를 묻기도 하고 중요한 국가 결정의 내용들에 관여하도록 한 것입니다. 그래서 마기라고 하면 어떤 때는 번역하길, 거룩할 성(聖) 자 하고 스승 사(師) 자를 써서 성사(聖師)라고도 했습니다. 옛날 일본에서는 역사책들을 써 나갈 때 이 성사라 하는 용어로 번역한 일이 많았습니다. 지금은 그냥 마기라고 마구 써 나가지만. 아무튼 보통 스승이 아니고 특별히 구별된 스승이었습니다. 독특한 감동과 감화와 지식과 지혜를 가진 스승이다, 해서 성사라고 한 것입니다.

그런데 그런 사람들이 관계되어 중대사를 결정할 때 그때만 임시로 불러다가 하는 게 다가 아니고 어느 때는 독특한 기관을 만들어서 상비(常備)로 직무를 행하게도 했습니다. 그런 이들은 조정이나 궁중에서, 그러니까 왕 가까이에 있으면서 큰 문제를 의논하고 자문 역할을 했습니다. 넓은 의미로 이런 카테고리에서 마기를 본다면 히브리 사람 가운데 바빌로니아로 포로로 잡혀갔을 때 활약했던 다니엘과 세 친구를 꼽을 수 있습니다. BC 600년 이전의 일입니다. 다니엘과 그의 세 친구 이름을 보면 바빌론 식 이름이 따로 나오지만 본 이름은 하나냐, 미사엘, 아사랴였습니다. 이 사람들이 다 왕의 명령을 따라 무엇을 하게 되느냐? 국가의 기밀한 행정상 기술상의 여러 가지 문제를 다룬 것이 아닙니다. 정치적인 큰 안목에서 사람들이 쉽게 알기 어려운 일, 그리고 하늘의 운행과 관계되어 있어서 어떻게 해야 할 것인가 하는 문제를 다루었던 것입니다.

　하늘의 문제란 무엇이겠습니까? 옛날엔 오늘날과 달리 자연환경의 지배를 훨씬 더 크게 받는 시기였습니다. 예를 들면, 비가 많이 와서 홍수가 난다든지 날이 가문다든지 해서 자연재해를 만나고 그런 일과 더불어 전쟁이 난다든지 하면 항상 민간에서 지혜로운 스승들을 불러 가지고 묻습니다. 이번 전쟁에는 출전을 며칠날쯤에 했으면 좋겠느냐? 그렇게 물으면 대개 하늘을 바라보고 여러 가지 것을 생각하고 혹은 수리로 계산하는 추수(推數: 닥처 올 운수를 헤아림)를 하여 며칠쯤 '출전을 해라' 하고 일러줍니다. 어느 때는 언제 출전을 하면 안 된다든지 하면서 심지어 종교적인 직무의 책임까지 지게 되었습니다. 다니엘이나 혹은 그의 세 친구들이 다 각각 국사의 중요한 위치에 있었는데 그 중에서도 다니엘은 바빌론의 박수장이었어요. 즉 꿈을 꾼 것을 해석하고 또 마음 가운데 번민하는 것에 대해서 어떻게 하라고 지혜를 가르쳐 주고 또 이런 신비한 일은 무엇을 의미하는 것이라고 가르쳐주었습니다. 다니엘은 나보폴라살의 아들 느부갓네살(Nebuchadnezzar II 재위 BC 604-562경)이 죽은 후에도 에윌므르닥, 그 다음에는 네리글릿 사르, 이런 사람들을 일생을 통해 계속해서 섬기고 내려오면서 마지막에 벨사살 때는 '메네 메네 데겔 우바르신'(단 5:25)이라는 이상한 글자의 해석을 했습니다. 넓은 카테고리에서는 다니엘 같은 사람이 그런 인물이었습니다.

다니엘은 바빌로니아에서 주로 섬기고 있었지만 바빌로니아 이후에 일어난 메디아나 페르시아나 그 다음에 서쪽에서 왔을지라도 동방 지역을 점령한 마케도니아, 또 마케도니아 남쪽에 있는 아테네나 스파르타나 이런 데서 다 그러한 신의 선탁(宣託)을 받아서 비로소 출전도 하고 무슨 국사도 행하고 크게 국가를 움직이게 하는 일을 하는 사람들이 늘 있었습니다. 그것이 특별히 서방 세계보다도 저 동방 세계에서 많이 발달했던 것입니다. 우리나라의 역사를 보더라도 고대의 신라 때 날 일(日) 자 하고 벼슬 관(官) 자를 써서 일관(日官)이라고 하는 직위가 있었습니다. 임금이 국가의 중요한 문제가 있을 때 할 건가 말 건가를 일관에게 물었어요. 며칠날 하라고 주로 날까지 정해 주었는데, 그러기 이전에 사람이 저항할 수 없는 거대한 자연의 세력이나 그 이상의 초자연적인 신비한 세력 앞에서 사람이 함부로 저항하지 말고 순응해서 이렇게 해야 하겠다 하는 것을 가르치는 사람이 있었습니다. 그렇게 해서 일관이 정치적으로 결탁도 하고 음모를 하는 사건들이 신라 말년에는 있었던 것을 역사를 배웠으면 더러 기억하실 것입니다.

이조에 와서는 대단히 무신론적이고 현세주의적인 유교 철학의 지배를 받아서 그로 말미암아 모든 걸 세웠습니다. 그래도 임금이 자기가 스스로 결정하기 어려운 까닭에 고려 시대의 한림원에 해당하는 홍문관, 예문관을 두어 선비들을 모으는 중요한 기관들을 만들었습니다. 선비들 가운데에도 대과급제한 우수한 사람들이 거기서 앉아가지고 주로 임금의 고문 노릇을 하였습니다. 왕의 추밀(樞密), 주요한 기밀에 늘 관여했습니다. 이런 것들은 어느 나라든지 그 나라의 모든 중지(衆智), 뭇 지혜를 모아 국사를 그르치지 않으려는 뜻을 가지고 자연적으로 나왔습니다. 중지를 모을 때에는 사람 이상의 초자연적인 어떤 위대한 사실 앞에서 초자연적인 지혜를 가진 사람이 그것을 능히 대처해 나갈 수 있으리라 생각하는 까닭에 느브갓네살과 같이 가장 강력한 군대를 가지고 제국다운 제국을 건설한 사람일지라도 결국 다니엘과 같은 그런 인물을 데려다 쓴 것입니다. 갈대아 사람, 박수들, 술객들, 이런 이상한 초자연의 세계나 또한 사세의 현실 이상의 문제와 관련이 있으리라고 생각하는 사람들을 궁정에 두어두고 그들의 한 기관(school)을 만들어 가지고 있었던 것입니다.

그러면 이제 마기라는 것이 대개 무엇이겠는가, 동방박사라는 사람들이 누구이겠는가 하는 것에 대해서 조금 짐작을 하실 것입니다. 예수님께서 나실 때 이 동방에 있던 박사들이 찾아온 것인데 동방 어떤 나라의 사람인지는 알 수 없습니다. 이스라엘 나라에서 동쪽으로 반듯이 그냥 갈 것 같으면 바벨론이 거기 있습니다. 큰 사막을 건너서 가니까 한 500마일을 가면 이르는데, 유프라테스나 티그리스가 합치는 데로 가자면 바로는 못 다니고 대개 길을 저 북쪽으로 우회를 해서 1,000마일 이상을 걸었습니다. 그래서 하란이라는 북쪽 티그리스나 유프라테스의 북쪽지방, 그러니까 좀 더 상류지방으로 올라가서 거기서부터 그냥 남쪽으로 죽 내려오도록 여행할 수 있는 루트가 있었습니다. 특별히 유목하는 사람들이 좋아할 만한 풀이 거기에만 나서 오늘날도 그것을 비옥한 반달형(fertile crescent)이라 부릅니다. 바벨론에서부터 반달형으로 빙 둘러서 팔레스타인에 이르는 지역이 비옥한 반달형 지방인데 동방의 박사들도 필연 동방의 어디에서 시작했겠지만 오기는 그 루트를 타고 왔을 것입니다. 즉 유프라테스, 티그리스 사이의 메소포타미아를 지나서 북쪽으로 올라갔다가 거기서부터 강을 건너서 남쪽으로, 남쪽으로 내려왔을 것이라는 게 당연한 추리입니다. 결코 어디 공중에서 뚝 떨어진 사람들이 아닙니다. 동방에서 왔다 했으니까 당시 다니는 그 루트를 통해서 이 사람들이 왔을 것입니다.

성탄 사건에 관한 그릇된 견해들

　　그러면 여기서 먼저 생각할 것이 있습니다. "동방에서 어떤 박사들이 별을 보고 왔다." 이 마태의 표현은 간단하지요. 전에 늘 얘기한 것같이 대개 성경의 표현, 성경의 스타일이라는 것이 문학 표현 방식으로는 리얼리즘의 문체를 쓰는 까닭에 자세한 경로를 보고하지 아니하고 중요한 사실(fact)을 거기다가 던져 줍니다. 그로 말미암아 그것을 거점(據點)으로 해서 읽는 사람이 자신의 통찰력을 가지고 더 많은 것을 찾아내서 알게 만들었습니다. 더군다나 등장인물의 감정은 전혀 표시하지 않았어요. 다른 말로 하면 그렇게 먼 길을 그토록 고생해 가면서 큰 행보를 했다고 하는 표현이 없다는 것입니다. 그것은 보통으로는 할 수 없는 여행이었습니다. 오늘날과 같이 탄탄한 대로가 있어서 자동차가 거기로 쓱 가고 하는 그런 시대가 아니니까요. 그런 여행을 한다면 보통 사람은 일생에 한 번도 어려운 일입니다. 그런데 그들이 그토록 어려운 행보를 했으니 참 장하다든지, 신기한 일이라든지 그런 얘기를 하나도 안 썼다 말입니다.

우리에게 알리는 것은 헤롯 왕 때에 박사들이 동방에서 그리스도 탄생의 별을 보고 왔다는 말뿐입니다. 이런 식의 간단한 보고(報告), 이것이 히브리 사람들에게 아주 잘 발달한 스타일입니다. 모세 이래로 훌륭한 스타일을 써나가는 문학적인 표현입니다. 만일 현대인의 감각으로 쓴다고 할 것 같으면 훨씬 더 많은 표현을 해야 해요. 그러나 그렇게 많은 내용을 간단한 표현 안에 가득히 집어넣었던 것입니다. 그런데도 그냥 껍데기에 있는 몇 마디만 가지고 '어 그랬구나' 하고 만다면, 아무것도 추리하지 않고 생각도 않겠다는 사람의 태도인 것입니다.

그러나 성경이 우리에게 어떤 비상한, 보통 이상의 중요한 것을 얘기할 때 우리는 그 비상한 사실에 대해서 비상하게 추리하고 연구해서 깨달아야 합니다. 그렇게 압축된 표현 속에서 우리가 찾아보아야 할 것이 있습니다. 박사들이 예수님 탄생을 가리키는 별을 보고 찾아오는 그 어려운 여행길을 시작하려면 기본적으로 중요한 마음의 결정이 먼저 있어야 할 것입니다. 저 별이 특별하기는 하지만 그냥 하나의 별인데, 대체 저게 무엇인가 하고 따라오는 식으로 간단하게 된 것이 아니에요. 옛날이나 지금이나 어느 시대든지 비교적 드문 일, 대체로 있지 않던 어떤 특수한 별이 나타났다 하더라도 별은 그냥 별입니다. 별 이상의 특별히 다른 것이 아닙니다. 다만 천공(天空)의 일각에 어떤 특수한 별 하나가 자연현상으로 나타났다고 합시다. 그것을 주의해서 쳐다보고 저게 무엇이다 하면서 운명을 자세히 설명하고 앞길을 얘기한다면 그것은 완전히 미신적인 해석입니다. 별의 현상으로 미래를 예측하는 점성학(astrology)이 된다 말입니다. 차라리 별이 운행하는 법칙(nomos)을 연구하던 것이 오늘날의 천문학(astronomy)으로 발전하지 않았습니까? 그렇다면 동방의 박사들이 순전히 그런 점성술자들인가? 흔히 그렇다는 것이 오늘날 자유주의자들이 덮어놓고 하는 얘기입니다.

하지만 점성술에 의해서 도저히 이 일을 설명할 수가 없습니다. 왜 그런가요? 점성술을 하는 사람들이 자기의 목숨[身命]을 내대고 그것이 절대로 안 그렇게 될 수 없다고 확신하고 하는 일이 얼마나 있을지 대단히 의문입니다. 진리에 입각한 것이 아니거든요. 어떤 미신에 입각해 가지고 만든 것이니까요. 미신이 그 사람에게 진리가 주는 확신과 같은 확신을 일으켰다면 그것은 괴상한 논리가 될 것입니다. 진리 이외에, 하나님 당신께서 우리 안에 계시하신 사실 이외의 얘기는 참된 은혜의 확신을 일으키는 일을 못하는 것입니다. 확신이라는 말은 과학자가 진리를 발견할 때에도 일반적인 의미로 씁니다. 그렇더라도 과학적인 일반 진리를 발견했을 때 그것이 진리인 까닭에 우리에게 확신을 주는 것입니다.

가령 갈릴레이가 끝까지 지구가 둥글다는 것을 확신하게 됐다는 것도 지구가 둥글다는 진리의 터 위에서 비로소 그러한 확신을 가질 수 있었습니다. 그런데 이런 점성학이라는 잡술(雜術)에 의해서 예수님이 나신 것을 알고 확신하였다! 확신할 뿐만 아니라 '아, 그러면 우리가 가만히 있어서는 안 된다. 수만 리 먼 길이지만 우리가 찾아가서 경배를 해야 한다'는 이런 일이 생길 수 없는 것입니다. 대단히 비논리적이고 몹시 무리한 일이라 말입니다. 대체 무엇이 그들을 움직여서 여기까지 오게 했느냐? 위대한 진리의 확신 외에는 그들을 움직일 수가 없는 것입니다. 그렇다면 그들이 동방에서 왔다는 사실은 보통의 사실이 아니며 희한한 사실입니다. 어떤 위대한 사실이 필연 그들을 움직이게 한 것입니다.

그 사람들은 금방 태어난 아기, 그 아기에 대해서 깨닫고 먼 길, 혹은 일 년이 걸렸는지 이 년이 걸렸는지 좌우간 찾아온 것입니다. 여러분은 잘 알고 계시겠지만 동방의 박사들이 왔을 때 예수님이 말구유에 그냥 뉘어 있을 시간이 아닙니다. 벌써 예수님은 할례도 지내고 한 살도 지나서 아장아장 걸어 다니고 말도 조금씩 하고 그러던 시기입니다. 동방박사들이 찾아가니까 집안에 마리아하고 그 아들 예수께서 계셔서 그 앞에 와서 예물을 드리고 절을 했다고 간단하게 기록했습니다. 또 여기서 우리가 버려야[排除] 할 잘못된 견해[誤見]가 있는데, 황금과 유향과 몰약이라는 세 가지의 선물을 드렸다고 해가지고 '동방박사 세 사람'이라고 하면서 찬송가까지 그렇게 부르는 일입니다. 그러나 동방박사가 세 사람이라고 하는 증거는 아무데도 없습니다. 박사가 세 사람이 될는지 삼십 인이 될는지 우리가 알 수 없어요. 적어도 이와 같은 거대한 여행[長行]을 할 때는 기술적으로 한 밴드(band)를 만들어야 하는 것입니다.

이 동방 지대에 있는 유목민들이 밴드를 만들 때, 이것을 학술적인 용어로는 방랑 단위(wandering unit)라고 하는데, 반드시 거기에는 기준(criteria)이 있습니다. 얼마만큼의 수를 만드느냐 할 때 많으면 많을수록 좋다가 아닙니다. 자기네 원더링 유니트가 일 년 안에 아라비아 사막지대로 혹은 북방 이란 고원까지도 올라갔다 내려오고, 비옥한 초승달 지대(fertile crescent)도 많이 돌아다닙니다. 그렇게 하려 할 때 당시에 여러 가지 대단히 어려운 여건이 갖춰져야 했습니다. 우선 식량을 그 자리에서 금방 공급해서 먹을 수가 없었습니다. 그러니까 식량을 싣고 다녀야 합니다. 또 하나는 그렇게 다니는 목적이 있을 터인데, 그들이 목축을 한다면 짐승들을 끌고 다녀야 하는 일입니다. 기록대로 보면 그때 그들이 일 년에 다닌 것은 한 오백 마일 정도로 방랑(wandering)을 했습니다.

그것만이 전부가 아닙니다. 자연 환경에 대해서 능히 잘 견딜 수 있게 모든 준비가 있어야 할 뿐 아니라 사람들의 공격에 대한 대비가 필요했습니다. 당시 자기 무리가 아닌 다른 사람들에 대한 무서움이 많았던 것입니다. 그때 베두인들이 가지고 있는 생태의 하나는 어떤 다른 그룹이나 대상(隊商)들이 지나갈 것 같으면 남자가 용기를 가진 이상에는 가만히 앉아서 쳐다보지를 않고 약대를 타고 막 쫓아가서 습격했습니다. 쫓아가 무기나 몽둥이로 친 다음에 재물이나 여자들을 다 뺏어 가지고 오는 것입니다. 그러면 여자들은 이제 큰일 났다고 생각하지 않고 다른 베두인 캠프 구경하게 됐다고 웃어가면서 따라갑니다. 그렇게 되었을 때 만일 그가 참말로 베두인이랄 것 같으면 자기네가 그룹을 만들어 다시 추격해서 탈환을 해야지 그리하지 못하면 일생의 치욕인 것입니다. 자기의 내자(內子)나 식구들 다 뺏기고 마는 것입니다. 사막에 있는 강도단들도 기회를 노려서 노략을 하지만 또 베두인들의 무서운 습격이 때때로 오는 까닭에 그런 급습(急襲)을 견딜 수 있고 막아낼 수 있어야 하는 것입니다. 그런 생활 경험을 통해 방랑 단위에는 일정한 수와 훈련이 필요했던 것입니다. 자꾸 사람 수만 늘리는 것이 대수가 아니라 상당히 잘 훈련된 사람들, 싸울아비들을 자기네 그룹에 집어넣어 같이 움직여 나갔던 것입니다.

당시의 이런 여러 가지의 사회적인, 지리적인 혹은 자연적인 여건에서 볼 때 동방박사들이 그렇게 멀고 먼 여행길을 시작해서 중도에 좌절되거나 수포로 돌아가는 일이 없도록 처음부터 철저히 준비를 한 것입니다. 기어코 그 여행이 성공하기 위해서 필요한 물질적 대비와 자기 방어의 모든 태세를 다 준비해 가지고 떠난 것입니다. 그러기 위해서 습격 대비를 위해 장정들도 가담해야 하고 예상 루트를 소상히 아는 사람도 될 수 있는 대로 고용[雇入]했습니다. 또한 많은 사람들이 긴 여행을 할 때 필요한 무기나 식량 같은 것을 싣고 가려니까 말이나 약대가 필요했습니다. 그러려니까 큰 밴드를 조직하여 짐승들을 다 끌고 가야 하는 것입니다. 재정으로 봐서도 얼마나 많이 들겠는가 생각해 보세요. 보통으로는 못하는 것입니다. 굉장한 계획과 치밀한 준비가 필요하고 그만한 주선(周旋)이 있어야 합니다. 큰 재력과 엄청난 노력이 다 있어야 하는 것입니다. 동방박사가 왔다! 그것을 간단하게 생각하지 말고 그것이 참 어렵고도 대단한 길을 걷는 것이었음을 알아야 합니다.

　그렇게 어려운 길을 몇 사람이 죽장망혜(竹杖芒鞋: 대나무
지팡이와 짚신)로 온 것이 아니라 큰 밴드를 조직했습니다. 동
방박사가 몇 사람이 됐는지 혹은 이십 명인지 삼십 명인지 우
리는 알 수 없으나, 마기들이니까 그렇게 반드시 수가 굉장히
많았을 것으로만 생각할 것은 아닙니다. 그럴지라도 그들의 배
하(配下)에 있는 많은 종자(從者)들과 호위하는 수위(守衛)들,
또 많은 인부들, 그리고 짐승이 있습니다. 이들이 도중에 먹을
것들을 다 가지고 간 겁니다. 이것은 또한 굉장한 치중대(輜重
隊: 군수품 운반 부대)가 됩니다. 짐승이 사막을 지나가자면 덮
어놓고 아무데나 늘 먹을 게 있는 것이 아닙니다. 그러니까 주
로 비옥한 초승달 지역같이 먹을 것이 있는 비옥한 데를 지나
가면서 될 수 있으면 짐승이 먹을 것을 덜 들고 여행하도록 하
는 것입니다. 운반을 위해서는 약대를 많이 쓰는데 제일 경제
적이고 또 합리적이어서 그렇습니다. 물론 양을 끌고 오는 일은
없을 것입니다. 양과 같이 굼뜨고[遲鈍] 먹여야만 하고 한 세월
하며 가는 짐승을 끌고 굉장한 길을 못 가는 것입니다. 왜냐면
원더링 유니트가 일 년 여행하는 것을 최대로 볼 때 오백 마일
이상은 하기 어렵습니다. 일 년 여행은 주로 약대를 가지고 하
는 것이지 양을 끌고 다니는 것은 아닙니다. 또 하나 베두인 생
활에서 양을 기르는 것은 대단히 차하고(모자라고) 하지 않는
일로 생각한다는 점입니다. 이런 것들은 현대의 연구에 의해서

다 규명된 사실입니다.

동방박사가 이렇게 찾아온다고 할 때 그것은 그만큼 아주 높고 또 거대한 규모(scale)의 준비가 필요합니다. 그러면 이런 놀라운 준비를 하게 하는 마음의 요구는 무엇이었을까요? 대체 무엇이 이런 큰 희생을 감행하면서 준비를 하게 했느냐? 보통 이야기하는 대로 점성술에 의해서 이상한 것이 일어났으니까 구경하러 가자고 이렇게 굉장한 준비를 했겠는가? 오늘날은 물론 관광만 위해서라도 비행기를 타고 훌쩍 유럽도 가고 세계 어디든지 갈 만한 그런 세상이 됐습니다만 그 시대는 차원이 전혀 다릅니다. 우리만 하더라도 지금부터 삼백 년이나 오백 년 전에는 산 이쪽에서 살면 산을 넘어서 저쪽으로 간다는 게 쉬운 일이 아니었어요. 서울 남쪽에 사는 사람이 서울 북쪽에 가는 것이 참 쉬운 일이 아니었습니다. 혹은 호남 지방에 사는 사람이 저 함경도 지방으로 간다는 건 구경이나 가려면 몰라도 일생 엄두를 못내는 것입니다. 하물며 지금 이 여행길이 암만 적게 봐도 천 마일 이상인데 그 천 마일이라는 것이 오늘날의 천 마일하고는 얘기가 전혀 다르다는 것입니다.

저들이 이런 먼 길을 오게 한 데에는 단순한 동기가 아니라 위대한 동기, 위대한 확신 그리고 위대한 마음의 요구(demand)가 있었다는 것입니다. 그런 놀라운 일이 그들에게 있었는데 이것이 그저 별이 나타났을 때 문득 보고 생각한 사안이 아닌 것을 알아야 합니다. '별이 썩 나타났다. 보니까 아,

이거 이상하다. 유대의 왕이 태어난다.' 그것이 간단히 되는 일입니까? 유대인의 왕으로 누가 나면 났지 그를 보려고 이렇게 많은 희생을 하고 많은 모험을 감행해야 할 이유는 없는 것입니다. 그것이 매우 높고 큰일이었지 쉬운 일이 아니었어요. 그렇다면 그들은 별을 보기 이전에 벌써 마음 가운데 중요한 것들이 내재했던 것입니다. 마침내 별이 나타났을 때 그 별을 바라보고 거기에서 자기네가 가지고 있던 깊은 학문과 연구의 결과에 의해서 이 여행을 떠나지 아니할 수 없다고 작정하고 나선 것입니다. 여기 보면 별의 출현이 그들에게 여행을 떠나게 한 중요한 첫째 모티브입니다. 물론 별이 나타났던 것을 본 사람이 그때 왔던 학자들만 아니었어요. 다른 사람들도 보았겠지요. 그 사람들에게만 뵈고 다른 사람들에겐 안 뵈는 별은 아닙니다. 누구에게든지 보이는 별입니다. 그러나 별이 다 비춰도 다른 사람에게는 의미가 없습니다. 오직 동방박사에게만 의미를 제공했는데, 얼마나 크고 높은 의미를 줬느냐? 상상하기 어려운 여행을 떠나야 하겠다는 의미를 준 것입니다.

그들이 그와 같은 의미를 느끼기 위해서는 단순히 텅 빈[空白] 상태에서 문득 별을 바라보고 그걸 느낀 것이 아닙니다. 별이 나타났을 때 벌써 그런 의미를 받을(catch) 만한 마음의 준비와 높은 자세가 있었고, 마음이 올라간 차원이 있었습니다. 아무것도 않는 데서 그런 마음의 차원이 생길 까닭이 없습니다. 마음이 그렇게 올라가려면 평소에 무엇을 보고 느꼈을 것이고, 이제 평소와는 달리 어떤 독특한 것이 보이자 일정한 반응을 나타낼 수 있었던 것입니다.

이만한 정도로 얘기하면 여러분이 생각해야 합니다. 그러면 이게 무슨 형식인가? 사람이 평소에 어떤 일에 대해서 보고 느끼고 생각한 결과 마침내 어떤 특수한 상황에 처하면 그 동기에 의해서 중대한 차원에 올라가고 그래서 중대한 결심을 하게 한다! 이것이 무슨 형식(formula)이냐? 하나님이 사람에게 계시를 하실 때에 보이는 계시의 공식(formula)이라 말입니다. 사람이 공백한 상태에서 아무런 정신도 없고 아무런 준비도 없는데 하나님께서 그에게 계시해 가지고 '오너라' 하면 '예!' 하고 좇아가는 그런 일은 없는 것입니다. 하나님이 사람을 부르신다든지 가르쳐 주신다든지 무엇을 비춰 주신다든지 할 때에는 첫째, 사람에게는 그것을 받을 수 있는 마음의 준비가 먼저 중요합니다. 이러한 마음의 준비라는 것은 저절로 안 생깁니다. 어떤 자극이 생겨야 하고 여타의 많은 동기가 생겨야 하는 것입니다.

그러므로 동방박사 같은 사람들이 살고 있는 사회와 그들이 앉아 있는 위치에서 받은 어떤 자극으로부터 자신이 수집한 것들, 거기에서 형성된 동기라는 것이 마침내 별을 보게 되었을 때 그들로 하여금 중대한 확신을 가지고 큰 여행을 출발하게까지 만든 것입니다. 그 사람들이 무엇을 가지고 이런 여행을 떠났겠는가 할 때 덮어놓고 정처 없이 여행을 한 것이 아니고 팔레스타인 땅을 향해서 갔습니다. 그 사람들이 말하는 거 보면 분명히 지식의 내용을 표시했어요. "유대인의 왕으로 나신 이가 어디 계시느뇨?" 했습니다. 그러니까 유대인의 왕이라는 어떤 중요한 개념, 지식을 가지고 있었습니다. 그래서 유대 땅으로 온 것입니다. '왕궁에 나셨을까? 일단 한번은 조사해 보자' 하고 치밀한 학자적인 태도로 예루살렘에 갔는데 왕궁에 없었어요. 그들은 외국의 왕궁에서 높은 대신으로 있는 사람들인 까닭에 어떤 나라에 들어가서 지나가는 보통 사람처럼 쓱 물어본 게 아니라 그 나라의 주권자에게 가서 당당하게 인사를 하고 자기가 어디서 왔다는 것을 밝혔을 것입니다. 그리고 주권자의 귀한 손님[賓客]으로서 도움을 받아서 찾았을 터인데 그건 있음직한 일입니다. 큰 나라의 왕실이나 혹은 나라의 주권자들 측근에 있는 추밀고문관(樞密顧問官)들로 봐서는 그렇게 함직한 것입니다.

그러나 그것은 그렇더라도 '유대인의 왕'이라는 용어는 필연 그 말에 대한 일정한 정도의 사전 지식이 필요합니다. 그런 말을 받을 만한 독특한 접촉이나 관련된 어떤 재료를 과거에 가까이 했다는 것을 예상하지 않을 수 없습니다. 그럼 그게 뭐겠는가? 그들이 아기 예수님을 찾아와서 경배할 정도라면 두말할 것 없이 유대인의 왕이란 말의 의미를 얼마만큼 알고 있었던 것입니다. 이것이 둘째의 중요한 문제입니다. 유대인의 왕을 찾았을 뿐 아니라 자기네가 그리로 와서 경배를 드렸습니다. 그 다음으로 볼 것은 당연히 그런 왕자에게 바쳐야 할 선물 가운데 가장 고귀한 것을 골라서 황금, 유향, 몰약을 갖다 바쳤다는 사실입니다. 이것이 여기 나타나 있는 기록입니다. 이 동방의 박사들은 예수님께 대해서 그렇게 생각하고 왕으로 높여서 모시고 예배를 드렸는데, 이렇게 높이 생각할 만한 어떤 전제적인 조건들이나 예비적인 지식이 그들에게 있었던 것입니다.

어떻게 특별계시에 접촉했는가

이것을 어디서 얻었겠는가? 대체 유대인의 왕, 그러나 경배를 받아야 할 왕으로 알게 된 경위는 무엇이겠는가? 왕이니까 덮어놓고 다 경배하는 것은 아닙니다. 더군다나 외국 신하(外臣)로서 자기네 나라의 왕도 아닌데 직접 멀리서 찾아와서 경배를 한다? 지금 이 사람들이 가지고 있는 유대인의 왕이라고 하는 인식과 관념은 보통 어떤 사람이 어떤 나라의 임금을 대하는 심경 정도가 아닙니다. 어린 아기 앞에 와서 꿇어서 절한다는 것은 보통 일반적인 예에서는 희한한 얘기입니다. 이 사람들이 얼마만큼 유대인의 왕이라는 개념 가운데 있는 숭고함을 인식하고 있었던가를 우리가 여기서 알 수 있습니다.

이런 것을 어떻게 해서 받았겠는가? 두말할 것도 없이 이런 것은 자기네의 보통 환경에서 알 수가 없습니다. 혹은 자연계를 바라봤든지 하늘의 법칙을 봤든지 하는 것만 가지고는 깨달을 수 없는 것입니다. 웨스트민스터 고백서 처음에 나오는 것과 같이 '인간 본성의 빛'이라는 것이 있습니다. 그리고 하나님이 지으신 창조의 만물을 볼지라도 그로 인하여 하나님이 계시는 것을 사람은 핑계할 수 없이 알고 있는 것입니다. 그러나 그것 곧 창조의 만물만 보고서는 독특한 이런 계시의 내용을 알 수 없습니다. 특별 계시가 우리에게 보여서 비로소 알 수 있는 내용들을 그런 것들로는 모르는 것입니다. 그런데 이 사람들은 적어도 유대인의 왕이라는 구체적인 사실과 그 내용을 알되 보통으로 알지 않고 그 앞에 엎드려 경배를 해야겠다는 정도까지 안 것입니다. 아기가 됐든지 어른이 됐든지 엎드려 경배를 해야겠다고 하는 것을 보면 이것은 굉장하게 특별한 어떤 계시에 접촉되어 있다는 것을 의미합니다.

그 당시 특별한 계시에 접촉했다면 어떻게 했겠는가? 이런 문제에 대해서 깊이 생각해야 합니다. 하나님께서 이미 유대인의 왕, 경배를 받으셔야 할 그분으로서 계시한 사실이 있었느냐 하면, 분명히 있었어요. 그것이 구약에 나타나는 메시야 사상입니다. 구약에 나타나는 메시아에 대한 기록을 주의해서만 읽었다면 동방의 박사들과 같은 반응을 나타낼 수가 있습니다. '메시아는 오셔야 한다. 그리고 그분은 모든 분보다 높은 왕의 왕이신 까닭에 그 앞에 엎드려 절해야 한다.' 즉 가장 숭고한 자기의 경배를 혹은 자기의 존경을 바쳐야 할 분으로서 알 수 있는 계시의 내용이 구약에 있습니다. 즉 유대 사람들이 가지고 있던 경전에 그것이 있습니다. 그런고로 그 사람들은 동방에 있으면서 과거에 바빌론으로 잡혀갔던 유대 사람들이 가지고 있던 위대한 경전에 대해서 알고 있었습니다. 이런 유식하고 깊은 연구를 하는 추밀관들이 몰랐을 리 없는 것입니다. 그것을 그냥 단순히 들어서만 아는 것이 아니라 경전을 구해서[求得] 연구했던 것이지요.

이렇게 성경에 의해서 그들이 메시아의 내림을 알았지만 그러나 성경을 읽어 가지고 메시아의 내림이라는 것을 그냥 쉽게 얼른 포착(catch)하게 되어 있지 않습니다. 거기에 몇 가지의 문제가 있습니다. 메시아는 왜 와야 하느냐? 그것은 공공 대중의 보편적인 필요로서 그만큼 절실한 느낌을 가질 수 있어야만 메시아의 내림에 대해서 간절한 요구를 하고 갈망하는 것입니다. 그것을 그렇게 요구하고 갈망한 결과로 별이 나타나서 그들에게 무엇을 보였을 때 그런 일반적인 현상 안에서 특수한 계시의 내용에 접촉하게 된 것이고 그것을 가지고 깨달은 것입니다. 그러니까 별이 나타났다는 사실 자체가 자세히 무엇을 얘기한 것이 아님을 주의해야 합니다.

사도 바울 선생이 드로아에서 본 환상의 경우와 마찬가지입니다. 마게도니아 사람이 나타나서 마게도니아로 건너와서 우리를 도우라 하니까 그 다음에 바울 선생이 마게도니아로 가자, 하고 결정했습니다(행 16:9). 그 사실을 두고 환상이 그에게 얘기한 것을 그대로 곧이듣고 좇아간 것으로 해석한다면 그것은 아주 대단히 잘못된 생각입니다. 왜냐하면 환상이 그 자신에게 최종적인 계시를 준 것은 아니기 때문입니다. 다만 지금까지 그가 가지고 있던 계시의 조직적이고 구체적인 터 위에서 그 환상의 내용을 받았을 때 거기에서 분명한 결론을 추출할 수 있었던 것입니다. 환상은 그에게 연결(match)만 해주는 것입니다. 사실은 이렇게 계시는 사람 속에서 나무처럼 씨를 심고 줄기가 나고 가지가 나고 그 위에다 매치해 주면 또 가지가 뻗고 잎이 피고 그러는 것입니다. 개인이 하나님의 계시를 각성하는 양식도 그러합니다.

이 사람들도 별이 특수하게 나타나서 자세하게 '저 팔레스타인에 유대인의 왕이 났다. 너희들이 생각하던 왕이 났으니 이제는 가거라' 하고 자세히 지시한 것이 아니라는 말입니다. 요컨대 그랬다면 별이 무슨 얘기를 한 것이니까 그건 점성(占星)을 한 거지요. 점성을 한 것이 아니고 별이 특수하게 나타난 현실에서 특별한 계시에 접촉한 것인데, 지금까지 가지고 있던 계시의 내용에 비춰서 거기에 이른 것입니다. 그런 사실을 기대하고 있었던 것입니다. 그런 결론을 얻기까지 그들은 마음의 큰 기대와 함께 풍부한 지식을 가지고 계시에 대해서도 심오하게 알고 있었습니다. 어떻게든지 어떤 일이 발생해야 한다는 것을 계시로 깨달아 알았습니다.

이런 것을 어떻게 알겠는가를 상세히 얘기하려면 많은 시간이 필요하지만 가령 유대인의 왕이라는 어떤 특별한 통치자, 그리고 결국은 모든 나라를 통치하신다는 이런 사상을 터득하기 위해서는 구약에 있는 계시를 이해해야 합니다. 구약에 있는 이사야나 다니엘이 독특하게 그런 풍성한 계시를 가르쳐 주고 있습니다. 그중에서도 시기의 문제가 있을 것입니다. 이 바빌로니아나 저쪽 페르시아에 있던 위대한 마기들은 그 시기에 대해서 아주 잘 아는 사람이며 잘 계산하는 사람들입니다. 특별히 이런 시기의 문제와 관련해서, 성경에 어떤 독특한 일에 대한 독특한 시기를 가르친 것이 있느냐? 다니엘서 9장에 나타납니다. 특별히 24절 이하에 보면 7주간, 62주간, 그리고 1주간이라는 독특한 시간 구분을 해놓는 것이 있습니다.

결국 무엇 때문에 거기에 그런 구분을 했느냐 하면 '기름 부음을 받은 자'(הַמָּשִׁיחַ), '하마시야흐' 즉 메시아가 첫째 이렇게 나타나고 이렇게 끊어짐을 보고 마침내 이렇게 된다는 것을 나타냈습니다. 환상을 설명하며 메시아와의 관계를 이스라엘 사람들이 포로로 잡혀갔다는 사실과 연관해서 거기다 62주간 7주간 그리고 1주간을 이야기했는데, 요새 사람들은 그것을 깊이 해석을 않고 이상하게 해석합니다. 거기에서 7년 대환난 얘기를 끄집어내어 이상한 얘기를 하지만 그것이 원래 가르치는 큰 사실은 예수님 나실 때의 일을 가르친 것입니다. 그런 까닭에 가령 바빌로니아에 있던 마기들은 그런 문제에 대해서 시간적으로 봐서 이때일 텐데 무엇이겠는가 하고 시기에 대한 절박감, 그리고 간절한 기대가 그들 마음 가운데 있었던 것입니다. 이렇게 거룩한 계시가 그들의 마음에 비취고 또한 성령께서 그들을 인도하신 까닭에 마침내 확연히 만유의 통치자가 되실 분에 대한 바른 관념을 가질 수 있었던 것입니다. 그분에 대한 바른 관념을 얼마만큼 풍성히 가졌는지 알 수는 없으나 이 땅 위에 있는 모든 것들의 통치자가 되실 분, 그리고 마침내 구주가 되실 분이란 바른 관념을 가지고 찾아 나온 것입니다.

은혜를 받기 위한 준비

다음에 오는 중요한 문제로 유대인의 왕 그분을 누구로 경배했는가를 알아야 하지만 다시 많은 시간을 요하는 까닭에 오늘은 이만한 정도로 하겠습니다. 이제 오늘 우리가 생각해야 할 중요한 문제는 우리가 하나님의 거룩한 은혜를 받아서 인도받는다 할 때 백지의 상태나 준비 없는 상태에서 거저 슬며시[居然] 되는 것은 아니라는 사실입니다. 하나님의 큰 인도와 은혜라는 것은 개인 개인에게 위대한 것이고 절실한 것입니다. 그것이 결코 평이하거나 아무에게나 쑥쑥 나오는 게 아닙니다. 동방의 박사들을 인도하신 그 하나님의 거룩하신 인도의 능력, 그런 은혜의 역사가 나에게도 필요하다 말입니다. 예수님을 베들레헴까지 찾아가서 뵈어야 한다는 의미로서 필요한 것이 아니지요. 오늘은 오늘대로 내가 예수님을 늘 접촉하면서 살아가는 일에서, 또 예수께서 나를 이 세상에 보내신 거룩한 본의를 이뤄 나가기 위해서는 나에게 그런 일이 필요합니다. 거기에는 경중이 없습니다. 하나님의 인도라는 것이 어떤 인도는 무겁고 어떤 인도는 가볍고 그러지 않습니다. 아까 말한 것 중에 나온 하나의 공식(formula), 준비 없는 마음 가운데 계시가 안 온다는 사실을 기억해야 합니다.

또한 준비라고 할 때 자기 마음의 평이한 차원에서 하나님의 계시를 내가 잡아 끌어당기려고 하지 말아야 합니다. 하나님께서 어떤 기이한 사실을 우리에게 보이시거나 어떤 구체적인 것을 내가 이해하고 흡수할 수 있을 뿐 아니라 거기에 의해서 움직일 수 있는 차원에 올라서야 합니다. 할 수도 없는 사람에게 자꾸 무엇을 뵈지 않는 것입니다. 첫째는 자원해서 하려는 마음, 하나님께 대한 사랑으로 자원해서 봉사하려고 움직이는 준비가 먼저 필요합니다. 다음 단계로는 그것을 이해할 만한 인식론적인 준비가 또한 필요한 것입니다. 이것은 지적인 준비입니다. 하나님의 계시에 대한 이해와 깨달음의 준비가 필요합니다. 그리고 그런 것은 지금까지 와 있는 많은 계시의 터 위에서 올라가는 것이지 어떤 말 하나만 무슨 비술(秘術)과 같이 비춰서 끌고 가는 일은 도무지 없는 것입니다. 원래 우리가 성경도 배울 때 그렇게 배우는 것입니다. 성경의 어떤 문구 하나만 가지고 말씀이 그렇다고 암만 떠들어 봐도 만일 그 자구(字句)에 의해서 잘못 해석했다가는 분명히 그릇된 사상으로 들어가고 마는 것입니다.

그런 까닭에 성경 해석의 큰 원칙은 언제든지 성경에 있는 많은 다른 진리의 터 위에서, 그러니까 이것은 이렇게 했다는 것을 깨달아 알아야 합니다. 마태는 여기에서 동방박사의 일을 보고했는데, 그는 예수 그리스도를 왕으로서 나타내 뵈기 위해서 다른 사람들 가령 이방인이라도 일반 이성에 의해서 추리를 해나가면서 하나님의 은혜를 받아 가지고 결국 예수 그리스도에게 나와서 경배를 하지 않느냐고 깨우쳐 주고 있습니다. 이방인도 그렇게 왕으로서 인식을 하지 않느냐? 너희 히브리 사람들아 바로 인식을 해라! 아마 그런 의미를 많이 담아서 동방박사 얘기를 했을 것입니다.

그러나 마태가 히브리 사람에게 인식하기를 요구한 왕 예수 그리스도는 단순한 왕이냐 할 때 거기에 머물지 않습니다. 예수님의 중보자(Mediator)로서 다른 직무도 포함해서 얘기했습니다. 마태의 기록을 볼 때 예수 그리스도를 왕으로 묘사했다고 하지만 그에 못지않게 중보자 예수 그리스도의 다른 직무(ministry) 곧 제사장으로서의 예수 그리스도, 선지자로서의 예수 그리스도를 또한 생생하게 묘사했습니다. 이러한 종합적인 모든 직무들을 한 몸에 지니고 계신 왕으로 가르친 것입니다. 그러면서 동방박사들은 예수님을 누구로 알고 왔겠는가를 우리에게 더 생각하게 하는 것입니다. 덮어놓고 그냥 한 임금님이라고 생각하고 왔겠는가? 어떤 특이한 직무를 가지고 오신 분이 아닌가! 이와 같이 성경이 종합적으로 가르치는 거룩한 도리의 터 위에서 비로소 우리는 바른 것을 생각하고 기초적인 것들을 차례차례 배우는 것입니다. 그리고 또 많은 것을 널리 널리 흡수해서 자기의 재료(criteria)가 풍성해져야 합니다.

기도

　거룩하신 아버지시여, 성령님이 저희를 주장하시고 은혜 베풀어 주셔서 가르치시는 말씀들이 저희 안에서 늘 생동하고 그것이 저희 안에 큰 보고(寶庫)와 같이, 큰 재산과 같이 있어서 주께서 저희들을 들어 거룩한 계시 안에 두실 때 그 계시를 능히 잘 받고 감당할 수 있는 위치로 항상 올라가 살게 하여 주시고, 그리하여 주님의 거룩하신 인도가 우리에게 생생한 사실로 비춰게 하시옵소서. 말로만 주님의 인도를 받아야겠다고 하고 그러기 위해서 기도하면서 실제로 주께서 우리를 인도하시고 가르쳐주시고 깨닫게 해주시려고 할 때에 사실 저희의 결핍이 항상 어디에 있는가를 바로 생각지 않을 때가 많이 있사오니 이런 데서 저희를 건져 주셔서 항상 저희가 어느 편에 지금 결핍이 있는가, 스스로 무엇을 해야 할 것인가에 대해서 바로 인식하게 하시옵소서.

　주 예수 이름으로 기도하옵나이다. 아멘.

1978년 12월 25일

새 해 아 침 [元旦] 예 배

행복한
사람의
증언

시편 1:1-6

1 복 있는 사람은 악인의 꾀를 좇지 아니하며 죄인의 길에 서지 아니하며 오만한 자의 자리에 앉지 아니하고 2 오직 여호와의 율법을 즐거워하여 그 율법을 주야로 묵상하는 자로다 3 저는 시냇가에 심은 나무가 시절을 좇아 과실을 맺으며 그 잎사귀가 마르지 아니함 같으니 그 행사가 다 형통하리로다 4 악인은 그렇지 않음이여 오직 바람에 나는 겨와 같도다 5 그러므로 악인이 심판을 견디지 못하며 죄인이 의인의 회중에 들지 못하리로다 6 대저 의인의 길은 여호와께서 인정하시나 악인의 길은 망하리로다

행복한 사람의 증언

현세의 행복론

해마다 우리가 신년 정초를 당해서 하나님 앞에 나와 경배를 드릴 때 우리는 하나님께서 사람에게 내리신 계시 가운데 은혜로 주신 축복의 말씀인 시편 1편을 생각했습니다. 오늘도 다시 시편 1편을 잠깐 생각하겠습니다. 하나님께서 우리에게 행복스러운 사람이 되기를 기대하시면서 내리신 말씀, 어떠한 사람이 행복스러운 자인지를 살펴보려고 합니다.

하나님 앞에서 우리가 행복스러운 사람이 된다는 사실은 하나님 당신의 뜻인 까닭에 하나님께서 기뻐하시고 또 그러기를 바라시는 것이나 거기서 우리가 주의해야 할 것이 있습니다. 하나님의 자녀가 불행과 흑암에서 헤매지 않고 행복과 광명 가운데 살기를 바라시는 까닭에 우리에게 주시는 행복을 은혜로 늘 생각하는 것이지만 항상 경계해야 할 중요한 문제는 인생이 가지고 있는 철학 가운데 있는 행복론이라는 것입니다. 영어로 유디모니즘(eudaemonism)인데 헬라말 '유다이모니아'(εὐδαιμονία) 즉 행복이라는 말에서 나온 용어입니다. 이 행복론은 어떤 철학자들의 주장에서 끝나지 않고 전 철학 역사의 중요한 큰 흐름으로 내려왔습니다. 그뿐 아니라 그것이 이름[名義]을 다소 달리할지라도 결국 윤리학에도 관계가 되었기에 사람들이 사는 목적이라든지 생활하는 양식 가운데 중요한 동기나 요소로서 늘 생각하게 할 만큼 큰 영향을 미치고 있습니다.

사실 그리스도인들의 생활 대부분을 주의해서 볼 때 유디모니즘이라는 이 행복론, 행복주의의 테두리에서 많이 벗어나지 않는 수많은 사람을 발견할 터인데 만일 기독교를 잘못 받아들이면 거기에 빠져들어 갈 위험이 언제든지 있습니다. 하나님의 말씀에는 많은 축복, 많은 행복스러운 사실에 대한 계시와 가르침이 있는 까닭에 성경도 우리에게 궁극적으로는 행복주의를 가르치는 것이라는 식으로 받아들이기 쉽습니다. 이 세상에서 예수를 믿고 살아가면서 물질적이고 현세적인 행복을 추구하는 사람들 중에 예수 믿는 도리를 가지고 현실적인 행복을 얻는 중요한 방편으로 생각하는 사람들도 많습니다. 가령 자신이 그럴 만큼 유능하게 순응하지 못할 때에는 내세에 대한 지향에 치중합니다. 자기의 종교를 생활에 적용시켜서 순응할 만한 식견이나 그럴만한 생각에 미치지 못한 사람들은 대신 어디에 주저 않느냐? '이것이 내세에 우리에게 행복을 약속한 중요한 내용이다' 하고 생각하는 것입니다. 내세의 행복을 약속한다는 사상은 특별히 동양종교에서 강했고 한국에 그것이 강하게 흘러 내려왔습니다. 그래서 예수를 믿는 중요한 목표나 목적을 천당 가는 것으로 설명했습니다. 전도하는 사람이 전도할 때도 '예수 믿고 천당 가기 위해서'라는 말이 하나의 공식(formula)같이 그 동안 유행했던 것을 아실 것입니다.

예수를 왜 믿느냐 나름대로 뭐라고 말을 하지만 궁극적으로 속에 있는 생활감정에서 드러나는 것은 적어도 내세에서는 복을 받고 행복스러워야 하겠다는 것입니다. 좌우간 예수를 믿어 가지고 내가 이 세상에서 물질상 유여한 것을 받지 못할지라도 저 세상에서는 복을 누려야 하겠다. 왜냐하면 기독교의 많은 가르침에 "누구든지 그리스도 안에서 경건히 살고자 하는 자는 핍박을 겸하여 받으리라"(딤후 3:12) 하는 말씀이 있는 까닭입니다. 예수를 믿어서 현세에서 번영하고 창달하고 또 행복을 얻지 못한다면 적어도 내세에 가서는 낙원에 들어가야 하겠다는 것이지요. 이 세상에서는 때때로 고통을 받는 사람, 핍박을 받는 사람, 혹은 순교까지 하는 사람도 있는 거니까 그런 것으로 봐서는 현세의 행복론이 가장 중요한 사실이 아닐 경우 적어도 내세에서는 천당에 가서 향락을 받아야 하겠다. 아름다운 세계, 다시 슬픔이 없고 눈물이 없는 그 세계에 가서 아주 영원히 기쁨을 누리고 잘 살아야겠다 하는 간절한 염원이 있습니다. 그와 같이 가르쳤고, 그와 같이 배워 온 까닭에 영생이라는 말도 얼른 영구한 내세의 행복과 결탁시켜서 생각합니다. 영생이 뭐냐 할 때 영원한 생명의 본질에 대하여 이야기하기보다 우리가 세상에서는 이렇게 살지만 죽은 후에라도 영혼이 천당에 가서 영원히 복락을 누리고 사는 것으로 얼른 떠올립니다. 기독교를 그렇게 하나의 행복론의 시스템이나 행복주의를 체계화한 사상과 종교로 받아들이는 일이 많이 있다는 것입니다.

성경이 말한 복스러운 경지

그러나 성경은 그런 행복론을 가르친 일이 없습니다. 성경이 이야기한 복스러운 경지를 이야기할 때에는 세상 사람들이 생각하는 식 행복론의 이야기가 아닌 걸 주의해야 합니다. 우리가 예수를 믿고 천당에 간다는 것이 그 진리 자체로 볼 때에는 분명한 사실입니다. 하지만 예수 믿고 천당에 간다는 것은 기독교가 강조하는 가장 중요한 부분이 아닙니다. 이 말을 아주 언제든지 마음에 잘 새겨 두어야 할 것입니다. 천당에 가는 것은 성경이 가르친 도리로 볼 때 중간의 경과 과정(interim period)을 표시하는 말입니다. 그것은 정점도 아니고 하나님께서 우리를 내시고 구원하셔서 본래 올라가야 할 귀결점도 아니라는 것입니다. 그리고 천당에 가 있는 것은 완전한 한 사람이 아니고 영혼뿐입니다. 영혼만은 사람이 아닌 것입니다. 사람은 육신과 영혼이 완전히 통일돼서 하나로 존재할 때 사람입니다. 육신과 영혼이 분리했을 때 몸은 시체이고 그리고 분리한 영혼은 그냥 영혼뿐입니다.

그런데 천당이란 영혼이 가서 있을 낙원을 의미하는 말입니다. 그 이후에 나타날 영화의 사실에는 이르지 못한 상태입니다. 그것은 그리스도께서 부활의 첫 열매가 되어 지금 입고 있는 영광의 사실, 우리가 마침내 받아야 할 하나님께서 경영하신 정점적인 사실들은 도무지 거기 낙원의 세계에서는 강조하지 않고 있습니다. 그런데 어떻게 된 것인지 교인으로 교회에 들어간 이후에도 기독교에서 하나님이 내리신 그런 큰 도리와 은혜의 사실을 별로 자세히 이야기하지 않습니다. 주로 예수 믿고 천당 간다는 것을 마치 기독교 전체 프로그램의 정점인 것 같이 이야기들을 합니다. 그런 사회에서 그런 말을 듣고 자랐다면 완전히 고쳐야 할 것입니다. 정신을 다 바꿔야 합니다. 그것은 역대로 하나님의 말씀이 가르친 중대하고 큰 내용이 아니고, 또 말씀을 바르게 배운 교회의 주류에는 없는 사실입니다. 그렇게 없는 사상인데도 우리 한국의 동포들에게는 때때로 동양적인 종교의 강렬한 영향 가운데서 그런 잘못된 흐름을 형성하는 경향이 많습니다.

　여기서 또 다른 편의 것에 주의해야 할 것이 있습니다. 종교를 한 금욕적인 프로그램으로 생각하고 모든 인생의 욕망이나 소원이나 생각들을 다 금하고 자제하고 눌러 버리고서 오직 하나님의 영광만을 위해서 산다는 주장이 지니는 문제점이 또한 있습니다. 자기가 조금이라도 어떤 행복스러운 경지에 도달하는 것을 생각하는 것은 외도요 잘못이라 하면서 금방 인본주의적인 큰 오류 가운데 빠져 들어가는 것같이 생각하는 경향이 있는데, 이 또한 결코 좋은 게 아닙니다. 하나님께서 우리에게 요구하시는 큰 사실은 우리가 하나님의 자녀답게 거룩하고 능력 있게 이 세상에서도 존재하고 또 그 완성의 경지를 향해서 올라가는 자태를 나타내기를 바라시는 것입니다. 하나님께서 우리에게 주신 거룩한 완전의 경지라는 것은 땅 위에서 한 인격으로서 훨씬 완성된 위치에 있어야 하는 것입니다. 그것은 한 인간으로서 밝은 위치인데, 다른 말로 하면 우매하고 고통스럽고 노예적 상태에 머물지 않는 것입니다. 노예 상태에 있는 것은 불행한 일입니다. 흑암의 노예, 정욕의 노예 혹은 그릇된 제도나 그릇된 사상, 그릇된 생활의 노예가 되지 않고 그런 것들에서 벗어나기를 하나님께서 원하시는 것입니다.

예수님께서 우리를 속죄하신 사실의 큰 부분은 죄의 형벌을 면제하시는 것에만 있는 게 아니고 또한 죄의 노예 상태 즉 죄의 그 무서운 억압 속에서 나를 빼내 오신 것도 포함하고 있습니다. 이 말을 구약에서는 노예의 시장에서 나를 사내어 오셨다는 말로 주로 표현했습니다. 죄의 노예, 흑암의 노예, 그릇된 사상의 노예 상태 가운데에서 건져주신 것입니다. 바로 생각할 마음의 여유가 없고 또 바른 것은 바라볼 마음의 여유가 없이 암매한 가운데 젖어 있는 상태에서 벗어나서 자유롭고 광명한 위치에 늘 있기를 예수님께서 기대하셨습니다. 그걸 기대하셔서 속죄의 큰 은혜를 입혀 주셨고, 그렇게 해서 우리 스스로의 힘으로 나올 수 없는 노예 상태에서 꺼내 주신 것이라 말입니다.

속죄라는 말 가운데 포함된 중요한 사실이 첫째로 죄의 형벌에 대한 면제요, 다른 하나가 죄의 노예 상태 즉 죄의 억압과 권세에서 나를 자유롭게 내어 오셨다는 사실임을 때마다 반복해서 설명했는데, 바로 이것이 행복스러운 일입니다. 이런 점에서 참된 의미의 행복스러운 경지를 가지는 것은 하나님의 자녀다운 본분입니다. 하나님의 자녀는 하나님의 자녀다운 도덕적인 성격도 가져야 하지만 또한 하나님의 자녀다운 차원의 생활을 요구하시는 것입니다. 바로 이 차원이 참된 의미로 말할 때 행복한 사람의 상태입니다. 행복스러운 세계라는 것이지요. 그런 까닭에 예수님께서도 당신의 나라인 의의 왕국 혹은 은혜의 왕국을 표시할 때 행복한 사람을 꼽으셨습니다. 은혜의 나라를 선언하는 선언문(manifesto) 곧 마태복음 5-7장에 걸쳐서 죽 쓰여 있는 산상보훈에서 행복한 사람이 누구인지를 밝히셨습니다. 산상보훈 전체의 내용을 한마디로 말하면 무엇이 참된 메시아 왕국이냐, 무엇이 참된 그리스도의 왕국이냐 하는 것입니다. 마태는 그걸 천국이란 말로 늘 표현했고 누가는 하나님의 나라라는 말로 표현했는데, 거기에서 무엇이 참된 천국이냐 하는 것을 표시할 때 맨 처음에 행복스러운 경지를 제시하였습니다. 마음이 혹은 심령이 가난한 자는 행복스러운 사람이고 복 있는 자이니 천국이 저희 것이요, 또 애통하는 자도 그렇게 복이 있는 자라고 하였습니다. 여기 복 있는 사람이라는 이 말을 요새 쓰는 우리말로 분명하게 말하면 행복스러운 자인 것입니다.

복 있는 사람이라 할 때는 장차 복을 받을 자라는 말보다는 지금 행복스러운 사람을 가리킵니다. 지금 당장 행복을 가진 사람이 행복스러운 사람이라고 이야기한 것입니다. 하나님을 섬기며 영화롭게 한다는 것이 우리에게 가장 신성하고 중요한 인생의 최대 목표이고 의무입니다. 웨스트민스터 요리문답(catechism)은 대요리문답 소요리문답 둘로 나뉘어 있는데, 대요리문답을 보든지 소요리문답을 보든지 첫째 묻기를, 사람의 제일가는 목적이 무엇이뇨, 혹은 사람의 가장 중요하고 제일된 목적이 무엇이뇨 하고 물었습니다. 거기에 대한 당연한 교회의 대답은 하나님을 영화로우시게 하며 또한 그 하나님을 내가 영원토록 기뻐하는 것이다(enjoy Him forever). 즉 첫째는 하나님을 영화로우시게 하는 것이지만 동시에 내가 하나님으로 마음에 늘 기쁨과 행복을 가지고 사는 것이다. 여기서 엔조이 한다는 것은 신성하고 거룩한 행복을 늘 마음에 품고 사는 것을 말합니다. 하나님께서 주신 은혜, 하나님이 계시고 나와 함께 하시며 모든 것을 주장하신다는 큰 사실을 생각할 때 내가 하나님께로 구원함을 받아서 원수 된 위치나 멀리 격절된 위치에 있지 않고 그와 늘 가까이 하는 교제(fellowship)의 위치, 화해된 자리에서 가까이 살고 있다는 사실이 얼마나 행복스러우냐

하면서 하나님을 늘 섬기고 사는 것입니다.

　우리는 성경이 가르친 이런 참된 행복론을 배울 때 이 세상에 있는 유디모니즘이라는 것을 늘 경계해야 합니다. 유디모니즘이 '쾌락'(ἡδονή)이라는 말로 흘러서 쾌락주의(hedonism)라는 말로 발전했든지 그렇지 않으면 그것이 결국 차츰차츰 근대에 와서 주로 영국에서 벤담(Jeremy Bentham 1748-1832)이나 존 스튜어트 밀(John Stuart Mill 1806-1873) 같은 사람들에게서 많이 발전해 가지고 공리주의라는 말로 쓰고 있습니다. 사실상 공리주의(utilitarianism)는 그 사람들이 창조한 것이 아니라 원래 사람들의 마음 가운데 있는 것을 종합해서 구체적으로 체계화한 것입니다.

　공리주의도 행복을 이야기하는데 사람의 최대의 선은 뭐냐 하면서 윤리 사상을 설명합니다. 최대 다수의 사람이 최대의 행복을 누리는 것이 최대의 선이라고 이야기했습니다. 결국은 행복이라는 것이 최종점이요 기준(criterion)입니다. 많은 사람이 행복을 얻고 가장 좋은 행복을 얻는다면 그것이야말로 가장 좋은 것, 최고의 선이다 하는 윤리 사상에까지 미쳤습니다. 그리고 이 사상은 굉장하게 사회를 지배하고 있습니다. 그런데 이런 사상에 대한 냉철한 판단을 하지 못하고 성경이 우리에게 가르쳐 주는 바른 사상을 체득하지 못할 때 심각한 위기에 처하는 것입니다. 기독교도 그런 사상 체계의 종교로 그릇되게 받으면 기독교 안에서 항상 추구하는 것은 물질적인 행복과 정신적인 행복입니다. 물질적인 복을 많이 얻으면 좋고 못 얻으면 정신적인 행복이라도 얻어야 하겠다고 생각하는 것입니다.

옛날 평양의 어떤 유명한 교회에서 발생한 일입니다. 교회의 중요한 청년들, 점잖은 신사들이 앉아서 돈 버는 이야기를 한바탕 하다가 마지막에 어떤 것이 가장 유리하게 돈을 잘 벌 수 있는 방법이냐 하는 데 이르렀습니다. 거기에서 중요한 멤버 하나가 뭐라고 했느냐? "십일조를 내는 것이 돈을 가장 잘 버는 방법이다. 왜냐하면 하나님이 약속하셨으니까 그렇다. 십일조를 어김없이 드리면 하나님의 축복을 받으니 그야말로 가장 착실하고 안전한 투자의 방법이다." 이 말 자체보다도 그렇게 말을 하게 된 사람들의 심정의 배경에 무엇이 있느냐가 문제입니다. 거기에 유디모니즘이 있다는 것입니다. 즉 물질적으로도 될 수 있는 대로 잘 되어야 하겠다. 기독교적인 방법에 의해서 소득을 얻어야 하겠다. 그렇게 빠지기 쉬운 여러 가지 이유가 있습니다. 예를 들면 사람이 병이 났을 때 병이 난 것을 낫기 위해서 현대 의학의 여러 가지를 쓰는 것이 당연한 것이지만 믿는 사람은 또한 마땅히 하나님 앞에 기도해야 하는 것입니다. 그래서 '하나님께서 불쌍히 보시고 내 병을 고쳐 주십시오' 하고 기도를 했습니다. 그러면 결국 기도해 가지고 병을 낫게 한다는 것도 내가 종교적인 방법에 의해서 어떠한 이득을 얻었다는 이야기가 되지요.

이런 것이 발전하면 나중에 종교적인 방법으로 물질적인 이득, 육체적인 이득, 현실적인 이득을 가급적 얻을 수 있는 대로 얻어야 하겠다는 생각으로 들어가는 것입니다. 그리고 만일 그것을 우리가 제대로 못 얻으면 적어도 정신적인 세계에서라도 나는 이득을 얻어야 하겠다고 생각합니다. 나는 무능한 사람이니까 다른 사람과 같이 자기 힘을 가지고 정복해서 마음의 평안과 행복을 못 얻으니 그저 후분이라도 바라고 하나님이 불쌍히 여기시기를 바란다. 그래서 마음의 평안을 얻고 위로 가운데 살아야 하겠다! 이렇게 되면 사람의 행복론이라는 것이 언제든지 중요하게 됩니다.

행복추구의 문제와 기독교적인 생활태도

전도자가 믿지 않는 사람에게 복음을 처음에 전할 때 행복추구라는 것이 기본적인 자기의 생활 태도인 까닭에 그릇된 영향을 끼치기도 합니다. 사람의 기본권리 가운데 다른 사람이 침해할 수 없고 아무도 억압하기 어려운 것으로서 행복추구권을 미국의 독립선언서가 명시했습니다. 그리고 그것을 아브라함 링컨도 게티즈버그 연설에서 이용했어요. 사람의 기본권으로 첫째는 생명(life), 살아야 하겠다는 것이고 그 다음으로 나는 자유로워야겠다(liberty)는 것이고, 그리고 행복을 추구해야겠다(the pursuit of happiness) 하는 이런 것들은 사람들이 다 공통으로 가지는 권리이다! 이런 터 위에서 현대 민주주주의 체제가 크게 발전했습니다. 그래서 사람들은 사회가 공동으로

서로 손해를 끼치지 않는다는 공동분모의 기초로 행복추구의 요소를 다 지니게 되었습니다.

이런 큰 흐름 속에서 전도자가 나가서 전도를 할 때 '당신 그렇게 가면 안돼요. 당신은 하나님을 알고 하나님을 영광스럽게 해야 해요' 이렇게 시작을 하지 않습니다. 행복을 추구하는 그 사람에게 '당신이 마음 가운데 추구하는 것이 행복이지만 참 행복을 내가 가르쳐 드립니다' 하는 식으로 시작합니다. 대략 이렇게 하겠지요. '당신은 죄인이오. 당신은 행복을 향한 욕심으로 눈이 어두워졌지만 큰 불행이라는 것이 앞에 있소. 죄인인 당신에게는 하나님의 진노가 놓여 있고 이미 믿지 않는 사람은 하나님의 독생자의 이름을 믿지 않는 까닭에 벌써 정죄했다고 성경은 말하고 있소. 하나님의 무서운 형벌인 사형의 선고를 벌써 내린 것이오. 그걸 모르고 덮어놓고 청맹과니같이 앞으로 자꾸 나아가기만 하면 어찌 하려고 그러시오. 그러나 하나님께서는 사람을 사랑하셔서 당신을 위해 준비한 것이 있소. 예수 그리스도를 믿고 그의 속죄함을 받아서 하나님의 그 무서운 형벌을 면제받고 참으로 주시는 생명을 받고 사는 것이오.'

크게 말할 때 이것이 진정한 행복론입니다. 그 사람의 행복의 요구에 대해서 별다른 의미의 행복론으로 가르치는 것입니다. 이런 의미에서 기독교의 행복론이 없는 것이 아닙니다. 그러나 예수를 믿고 나온 다음에도 자기 자신의 행복추구에만 집중해 가지고 종교적인 모든 방법과 내용을 행복에 치중한다면 그것은 벌써 그가 얼마나 자기중심의 종교에 빠져 있는가를 표시하는 것입니다. 자기중심의 종교 가지고는 안 됩니다. 하나님께서 우리에게 주신 거룩한 신앙의 큰 체계에는 분명히 우리를 행복스럽게 하시려는 큰 의도가 나타납니다. 그러나 그것은 하나님의 거룩한 뜻과 방법으로 이뤄야 하는 것입니다. 자기중심의 방법과 목적을 가지고 종교를 거기다 이용하려고 하면 그것은 이교이지 결코 기독교가 아닌 것입니다.

실은 예수를 믿고 난 다음에는 우리가 이 행복주의에 대해서 다 포기해야 합니다. 그렇게 해야 할 중요한 사실은 무엇보다 '너는 그리스도와 함께 십자가에 못 박혀 죽었다. 그러므로 네가 산 것이 아니다' 하는 중요한 말씀에 드러납니다(갈 2:20). 그리스도와 함께 십자가에 못 박혔다는 사실이 복음 사실 가운데 중요한 면인데, 이것을 무시해버리고 예수님만 홀로 나를 위해 십자가에 달려 돌아가셔서 그 덕분에 나는 이제 형벌도 면하고 영생복락을 얻겠다고 생각한다면 큰 문제입니다. 하나님께서는 우리가 참으로 그러한 은혜, 그리스도의 십자가로 인한 속죄의 은혜를 받은 사람이 가져야 할 바른 의식과 바른 경험 가운데 들기를 바라십니다. 그리스도와 함께 너도 십자가에 못 박혔다. 그래서 옛사람은 죽었다. 죄의 몸은 죽고 다시는 죄에게 종 노릇 하지 않는 사실 가운데 들어가야 한다(롬 6:6). 이렇게 해서 옛사람을 벗어버리고 새사람을 입는 데서만 정상한 그리스도인으로서 생각과 정신을 가질 수 있게 된다고 가르친 것입니다.

그리스도 안에 있는 참된 축복의 내용이라는 것은 하나님께서 하고자 하셔서 우리에게 주시는 것입니다. 그리고 그걸 받으면 그때는 우리가 자기 자신의 행복 때문에 기뻐하는 주체라는 것이 없어지고 하나님께서 주시는 사랑과 영광과 은혜에 대한 감사를 가장 민감하게 느끼는 새사람이 우리 속에서 살게 되는 것입니다. 이런 새사람이 살지 않고는 참된 행복을 우리가 얻지 못하는 것입니다. 그러므로 우리가 예수를 믿고 참으로 먼저 생각해야 할 문제는 내 자신의 행복을 추구하면서 자신이 경영하는 이 '자기'라는 것이 그리스도와 함께 십자가에 못 박혀 죽는 사실이 있어야 하는 것입니다. 그러지 않고서는 성경이 말하는 많은 은혜와 축복의 내용이라는 것은 사실상 나와는 격절되어 있는 것입니다.

그런데도 불구하고 예수를 믿는다 하면서 기독교를 종교로 삼아 종교적 방식에 의해서 자기 행복을 증진하려는 생활 태도는 원래 기독교적인 태도가 아닌 것입니다. 이것은 이교적인 것입니다. 성경 시편 1편에 행복스러운 사람은 바로 이런 사람이라는 것을 이야기할 때도 거기서 말하는 행복을 우리가 주의해서 봐야 합니다. 어떤 사람이 행복스러운 사람이냐? 이 세상에서 물질이 많다든지 명예가 있다든지 권력이 있다든지 건강하다든지 자여손이 다 건강하고 건실하게 살아가는 이런 것이 행복이냐? 그런 것을 먼저 행복으로 이야기하지 않았습니다.

그런 행복을 참된 복으로 느끼는 사람의 주체라는 것을 일단 그리스도와 함께 십자가에 못 박고 난 다음에 다시 생각해야 합니다. 우리 사고의 내용과 비판하는 척도, 그리고 우리의 감수성이라는 것이 전혀 별다른 것으로 받아들여져야[看取] 할 것입니다. 대체 사람들이 행복, 행복 하지만 그렇게 행복을 느끼는 것은 그 사람이 인생의 차원에서, 인간적인 품성과 영혼의 기능의 차원에서 느끼는 것입니다. 만일 그것이 전혀 달리 변해 버렸다 할 것 같으면 전에는 행복으로 느꼈던 사실을 행복으로 느끼지 않게 되는 것입니다. 요컨대 행복이라는 것이 매우 주관적인 것인 까닭에 그의 주관적인 정서의 전도(顚倒), 그 사람의 속을 완전히 뒤집어 버렸다고 볼 것 같으면 지금까지 행복을 느꼈던 것이 이제는 행복하지 않게 되는 것입니다. 이렇게 예수를 믿고 나온 다음에는 그 사람의 속이 다 바뀌어야 하겠습니다. 이 말을 성경에서 뭐라고 가르쳤는지 아시지요? 전에 믿지 않았을 때의 사람을 가리켜서 옛사람이라고 그랬고 (엡 4:22, 골 3:9), 그 다음 그리스도를 믿고 그리스도의 생명으로 말미암아 새로 지어주신 이 사람은 새사람이라고 하였습니다(엡 4:24, 골 3:10). 유교에서 말하는 개과천선(改過遷善)의 사실이 아닙니다. 그렇게 개과천선한다는 모든 도덕적인 네 자신도 다 없어진다, 의롭다거나 선을 추구했다는 사실도 없어진다, 그것도 일단 한번 다 멸해야 하겠다 말입니다. 그렇지 않으면 결국 사람이 선을 추구하고 불의를 제어하는 일, 개과천선하는 것에 불과합니다. 그런 것 가지고 그리스도교의 참된 정신과 능력과 축복의 내용이 잘 발휘되지 않는 것입니다. 그런 까닭에 이런 것을 우리가 먼저 참으로 주의해야 합니다.

의인의 길과 악인의 길

시편 1편의 첫째 사상이 행복론의 문제인데 성경의 전체적인 큰 사상에 비추어 생각해야 하겠지만 우선 몇 가지 중요한 것만 찾아봅시다. 이 시편 1편을 볼 것 같으면 거기에 분명히 하나님께서 인정하신다, 혹은 아신다 하는 사람이 있습니다. 맨 마지막에 의인의 길은 여호와께서 인정하신다고 했습니다. '안다'는 말의 히브리어 뜻은 인정한다는 말의 의미도 가지고 있고 그보다도 더 깊은 의미도 포함하고 있습니다. 속속들이 알고 있고 거기에 대해서 내가 평가하고 있다는 뜻으로 쓰입니다. 우리나라 말의 안다는 말보다는 훨씬 깊은 의미의 말로 잘 씁니다. 여기에서 그를 안다는 말을 그렇게 썼습니다. 의인의 길은 하나님이 아신다. 영어 번역 같으면 The Lord knows 또는 Jehovah knows 그렇게 말을 하겠습니다. 그러나 '요데아'(יוֹדֵעַ) 혹은 '야다'(יָדַע)라는 히브리말은 훨씬 깊은 의미를 가지고 있습니다. 그러니까 무소부지(無所不知)하신 예수님도 "내가 너희를 도무지 모른다. 불법을 행하는 자들아 내게서 떠나가라"(마 7:23) 할 때 그렇게 모른다는 말을 썼습니다. 하나님으로서 모르실 리가 없습니다. 그런 무소부지의 속성을 이야기한 것이 아니고 안다는 말의 별다른 의미를 쓰신 것입니다. 내가 너를 도저히 인정할 수 없다!

그렇게 보면 여기서 인정받는 사람을 하나님이 참으로 '속속들이 아시고 평가하시고 그렇다고 받아들이는'(appreciate) 것입니다. 내가 너를 잘 받아들일 수 있다! 그러한 사람을 구약 성경 전체를 통하여 흔히 쓰는 가장 중요한 명사가 의인이라는 말입니다. 시편 1편에서 사용한 의인이라는 말은 '이쉬 짜딕'(אִישׁ צַדִּיק)인데 의인들이라는 복수로 썼습니다. "의인들의 길은 인정하시나" 그렇게 말했습니다. 선인이라는 말을 쓰지 않고 의인이라는 말을 썼습니다. 우리는 선(善)이라는 말을 주의해야 합니다. 어떤 사람이 예수님한테 와서 "선한 선생님이시여 착한 선생님, 내가 무엇을 하여야 영생을 얻으리이까"(눅 18:18) 하고 물었습니다. 예수님께서 "네가 왜 나를 착하다고 하느냐? 착한 분은 한 분 하나님 외에는 없다"고 하셨습니다. 착하다는 말을 정확하게 쓰려고 할 때에는 하나님의 속성을 갖다 대야 합니다. 물론 의도 하나님께로부터 나오지요. 하나님의 도덕적인 속성에 의의 속성이 있는 것입니다. 그러나 이 의라는 말의 뜻은 도덕적으로 선하다는 말보다도 당위를 정당하게 행하고 나가는 사람을 지칭할 때 의라는 카테고리의 말을 썼습니다. 그런고로 아브라함을 의인이라고 이야기합니다(롬 4:3, 약 2:23). 또 롯도 가리켜서 "저 의인이 그들이 행하는 것을 보고 날마다 의로운 심령을 상하니라"고 해서 베드로서에서 그를 의인이라고 불렀습니다(벧후 2:8). 노아는 당대의 의인이라(창 6:9). 우리도 예수 그리스도의 공로에 의해서 우리 자신의 공로 없이 의인이라는 칭호를 받았습니다.

이와 같이 하나님께서 의라는 말을 써서 사람들을 불렀습니다. 하나님께서 아시고 인정하시는 그 사람을 의인이라고 칭한 것인데, 지금 여기에 의인이라는 말을 시편 1편에 몇 번이나 썼습니다. "의인의 길은 인정하시나 악인들은 심판을 견디지 못하며 죄인은 의인의 회중에 들지 못하리로다." 여기서 주의할 것은 그렇게 의인이 행복스러운 사람, 복 있는 사람이라고 했지만 사실 복 있는 사람이 사람의 명칭은 아니지요. 그런 사람은 행복스럽다는 의미로 차라리 풀어서 쓴 말입니다. 그러니까 행복스러운 사람이라고 명문으로 박아놓지를 않고 의인은 이렇게 행복스럽다 하는 뜻으로 여기에 표현이 되어 있습니다.

그러나 반대편의 대조적 위치에 서 있는 사람은 세 마디로 썼습니다. 첫째는 악인, 둘째는 죄인, 셋째는 오만한 자라는 말로 표현했습니다. 악인이라는 말이 제일 많이 나옵니다. 네 번이나 나오는데, 악인이라는 말이 1절 4절 5절 6절에 하나씩 나와요. 그 다음에 죄인이라는 말이 두 번 나오는데 죄인들이 의인들의 회중에 들지 못하리라고 말한 5절에 있고, 죄인의 길에 서지 못한다고 말한 1절에 있습니다. 또 하나는 오만한 자라는 말로 한번 썼습니다. 그게 무엇이 됐든지 그들이 가지고 있는 악덕 혹은 비신국적, 반신국적 성격을 그때그때의 말에 대조하기 위해서 어느 때는 악인, 어느 때는 죄인, 그리고 오만한 자라는 말로 썼습니다. 그들이 가지고 있는 악덕의 성격에 비추어 구체적으로 결부시켜 표현하려고 자꾸 그 말들을 변경해서 썼습니다.

이렇게 두 가지 사람을 대립해 놓고 행복스러운 사람은 어떻게 하는 것인가를 여기서 이야기하고 있습니다. 1978년이 되어서 우리 교우들이 하나하나 다 하나님 앞에서 참으로 다 복을 받고 행복스러운 사람이 되기를 바라지만 또한 여기서 이렇게 하면 행복스러운 사람이 된다는 것을 찾아보자는 것입니다. 여기 나오는 이런 의인의 상태를 일컬어 행복스러운 사람이라고 지적할 수밖에 없습니다. 그저 '복 받으시오' 하는 이야기는 매우 추상적인 것입니다. 그러면 복을 참으로 받으려면 어떻게 해야 하겠는가? 하나님께서는 '너희가 복 받은 사람이 되어라. 행복스러운 사람은 이런 상태이다' 하고 가르친 것입니다. 여기 1절에 먼저 행복스러운 사람에 대해서 이야기를 시작하면서 계속해서 무엇을 말하는고 하니 첫째로 행복스러운 사람들은 이런 것들을 하지 않는다고 설명합니다. 작위와 부작위라는 것을 딱 나눠서 행복스러운 사람은 이걸 하지 않는 것이다! 안 해야 할 것을 함으로써 죄를 범하는 것을 커미션(commission)의 죄라 합니다. 둘째로는 그 다음 절인 2절에 가서 행복스러운 사람은 이렇게 한다 하고 가르쳤습니다.

두 가지를 특별히 갈라서 지적했는데 해야 할 것을 아니하는 것을 보통 부작위(omission)의 죄라 합니다. 안 해야 할 것을 하면 작위의 죄, 커미션의 죄라고 했습니다. 오미션이나 커미션이나 꼭 같이 다 죄입니다. 꼭 커미트 해야만 죄를 짓는 게 아닙니다. 해야 할 것을 아니했을 때, 생략하거나 빠뜨렸을 때도 죄가 되는 것입니다. 도둑질하지 말라 했는데 도둑질했으면 그건 커밋한 죄(commiting sin)가 됩니다. 사람들은 커밋하는 죄에 대해서만 민감하게 말하지만 성경은 그것만 이야기하지 않고 또한 해야 할 것을 말해 놓고 안 하는 그것 또한 강하게 죄라고 지적합니다. 이것 역시 하나님의 명령입니다.

예를 들면 '네 이웃 사랑하기를 네 몸과 같이 하라' 했습니다. 또 '네 마음과 뜻과 정성과 힘을 다하여 주 너희 하나님을 사랑하라' 하는 것이 하나님의 명령(commandment)입니다. 이 명령에 대해서 따르지 않으면 그것이 죄입니다. 도둑질도 않고 특별히 악한 일도 별로 안 했다고 해도 해야 할 당위를 하지 않았을 때 그것이 죄가 되는 것입니다. 이와 같이 성경 전체를 통해서 하나님은 당신의 거룩하신 뜻을 두고 '해라' '하지 말라'는 두 가지 형식으로 표시하셨습니다. 이렇게 해라, 하지 말라는 두 가지의 형식으로 표시된 것을 총체적으로 율법이라 부릅니다. 그러므로 율법이라 말할 때 단순히 모세의 613조의 법조만 가리키는 게 아니고, 광의의 의미로 보면 하라 하지 말라는 형식으로 나오는 성경의 모든 것들이 다 율법인 것입니다.

성경에서 이렇게 큰 한 부분이 율법입니다. 그리고 다른 한 부분은 하나님께서 우리 사람이 할 수 없는 어떤 사실을 채우시기 위해 우리에게 내려주시려고 준비하신 내용이 있습니다. 실지로 사람에게 내려주시려고 모든 것을 다 비치하시고 마련해 놓으신 것을 가르쳐 주는 얘기가 있습니다. 그걸 가리켜서 복음이라 하는데, 성경은 이렇게 복음과 율법으로 되어 있습니다. 그리고 협의에서 율법은 그 자체가 복음을 늘 포함하고 있는 것이고 또 복음은 항상 율법을 포함하고 있는 것입니다. 예를 들어, '너는 주 예수 그리스도를 믿어라. 그러면 내가 너의 죄를 다 사하고 네게 새생명을 준다'고 했는데, 여기서 그렇게 하라는 말 즉 '이 예수를 믿으라'는 그것이 율법인 것입니다. 즉 하나님의 법칙입니다. 하나님이 사람에게 원하시고 요구하시는 위치로 들어오도록 촉구하신 법칙입니다. 자연의 법칙은 아닙니다. 이런 것을 가리켜서 율법이라는 말로 표시하는데 여기 보면 크게 작위와 부작위에 의해서 죄를 짓지 아니해야 할 것을 말씀하셨습니다.

악인, 죄인, 오만한 자를 항상 경계해야 함

그러면 복 있는 사람이 첫째 하지 않는 게 뭐냐? 악한 사람의 의논을 쫓아서 행하지 않는다고 했고, 둘째는 죄인의 길에 서지 않는다고 했고, 셋째는 오만한 자의 자리에 앉지 않는다고 했습니다. 반면 하는 것은 뭐냐? 여호와의 율법을 즐거워함이라. 자기의 기쁨은 여호와의 율법에 있다는 것이 아마 원문 표시에 가까울 터인데, 그의 기쁨이 여호와의 율법에 있습니다. 다음으로는 그 율법을 '밤은 계속해서 밤으로 낮은 계속해서 낮으로' 읽는 자이다. 원문을 볼 때 주는 큰 인상이 밤은 계속해서 밤으로 낮은 계속해서 낮으로 주를 묵상하는 (meditate) 것이다! 이런 사람이 행복스러운 사람이라는 것입니다.

이 행복스러운 사람이 하지 않는 문제가 제일 먼저 중요하게 나타났습니다. 악인의 꾀 혹은 의논, 여기 의논이나 꾀라는 말 에짜(עֵצָה)는 영어로 어드바이스(advice) 혹은 카운슬 (counsel)인데, 그것을 좇아가지 않는다, 거기에 의해서 행보하지 않는다는 것입니다. 악인들의 조언을 따라 가지 않는다. 그 다음에는 죄인의 길에 서지 않는다. 그리고 오만한 자의 자리에 좌정하고 사는 세계에 다가서지 않는다. 여기에 반대되는 세 종류의 사람 악인, 죄인, 오만한 자가 있고, 그리고 그들이 각각 가지고 있는 악덕과 선덕 가운데 가장 성격적이고 중요한 것을 하나씩을 끄집어냈습니다. 악인에 대해서는 길이라든지 자리를 말하지 아니하고 그의 의논, 그러니까 그가 가지고 있는 지혜, 지식, 생각, 깨달음, 그래서 좋다고 안을 내는 것, 주로 의논 (counsel)을 끄집어낸 것입니다. 그리고 죄인이라는 말을 가지고서 하나의 성격적인 사람을 표시할 때 하나님 나라에 대하여 적대하는 반신국적인 어떤 사람의 위치를 표시하는 말에 무

엇을 붙였는가? 어드바이스나 카운슬이라는 말을 붙이지 않고
또 '모샤브'(מושב) 말하자면 그가 살고 있는 자리(seat)를 말하
지도 않았습니다. 오직 길 하나를 말했습니다. 그 다음에는 오
만한 자에 대해서는 다른 이야기를 하지 아니하고 그가 살고
있는 자리를 이야기했습니다. 이렇게 악인, 죄인, 오만한 자라
는 말을 각각 특성적으로 하나씩 드러낸 어떤 중요한 성격 곧
의논, 길, 자리가 늘 관계되어 있습니다. 차라리 그들에 대한 호
칭도 그와 같은 성격과 관계되어 불린다고 할 수 있겠습니다.
그러니까 악인과 죄인과 오만한 자가 있는데 거기에 또한 의논
이 있고 길이 있고 또 살고 있는 자리가 있다고 하였습니다. 그
런 자들과 대조해서 행복스러운 사람을 드러낸 것입니다.

그 다음에 행복스러운 사람이 하지 않는 중요한 행동이 있
습니다. 첫째는 악인의 의논에 대해서는 자기가 그것을 청종하
지 않는다고 했습니다. 둘째는 죄의 길에 대해서는 거기에 서지
않는다고 했습니다. 그리고 다음에는 오만한 자의 좌처에는 들
어가 주저앉지를 않는다는 이야기입니다. 그런데 이런 악인이
라든지 죄인이라든지 오만한 자의 여러 가지의 성격적인 악덕
(vice)이나 선덕(virtue) 가운데 왜 하필 왈 여기는 악인의 의논
이라는 걸 드러냈는가? 왜 죄인의 길을 드러냈는가? 왜 오만한
자의 자리를 드러냈는가? 그것은 그런 것들을 피하고 접촉을
않고 가까이 아니했을 때 비로소 행복스럽기 때문입니다. 행복
의 조건이 되는 중요한 열쇠가 거기에 다 붙어 있습니다. 그러

므로 하나님 나라의 거룩한 행복을 가진 사람은 그런 데 대해서 민감하게 항상 경계한다는 교훈을 얻을 수 있습니다. 사람이 행복스럽다는 평가를 받을 만큼 중요한 결과를 내게 만드는 조건이나 원인이 있습니다. 행복이라는 것은 누구든지 다 원하는 것이지만 하나님이 주시는 행복을 참으로 받았다는 것은 참으로 중요한 결과입니다. 그런데 이런 중요한 결과를 결정해 주는 분기점(crisis)을 형성하는 것들이 악인에게는 의논이고 죄인에게는 길이고 오만한 자에게는 자리라는 것입니다. 이렇게 크라이시스를 형성하는 것이라 말입니다.

우리가 성경을 훑어볼 때 그러면 행복인가 불행인가를 갈림길로 갈라놓는 중요한 크라이시스라는 것은 어떠한 성격을 가지는가? 그것은 시험(temptation)이라는 성격을 강하게 가집니다. 사람을 꾀서 어디로 들어가게 현혹하는 강렬한 성격을 가지는 것입니다. 그런 것 없이 아무라도 피하기 쉽고 식별하기 쉽다면 어느 누구나 할 수 있는 일이 될 것입니다. 다수가 용이하게 할 수 있는 경지라는 것은 특별한 행복이라고 평가할 만한 정도가 아니겠지요. 그러나 참으로 행복스러운 사람들만이 할 수 있는 중요한 판단이 있습니다. 행복스러운 사람이 되려면 어떤 위기 앞에서 어떻게 해야 하느냐? 악인의 꾀, 지혜, 지식, 그리고 의견들이 갈림길에 놓여 있는 것입니다. 그런 것들은 비단 누군가 직접 와서 말하지 않더라도 유혹의 도구가 될 수 있습니다. 사람들 중에서 존경을 받고 많은 사람에게 영향을 주는 사람이 글로 써놓고 후대에 남기고 학파가 성립되고 그 내용이 전파됐을 때 읽고 거기에 영향을 받아 가지고 따라가는 방식도 마찬가지라는 것입니다. 그런데 복 있는 사람은 그러지를 아니한다 말입니다.

악인의 꾀를 좇는 형식은 아주 소박한 원시적인 형태에서 시작해서 현대의 매스미디어를 통해서 접촉되는 거대하고 복잡한 형식까지 널리 퍼져 있습니다. 오늘날 우리는 텔레비전을 보든지 라디오를 듣든지 서책을 읽든지 여러 가지 사상을 접촉하게 되고 흡수하기도 쉬운 것입니다. 단순히 그런가 보다 하고 평가 없이 오류(fallacy)도 쉽게 받아들이는 일도 많습니다. 사람이 가지고 있는 여러 가지 그릇된 생각 때문에, 소위 이돌라(idola) 때문에 말입니다. 사람들에게는 이른바 종족의 우상이나 동굴의 우상 같은 것들이 있어서 자기의 세계에 갇혀서 자기 식으로 문제를 보는 까닭에 '아 저게 받을 만한 일이다' 하고 그냥 받습니다.

사람들은 여러 가지 이돌라에 눈이 어두워 잘못된 영향을 받고 또 차츰차츰 더 침해(侵害)를 받아서 마침내 가라앉고[沈淪] 맙니다. 그러나 행복스러운 사람은 그러지 않습니다. 이것이 쉬운 이야기입니까? 용이한 이야기가 아니겠지요? 그러면 어째서 이 사람은 그것을 않느냐 할 때 비결이 거기 쓰여 있습니다. 그의 기쁨이 여호와의 율법에 있고 또한 그가 그것을 묵상한다고 했습니다. 그의 토라를 밤낮으로 읽는 자입니다. 그러므로 교회는 하나님의 말씀을 깊이 바르게 자꾸 먹이고 가르치는 것이 가장 중요한 임무입니다. 그렇게 함으로 그가 참으로 율법을 깨닫고 알므로 기쁨을 맛보고 그것을 주야로 묵상하게 됩니다. 그래서 결국은 그릇된 사조의 영향과 그릇된 사상의 공격으로부터 자기 자신을 잘 수호하고 어느 때는 튼튼한 면역성을 자기가 잘 기를 수가 있게 됩니다. 그런데 그러지 못하면 그건 불행한 사람입니다. 그렇다면 많은 크리스천이 불행하다는 걸 말하고 있습니다.

축복 받은 사람들의 증거가 필요함

많은 크리스천이 이 세계에 있는 여러 가지 이념(ism), 사상과 사조 가운데서 헤어나지 못하고 있는 것을 우리가 보고 있습니다. 조그마한 일 하나 하는 것을 보더라도 어떤 생각을 했는지가 드러나는데 현대의 돌아가는 사조를 따라 흘러갈 뿐입니다. 예를 들면 지금 우리 자녀들이 있는데 자녀에게 어떻게 말씀을 가르쳐야 하겠는가를 다 생각하는 것입니다. 이때 아이들은 발달 단계가 따로 있고 말을 이해하는 정도의 차이가 있으니 수준별로 구분해서 가르쳐야 하겠다고 합니다. 거기에 일리가 없는 게 아닙니다. 그러나 오로지 주위의 영향을 받아 가지고 거기에 침륜되어 있으면 말씀을 먹이시고 또 말씀을 가르치는 의미를 도무지 깨닫지 못할 것입니다. 만일 그렇다면 아무도 하나님의 말씀을 알 사람이 없는 것입니다. 아이들만 모르는 게 아니라 어른들도 하나님 말씀을 모르는 것입니다. 여러분은 지금 하나님 말씀을 다 알아듣습니까? 못 알아듣는 말이 더 많습니다. 쉬운 말로, 내가 아는 말로 하는 것 같은데 그게 무슨 이야기인지 모르는 게 있는 것입니다. 아이에게도 마찬가지입니다. 그러니까 우리가 다 이해할 때 비로소 성경을 배워서 알아야 하겠다든지, 우리가 용어나 개념을 어느 정도 알고서 성경 말씀을 보아야 하겠다든지 하는 것은 다분히 제한주의적인 이론에 불과합니다. 만일 사람이 그런 데 침륜되면 그 다음에는 어린아이에게 성경을 가르칠 필요가 없다고 생각하게 되는 것입니다. 어린 아이한테는 이야기나 조금 먹이고 말아야지 성경을 지문 그대로 얘기하면 의미가 없다고 한다 말입니다.

그러나 개혁교회가 역사적으로 항상 주장하는 것은 너와 너희 자손들이 아무리 어릴지라도 함께 와서 예배하고 함께 은혜를 받으라는 것입니다. 성경이 우리에게 약속한 것은 우리의 지혜가 가상하고 장해서 말씀을 깨달으리라는 것이 아닙니다. 성령님께서 너희에게 조명하시고 역사하신다는 것입니다. 우리가 받은 성경 말씀의 어떤 부분을 가지고 성령님이 어느 정도만큼 역사하시겠는가 하는 것은 그 사람 그릇의 크기에 따라서 발생하는 것입니다. 즉 그의 신앙의 장성 정도와 그가 얼마만큼 의지하고 사는가에 의해서 성령님이 그에게서 역사하시는 일이 발생합니다. 그래서 성경도 조금씩 깨닫게 되는 것이고 어린아이는 어린아이대로 깨달아 가는 것입니다. 사람이 어린

아이를 어른 눈에 맞추어 맘대로 해석하지 말아야 한다는 것입니다. 어린이 심지가 아직 미숙해서 아직 못할 것이라고 그렇게 마음대로 해석하지 말아야 합니다. 하나님은 어린아이도 구원하시고 어른도 구원하십니다. 믿는 가정에서 우리가 아직 그의 의사를 표시하는 일이나 말로 서로 교환할 만큼 충분한 언어를 못 가진 아이가 어려서 죽었을 경우, 그럼 그 아이는 구원을 못 받고 죽었다고 해야 하겠는가? 하나님이 구원하시는 방법은 자명한 것입니다.

다만 부모인 나로서 할 수 있는 것은 가장 미미한 한 부분입니다. 하나님의 전능하신 방법과 사람을 창조하신 하나님의 기묘하신 계획 가운데서 일을 이뤄 가실 것을 믿고 의지하고 부탁하고 말씀을 아이에게 주는 것입니다. 이 아이가 아직 말씀의 뜻은 모를 거다, 생각하게 됩니다. 그럼 따지고 보면 나는 아느냐? 잘 아는 선생한테 가서 알고 보니까 나도 그 말씀을 몰랐다. 내가 덮어놓고 세상에 돌아다니는 말뜻으로 해석했다고 느낄 것입니다. 이런 것이 왜 그러냐 하면 시대사조의 돌아감에 의해서 그릇되게 생각한 까닭에 그렇습니다. 오늘날 다수의 교회가 후대를 양성하는 일, 아이들의 교육에 대해서 '어른들하고 같이 앉아서야 설교 이야기 같은 것은 도저히 모를 테니까 아이들은 따로 떼어 가지고 예배를 보게 하고서 보내 버리자' 하는 것을 많이 보았을 것입니다. 한국 교회 안에서는 거의 다 그렇게 하니까요.

그러나 개혁교회는 어떻게 가르쳤는가? 아이들을 따로 떼어 가지고 하지 않았습니다. 하나님의 약속은 너와 네 자손에게 미치는 까닭에 모두 하나님 앞에 나와서 각각 자기 그릇이 계발된 대로, 자기 성장의 분량대로 하나님 앞에 예배할 것을 가르쳤습니다. 아이는 아이대로 예배하도록 하나님의 성령이 역사하여야 하는 것이고, 어른들도 성령이 역사하지 않으면 예배하는 재주가 없는 것입니다. 어른은 알아들으니까 예배하는 것이 아닙니다. 예배라는 것은 하나님께서 그의 자녀에게 주신 한 본능적인 요구입니다. 그것을 행할 수 있도록 하나님께서 성령으로 역사하는 것입니다. 우리가 지금 이렇게 예배를 위해 앉아 있지만 하나님 앞에 언제 절했느냐고 내가 여러분께 물을 때 언제, 몇 시에 무얼 하는 투로 자기가 절했다고 할 사람은 아무도 없습니다. 예배란 말이 원래 영혼이 하나님 앞에 절한다는 뜻인데, 그것은 찬송한다고 예배가 되는 것이 아닙니다. 찬송 기도 성경낭송을 합쳤다고 예배가 되는 건 아닙니다. 그러니까 이런 것들을 다 주의해야 합니다. 하나님 말씀의 거룩한 사상을 제대로 받지 아니하고 이 세상에 있는 여러 가지 사상을 받기 쉬운 것입니다. 그리고 그런 것들은 시대적인 성격이 강합니다. 어느 시대는 이랬다 저 시대는 저랬다 하는 거라 말입니다. 그래서 그 시대에 따라 규율을 무시해 버리고 실시하지 않는다면 아무것도 안 되는 것입니다.

복 있는 사람, 행복스러운 사람은 악인들의 꾀를 좇아 충족

해 가지 않는 것입니다. 악인의 죄라는 말이 쉬운 말 같아도 그렇게 쉬운 말은 아닙니다. 누가 보든지 저 놈은 악한 놈이다 하는 그런 의미가 아니에요. 원래 악이란 말을 엄격하게 따지면 어떤 결핍을 의미합니다. 영어의 이블(evil)이라는 말을 쓸 때, 여기서는 위키드(wicked)를 썼습니다만, 그 성격상 악을 말할 때는 위키드를 씁니다. 악(evil)이란 말은 반드시 모두 다 죄는 아닙니다. 가령 물질적인 악, 신체적인 악, 이런 것들을 죄라고 하지 않습니다. 사람이 온전치 못하고 불구로 있으면 그건 육체적인 악이라고 합니다. 돈이 없고 가난하면 그건 물질적인 악인 것입니다. 그러니까 내츄럴 이블(natural evil)이나 피지컬 이블(physical evil)을 가지고 죄라고 하지 않습니다. 이블과 죄를 결부시켜 말할 때에는 꼭 도덕적인 악(moral evil)만을 이야기하는 것입니다. 그것을 하나님께서 죄라고 하신 것입니다.

어떤 사람은 성치 못한 사람이 됐다고 해서 병신이니까 하나님 앞에 항상 죄인이냐 하면 그런 일 없는 것입니다. 가난해서 그가 항상 죄인인가 하면 그런 일 없어요. 그러나 도덕적으로 그의 성격상 결핍이 있어서 하나님을 반대하고 나간다든지 하나님 뜻에 늘 반동하고 나가면 그것은 죄입니다. 그런 까닭에 악인이라고 할 때 그런 기본적인 결핍이 거기 있는 것입니다. 이런 기본적인 결핍이 있으면 이 세상사람 가운데서 참으로 그리스도로 말미암아 중생을 받고 새로운 생명으로 새사람이 되지 않으면 다 악의 요소를 가지고 있는 것입니다. 그러나 악의 요소를 가지고 있다고 할지라도 아무나 다 악인으로 부르지 않습니다. 언제 구체적으로 악인이라 부르느냐? 그 사람이 가지고 있는 사상을 체계화해서 이것이 진리라고 발표하고 자기 생각이 가장 옳다고 주장하면서 하나님의 거룩한 도리에 의해서 자기 생각을 조절하려고(regulate) 하지 않고 그걸 무시해 버릴 때 악인이 되는 것입니다. 한번 계시가 하나님으로부터 사람에게 임해서 그 계시 자체에 순응하면 복을 받은 것이고, 그렇지 않고 거기에 대해서 무시하고 지나가면 그만큼 도덕적인 책임을 져야 하는데 이것이 죄가 되는 것입니다.

하나님이 한번 무슨 거룩한 명령을 내리시면 사람은 거기에 의해서 멸망에 이르든지 구원을 받든지 하는 것입니다. "우리는 하나님 앞에서 그리스도의 향기라"(고후 2:15). 멸망하는 자에게는 멸망에 이르는 냄새로 구원받는 자에게서는 생명에 이르는 냄새라고 하였지 아무 의미가 없는 것이 아닙니다. 어떤 전도자가 나와서 전도를 해서 받았으면 구원을 받지만 안 받아도 무탈한 것은 아닙니다. 안 받으면 안 받은 만큼 책임을 하나님께서 마지막에 묻는 것입니다. 이와 같이 계시가 임했는데 계시에 대해서 무시하고 간과하고 자기의 주장을 해나갈 때 그것을 악이라 규정했습니다.

하나씩 하나씩 이 공부를 해나가려면 많은 시간이 필요한데 오늘은 대표적으로 첫 한 부분만 이야기를 했습니다. 무엇이 우리가 참으로 배워야 할 것이며, 하나님이 우리에게 원하시는 거룩한 행복의 진리 가운데 살 수 있는 것인지를 찾아야 하겠습니다. 하나님은 우리가 불행한 가운데 암매한 가운데 죄의 노예 가운데 허덕거리고 살기를 원치 않으십니다. 하나님의 뜻을 더 아는 사람이 되기를 바라시는 것입니다. 하나님 앞에서 죄를 자유롭게 극복할 수 있는 높은 경지에서 살기를 바라시는 것이고, 또 하나님의 거룩한 목표를 향해서 날마다 더 큰 소망을 가지고 전진하기를 바라시는 것입니다. 그것이 행복스러운 길입니다. 우리 교회가 선 지 불과 몇 개월 안 됐지만 이제 금년 들어서 우리는 좀 더 교회의 바른 의미를 깨닫고 우리가 가지고 있는 위치를 분명히 해야 할 것입니다. 그래서 뜻을 확호하게 세우고 어디로 갈 것인가 무엇을 할 것인가에 대해서 구체적으로 생각해야 합니다. 그렇게 점점 바르게 전진함으로 하나님께서 주시는 축복의 사람으로 서야 합니다. 축복 받지 못한 흑암의 노예 노릇 하는 사람은 하나님을 증명할 수 없습니다. 축복 받은 사람들이 증명하는 것입니다. 하나님의 증거자로서 거룩히 서야 합니다.

기도

　거룩하신 아버지시여, 저희를 극진히 사랑하시사 이 세상에 두신 것은 땅 위에서 어떠한 하나님이신가를 저희의 생활과 저희의 인격의 장성에 의해서, 또한 저희들이 맺어 놓는 여러 가지 현실 생활의 열매에 의해서 나타내도록 하심이옵니다. 저희 자신의 인간적인, 물질적인, 현실적인 행복추구를 위해서 저희를 두어 두신 것이 아닌 걸 알게 하시옵소서. 하나님께서는 진정으로 모든 복을 준비하셔서 저희가 축복된 위치에 서서 참으로 하나님의 자식인 것을 나타내고 또 하나님 자식다운 축복과 권위와 영광과 능력을 발휘하면서 살기를 원하십니다. 주여, 저희가 금년에 이 축복의 사실이 더욱 분명해지기를 원하오니 말씀의 거룩한 도리를 더 깊이 깨닫고 살아가게 하옵소서.

우리 주 예수님 이름으로 기도하옵나이다. 아멘.

1978년 1월 1일

부활절 강설

부활을
믿는 사람의
증거

고린도전서 15:42-54

^{42} 죽은 자의 부활도 이와 같으니 썩을 것으로 심고 썩지 아니할 것으로 다시 살며 ^{43} 욕된 것으로 심고 영광스러운 것으로 다시 살며 약한 것으로 심고 강한 것으로 다시 살며 ^{44} 육의 몸으로 심고 신령한 몸으로 다시 사나니 육의 몸이 있은즉 또 신령한 몸이 있느니라 ^{45} 기록된 바 첫 사람 아담은 산 영이 되었다 함과 같이 마지막 아담은 살려 주는 영이 되었나니 ^{46} 그러나 먼저는 신령한 자가 아니요 육 있는 자요 그 다음에 신령한 자니라 ^{47} 첫 사람은 땅에 났으니 흙에 속한 자이거니와 둘째 사람은 하늘에서 나셨느니라 ^{48} 무릇 흙에 속한 자는 저 흙에 속한 자들과 같고 무릇 하늘에 속한 자는 저 하늘에 속한 자들과 같으니 ^{49} 우리가 흙에 속한 자의 형상을 입은 것같이 또한 하늘에 속한 자의 형상을 입으리라 ^{50} 형제들아 내가 이것을 말하노니 혈과 육은 하나님 나라를 유업으로 받을 수 없고 또한 썩은 것은 썩지 아니한 것을 유업으로 받지 못하느니라 ^{51} 보라 내가 너희에게 비밀을 말하노니 우리가 다 잠잘 것이 아니요 마지막 나팔에 순식간에 홀연히 다 변화하리니 ^{52} 나팔 소리가 나매 죽은 자들이 썩지 아니할 것으로 다시 살고 우리도 변화하리라 ^{53} 이 썩을 것이 불가불 썩지 아니할 것을 입겠고 이 죽을 것이 죽지 아니함을 입으리로다 ^{54} 이 썩을 것이 썩지 아니함을 입고 이 죽을 것이 죽지 아니함을 입을 때에는 사망이 이김의 삼킨 바 되리라고 기록된 말씀이 응하리라

부활을 믿는
사람의 증거

복음을 믿는다는 말의 함의

오늘은 우리 주 예수 그리스도의 부활을 또 그로 말미암은 부활의 큰 은혜를 기념하기 위하여 특별히 부활에 관한 몇 가지의 도리를 생각해 보겠습니다. 고린도전서 15:42-54까지 낭독을 했는데 고린도전서 15장 전체 1-58절에 걸쳐서 복음의 큰 도리인 부활을 여러 가지로 논했습니다. 여러분들이 될 수 있는 대로 이 고린도전서 15장을 잘 읽으시고 가령 그 속에 혹시 어려운 말이 있을지라도 거기 구애되지 말고 큰 뜻을 먼저 거기서 배우시기를 바랍니다.

이 고린도전서 15장은 크게 나누자면 1-11절까지는 복음이라는 것이 뭔가 하는 것을 가르치고 있습니다. 그 가르친 내용이 퍽 간단하나 분명해서 우리로 하여금 잘 파악하기 쉽게 합니다. 그리고 12-58절에 걸쳐서 주로 복음의 가장 큰 제목이 되는 부활에 대하여 얘기해 나갑니다. 사람이 누구든지 그리스도를 믿노라 하고 그리스도의 부활을 믿지 아니한다 할 것 같으면 그 믿음이 다 헛된 것입니다. 요컨대 '예수를 믿는다', '그리스도를 믿고 산다' 하는 말의 기저에는 반드시 예수 그리스도께서 십자가에 달려 돌아가신 것과 부활하신 사실이 나에게 미친 그 공효를 합해서 우리가 그 내용 전부를 믿어야 하는 것입니다. 즉 예수님이 십자가에 달려 돌아가셨다는 것만 믿는 것도 아니고, 부활하셨다 하는 것만 믿는 것도 아니라, 내가 그것을 받음으로 나의 주신 은혜도 같이 믿는 것입니다. 요컨대 예수 그리스도께서 십자가에 돌아가시고 부활하셨다는 것이 나에게 죄를 다 용서하시고 새로운 생명으로 내려주셔서 장차 그리스도가 재림하실 때에 영광의 부활의 몸을 입고 하나님께서 인생을 지으신 본래의 거룩하신 큰 뜻을 완성하는, 그 완성형의 인간상을 내가 갖게 되는 정점에 오르게 될 이 모든 것을 다 믿는 것입니다. 이것이 복음을 믿는 것입니다. 이 복음을 믿지 아니하고서는 예수를 믿는다고 할 수가 없습니다.

그런데 오늘날은 기독교를 종교로 받아들이고 자기가 기독교인으로 자처하면서도 복음의 내용을 다 신실하게 믿는다고 할 수 없는 사람들이 많이 있습니다. 그러나 여러분, 우리는 그리스도의 복음을 확신하는 데에서만 그 복음이 참으로 복된 소식, 기쁜 소식으로서의 효과를 우리에게 내고 이 효과, 이 능력의 결과가 우리에게 있음으로만 참으로 그리스도인이 되는 것이지 그것 없이 자기가 종교로 선택해 가지고 기독교 문화 내용에서, 기독교의 도덕적인 내용에서 아무리 이 세상에 이름을 날리고 훌륭하다고 할지라도 그것은 그리스도의 도리가 아닌 것입니다.

성경이 우리에게 가르친 바는 사람은 부패하고 타락해서 죄가 있고, 그 부패라는 것은 사람의 모든 부분에 걸쳐 어디든지 다 뻗어 있어서 부패하지 않고 성하고 온전한 부분이 없다는 걸 가르쳤고, 그런다고 해서 사람이 스스로 그걸 제거하고 다시 일어나서 신선하고 아름다운 세계로 하나님이 받으실 만한 위치로 스스로 올라갈 수 있는 힘이 있느냐면 없다는 것을 가르친 것입니다. 스스로 구출할 수가 없다, 구출을 받아야만 하는 상태에 있으나 스스로 구출할 수가 없다는 것을 가르쳤습니다. 그리스도께서 십자가에 달려 돌아가신 사실과 부활하셨다는 이 사실의 실제 효과가 어떤 개인에게 미칠 때에 완전히 그는 구출되고 구원받고 그로 말미암아서 그에게 새로운 생명이 작용되고 발휘되어 나아가는 것입니다. 이런 사실 없이 사람이 자기의 종교로, 자기의 수양의 한 순서로, 도덕적인 지침으로서 기독교를 받아들이고 나아가는 것은 사람들을 현혹시키는 잘못을 저지르는 일도 되는 것입니다. 자기만 구원받지 못하는 것이 아니라 남에게까지 악영향을 끼치게 됩니다. 위대한 인도주의나 박애주의를 할지라도 그런 것입니다.

부활의 몸을 입는 것이 구원의 완성임

이 복음의 큰 내용을 우리가 볼 때 그리스도께서 십자가에 달려 돌아가신 것과 또한 장사지낸 지 사흘 만에 다시 그 육신의 몸으로 부활하셨다는 사실이 있는데, 이 고린도전서 15장에 있는 말씀과 같이 그가 "잠자는 자의 첫 열매가 되셨다"는 것입니다. 이 세상사람 말대로 하면, 그 말은 이미 죽은 사람들에게 장차 일어날 그들 몸의 열매의 제일 먼저 것으로서 그리스도의 것이 나타났다는 뜻입니다. 다른 말로 말하면 그리스도께서 부활하신 어떠한 상태를 가지셨다면 그리스도 안에서 잠자는 자들도 마침내 그리스도께서 불러 일으키사 부활의 날 다 같이 그와 같은 몸을 입을 것을 가르친 것입니다. 그것은 사람이 어떻게 할 수가 없는 것으로서 죄와 불의와 구출 받지 아니하면 아니 될 상태에서 벗겨 주시는 것입니다. 가령 그 사람이 이 세상에서 아무리 열심히 일을 하고 도덕적인 생활을 했다고 가정할지라도 그것이 하나님 앞에 받으실 만한 것은 못 됩니다. 그런데 하나님께서 원래 인간을 만드시고 그 인간이 이르러야 할 정점의 영광스러운 상태에 올려 주시겠다는 것입니다. 곧 우리가 부활해서 입을 몸을 표시하신 것입니다.

오늘 읽은 말씀 고린도전서 15:42부터 볼 것 같으면 "죽은 자의 부활도 이와 같으니 썩을 것으로 심고 썩지 아니할 것으로 다시 살며 욕된 것으로 심고 영광스러운 것으로 다시 살며 약한 것으로 심고 강한 것으로 다시 살며 육의 몸으로 심고 신령한 몸으로 다시 사나니 육의 몸이 있은즉 또한 신령한 몸이 있느니라"(42-44절). 이와 같이 참으로 영광스러운 새로운 몸을 입고 다시 살 것을 의미하는 것입니다. 육신으로 부활한다는 것을 믿을 때 우리가 이 세상에서 후패(朽敗)해 가고 변화해 가고 점점 나이 먹을수록 쭈그러져 가는 이런 육신을 다시 입고 온다는 말은 아닙니다. 분명히 하나님께서 예비하신 아주 이상적인 위대한 훌륭한 육신을 입고 올 것을 가르치신 것입니다.

이 세상에 속한 이러한 혈과 육을 입는다는 것이 아닙니다. "형제들아 내가 이것을 말하노니 혈과 육은 하나님의 나라를 유업으로 받을 수 없고 또한 썩는 것은 썩지 아니한 것을 유업으로 받지 못하느니라." 이것이 50절의 말씀인데, 이 세상에 속한 이 혈육을 가지고 하나님 나라를 유업으로 받아서 하나님 나라의 찬란한 영광과 충만한 것을 나타낼 도구 노릇을 못한다는 것입니다. 우리가 입을 부활의 몸은 하나님께서 예비하신 아주 아름다운 좋은 몸입니다. 그것을 입고 장차 영광스러운 위치에서 가장 완성된 인간상을 가지게 될 것입니다. 이 세상에 사는 동안 우리는 하나님께서 주신 은혜대로 각각 주를 믿고 의지하면서 자기의 바른 은사를 잘 나타내어 그리스도의 인격과 영광을 땅 위에 바르게 증거하고 살아가야 하는 것입니다.

그러다가 이 세상에서 하나님이 영혼을 불러가시므로 그 육신은 땅으로 들어가서 땅에 묻히고 영혼만이 하나님의 낙원에 임시로 가서 있는 것입니다. 흔히 이것을 천당 가는 일이라 해서 사람의 육신은 죽고 영혼은 천당 간다 해서 '죽으면 천당 가요. 죽으면 천당 가요. 예수를 믿고 천당 가십쇼.' 하고 자꾸 얘기를 하지만 여기서 우리가 주의해야 합니다. 사람들이 말하는 것은 천당이라는 불교 용어를 써서 표현한 낙원입니다. 우리 주님은 그것을 낙원이라는 말로 표시하셨는데, 십자가에 달려 돌아가실 때도 한편 강도가 주께 "예수여 나라에 임하실 때 나를 생각해 줍소서" 할 때 "네가 오늘 나와 함께 낙원에 있으리라"고 얘기했습니다(눅 23:43). 그렇게 낙원이라는 말로 표시하지만 그것은 결국 하나님께서 우리를 만드시고 이 세상에 두신 다음에 세상을 건너서 간 후에 우리가 가 있어야 할 곳이라고 하더라도 정점이 아니요 종착역이 아닌 것입니다.

우리에게 하나님께서 보이신 구원의 완성의 경지라는 것은 죽은 다음에 천당에 가 있다는 그 점에 있는 것이 아니고, 그리스도께서 강림하실 때에 다 썩을 것들이 썩지 아니할 것을 입고 욕된 것이 영광으로 입고 약한 것이 강한 것으로 입고 육신의 몸이 신령한 몸을 입고, 이렇게 아주 찬란하고 영광스러운 그리스도의 부활하신 몸과 같은 그 몸을 다 같이 입고 그리고 영원한 세계에서 하나님 즉 그리스도를 섬기면서 살아가는 생활이 우리에게 약속된 것입니다. 그것을 바라보고 나아갈 소망으로 보여주신 것입니다. 죽은 다음에 천당 간다는 그것으로 기독교를 설명하는 것이 아닙니다. 그런고로 왜 예수 믿느냐? 천당 가려고 믿는다든지 예수 믿고는 좌우간 천당 가기를 위주로 하라! 그것이 아닙니다. 그마저도 예수님의 공로로 간다는 사상보다는 무슨 자기가 잘 믿어야 가고 잘못 믿으면 못 가고 하는 식으로, 그렇게 믿고 안 믿는 자기의 종교의 열성에 의해서 도달할 수도 있고 혹은 하지 못한다는 식으로 말하는 것은 당초부터 그릇된 생각인 것입니다.

중요한 것은 이 세상에 있는 동안에 어떻게 살며 어떻게 그리스도와 하나님의 영광을 나타내고 사느냐 하는 게 중요한 것입니다. 이 세상에서 영원의 문제를 결정하게 되어 있습니다. 그리스도를 받고 복음을 믿으면 그 영광의 정점에 이르는 모든 은혜의 내용이 그의 것이 되고, 그리스도를 배척하고 듣지 아니하고 귀를 돌이키고 제 마음대로 자행자지하면 마침내 영원한 멸망으로 들어가고 마지막 부활 시에 심판의 부활을 받는다! 그래서 영원한 형벌로 들어가고 마는 것입니다. 사람이 이 세상에서 살다가 죽어서 바로 가 있는 낙원이라든지 음부라든지 그런 것이 정점이 아니고 종착역이 아닌 것을 생각할 때, 그것은 신학상 경과의 기간(interim period), 임시적인 기간을 의미하는 것이지 우리가 거기서 안정해 버리고 그것으로 끝내려고 하는 것이 아닙니다.

그렇다면 그것을 그렇게 강조할 이유가 없습니다. 왜 이 말을 여러분께 하느냐 할 것 같으면 주로 한국에 이러한 사상이 많이 퍼져 있고, 한국에서 이런 것을 많이 강조하는 까닭에 그렇습니다. 그런 식으로 간단히 기독교를 설명해 보려는 그릇됨이 있는 것을 우리가 주의해야 하겠다는 것입니다. 우리가 가져야 할 건전한 사상은 장차 우리도 그리스도같이 부활할 것과 부활의 영광의 정점에 이른다는 사실이지 죽어서 영혼이 잠시 머무는 동안, 그리스도께서 우리를 부활의 영광의 정점으로 다 같이 모으시는 그때까지 잠깐 동안 기다리는 그 기간을 중요히 강조할 수가 없는 것입니다. 천당을 안 간다는 것이 아닙니다. 불교의 말로 천당이라는 말을 썼더라도 그것은 상관없습니다. 낙원을 천당이라고 하더라도 그것이 잘못된 것은 없습니다. 좌우간 우리가 천당으로 부르는 그곳에 영혼이 가 있는 것인데, 죽은 다음에 육신은 땅에 묻히고 영혼이 거기에 가 있으면 그것이 완전한 인간상이냐 하면 아니라는 것입니다. 사람이 되려면 육신과 영혼이 완전히 화합해서 하나로서 움직여야 사람인 것입니다. 그런데 그 사람이 육신과 영혼으로 분리돼 버리면 각각 육신도 사람이 아니고 영혼도 사람은 아닌 것입니다. 영혼은 신이고 육신은 시체 곧 화학 물질에 불과한 것입니다. 그런 까닭에 완전한 인간상은 결국 생명이 부활의 영광의 몸을 통해서 충분히 나타나는 한 새로운 사람으로서 완전한 형을 가지는 데 있는 것입니다. 부활은 우리에게 그런 것을 약속한 것이고 확실히 가져다줄 것을 믿도록 하신 것입니다. 그러기 까닭에 우리가 이 부활의 크신 사실을 확신한다는 것이 우리의 신앙 특별히 그리스도를 믿는 사람의 신앙의 내용에 가장 중요한 부분인 것입니다.

부활의 상태와 부활의 차서

이런 부활의 중요한 사실들은 그 상태가 어떻게 되느냐? 세상에 이렇게 사는 동안에 살지만 인류의 역사가 언제까지든지 이렇게만 진행하고 사람은 살다가 죽고 살다가 죽고 하는 것으로 끝없이 반복하는 게 아닙니다. 어느 날 역사는 끝나는 날이 오고 그 날은 우리 주께서 하늘로 좇아 강림하시는 날입니다. 그런데 그때에 주를 믿고 복음을 믿고 부활의 큰 소망을 갖고 기대하고 있는 사람들이 어떻게 되겠는가? "보라 내가 너희에게 비밀을 말하노니 우리가 다 잠잘 것이 아니요." 다른 말로 말하면 주를 믿고 사는 사람들이 하나같이 하나도 죽음을 맛보지 아니한다는 뜻이 아닙니다. 그렇다고 누구나 다 한 번은 죽는다는 것도 아닙니다. 다만 그리스도께서 강림하실 때 땅 위에 있던 사람들은 죽음을 맛볼 필요가 없다는 뜻입니다. 그런 의미로서 "우리가 다 잠잘 것이 아니요 마지막 나팔에 순식간에 홀연히 변화하리니 나팔 소리가 나매 죽은 자들이 죽지 아니할 것으로 다시 살고 우리도 변화하리라. 이 썩을 것이 불가불 썩지 아니할 것을 입겠고 이 죽을 것이 죽지 아니할 것을 입으리로다"(고전 15:51-53)고 했습니다. 우리 주님께서 오시는 날 하나님의 천사장의 소리와 또 하나님의 나팔로 하늘로 좇아 친히 강림하실 것입니다. 그때에 땅 위에서 믿는 사람들은, 믿고 있던 사람들은 다 잠잘 것이 아니라 순식간에 변화할 것을 말하고 있습니다.

그리고 데살로니가전서 4장을 볼 것 같으면 이미 죽은 사람의 부활 문제에 대해서 이야기할 때에 13절부터 뭐라 그랬는고 하니, "형제들아 자는 자들에게 관하여는", 즉 이 세상사람 말대로 세상에서 죽은 사람에 관해서는 "너희가 알지 못함을 우리가 원치 아니하노니 이는 소망이 없는 다른 이 즉 이 세상의 믿지 않는 사람들과 같이 슬퍼하지 아니하게 하려 함이라. 우리가 예수의 죽었다가 다시 사심을 믿을진대 이와 같이 예수 안에서 자는 자들도 하나님이 저와 함께 데리고 오시리라. 우리가 주의 말씀으로 너희에게 이것을 말하노니 주 강림하실 때에 우리 살아남아 있는 자도 자는 자보다 결단코 앞서지 못하리라. 주께서 호령과 천사장의 소리와 하나님의 나팔로 친히 하늘로 좇아 강림하시리니 그리스도 안에서 죽은 자들이 먼저 일어나고 그 후에 우리 살아남은 자도 저희와 함께 구름 속으로 끌어올려 공중에서 주를 영접하게 하시리니 그리하여 우리가 항상 주와 함께 있으리라. 그러므로 이 여러 말로 서로 위로하라"(살전 4:13-18).

이렇게 볼지라도 결국 주께서 장차 호령과 천사장의 소리와 하나님의 나팔로 하늘로 좇아 친히 강림하실 때 나팔 소리가 난즉 홀연히 죽은 자들이, 그리스도 안에서 죽은 자들이 먼저 부활의 영광의 몸을 홀연히 순식간에 다 입고 주님 앞에 설 것입니다. 그 다음에 땅 위에서 그리스도를 믿고 살고 있던 사람들도 순식간에, 아까 고린도전서 15:51-52의 말씀과 같이, "우리가 다 잠잘 것이 아니고 마지막 나팔에 순식간에 홀연히 다 변화하리니 나팔소리가 나매 죽은 자들이 썩지 아니할 것으로 다시 살고 우리도 변화하리라." 이렇게 나팔 소리가 나매 죽은 자들이 썩지 아니할 것으로 다시 살 것입니다. 그리고 땅 위에서 살아남아 있던 사람들은 죽음을 맛보는 것 없이 갑자기 큰 변화를 일으켜 가지고 예수 그리스도의 부활하신 몸과 같은 영광스러운 몸을 다른 모든 그리스도 안에서 죽은 자들과 꼭 같이 입게 된다는 것입니다. 그렇게 입고서 그 다음부터는 주와 항상 산다는 것입니다. 이것을 어디서 하느냐? 땅 위에서 하는 것이 아니라 땅 위에까지 다 내려오시지 아니하시고 그리스도께서 공중에까지 오셔서 그렇게 불러올리신다는 것입니다. 다 들어 올리신다는 것입니다. 참 교회, 그리스도 안에 있는 자들, 참으로 그리스도를 믿고 의지하고 살던 자들은 다 그렇게 불러올리시는 것이다! 이것이 부활할 때의 양태인데, 그런 상태로 그러한 차서로 아주 순식간에 변화하는 것입니다.

금생이 최종의 생이 아님

이와 같은 큰 부활의 첫 열매는 그리스도이고 그 다음에는 그리스도 강림하실 때에 그에게 속한 자라고 고린도전서 15장에서 말씀했습니다. 우리가 다 같이 이런 큰 부활의 사실을 믿는 까닭에 그리스도 안에서 잔다, 이 세상 사람들은 죽었다고 말하지만 그리스도를 믿고 사는 사람들은 죽은 것보다도 잔다! 그는 긴 잠 가운데 들어갔는데 마침내 주께서 그를 깨우시는 날 깨서 일어나는 것을 확실히 믿는 것입니다. 이렇게 우리는 부활의 소망에 대하여 믿는 바를 확실히 가져야 합니다.

만약 우리가 부활을 부인한다든지 하면 그게 무엇이겠습니까? 고린도전서 15:19 말씀대로, "만일 그리스도 안에서 우리의 바라는 것이 다만 이생뿐이라 할 것 같으면 모든 사람 가운데서 우리가 더욱 불쌍한 자가 되리라." 우리는 다른 사람보다 더 불쌍하다. 다른 사람은 장차 부활의 소망 같은 것을 갖고 있지 않은 까닭에 금생을 가장 마음껏 즐기면서 유효하게 자기 행복을 추구하고 살 텐데 우리는 그런 것도 다 포기하고 어떤 큰 참된 세계에 대한 소망을 품고 이 세상을 건너가면서 전투를 하는데 그렇게 살 것이 뭐 있겠느냐 하는 것이지요.

고린도전서 15:32 하반절 말씀 보면 "죽은 자가 다시 살지 못할 것이면-그렇다면- 내일 죽을 터이니 먹고 마시자 하리라." 그렇지만 진실은 뭐냐? 33절부터 볼 것 같으면 "속지 말라. 악한 동무들은 선한 행실을 더럽히나니 깨어 의를 행하고 죄를 짓지 말라. 하나님을 알지 못하는 자가 있기로 내가 너희를 부끄럽게 하기 위하여 말하노라." 이렇게 이 세상에서 하나님을 알지 못하고 세상만 알고 금생만 알고 내생을 모르고 하나님의 크신 경영, 부활의 내용을 도무지 믿지 않는 자들은 금생이 가장 의미가 있고 내생은 있는지도 없는지도 모르니까 그렇게 예산하고 거기다가 소망을 두고 산다! 그렇게 교계(較計: 견주어 살핌)해서 금생에서 할 것을 다 않고 주리고 살 이유가 없다 생각하고 먹고 마신다! 금생에서 우리의 소원대로 모든 향락을 취하고 행복을 취하면서 떳떳하게 살아가자! 금생을 전부로 최종으로 알고 그걸 가장 의미 있고 가치 있는 세계로 알고 살아가자는 것입니다. 그러나 그런 것이 악한 사람들의 생각이고 또한 불신자들의 생각이고 또한 부활을 믿지 않는 어둠 가운데 있는 사람들의 생각인 것입니다.

우리가 이 세상을 살되 덮어놓고 이 세상을 무시하고 사는 것이 옳지 않지만, 그러나 이 세상을 최종의 생으로 알고 모든 취할 수 있는 행복을 세상에서 자기가 마음껏 다 취하고 살면 어떻게 되겠습니까? 도덕적인 판단도 거의 무시하고 더군다나 최후의 심판이라는 것을 완전히 무시하고, 그리고 생명의 부활이라는 것을 다 무시하고 나간다 할 것 같으면 그 결과가 과연 어떻게 되겠는가 생각해 보십시다. 그 사람 자신이 장차 받을 무서운 심판을 면할 길이 없는 것은 물론이고, 또한 이 세상에 사는 동안에 그가 세상에 끼친 악한 영향이나 악한 결과도 대단히 큰 것입니다. 믿는 사람은 그와 같은 생활의 길을 걷지 않는 것입니다.

또한 가령 장차의 부활 사실을 확실히 믿지 않는다고 하더라도, 또 최종의 심판이라는 것을 정확하게 믿지 않는다고 하더라도 세상을 살아가면서 도덕적으로 근실하게 살고자 하고 다른 사람들의 마음에 위로가 되도록 무슨 사상을 집어넣어 주려고 애를 쓰고 하는 여러 가지 교훈과 철학과 도(道)가 있습니다. 거기에 의해서 어떤 인도적이고 박애적인 봉사도 하고 인류애가 담긴 활동을 하고 사는 사람들도 분명히 있어요. 그러면 그런 사람들은 어떻게 되겠나? 물론 이 세상에서 믿지 않는 사람이라도 그들이 행한 업적이 있어서 그것이 하나님의 거룩하신 심판 앞에서 드러날 것입니다. 절대자이시고 전능하신 하나님의 엄밀한 심판대 앞에서 그 모든 행위는 낱낱이 심판을 받을 수밖에 없는 것입니다. 한결같이 모두가 꼭 같은 형벌을 받는다는 것은 아닙니다. 그러나 다 같이 하나님의 가장 큰 기본적인 조건, 구속의 사실과 새로운 생명의 사실이 없는 사람들에게는 어떤 일정한 공통적인 하나님의 심판과 형벌이 함께 임하는 것입니다. 물론 공통의 형벌로 다 끝나는 것이 아니고 개개인이 이 세상에서 어떻게 일반적으로 공의(公義)를 위해서 살고 자비를 베풀며 또 악을 행하고 범죄를 했는가 하는 문제로 판단될 것입니다.

그러면 믿는 사람들의 경우는 어떤가? 그들은 어떻게 살아야 하는 것인가! 믿는 사람들은 이 세상을 건너는 생활을 하되 세상을 최종의 생으로 생각지 아니해야 합니다. 부활의 몸을 입고 영광의 세계에서 주님을 섬기고 살 것을 알아야 합니다. 그런 영광의 몸을 입고 주님을 온전히 섬길 수 있는 위치에 도달하기까지 그 목표를 향해서 이 세상에서도 매일매일 전진해 나아가는 것입니다. 그런고로 이 세상에서 걷는 그의 걸음은 세상을 최종의 생으로 알고 걷는 걸음이 아니라 이 세상은 장차 올 부활의 영광의 세계를 향하기 위해서 지나가는 역려(逆

旅)의 긴 여행의 길이라는 것을 믿고 거기에 해당하는 대로 살아가야 하는 것입니다. 소위 역려의 과객(過客)이라, 긴 여행의 노정에서 지나가는 손, 길손과 같은 생활을 한다는 것이지요. 이것이 믿는 자들이 다 가지고 있는 공통된 성격입니다.

여러분은 히브리서 11장에 믿음에 대해서, 믿는 사람들의 생활에 대해서 얘기한 것을 아실 것입니다. 아브라함도 어떻게 살았는가? 땅에 있을 동안 자기네는 나그네라 하고 다 살았다고 했습니다. 그와 같이 사는 이유가 무엇인가요? 요컨대 이 세상에서는 우리가 가지고 있는 은사와 영광과 능력을 완전히 다 충분히 나타내고 살 수는 없기 때문입니다. 세상이 용납지 못하는 까닭에 그렇습니다. 그러면 예수 그리스도의 부활이라는 사실이 현재의 우리에게는 어떤 의미를 주며 어떤 효과를 직접적으로 나타내는 것이냐? 부활하신 예수 그리스도의 생명과 우리가 생명으로 연결이 되어서 그것이 곧 우리에게는 중생이라는 사실로 나타나 있는 것입니다.

베드로전서 1:3부터 읽으면 "찬송하리로다. 우리 주 예수 그리스도의 아버지 하나님이 그 많으신 긍휼대로 예수 그리스도의 죽은 자 가운데서 부활하심으로 말미암아 우리를 거듭나게 하사 산 소망이 있게 하시며 썩지 않고 더럽지 않고 쇠하지 아니하는 기업을 잇게 하셨나니 곧 너희를 위하여 하늘에 간직하신 것이라"(1:3-4). 부활하신 예수 그리스도의 생명에 우리가 연결되어 우리 안에 새로운 생명 즉 중생의 생명이 있게 됐습니다. 이 중생의 생명이 우리에게 있다는 사실은 또한 그것이 우리에게 하나님께서 준비하신 모든 하늘의 기업을 상속하게 하시려는 뜻입니다. 하나님께서 우리를 위해서 준비하시고 상속케 하시려고 하신 큰 내용을 우리로 하여금 비로소 확실히 알게 하시고 가질 수 있게 하신 것이라 말입니다. 이러한 큰 소망, 그것은 무엇보다도 부활한 영광의 몸으로서 장차 주님을 섬기고 살아갈 때에 우리에게 부어 주실 많은 풍성한 산업의 내용입니다. 이것을 우리가 이제 가질 수 있다는 확실한 소망은 하나님께서 우리에게 그것을 기업으로 주시겠다고 하신 약속 가운데 있는 것인데, 이러한 것을 바라고 소망하고 나아가는 것은 세상에서 자기의 산업을 경영해 가지고 그것을 자기 생애 최후의 것으로 생각하는 그릇된 생각을 다 포기하게 합니다.

이렇게 해서 우리가 산 소망을 가지고 살아가게 하시는데 이러한 소망은 하나님께서 그 아들을 믿는 사람들에게 주신 거룩한 증거 가운데 확실한 것입니다. 그러면 그 증거란 무엇인가요? 요한일서 5:9-12에 "만일 우리가 사람의 증거를 받을진대 하나님의 증거는 더욱 크도다. 하나님의 증거는 이것이니 그 아들에 관하여 증거하시는 것이니라. 하나님의 아들을 믿는 자는 자기 안에 이 증거가 있고 하나님을 믿지 아니하는 자는 하나님을 거짓말 하는 자로 만드나니 이는 하나님께서 그 아들에 관하여 증거하신 증거를 믿지 아니하였음이라. 또 증거는 이것이니 하나님이 우리에게 영원한 생명을 주신 것과 이 생명이 그의 아들 안에 있는 그것이니라. 아들이 있는 자에게는 생명이 있고 하나님의 아들이 없는 자에게는 생명이 없느니라."

여기 볼 것 같으면 우리에게 하나님께서 영원한 생명을 주셨다. 이것이 곧 중생인데 그 생명은 원래 그 아들 안에 있는 것이다. 그리고 그런 영원한 생명을 가진 사람은 증거가 있는 것이라 하였습니다. 여러분, 우리가 부활할 것을 무엇으로 압니까? 우리를 예수 그리스도의 부활 생명에 연결시켜서 이 세상에서 그 생명으로 살게 하시는 사실로부터 아는 것입니다. 이것이 중요한 증거입니다. 우리가 모든 기업을 잇고 하나님의 상속자가 되리라는 것을 무엇으로 압니까? 예수 그리스도의 생명이 연결돼 있는데 하나님께서 그 아드님을 사랑하시사 만물을 그에게 주시는 것이지요. 우리에게 하신 말씀은 무엇이었습니까? "그 아들을 아끼시지 않고 우리에게 주신 하나님이 어찌하여 만물을 우리에게 주시기를 아끼시겠느냐?" 그렇게 얘기했습니다. 이렇게 해서 우리는 그리스도와 함께하는 상속자로 있는 것입니다. 이것이 우리의 부활과 함께 오는 큰 은혜의 내용입니다.

그와 같은 것을 바라고 나아가는 사람은 이 세상에서 금생을 최후 생으로 여기고 사는 어리석은 짓을 않는 것입니다. 금생을 최후 생으로 여겨서 무슨 도덕적인 행위를 하며 인류를 사랑하고 나아가는 데서 보람을 만들어 보려 하고 거기서 생의 의의를 찾으려 하지 아니합니다. 오히려 우리는 이 세상을 볼 때 장차 올 하나님의 풍성한 영광의 세계에 앞선 예비적 과정, 우리에게 주어진 정당한 과정으로 알고 그 소망을 바라면서 이 세상을 걸어가는 것입니다. 소망이 없이 이 세상을 가장 가치 있는 곳, 의미 있는 것으로 여기고 사는 생활과 이것은 근본적으로 다릅니다.

이 세상에서 어떻게 살아야 할 것인가

그러면 세상에서는 어떻게 살아야 할 것인가? 우리에게 주신 영원한 생명 즉 그리스도와 연결된 이 생명을 땅 위에서 가장 잘 나타내야 할 것입니다. 한 인격자인 내가 그리스도의 생명을 나타낸다는 것은 그리스도적인 인격을 땅 위에서 그만큼 나타내는 결과로 드러나야 합니다. 그리스도의 신자로서 그리스도적인 품성 즉 도덕적인 성격과 그리스도적인 지혜와 바른 판단과 지식 가운데에서 살아가야 합니다. 그러려면 그가 혼자만 사는 게 아니라 그리스도와 연결되어서 사는 다른 사람과 함께 사는 것인데, 이것이 보이는 거룩한 교회입니다. 다 같이 참된 신앙과 동일한 믿음을 가진 사람의 결속으로 된 교회이지요. 믿음이 서로 다르고 생각이 다른 사람끼리라도 모여 종교의식을 행하는 것으로 만족하게 여기는 것이 아닙니다. 동일한 교리 위에 섰을 뿐 아니라 같은 소망을 가지고 같이 하나님을 사랑하는 사랑 가운데서 서로 결속해서 형제를 사랑하고 살아가야 하는 것입니다.

이와 같은 소망, 영원한 생명이 있는 사람의 속에는 필연적으로 그리스도적인 품성이 드러나야만 하는 것입니다. 그런데 만일 그것을 드러내지 못하고 자기는 예수를 믿노라 하면서 예수교 종교를 자기가 취하고 사는 것을 마치 예수 믿는 것으로 생각하고 산다면 그것은 큰 잘못입니다. 요한일서 3:13-15까지 잠깐 보십시다. "형제들아 세상이 너희를 미워하거든 이상히 여기지 말라. 우리가 형제를 사랑하므로 사망에서 옮겨 생명으로 들어간 줄을 알거니와 사랑치 아니하는 자는 사망에 거하느니라. 그 형제를 미워하는 자마다 살인하는 자니 살인하는 자마다 영생이 그 속에 거하지 아니하는 것을 너희가 아는 바라." 그런고로 여기서 우리가 중요히 생각할 것은 그리스도적인 품성을 통합해서 말하길 먼저 그리스도적인 사랑으로 형제를 대하라는 것입니다. 같은 교회 안에서라도 먼저 그리스도적인 사랑을 가지고 대하라는 것인데, 그것이 없으면 사망에 그냥 거하는 것이지 무슨 영생을 받았다고 할 아무것도 없는 것이라고 하였습니다.

영원한 생명을 가졌으면, 그리스도적인 거룩한 생명이 연결됐을 거 같으면 그리스도적인 품성이 그에게서 나타나야 하는 게고 그와 같은 도덕적인 성격이라는 건 종합적으로 크게 말할 때 그리스도적인 사랑을 가지고 먼저 형제에게 나타내야 하는 것입니다. 그리스도적인 사랑이란 그리스도께서 그의 안에서 성령님으로 역사하셔서 일으키는 거룩한 사랑을 말하는데, 바로 그런 사랑을 형제에게 나타내라는 것입니다. 무엇보다 그리스도 안에서 함께 구원을 받고 함께 연결이 돼 있는 형제에게 그 사랑을 나타내는 것이 심히 중요합니다. 그것은 말과 혀로만 할 것이 아니요 행함과 진실함으로 하라시는 말씀대로 행함과 진실함으로 해야 하는 것입니다(요일 3:18).

이렇게 부활의 큰 영광의 사실은 다만 우리도 그렇게 되리라 하고 바라고만 있는 것이 아닙니다. 이미 부활하신 생명, 예수 그리스도의 생명과 우리를 연결시켜 주신 큰 은혜, 그래서 거듭나게 하신 그 사실을 생각하고 그 터 위에서 거듭난 사람답게 새로운 생명으로, 새로 창조된 사람답게 이 세상에서 우리가 행하고 나아가는 것입니다. 이 세상에서 그리스도의 품성과 그 거룩한 지혜와 계획을 드러내면서 살아가는 것입니다. 그리고 그것은 그 시대마다 무엇을 해야 할 것인지를 하나님의 말씀에 의해서 깊이 생각하고 깨달아 알 수 있도록 가르친 것입니다. 어떠한 역사 시기에 사람이 났으면 그 역사적인 도전 앞에서 대답을 하는 거룩한 하나님 나라의 영광이 거기 있는 것입니다. 세상 문제와 더불어 붙들고 얘기하라는 게 아니라 하나님 나라의 거룩한 영광의 내용이 있으니 그것을 힘써 잘 드러내도록 해야 한다는 것입니다. 이것이 부활을 참된 소망으로 삼고 가는 사람이 필연적으로 당연히 걷는 생활의 길입니다.

그것은 이 땅 위에서 우리의 어떠한 노력으로 완성되는 것은 아닙니다. 그러나 마침내 그것이 완성되리라는 것을 확실히 믿되 주께서 큰 영광으로 부활의 시기에 완성시키실 것을 바라야 합니다. 그래서 만유가 하나님의 거룩하신 영광 안에서 통일돼서 주를 늘 섬기면서 우리가 살아갈 것을 기대해야 합니다. 이번 부활 주일에 우리는 특별히 우리들 자신이 부활을 믿는 사람다운 증거를 가지고 있는가를 깊이 반성하고 생각하는 것으로 주님을 특별히 기념하고 생각하십시다.

기도

거룩하신 주님, 주께서 부활하신 것을 생각할 때 우리에게도 첫 열매가 되사 시범을 하시고 마침내 우리도 그와 같이 될 것을 확신하게 하시며 그 거룩한 정점을 향해서 이 세상을 건너갈 때 거저 울면서 지나가는 게 아니고 세상에서 주신 이 기간 동안에 가장 충실하게 부활의 정점에 이를 사람이 마땅히 세상에서 행하고 나가야 할 거룩한 이 새로운 생명의 발휘와 그것이 짓는 역사를 땅 위에서 우리가 구현하고 나아가야만 할 것을 알고, 이 큰 은혜를 주님께서 주신 것을 감사하면서 성령님으로 주장하시사 땅 위에서 확실히 주의 그 영광의 자태를 더욱 증거하고 살아가게 저희를 붙들어 주시고 경책하시며 깨달아 알게 하옵소서. 이리하여 주께서 저희를 위하여 준비하신 그 영광의 사실과 많은 상을 주께로부터 받을 것을 기대하면서 나아가게 하옵소서.

우리 주 예수님 이름으로 기도하옵나이다. 아멘.

1978년 03월 26일

성구색인